国学新读本

荀　子

杨朝明　注说

河南大学出版社

目　录

序

最近一些年来，一股“国学热”的思潮强劲涌动，在文化学界以至于整个社会上，引起了强烈反响。为什么在这样一个社会的大变革时代，在从传统社会向现代社会的转型期，最为传统的国学，却能引起国人的极大兴趣，这的确是一个值得思考和研究的问题。

“国学”作为一个学术文化概念，产生于近代。从渊源上讲，“国学”概念的产生，与“国粹”有些关联，并且是从对抗西学侵入的角度提出来的。今天，中华民族早已是一个独立于世界民族之林的自立自强的民族，全球经济一体化所带来的世界文化的汇合与交融，也早已是历史发展的必然趋势，而在这样的历史大势中，却会有“国学热”的产生，乍一看来，确有不可思议之处。但实际上，国学的当代走红，则与我们今天所处的历史时代有着一定的关系。

随着改革开放的迅速推进，随着市场经济的强劲发展，传统道德受到了强烈冲击，传统文化与现代文化观念的碰撞也日益强烈。于是，如何看待传统文化的问题，就严峻地提到了国人的面前。传统文化的出路何在，它从何而来，要走向何方，如何对之进行价值重估，一切关心文化问题，有着强烈历史责任感的人们，无不把关注的目光投向中国的传统学术。当然,也不排除一些对改革开放和市场经济所带来的冲击无法理解和接受,对现代经济发展对传统道德的亵渎强烈抗议的人们,自然而然地发出向传统文化复归而倡导国学的呼声。总之,不论是出于积极的思考,还是抱着一种向后看的心态,对国学的重视则成了最近十多年来一种普遍的文化选择。

于是,对待"国学热"就需要有一个分析的态度。对于任何一个民族的发展来说,传统文化都是其牢固的根基,是其一切历史的出发点,摒弃传统、甚至全盘否定传统文化,都是幼稚可笑的,不可取的。但一遇到问题就求助于传统,甚至一味狂热地提倡向传统复归,也是走不通的,过去那句常说的"倒退是没有出路的"话,虽说不是什么至理名言,却也还是有些道理的。这些年来,一些地方出现的中小学生、甚至幼儿园小朋友的读经热,就是一种值得注意的倾向。国学,毕竟是一种学术,需要有一定的文化基础,有一定的分析批判能力,才能对之进行识读、鉴别而决定其取舍。所以,严格地说,对于国学,尤其是经学,在当代中国,需要的是研究以及在此基础上的批判继承,而不是再像传统社会中那样采取唱诗班的方式,对青少年一代进行无分析地灌输。因此,如何弘扬传统文化,就是一个需要思考的问题。

正是基于以上考虑,为着弘扬优秀传统文化的需要,也为着对社会上盲目崇尚读经的风气有所引导,我们组织了这套"国学新读本"丛书,选择一些在中国传统文化中影响较大的国学典籍,对之进行简明扼要的注释,然后在读本前边,用较大篇幅解读该典籍的基本思想文化内涵,评述其在中国文化史上的地位和影响,并对如何阅读该典籍做出读书方法上的引导。通过这样一个较为翔实的导读内容,以批判分析的态度,给青年人的国学典籍阅读提供一个健康的思想导向。根据这样的宗旨,这套丛书,在大的结构上,每本都分为通说和简注两个部分，通说是导读的性质，简注在于疏通文字，希望这样的安排，能够为青年朋友和一般社会读者提供一个国学入门的向导。果能如此，也就实现了撰著者和出版者的愿望。

国学所以是国学，就在于它是我们祖国优秀民族文化和民族精神的载体。在这些国学典籍中，包含着民族文化的基因，蕴藏着民族精神的范型。衷心期待这套丛书能够成为广大读者学习国学精华，体认民族精神，继承祖国优秀文化遗产的良师益友。

李振宏

2008 年 2 月 28 日

《荀子》通说

在儒家典籍中,《荀子》一书一般认为是荀子自撰,并且是研究荀子思想的基本材料。在习惯上,许多学者喜欢称荀子为"先秦时期最后的儒家"。从时间上看,荀子处在战国后期,列在孟子之后,是先秦时期最后一位儒学大师;从思想内容上看,荀子自称继承孔子及其弟子仲弓,却不但批评子思、孟子,而且品评诸子各家。从《荀子》一书所见他对诸子的政治性批判中,不难看出他是一位与战国晚期的社会现实更加切近的思想家。由荀子在中国文化史上的特殊地位所决定,《荀子》也就成为一部具有重大影响的重要思想文化典籍。

一 《荀子》的基本情况

荀子生于乱世,处在百家争鸣的时代,他总结各家,博采众长,为儒学的继承与发展做出了重要的贡献,而体现他思想的《荀子》一书,在儒家典籍中因此也具有非常重要的作用。

《荀子》内容丰富。该书成书较早,流传较广,屡经刊刻。荀子本人活动地区范围很广,作为反映其思想载体的著作《荀子》一书,在当时流传比较广泛,是今天研究荀子的基础。要了解荀子的整体思想以及他在儒学史上的地位，首先应该对荀子本人及《荀子》其书的一些情况有所了解。

（一）《荀子》的作者——荀况

荀卿名况，赵国人，生于战国末期的乱世，后人尊称为荀子，后汉人为避汉宣帝讳又称其为孙卿，具体生卒年代不详。关于他的生平事迹，史书记载很少。《史记》有《孟子荀卿列传》，据记载："荀子年五十始来游学于齐。"如果按这个记载来推算，那么即使他来时在齐宣王末年，他至少也已在世上生活近 120 年，这显然与事理不合，而且与一些材料多有抵牾和矛盾。

根据应劭的《风俗通义》以及其他有关资料，我们认为，《史记》中的年"五十"应该为"十五"之误。荀子十五岁游齐如在齐宣王时期，与相关材料的矛盾便可以解决。如果荀子来到齐国时处在齐宣王在位末期，那么春申君被杀时，荀子大约七十多岁。

荀子在十五岁即齐宣王时来到齐国游学。齐国有创建于战国齐桓公田午时期的稷下学宫，它是战国时期百家争鸣的产物，为当时的文化学术交流中心。孟子游齐时，荀子似乎曾经与之相见。《孟子外书》说："孙卿子自楚至齐，见孟子而论性。"在成书问题上，《孟子外书》被认为并不可靠，但其中有的材料未必不真。如果这条材料可靠，那么在齐宣王时期荀子来齐与孟子相见是完全可能的。

我们认为荀子的游学与政治活动，应该在始到齐国至春申君被杀这段时间之内，大约相当于公元前 305 年到公元前 238 年之间。

荀子一生曾经游历齐、燕、楚、赵、秦等国。早年，荀子可能曾经由齐国到过燕国，因而才有燕王哙"非孙卿"的事情发生，之所以如此，可能荀子当时还比较年轻。另外，刘向的《叙录》和《风俗通义》都有孙卿对于张仪、苏秦态度的记载，说："苏秦、张仪以邪道说诸侯以大显贵，孙卿退而笑之。"张仪、苏秦被视为战国纵横家的代表，似乎荀子还见到过张仪、苏秦。

秦昭王时期，荀子曾经到秦国。《荀子》记载了荀子与秦昭王的答问。秦昭王问荀子说："儒者对国家没有什么好处吧？"荀子回答道："儒者效法先王，注重礼义，使臣子谨慎地履行其职责，敬重他们的君主。"尔后，荀子对儒家进行了论述，他认为儒者注重效法先王，强调礼义修行，"在人上则王公之材也，在人下则社稷之臣，国君之宝也"，人君应当重视儒家。荀子还谈到了儒家的内在差别，他把儒家分为大儒、雅儒、俗儒几类，荀子认为："君主用俗人那么拥有万辆兵车的大国也会灭亡，用俗儒拥有万辆兵车的大国仅会得以生存，用雅儒则拥有千辆兵车的小国也可以得到安定。用大儒即使是百里之地的方国也可以长久，三年以后，天下就可以统一，诸侯称臣，没有越礼之事；用于拥有万辆兵车的大国则可以平定天下，不久就可以称霸。"无论如何，儒者毕竟都不同于"俗人"，都有益于国，只是不同的儒者对国家治理所起到的作用会有不同。

在齐国时期，荀子可能以在稷下学宫的活动为主。荀子在齐国时间较长，齐宣王时他曾与孟子相遇并与之论性，到齐襄王时期，像田骈等不少稷下学士都已经去世，所以荀子是资格最老的人，成了稷下儒家的代表人物。

荀子并不是一直在齐国的。据记载，战国初期，齐湣王继位，同时继承祖辈的志向，向南败楚于淮北，兼并宋国，威震周边国家。向西打击了三晋的气势，抵御了秦国西进的势头，其余五大国沦落为齐国的附属。邹、鲁的国君以及泗水流域的诸侯都纷纷来齐国朝见。齐湣王好大喜功，不顾国力，频繁发动战争，百姓不堪忍受连年战争之苦。当时稷下学者进谏齐王而齐王不听，只好各自散去，于是，荀卿去了楚国。

公元前284年，燕国上将军乐毅率燕、赵、韩、魏、秦五国联军大举进攻齐国，攻下齐城70余座，齐都临淄失守。湣王逃到莒，为其相淖齿杀死。公元前279年，齐国即墨守将田单击退燕军，齐襄王复国。此时，齐襄王重整稷下学宫，荀子大概又从楚国回到齐国。

齐襄王时，重新返回稷下学宫的荀子已经"最为老师"。荀子初来齐国很早，居住时间很久，荀卿在稷下学宫应当比较活跃，他的思想学说这时也达到了成熟时期。公元前265年，齐襄王卒，其子建即位，是为齐王建。齐王建年幼，权力由其母君王后执掌。这个时期，齐国政治黑暗，所养宾客多被秦国收买，不再效忠齐国。齐襄王王后（"君王后"）等人对于直言劝谏的稷下先生们的忠言，要么不以为然，要么大动肝火。对于"君王后"把持朝政，荀子可能有所不满，比如他就说过这样的话："案直为是世俗之所以为，则女主乱之宫，诈臣乱之朝，贪吏乱之官，众庶百姓皆以贪利争夺为俗，曷若是而可以持国乎？"①意思是说只是采用世俗之人所采用的办法，王后太后就会扰乱后宫；奸诈之臣就会扰乱朝廷，贪官污吏就会扰乱官府，群众百姓就会把贪图私利互相争夺作为习俗，难道像这样就可以维持国家了吗？作为稷下学宫祭酒的荀子不满于齐国的政治，就会进行批评，可能由于这个原因，他遭到齐人的谗害，不得已又去了楚国。

荀子到楚国后，春申君任命他为兰陵（今山东苍山）令。刘向的《叙录》讲了荀子出任兰陵令的故事。据说，开始有人对春申君说："当年商汤封地只有七十里，文王一百里，他们都是贤人，分别取代了夏朝和商朝。荀卿也是贤人，您现在给他一百里，楚国可能

① 《荀子·强国》。

会危险的。”于是春申君谢绝了荀子。荀子不得已离开楚国到了赵国。尔后,春申君的门客有人对春申君讲道理说:“伊尹离夏入殷,殷商兴国而夏朝灭亡;管仲去鲁入齐,鲁国衰弱而齐国强盛。故贤者所在,君尊国安。荀卿是天下的贤人,他所离开的国家,恐怕将会不安全了。”春申君听从了劝说,遂派人聘请荀卿。荀卿写信给春申君,指责评论楚国,并作了歌赋给春申君。据说,春申君十分不高兴,又拒绝荀卿。荀卿竟然是在这种情况下到了楚国,任兰陵令。以后,春申君死,荀子废居兰陵。之后,他潜心著述,著数万言而卒,葬于兰陵。

从有关记载看,荀子曾经收徒授学。《史记》之中,《孟子荀卿列传》说“李斯尝为弟子”,《老庄申韩列传》则说韩非“与李斯俱事荀卿”。前已述及,《韩非子》中就有关于荀卿的记载。关于荀子与李斯的关系,《盐铁论·毁学篇》有所记载:“方李斯之相秦也,始皇任之,人臣无二,然而荀卿为之不食,睹其罹不测之祸也。”结合《史记·孟子荀卿列传》“李斯尝为弟子,已而相秦”的语气,参考《荀子》所展现的荀子的思想,似乎荀子与李斯有比较明显的分歧。

(二)《荀子》的成书与流传

荀子长期在稷下学宫,又曾经收徒授学,这为他著书立说提供了有利条件。因荀子又称孙卿子,所以《汉书·艺文志》著录该书名为“《孙卿子》”,《隋书·经籍志》、《旧唐书·经籍志》、《新唐书·艺文志》亦名曰“《孙卿子》”,唐代学者杨倞鉴于其文字繁多,这才对该书重新析篇分卷,为之作注,改称其书为《荀子》。

据记载,荀子著述很多,《汉书·艺文志》于“儒家类”中著录有“《孙卿子》三十三篇”。关于荀子的著作,西汉时期的刘向最早进行了整理,他在《孙卿书录》中说道:“(向)所校雠中孙卿书,共三百二十二篇以相校，除复重二百九十篇，定著三十二篇。”

从刘向的表述看，在他校定以前，荀子的著作大概是以单篇存在着的，汉代收藏的荀子著作虽然名曰《孙卿书》，但它仅仅是荀子著作的笼统的集合。显然，《孙卿书》存在不少问题，这些问题主要表现为篇与篇之间的内容可能会有很多重复之处，而且不少材料需要校雠。情况很可能是，荀子弟子各有关于荀子的思想学说的材料，这是刘向所见到的荀卿书篇数繁多且有不少重复的原因所在。同孔子弟子对孔子言论各有所记一样，荀子弟子也会拥有荀子学说的有关记录，不过，有所不同的是，孔子后学将孔子学说的材料编辑为《孔子家语》，而荀子弟子却没有将荀子学说的有关记录集中起来，进行编次整理。

关于荀子的著作，《汉志》著录“《孙卿子》三十三篇”，虽然与《孙卿书录》所称“三十二篇”相差一篇，但这应该就是刘向定著的本子。而《隋书・经籍志》于“子部儒家类”著录“《孙卿子》十二卷”的同时，又于“集部别集类”著录“楚兰陵令《荀况集》一卷”，并附注曰：“残缺，梁二卷。”唐人杨倞为《荀子》作注，他所分定的“二十卷”应该是由《汉》、《隋》二《志》的“三十二(或三十三)篇”而来，它与刘向所定著的《荀子》是同一本子。

在《汉书・艺文志》中，“赋家类”中还著录有“《孙卿赋》十篇”，即今本《赋》篇的《礼》、《知》、《云》、《蚕》、《箴》、《佹诗》、《遗春申君赋》，加上《成相》三篇，它们基本上都保存在《孙卿书》中，并无多大残缺。

先秦时期，不少著作都是单篇流传的，研究古书的成书年代，不能不注意到这一点。对于古书，显然应当动态地加以理解和认识。余嘉锡先生在《古书通例》中曾说：“古人著书，本无专集，往往随作数篇，即以行世，传其学者各以所得，为题书名。”意思是说，先秦诸子的著作就像后世的文集，作者随写随传，有时是单篇流传，常常不署姓名，到后来才由其后学或者后人汇集成书。实际上，有许许多多的书籍都是多次、多人、多时结集而成。不少书籍其实都未必是一人所作，有的则是一个学派的集体作品，由学派中的第二代、第三代等陆续收集编订而成，而该书的名字，便取其祖师爷的名字。

有了这样的认识，我们研究先秦典籍，特别是对这些典籍进行成书问题的探讨时，就应当采取逐篇研究的方式，以“篇”为单位，甚至以“段”为单位，逐篇逐段考订和观察，而不是过去那种以书为单位的方式。对《荀子》的研究，自然应当也是如此。《荀子》各篇情况不一，比如，在《尧问》篇的最后有“为说者曰：‘孙卿不及孔子。’”一节，这可能是荀子后学评论荀子的话，这说明《荀子》该篇应当是由其学派中人纂辑而成，不应当据此怀疑本篇的价值，更不能据此怀疑整部《荀子》的可靠性。

荀子在秦昭王时游秦，曾经将《孔子家语》等书带到秦国。《史记·吕不韦列传》说：“是时诸侯多辩士，如荀卿之徒，著书布天下。”荀子在秦国具有重要的影响，他的著述在秦国当也有所流传。

《史记》所说荀卿之徒“著书布天下”应该是没有问题的，惟其如此，荀子的著述在西汉时才能有刘向所说的大量的“复重”。刘向整理以后，《荀子》三十二篇的本子便流传下来，现在我们看到的《荀子》三十二篇，即是出于刘向的编订。

（三）《荀子》的可靠性问题

关于《荀子》的可靠性问题，有人认为该书题材杂乱，以“荀子思想矛盾”、“与儒家尚德不相容”等来否定《荀子》的可靠性。我们认为这些说法都是靠不住的。

儒家思想本来体大思精，整体把握儒家思想并非易事，人们往往贴标签似的研究先秦思想家，这其实颇有本末倒置的嫌疑。正确的做法应该是，先考察清楚文献记载的可靠性，然后综合研究文献所显示的思想家的学说主张，而不是先确定思想家的思想主张，再以之判断文献记载是否与之相合。更何况荀子处在战国后期，他的思想可以损益诸子，牢笼各家，批判继承，综合创新。因此，对荀子思想的研究，首先进行文本的考察可能更为根本。

开始时，《荀子》各篇可能单篇流行，这些篇章绝大多数属于荀子本人亲手所著，也有荀子所整理、纂集的一些资料，还有荀子后学所记录的荀子言行。现在，经过研究，人们大都认识到了《荀子》多数篇章的可靠性。一般说来，学者们对于《劝学》、《修身》、《不苟》、《荣辱》、《非相》、《非十二子》、《王制》、《富国》、《王霸》、《君道》、《臣道》、《致士》、《天论》、《正论》、《礼论》、《乐论》、《解蔽》、《正名》、《性恶》、《君子》二十篇的看法基本已经达成共识，怀疑其与荀子密切关系的学者越来越少。

在《荀子》中，遭到怀疑最多的，集中在《赋》和《大略》以后各篇。有学者根据赋中多有四言句子，且《汉志·诗赋略》的“荀卿”之属中《孙卿赋》与《秦时杂赋》并列，从而怀疑《赋》为荀子自作，认为它应当出于秦地。对此，有学者指出，先秦诸子著述中，不仅是《荀子》书中有不少四言句子，不能以此认定这些句子都出于秦地。至于《汉志·诗赋略》的“荀卿”之属中首列《孙卿赋》，次列《秦时杂赋》，由此想见荀卿赋原是秦地之作，此纯属揣测。《赋》的《礼赋》所谓“诸侯隆之则一四海者与”，强调的是隆礼的作用，是典型的儒家学说，与尊法的秦人价值观念截然不同，显然不能说是秦人的语气。“周流四海”与秦人语气更谈不上有何联系。因此，否定《赋》为荀子之作是没有任何说得过去的理由的。

关于《宥坐》、《子道》、《法行》、《哀公》、《尧问》五篇，杨倞注认为：“这些为荀卿及弟子所引记传杂事，因此总结起来放在后面。"这应当是没有问题的。在《尧问》篇的最后有"为说者曰:'孙卿不及孔子。'"一节,这可能是荀子后学评论荀子的话,除此之外,其他内容很有可能都出于荀子所引述的既有材料,间有他自己的一些表述。

以前,学者认为这五篇成篇较晚,甚至以其为"汉代荀子之徒所纂集"①,从而否定了这几篇与荀子的关系。其实,正如有学者所言,这些材料如果没有经过荀子的整理,或者没有被荀子反复利用过的话,荀子后学是不会将其与荀子联系在一起的。在新的材料问世以前,对《荀子》各篇的研究与其他的中国文化典籍一样,越是经过学者们的考证"辨伪",就越是"伪"篇较多,有问题的篇章也越多。出土文献的发现与研究,使人们终于认识到了这些认识的偏颇。

关于这五篇,已有新的材料与之相互印证。1973 年,河北定县汉墓出土了大批竹简,考古学家从中整理出的古籍中,有《哀公问五义》一种,见于《荀子·哀公》,有被定名为《儒家者言》的一种,其中"子贡问为人下"一章见于《荀子·尧问》。据推断,该墓主人为卒于西汉宣帝五凤三年(前 55 年)的中山怀王刘修②。这些内容与《荀子》相同的著作在西汉年间的流行,告诉我们不能后估《宥坐》等五篇的纂辑年代③。

印证这五篇之重要性的最为直接的材料是《孔子家语》。以前,人们以《孔子家语》为伪书,根本不认同其为十分重要的文献,不然,人们对包括《荀子》在内的许多文献成书问题的认识也不会

---

① 金德建:《古籍丛考》之八《荀子大略篇作于汉人考》,北京:中华书局,1941 年。

② 《河北定县 40 号汉墓发掘简报》、《定县 40 号汉墓出土竹简简介》,载《文物》1981 年第 8 期。

③ 廖名春:《荀子新探》,台北:文津出版社,1994 年。

走那么多的弯路。而今,对于《孔子家语》的价值,学界已经有了清楚的认识①,这对于《荀子》成书问题的研究同样具有重大价值。我们将《孔子家语》与《荀子》比较,发现二者相互关联、可以互见的篇章不少,其中,数量较大,篇幅较多的见下表:

《荀子》	《孔子家语》	《荀子》	《孔子家语》
《大略》	《困誓》	《法行》	《三恕》
《宥坐》	《始诛》	《哀公》	《五仪》
《宥坐》	《三恕》	《哀公》	《好生》
《宥坐》	《颜回》	《哀公》	《颜回》
《子道》	《三恕》	《尧问》	《困誓》
《子道》	《曲礼子夏问》	《仲尼》	《六本》
《子道》	《在厄》	《乐论》	《观乡射》
《法行》	《问玉》		

我们表中所列的《荀子》与《孔子家语》相对应者,都是相互之间有大段的互见材料。对《孔子家语》与《荀子》的相通和相同,清代学者做过细致的收集工作,例如陈士珂,他将《孔子家语》与其他典籍相关的材料逐一列举比对,证明《孔子家语》的材料都有一定的根据,并非后人伪造而成。其中,与《荀子》有关的材料也同样列举出来。

不难看出,《荀子》与《孔子家语》相同的材料,比较集中于《宥坐》、《子道》、《法行》、《哀公》、《尧问》等篇,这种情况应该不是偶然的。荀子曾经到过秦国,他赴秦国时,带去了不少的书籍,《孔子

① 可参考杨朝明主编的《孔子家语通解》(台北:万卷楼,2005 年)中的有关内容,如前言:《出土文献与〈孔子家语〉伪书案的终结》以及附录:《历代〈孔子家语〉的流传与研究》、《出土文献与〈孔子家语〉研究述评》、《〈孔子家语〉成书问题考辨》等。

家语》与《荀子》之间的密切关联应当是很自然的事情。看来,《荀子》书中有《孔子家语》的材料,不仅不能说明《荀子》之“伪”,反倒应该是《荀子》为真的一个重要证据。

二　《荀子》的基本内容

战国时代是一个充满战乱与血腥的时代。荀子生活在战国的中晚期,这时期,诸侯间的兼并战争愈演愈烈,从商鞅变法到秦赵长平之战,战争由战国初期的大国蚕食小国演变成为大国集团对集团间的合纵连横。长平之战后,合纵连横又发展成为秦逐一消灭东方六国的统一战争。面对规模越来越大的战争,面对战争带来的极大危害,思想家们无一不在思考社会的前途问题。

从《荀子》看,荀子也是这样的思想家,他处在这个空前动荡的社会中,同样关注如何变革社会,关心怎样实现社会的统一,怎样为统一的国家确立一套统治制度和思想价值观念,由此,在总结和批判以往思想家的成果的基础上,荀子提出了一整套个人的思想主张。

(一)《荀子》的人性学说

荀子的政治思想与他对于人性的认识密切相连。儒学是“修己安人”之学,为了治国平天下,就必须齐家,必须修身。修身是儒家学说的根本所在,在早期儒家的思想中,“修身”、“克己”、“敦于反己”之类的论述可谓比比皆是。他们在思考怎样修身,怎样使人能够自觉地遵守社会规范,自觉地循礼而动;他们有时也思索为什么人不能做到自觉地修养自身等问题。社会是由一个个具体的社会成员组成的,因此,个体的人也就成为儒学研究的主要对象。

在荀子以前,儒家对于人性的认识已经十分深刻,可以肯定地说,孔子对于人性的认识已经十分成熟,只是由于直接的材料不多,学者们认为在孔子那里还没有完备的人性学说,实际上,情况未必如此。荀子以前,已经有孔子的孙子子思系统的人性学说,这有新出郭店楚简的材料加以证明,更有孟子系统的性善论,这早已是历来学术界的传统认识。从《荀子》的记述看,在对以前各种思想的认识中,荀子从人性的趋向特征与人的社会存在特征相互比较出发,提出了他的人性恶的人性学说,这是儒家人性论的又一重要思想理论。

第一,荀子以前的人性学说

所谓人性问题,其实就是人自身根本属性的问题,它可以说是中国传统人文思想中一个得到普遍关注的极其重要的问题,也是自始至终人性论讨论的核心问题。自人们逐步冲破上古时期诡秘神学的束缚以来,"人"自身的内在性、社会性及其与自然性的关系,便成了思想家们普遍探讨的问题。学术界以前一般认为,儒家的性命学说到孟子的时候才真正形成体系,这显然与事实有很大距离,也自然影响到对于荀子人性学说的认识。

对人的研究可谓由来已久。周代先王曾有训典,史书或称之为"训语"、"遗训"等,我们可以姑总名之曰"周训"①。《逸周书》首卷开头即有《度训》、《命训》、《常训》三篇,应当属于周训一类。"训"有训教之意,既名曰"训",其出于周先王便合乎道理。《度训》等三篇以"训"为名,皆言为政牧民之道,而且各篇从天道、民

---

① "训语"见于《国语·郑语》:"训语有之,曰:'夏之衰也……'";"遗训"见于《国语·周语下》:"若启先王之遗训,省其典图刑法,而观其废兴者,皆可知也。"《国语·楚语上》有"训典"一词,曰:"教之故志,使知废兴者而戒惧焉;教之训典,使知族类,行比义焉。"韦昭以为"训典"指"五帝之书",其实它应泛指前代典训。《左传》襄公四年有"夏训有之曰"一语,杜预注曰:"夏训,夏书。"《国语·郑语》韦昭注则曰:"训语,周书。"例之"夏训",周人所言"训语"、"遗训"可称为"周训"。

性问题谈起，内容丰富，“理极精深”①。周训既为先王遗训，自然会支配到周人的政治思维，理应也影响到儒家的学说。特别是由于“儒者法先王”②，孔子及其后学不仅“祖述尧、舜”，而且“宪章文、武”③，一定从周训中吸取了不少思想营养。

按照《周书序》的说法，《逸周书》“三训”皆成于周文王时，但在今天，学界已经很少有人相信《周书序》的这种说法，一般认为它们的成书不会太早。其实，依笔者的研究，《周书序》的说法应当是大体可信的。不仅如此，恐怕其后的不少篇章撰成的时间都不会晚，如紧接其后的《文酌》，与“三训”文体相类，在内容上也有颇多相通之处，所以人们认为它们成篇的时代基本一致。④

在儒家思想体系中，人性学说占有重要地位，我们认为，早期儒家的心性理论与“周训”有密切联系。作为周人的重要文献，“周训”对后来的影响，可以从后人常常谈及先王训教的语句中得到证明。关于文王“三训”，文献中不仅有明确征引，而且约其文辞而义旨相承者更多。种种迹象显示，孔子以及孔门后学在人性理论方面受到《度训》等篇的影响都比较明显。

春秋时代，人们已经从各个方面来探讨人性问题。关于人的自我本质的认识，当时的人们主要用“人性”这一概念，间或用“人情”、“人欲”或“人道”等。春秋时代，人们探讨社会历史、政治治乱以及人生问题的根源，已由宗教神学转向人自身。由此“人性”问题也就自然而然地被提了出来。如果说春秋时期人性理论还处

---

① 蒋善国：《尚书综述》第440页，上海古籍出版社，1988年。

② 《荀子·儒效》。

③ 《中庸》、《汉书·艺文志》。

④ 杨朝明：《周训：儒家人性学说的重要来源》（从《逸周书·度训》等篇到郭店楚简《性自命出》），《21世纪儒家文化に关する国际会议报告论文集》，日本·磐城·东日本国际大学儒学研究所，2000年6月22~23日；收入杨朝明：《儒家文献与早期儒学研究》，济南：齐鲁书社，2002年。

在初探阶段的话，那么到了战国时期，各派思想家差不多都对人性问题发表了自己独特的见解。各种人性论观点可谓异彩纷呈，人性问题成了对人的认识最基本的命题。各种思想派别的存在和争鸣，尽管没有从根本上科学地解决"人性"问题，但却将问题引向了深入。

以前，学术界一般认为孔子是第一个讲人性的人，其实，如果考虑到中国上古时期对人性的探讨已经具有久远的历史，如果考虑到孔子的思想实际是吸收或者集合了三代思想的优秀成果，那么我们应当承认孔子的人性学说已经是具有成熟形态的思想体系。只是，孔子更加关注政治问题，更加注重迫在眉睫的现实问题，未必喜欢那些看起来精微细致的事物理路，更加着眼于那些具有"治世之用"①的东西。惟其如此，孔子弟子才有人说："夫子之言性与天道，不可得而闻也。"②但是，这与孔子对于人性问题缺乏认识完全是两回事。

孔子也有不少明确的对于人性问题的论述。比如，孔子认为人的"天性"都是基本相近的，之所以各有差别，乃是由于人之所"习"在起作用，此即所谓"性相近也，习相远也"③。孔子的这一认识与从殷商末年一直到战国时期人们的认识都完全一致。例如，《逸周书·常训》中说："天有常性，人有常顺，顺在可变，性在不改。不改可因，因在好恶。好恶生变，变习生常。常则生丑，丑命生德。明王于是立政以正之。"指出人生而有自然的秉性，人生来就有习惯、有常行，但其能否因循沿袭，还取决于人们的好恶。这与孔子所言一样，都是说由于人们各自因其好恶可以走上不同

① 《孔子家语·执辔》。
② 《论语·公冶长》。
③ 《论语·阳货》。

的路向。圣王施教,明其耻丑以命之,则产生道德。《郭店楚简·性自命出》也说:“四海之内,其性一也。其用心各异,教使然也。”又说:“教所以生德于中者也。”可见,从《逸周书》而孔子而《郭店楚简》,其意旨都是一致的。

在解释《逸周书·常训》此语时,清代学者朱右曾说:“好恶,情也。好善恶恶,性也。非情无以识性,故因在好恶。性无不善,情兼善恶,故生变。变于所习,则以变为常,而善恶之类判然矣。因其丑以命之,使人弃恶迁善而生德。”指出情和性的关系:没有情就无法识别性,性没有不善的,而情善恶兼具,而且认为道德生于性情之中。《常训》中的这种情、性关系论,《性自命出》中曾两次表述为“情生于性”。

《常训》又说:“夫习之为常,自血气始。明王自血气耳目之习以明之丑。丑明乃乐义,乐义乃至上,上贤而不穷。”前人谓血阴气阳,合而成气质;又说血气为知觉运动所托,乃是与生俱来的。孔子说:“少成若天性,习贯之为常。”①同样以为习惯当自幼小时开始培养。《性自命出》除了前面所谓通过教而“生德于中”,还有义以厉性、习以养性、道以长性等思想,在这一思想上,从《周训》到孔子再到《性自命出》,仍然是上下一贯的。

在孔子以后,对人性的看法可谓多种多样,如性自然说、性善说、性恶说、性自利自爱说、性好利说、人性随水性说、性无善无不善说、人性善恶兼有说、性可以为善可以为不善说、性品说(即“有性善、有性不善”说)、性为天命说、性三品说等等。就对后世的影响而言,孟子与荀子对后世的影响更大,作为战国时期的两位儒学大师,他们的人性论可谓既形成鲜明对照又足以相得益彰,深刻地影响着中国古代儒家的各种人性理论,正如张岱年先生所说:“自

① 《大戴礼记·保傅》。

孟荀性论对立，以后论性者多是调和孟荀。”①可以说，了解孟、荀人性论的差异，就能够更好地理解整个中国古代人性论的理论渊源及其发展演变的过程。

孟子主张“性善”，他的“性善”论是在批驳告子人性学说的基础上确立起来的。告子提出：“生之谓性”，“食、色，性也。”②他认为，人与生俱来的自然性就是人性。针对告子的主张，孟子提出“人性本善”，他说：“人性之善也，犹水之就下也。”性善的核心是“人皆有不忍人之心”，即人人都有不忍伤害他人之心。这种不忍人之心又称为“恻隐之心”，即对他人不幸的同情心。围绕“不忍人之心”，还有“羞恶之心”、“辞让之心”、“是非之心”，可概括称为“四心”。

孟子是怎样论证人性是善的呢？他首先举了“孺子将入于井”的例子，他说，看到一个小孩子将要落井，任何人都会“有怵惕恻隐之心”，从而伸出救援之手。那救孩子的人并没有明确的外在动机，他之所以主动相救，不是与孩子的父母是好朋友，也不是为了让乡里的人们赞扬他，更不会是他厌恶孩子落水时的那种声音，而是出于纯粹的内在本能。显然，这种本能乃是以“不忍人之心”为其根柢，本质上是善的。假使有谁在此情况下见危不救，那这种人便是“非人也”。

人属于高级动物，人与其他动物相近而又区别，在孟子看来，人与其他动物的区别并不大，他说：“人之所以异于禽兽者几希。”③也就是说，人所不同于禽兽的地方就只有“不忍人之心”那么一点。从这样的角度，孟子推断人性为善。

---

① 张岱年：《中国哲学大纲》，见《张岱年全集》第2卷第260页，石家庄：河北人民出版社，1996年。

② 《孟子·告子上》。

③ 《孟子·离娄下》。

孟子论证性善，还借助于人的共性进行推论。他说人类“口之于味也，有同耆焉；耳之于声也，有同听焉；目之于色也，有同美焉”。人与人有共同的喜好，包括口感、声音、颜色等等，由此推言，人心也当然有相同之处，那么，相同者是什么？孟子说道：“谓理也，义也。”①也就是说，人同此心，心同此理，人心莫不喜好事物的内在理路、莫不喜好仁义。

孟子还从家庭伦理论证人的本性问题。他说：“人之所不学而能者，其良能也；所不虑而知者，其良知也。孩提之童无不知爱其亲者，及其长也，无不知敬其兄也；亲亲，仁也；敬长，义也。无他，达之天下也。”②孟子认为父母儿女之情是本能，这种本能表现在道德上便是仁义，因而人性本善。

孟子认为，仁、义、礼、智是“人性”中所固有的，先天存在于人心之中，它们与生俱来，人人具备。他论述说：“恻隐之心，仁之端也；羞恶之心，义之端也；辞让之心，礼之端也；是非之心，智之端也。人之有是四端也，犹其有四体也。”③他又说：“恻隐之心，人皆有之；羞恶之心，人皆有之；恭敬之心，人皆有之；是非之心，人皆有之。恻隐之心，仁也；羞恶之心，义也；恭敬之心，礼也；是非之心，智也。仁义礼智，非由外铄我也，我固有之也。”④依孟子的意思，一个人只有将自身内在固有的仁心善性不断地扩而充之，才能充分实现自我的人性价值。

与荀子的人性学说不同而影响较大的，除了孟子，还有杨朱、庄子等。杨朱大谈“为我”，是十分典型的自私自利，《孟子·尽心上》说：“杨子取为我，拔一毛而利天下，不为也。”因此他的认识遭

---

① 《孟子·告子上》。
② 《孟子·尽心上》。
③ 《孟子·公孙丑上》。
④ 《孟子·告子上》。

到了孟子的否定。但与孟子不同的是,庄子崇尚自然,将人还原为自然的存在物,视人性为天生就有的原始本然状态,认为人的本体的、自然的状态才是真实的存在,只有在自然中才能实现人的本质和价值。

第二,荀子的"性恶说"

孟子主张"人性善",而荀子却一反孟子的"性善论"提出"人性本恶"。荀子"人性恶"的中心命题,就是他在《性恶》篇中所说的:"人之性恶,其善者伪也。"荀子的"性伪论"颇为引人注意。所谓"伪",是指后天的人为作用。荀子批评孟子不懂性、伪之分,混淆了天然的人性和后起的礼义之间的分别。

《荀子》中的《性恶》篇是荀子论述人性恶的专篇。荀子认为,孟子的性善论说明他并不真正了解"人之性"的表现,没有分清楚人的"性"与"伪"的区别。他说:"孟子曰:'人之学者,其性善。'曰,是不然,是不及知人之性,而不察乎人之性、伪之分者也。凡性者,天之就也,不可学,不可事。礼义者,圣人之所生也,人之所学而能,所事而成者也。"①他认为人性是天然的,礼义道德之善却不是与生俱来的,而是经过环境的教育、学习养成的。

荀子将人之"性"与"伪"加以区分,是他看到了人自身的内在冲突,而这正是荀子人性理论的逻辑起点。由于荀子把人的生理欲望说成是"恶",所以他认为不能放任人的本性让其自由发展,如果任其自由发展不加以改造,就要与礼义相悖。我们习惯上说荀子是性恶论者,但从《性恶》篇中不难看出,荀子其实并没有把人的本性说成是恶的或者善的,在他看来,人的本性是指人天生的"好利"、"嫉妒"之类的欲望。荀子所谓"从人之性,顺人之情",说的是放纵性情。他认为,如果没有节制,必然生出种种邪恶。荀子

① 《荀子·性恶》。

认为“恶”源于情性，人的情性膨胀、发展，就会导致“恶”，也就是说，人的邪恶的品行是由人的欲望导致的，这才是荀子“性恶论”的真正含义。

关于人天生的欲望与情性，荀子与孟子的看法比较相似。《孟子·尽心下》中记孟子说：“口之于味也，目之于色也，耳之于声也，鼻之于臭也，四肢之于安佚也，性也。”《荀子·性恶》则说：“若夫目好色，耳好声，口好味，心好利，骨体肤理好愉佚，是皆生于人之情性者也，感而自然，不待事而后生之者也。”他们都认为人本喜好色、声、味、利以及安佚。所不同的是，孟子认为人的这些本性和欲望可以导向善，而荀子则相反。

荀子认为，正是因为孟子的人性善可以导致品行善，使他提出一系列错误的观点。孟子认为仁义礼智是人本身固有的。其实，人饥而欲食，寒而欲衣，疲而欲息，这是人的本性。《荀子·性恶》说：“今人饥，见长而不敢先食者，将有所让也；劳而不敢求息者，将有所代也。夫子之让乎父、弟之让乎兄，子之代乎父、弟之代乎兄，此二行者，皆反于性而悖于情也。”指出人饥饿而不敢先食，疲劳而不敢求息，其实并非人的本性，人们具有这些德性，乃是由于人们接受了礼义的教化与约束，并非人性本“善”所造成。

人为什么希望自己具有善的品行呢？荀子认为，当人的性情和欲望具有恶的趋势的时候，人才希望如此。他论证说，刻薄的人希望厚道，丑恶的人希望美丽，狭隘的人希望宽广，贫穷的人希望富裕，低贱的人希望高贵，既然本身不具备理想的状态，那么只能求之于外。只有当一个人具有自己所希望的状态时，他才会不求之于外，人不追求富裕，可能他已经拥有了财富；人不急于发展势力，可能是已经拥有了高贵。以此来观察，人希望具有善的品行，就极有可能是他的欲望与情性具有恶的趋向。

荀子认为，在他那个时期，人们的本性是没有礼义的，在本性上不知礼义，所以就渴望知道礼义，因此希望通过努力学习以使个人具有礼义。假如任自己的天性自然地生长，人就必然不知道礼义，就必然没有礼义，如此，人们无论是思想还是行为，也就随之出现悖乱。任天性自然地生长，这样的悖乱显然是由自己所造成的。从这个道理来看，人的情性如果不加以约束，就会向恶的方向发展；从这里还可以看出，人的优秀品质不是天生就有，而是后天人为造成的，是用礼义进行教育的结果。

基于以上对于人性问题的理解，荀子希望加强后天环境的教育，用礼义之道改造人性。为了改造人性，荀子给人们提供了如下几种途径：

首先，最根本的是圣人"化性"、"起伪"。在《性恶》篇中荀子指出圣人为了改变恶的本性，而提倡人为的改造；随着提倡人为的改造而产生了礼义，根据礼义又制定了法度，礼义法度是圣人制造出来的。荀子赋予了"圣人"改造人类性恶的神圣使命。

老师的教育也是改造性恶的重要办法。《荀子·修身》篇指出，在道德修养的过程中，要达到礼义道德的要求，除了个人发挥自身的主观作用，以"礼"来规范自身的行为，见善思齐，还要有良师的教化和指导。荀子进一步提出调理性情、培养品操的办法，最为直接的途径是按照"礼"的要求行事，而最关键的地方在于得到良师的教化。在《荀子》中，荀子多次指出老师的重要性。

环境和习俗的熏陶也是一条重要的改造性恶的途径。荀子指出，不同的文化环境会使人形成不同的习俗和文化特质，所以《荀子·儒效》说："居楚而楚，居越而越，居夏而夏，是非天性也，积靡使然也。"在《劝学》篇中，他对社会环境的影响与作用作了颇为精辟的论述。

改造性恶的办法自然还有修身，以"道"、"理"节制本性。荀子很重视修身，提出遇事时要注意用礼义克制自己，要用理智控制自己的欲望。他还认为,人们的欲望既不可以抹煞和弃而不顾,也不可能完全得到满足,即使天子也是一样。这样,只好靠"道"和"理"来加以节制了。

第三,荀子人性学说的价值

荀子主张人性恶,但他却认为人人都可以为善,用他的话说,就是"涂之人可以为禹"①,即积善全尽可以为圣人。在这一点上,荀子与孟子是相同的,因为孟子赞同"人皆可以为尧、舜"②的看法,所以,荀子的性恶论与孟子的性善论似乎并没有什么根本上的不同。正因如此,清代大学者戴震也在其所著《孟子字义疏证》中议论荀子的性恶论说:"此与性善之说不惟不相悖,而且若相发明。"甚至有学者提出疑问,说:"涂之人可以为禹,即孟子所谓人皆可以为尧、舜,但改尧、舜为禹耳。如此,则何必自立一说乎?"③显示了孟、荀在人性学说上的一致性。

在人性论上,孟、荀二人确实是殊途而同归的。孟子言"性善"所注重的是人生而固有的各种"善端",所以性必须继续扩充;荀子所言性乃指自然生就的本能,顺性则走向恶,故而性必须加以改造,"善"生于人为的礼义教化。所以,他们的人性主张看起来截然相反,但两者的归结点却是一致的,即他们从强调人的社会性出发,都认为人的本质价值的真正实现在于道德仁义。

孟子把性善作为仁义的根底,荀子则把仁义作为改造人性的武器和结果。孟、荀都认为尧、舜是圣人,是人的价值的最高体现,是做人的典范。孟子与荀子为了鼓励人们修仁义之道,提出了"人皆可以为尧、舜"的富于鼓动性的号召。孟子教导人们努力去发扬

---

① 《荀子·性恶》。

② 《孟子·告子下》。

③ 陈澧:《东塾读书记》卷三,北京:三联书店,1998年。

自己的善性,沿着仁义的道路前进,从而成就为尧、舜;而荀子却教导人们努力用礼义改造自己,认为改造的尽头就会变成尧、舜。两人的不同点在于,孟子引导人们向内作工夫,修心养性,荀子则强调自我改造与社会改造。

荀子处在孟子之后,他的性恶论是在批评孟子人性善学说的基础上形成,因而具有一定的价值。

首先,荀子的性恶论在揭示人的性伪之分的内在冲突时,也言明了人的欲望与性情可能导致邪恶的客观事实。如果简单地进行归纳,庄子的人性论可以称为自然人性,孟子的人性论可以归结为道德人性,到了荀子那里,自然人性与道德人性的外在的冲突,便转化成了人自身的理性与感性的冲突。荀子认为人都会不可避免地受到内在感性生命冲动的支配,但是人人又都有理性意志,都往往能够做到抑制感性,以使之与礼义契合。如若不是如此,如若不是礼义教化的作用,人们趋向于邪恶便是十分自然的事情。

荀子提出性恶论,可能与他所处的时代具有直接的关系。当天下乱离之际,人们朝不保夕,在礼义道德的呼吁被战争的呐喊所淹没的时候,邪恶的事实便不断地呈现出来。荀子在时代上稍后于孟子,他比孟子看到了更多的征战与杀伐,因此他也比孟子更多地注意到了争夺、残贼、淫乱之类。孟子之时,已经出现了“争地以战,杀人盈野;争城以战,杀人盈城”①的局面,到荀子的时候,各国之间的兼并战争更是血雨腥风不断,在这样的历史文化背景下,荀子提出了他的性恶论。

不少人认为,人性恶对于推动历史的进展是有益的,它甚至远远超出了人性善的理论,由此,人们认为看到了人性恶的问题,也就看到了历史发展的杠杆。例如,恩格斯说,“黑格尔指出:‘人们

---

① 《孟子·离娄上》。

以为,当他们说人本性是善的这句话时,他们就说出了一种很伟大的思想;但是他们忘记了,当人们说人本性是恶的这句话时,是说出了一种更伟大得多的思想。'在黑格尔那里,恶是历史发展的动力借以表现出来的形式。这里有双重的意思,一方面,每一种新的进步都必然表现为对某一神圣事物的亵渎,表现为对陈旧的、日渐衰亡的、但为习惯所崇奉的秩序的叛逆,另一方面,自从阶级对立产生以来,正是人的恶劣的情欲——贪欲和权势欲成了历史发展的杠杆"。①

在专制时代,性恶论的提倡为君主专制提供了合理性论证,《荀子·性恶》篇中说:"故古者圣人以人之性恶,以为偏险而不正,悖乱而不治,故为之立君上之势以临之,明礼义以化之,起法正以治之,重刑罚以禁之,使天下皆出于治,合于善也。"意思是说人性中贪婪欲望的无限膨胀,必然会导致人们之间对社会与自然有限资源的不断纷争,为避免相互之间的残害与争斗,避免社会秩序的混乱,就必须建立社会道德的规范,对人的欲望加以限制和改造。在这样的过程中,社会中的君权、道德、刑法也不断地被制定与完善起来。

荀子的性恶论最为积极的一面,在于它为提倡隆礼重教作出了哲学上的铺垫。在荀子看来,人之性恶说找到了世界种种罪恶的根源。那么,既然人性是恶的,就应当摒恶向善,改变人性。如何向善?人的道德理性从哪里来?人们会自然发出这样的疑问:"人之性恶,则礼义恶生?"

对此,荀子在《性恶》篇中也有探讨,他说:"凡礼义者,是生于圣人之伪,非故生于人之性也。……圣人积思虑、习伪故,以生礼

---

① 恩格斯:《路德维希·费尔巴哈和德国古典哲学的终结》,见《马克思恩格斯选集》第4卷第233页,北京:人民出版社,1972年。

义而起法度,然则礼义法度者,是生于圣人之伪,非故生于人之性也。”礼义产生于圣人的人为努力,而不是本来就产生于人的本性。圣人深思熟虑,常习人为的事情,从而使礼义和法度产生和建立。也就是说,要改变人性之恶,就应当用圣人的礼义法度引导与教化,这是礼义产生的必要性所在。既然人的欲望和情性的扩张会导致邪恶的产生,那么就应该加强礼义教化。所以荀子说:“故必将有师法之化,礼义之道,然后出于辞让,合于文理,而归于治。”意思是说一定要有了师长和法度的教化、礼义的引导,然后人们才会从推辞谦让出发,遵守礼法,最后达到社会的太平。就是在人性恶学说的基础上,荀子才倡导了他的“化性起伪”的思想,这正是他人性学说的价值导向。

(二)《荀子》的思想主旨

荀子的思想属于儒家,现在似乎是不用多说的问题。但实际上,对于荀子思想主旨的认识,历史上却有过不同的争论,直到现在,由于种种原因,人们的认识还有很大、很多的分歧。

第一,前人认识的分歧

我们前面已经说到,荀子不仅传习儒家学说,守习作为“孔子家学”的儒家“正学”,而且连他的弟子韩非在说到“儒家八派”的时候,也将“孙氏之儒”列在其中。学术界公认,所谓“孙氏之儒”,指的就是荀子。在《汉书·艺文志》中,《孙卿子》乃是被列入“儒家类”的,显然,无论战国时期还是汉代的学者,都是没有任何疑问地将荀子归属于儒家。

实际上,唐朝以前的学者大都如此。唐朝,大学者韩愈以儒家道统传人自居,不仅“原”儒家道统,而且按照自己的理解,一味地褒扬孟子而贬抑荀子,并且给荀子以“大醇而小疵”的评价。在总体上,他仍然认为荀子的思想属于儒家。

中唐以后，情况有了很大的反转，宋代的理学家们尊奉子思、孟子学说，以思、孟为儒学正统，说孟子死后“千载无真儒”，视荀子为儒家异端，不遗余力地对他进行攻击。北宋著名理学家程颐则认为荀子的思想主张“有悖于圣人”、“非常偏驳”，在他看来，荀子的主张尤其是人性学说与儒家的精神不符。南宋时期理学的集大成者朱熹则以荀子为法家。

宋代以来，尤其是明清两代，许多学者都认为荀子思想有浓厚的法家气息，或直接将荀子思想归属于法家。围绕荀子与法家的关系，出现了许多的说法，比如，有人认为荀子是继承了儒家的法家，有的人认为荀子是从儒家蜕化出来的法家，有的说荀子是儒表法里的人物，有的说他是法家的老师，培养了法家思想的代表人物。

宋代以后，对荀子思想的学派属性，人们的看法大致归于这几类：一是认为荀子的思想属于儒家；二是认为荀子的思想虽然属于儒家，但兼收并蓄了其他各家的思想；三是他的思想基本属于法家。

第二，荀子的儒家本色

在荀子的著作中，他明确自报“家门”，以儒家自居，他属于儒家自应无疑。在《劝学》篇中，荀子说：“学之经莫速乎好其人，隆礼次之。上不能好其人，下不能隆礼，安特将学杂识志，顺《诗》、《书》而已耳，则末世穷年，不免为陋儒而已。将原先王，本仁义，则礼正其经纬蹊径也。若挈裘领，诎五指而顿之，顺者不可胜数也。不道礼宪，以《诗》、《书》为之，譬之犹以指测河也，以戈舂黍也，以锥餐壶也，不可以得之矣。故隆礼，虽未明，法士也；不隆礼，虽察辩，散儒也。”意思是说，学习的途径没有比接近自己的良师益友更有效的了，然后才是隆礼。上不能接近自己的良师益友，下不能隆礼，那只能学些杂乱的知识。只是读通《诗》、《书》，到了老年也不过是“陋儒”而已。至于追溯先王,以仁义为本,那么遵行礼法正是那四通八达的途径。就像提起皮衣领子,弯着五个手指都抖动它,裘毛就会理顺了一样。不遵行礼法,而只是依《诗》、《书》行事,就像用手指测量河流的深浅,用长戈舂捣黍子,用锥子代替筷子一样,是不可能达到目的的。因此,隆礼,即使还不够透彻,不失为崇尚礼法的士人;不隆礼,即使是明察善辩,也不过是“散儒”。在此荀子认为学习最重要的是接近良师益友,从而才能更好地隆礼,他希望人要上好其人,下能隆礼,原先王,本仁义,不做所谓的“陋儒”、“散儒”。

在《非相》篇中,荀子主张言要“符合先王”,“顺从礼义”,在这样的基础上,其人还能够做到“好言”、“乐言”,这就是一位“诚士”,所以,真正的君子不仅“效法先王,顺从礼义”,还要“于言无厌”,这才不是一位“腐儒”。据《儒效》篇记载,秦昭王曾经问荀子说:“儒无益于人之国?”荀子极力进行分辨,论证“儒者在本朝则美政,在下位则美俗”,即儒者在朝廷做官,能使朝政有序美好,在下面做百姓,则能美化风俗。他还说:“势在人上则王公之材也,在人下则社稷之臣,国君之宝也。”

除了“陋儒”、“散儒”、“腐儒”等概念,荀子还提到了“大儒”、“雅儒”、“俗儒”、“贱儒”等概念。这表明,荀子作为儒学中人,对有关儒家思想及其与社会治理的关系问题进行了全方位的思考。在《儒效》篇中,他将人们分为四种,即“俗人”、“俗儒”、“雅儒”、“大儒”,分别论述他们对于治国安民的作用,他最后得出的结论是:“人主用俗人则万乘之国亡,用俗儒则万乘之国存,用雅儒则千乘之国安,用大儒则百里之地久,而后三年,天下为一,诸侯为臣;用万乘之国则举错而定,一朝而伯。”指出俗人、俗儒、雅儒、大儒在治国安民方面的不同作用。据《大略》篇记,荀子认为有的话属于“家言邪说之所以恶儒者”,即“某些人之所以做一家之言、歪理邪说是因为厌恶儒生”，他认为：“是非疑则度之以远事，验之以近物，参之以平心，流言止焉，恶言死焉。”指出对于是非要通过事物去揣度和考验，要平心静气地对待，那样流言就会停滞，恶言就会消失。荀子的儒家本位立场可谓昭昭然也。

除了上述所言，《荀子》中有关的记载还有很多。比如《富国》篇中说：“儒术诚行，则天下大而富，使而功，撞钟击鼓而和。”“墨术诚行，则天下尚俭而弥贫，非斗而日争，劳苦顿萃而愈无功，愀然忧戚非乐而日不和。”指出儒术与墨术的不同，如果儒术大行天下，天下就会广大富有，民众就会被役使而且有成效，敲钟打鼓而和睦相处；如果墨术大行于天下，天下就会崇尚节俭却日益贫穷，反对争斗却天天有争斗，勤劳辛苦困顿憔悴却无成效，愀然忧戚反对音乐却一天比一天更加不和谐。又如在《礼论》篇中还说：“儒者将使人两得之者也，墨者将使人两丧之者也，是儒、墨之分也。”在儒、墨两家学说并称为“显学”之际，荀子的儒家立场可谓旗帜鲜明。

在《荀子》一书中，荀子反复称扬孔子、子弓，认他们是自己师承之源。“子弓”就是孔子弟子“仲弓”。在《非相》篇中说：“盖帝尧长，帝舜短；文王长，周公短；仲尼长，子弓短。”在此他将孔子、子弓，与儒家圣王尧、舜以及文王、周公同论。在《非十二子》篇中有许多地方都是孔子与子弓并称，比如：“子思唱之，孟轲和之。世俗之沟犹瞀儒，嚾嚾然不知其所非也，遂受而传之，以为仲尼、子弓为兹厚于后世，是则子思、孟轲之罪也。”意思是子思倡导，孟轲附和，社会上那些愚昧无知的儒生七嘴八舌地不知道他们的错误，于是接受了这种学说而传授它，以为是孔子、子弓立此学说来惠施于后代，此是子思和孟轲的罪过。“无置锥之地而王公不能与之争名，在一大夫之位，则一君不能独畜，一国不能独容，成名况乎诸侯，莫不愿以为臣，是圣人之不得势者也，仲尼、子弓是也。”意思是说虽然没有立锥之地（封地），但是王公大臣却不能和他们竞争名望，他们如果在大夫的位置上,那么不是一个诸侯的国君所能单独任用和容纳的,他们的盛名比同于诸侯,各国无不愿意让他们来当自己的臣子,这就是圣人中没有得到权势的人,孔子和子弓就是这样的人。“今夫仁人也,将何务哉?上则法舜、禹之制,下则法仲尼、子弓之义,以务息十二子之说。”即当今的仁人应该致力于什么呢?上应师法舜、禹的政治制度,下应师法仲尼、子弓的道义,以求消除十二子的学说。荀子遍“非”各家,而独称仲尼、子弓。在《儒效》篇中说:“通则一天下,穷则独立贵名,天不能死,地不能埋,桀、跖之世不能污,非大儒莫之能立,仲尼、子弓是也。”指出通达了会统一天下,不得志时会独自树立高贵的名声,上天不能使其灭亡,大地不能把他掩葬,桀、跖的时代不会把他污染,不是大儒是不能这样立身处世的,仲尼和子弓就是这样的人。这里,荀子将仲尼、子弓称为“大儒”。

我们前面说到,荀子的弟子韩非将其作为“儒家八派”之一,更是荀子儒家本位立场的重要旁证。据《韩非子·显学》篇说,虽然孔子、墨子去世之后,“儒分为八,墨离为三,取舍相反不同”,但都分别以儒、墨传人自居,“皆自谓真孔、墨”。显然,“孙氏之儒”同样也以自己传承了孔子的学说为荣。荀子虽然批评子思、孟子、子张、子夏、子游等人,却推尊仲尼、子弓,恰恰印证了韩非子的说法。韩非是荀子的学生,他所言及荀子为儒学中人,不可不信。

第三,荀子“法后王”乃“法周公”

在荀子的思想体系中,除了“性伪论”之外,还有一个概念非常引人注目,那就是他的“法后王”。

春秋战国时期,儒家乃至其他不少学者都常常谈及“先王”,而荀子独独创立了“后王”这一概念。在《荀子》一书中,他并没有对“后王”的概念明确加以界定,从而使得后人进行了种种推测。

显然,了解荀子所说的“后王”何指十分重要,它直接关系到对荀子思想的认识，进而影响到对他的整个思想体系的评价。但是，对于这一问题，真可谓异说纷呈。有人认为指“近时之王”或“当今之王”；有人认为指周文王、周武王；有人认为是指周公；有人认为指相对于开创之王的守成之主；有人认为并不特指某个现实人物，只是荀子构想的一个理想人格；还有人认为是指“先王”、“百王”序列中的后者；还有人认为是指孔子。

我们认为，荀子倡导所法的“后王”，很可能是暗指周公；他所说的“法后王”很可能就是“法周公”。这在《荀子》各篇的论述中都可以看到踪迹。

《不苟》篇中说：

> 故千人万人之情，一人之情是也；天地始者，今日是也；百王之道，后王是也。君子审后王之道而论于百王之前，若端拜而议。推礼义之统，分是非之分，总天下之要，治海内之众，若使一人。故操弥约而事弥大。五寸之矩，尽天下之方也。故君子不下室堂而海内之情举积此者，则操术然也。

意思是说以一人推知万人，以今日推知天地开辟时的情况，以后王知上百代之王的统治之道，君子审察了后王的统治之道，从而再去考察百代帝王之前的统治，就像端正身体拱着手那样从容。推导礼义的传统，分清是非的界限，总揽天下的要领，治理天下百姓就如同役使一个人一样，所以掌握的方法越简约，就越能办成大事，就像五寸长的曲尺能勾画出天下所有的方形一样。所以君子不用走出室内而天下的情况就都聚集在他这里了。在此，荀子所讲的是一个“操术”的问题，他所希望的这种“简单”不是对“繁华”的否定，他是以“一人”而推“千人万人”，以“今日”而推知“天地始”，以“百王”而推“后王”。

须知，荀子所说的“今日”既然相对于“天地始”而言，不一定就是具体的“荀子之时”，它可以泛指自己看到的时代。

其实,“生乎今之世”、“志乎古之道”之类的说法是春秋时期的常用语,孔子本人就常常用到这类表述,一般都是作为假设之辞出现的。例如《孔子家语·五仪》篇记孔子说:“生今之世,志古之道;居今之俗,服古之服”,《礼记·中庸》记孔子说:“生乎今之世,反古之道”,都是如此。所谓“今之世”不一定是言语者本人之世,而是言语者假定的具有某种行为方式的人所处的时代。所以,荀子所说的“彼其人”不一定生活在荀子的时代,他是说这个人生活在自己的时代却尊奉古代的圣道。

《非相》篇中说:

> 圣王有百,吾孰法焉?故曰:文久而息,节族久而绝,守法数之有司极礼而褫。故曰:欲观圣王之迹,则于其粲然者矣,后王是也。彼后王者,天下之君也;舍后王而道上古,譬之是犹舍己之君而事人之君也。故曰:欲观千岁,则数今日;欲知亿万,则审一二;欲知上世,则审周道;欲知周道,则审其人所贵君子。故曰:以近知远,以一知万,以微知明,此之谓也。

大体意思是说圣明的帝王有很多,我们效法谁呢?因此说,礼乐制度因为年代久远了就会湮没和失传,掌管礼法条文的官吏也因为与制定礼法的年代相距久远而使礼法有所脱节了。如果想观察圣王的遗迹,可以通过后王来看,后王集中了圣王所有的光辉思想。后王是天下的君主,舍弃后王而称道上古的帝王,就像舍弃自己的君主而侍奉别人的君主一样。因此,想观察千年的事情可以通过今日来看;想知道亿万的事物,可以审察一二件事物;想知道前代的事情,就要审察周道,要知道周道就要审慎地观察创立周道的人。因此说,以近知远,以一知万,以微知明,说的就是这个道理。荀子在这里同样提到了“今日”,而这里的“今日”则与“千岁”对举。自古以来,圣王很多,那么,效法圣王,如何落实?荀子认为,时间既久,文息节绝,上古圣王之迹却具体地体现在“后王”身上。

值得注意的是,荀子提出了“以近知远”的概念,他却没有说“以今知远”,这证明我们前面所说荀子所言不是“荀子之时”的推断是正确的。

荀子所言的“近”到底在什么时候,这是“后王”何指的关键。很明显,它不会早到周朝以前。那么,它会不会是指东周以后各王,也应该不是。即使“后王”的时代再后,也应当是指所谓的“相对于开创之王的守成之主”。看来,人们将目光聚焦在殷末周初的思路是对的。

《非相》篇中的句子也透露出一些端倪。在表述中,荀子以“千岁”与“今日”、“亿万”与“一二”、“上世”与“周道”、“周道”与“其人”,两两对言,这种句型组合结构,显然不是强调其间的“一种反差”,也不是言其时间跨度之大或者数量悬殊之多,而是强调二者之间的联系。意思是“亿万”集中于“一二”、“上世”集中于“周道”、“周道”集中于“其人”。因为如果强调所谓“反差”,则“上世”就不会包括“殷道”,这显然与早期儒家的文化观不相符合。

孔子认为三代文化是相互“损益”的关系,荀子的说法与孔子思想一致。周代的礼制包含了夏、殷二代,是对前世内核的继承,其所变更者,是不切实的部分,是经过实践检验必须扬弃的东西。这种“损益”是继承基础上的“损益”,属于“批判地继承”的范畴。经过“损益”,它更加符合时代。与孔子一样,荀子的着眼点同样也是“周道”。

既然“上世”集中于“周道”,“周道”集中于“其人”,那么,这个“人”就一定是代表了“周道”的人,他自然不是一般的人,并不是任何一个人都能够充任这一身份的。值得注意的是,在“欲知周道,则审其人”的后面,荀子还说了一句“所贵君子”,这里说到“君子”十分重要,它有助于分辨这位代表了“周道”的人。《礼记·礼运》中记有孔子曰："禹、汤、文、武、成王、周公，由此其选也。此六君子者，未有不谨于礼者也。"禹、汤、文、武、成王、周公明确被孔子称为"君子"。如此，"周道"的代表如果不是文、武，就应该属于周公。

《儒效》篇中荀子说："言道德之求，不二后王。道过三代谓之荡，法二后王谓之不雅。"《王制》篇中荀子说："道不过三代，法不贰后王，道过三代谓之荡，法贰后王谓之不雅。"既然循"道"应不过夏、商、周三代，而周道又继承了夏道、殷商之道，那么，所"法"的"后王"应即周道中人，而最能够代表周道，奠定了周代礼乐文明基础的乃是周公。

《荀子》中的《正名》篇，开篇即说道："后王之成名：刑名从商，爵名从周，文名从礼。散名之加于万物者，则从诸夏之成俗曲期，远方异俗之乡则因之而为通。"大体的意思是说后王确定了名称：刑名依从商朝，爵名依从周朝，礼仪制度的名称依从礼，万物的名称则依从华夏各诸侯国已成的风俗。远方不同习俗的地方就依靠这些名称进行交流。即此处所说的是后王"成名"的基本原则。这里透露出来的信息十分重要，这位"后王"不是一般的"王"，他是定"刑名"、"爵名"、"文名"的人。这个人不是别人，正是周公。

周公曾经作"九刑"、定爵等、制礼乐，这在荀子时代乃是普遍知晓的事实。在《正名》篇中，荀子阐述后王"成名"的原则。《国语》注曰："成，定也。"刘念亲曰："成名，定名也。"杨倞注：文名，谓节文威仪。礼，周之仪礼。《礼记·明堂位》中载："武王崩，成王幼弱，周公践天子之位，以治天下，六年，朝诸侯于明堂，制礼作乐，颁度量，而天下大服。七年，致政于成王。"《尚书大传》记载周公事迹说："周公摄政，一年救乱，二年克殷，三年践奄，四年建侯卫，五年营成周，六年制礼作乐，七年致政成王。"周礼是周公所作。

《荀子》的《成相》中也说："凡成相，辨法方，至治之极复后王。

复慎、墨、季、惠，百家之说诚不详。”这一则材料更加明确无误地证明了“后王”乃是周公。荀子所言的“后王”所处的世道为“至治之极”，此世非周公之时莫属。其中说“复慎、墨、季、惠，百家之说诚不详”，正是荀子“非十二子”的原因，荀子说：“今夫仁人也，将何务哉？上则法舜、禹之制，下则法仲尼、子弓之义，以务息十二子之说。如是则天下之害除，仁人之事毕，圣王之迹著矣。”荀子认为无论摒弃百家之说，还是上法舜、禹，下法仲尼、子弓，都是为了找回“圣王之迹”。这里的“圣王”也是指制礼作乐、“次序”“周之官政”的周公。

在荀子那里，尊崇“后王”周公与尊崇“先王”具有内在的一致性，周公是天下之君，也是天下圣王。荀子主张“法后王”与“法先王”并不矛盾，二者只是效法方式的区别，或者只是落脚点的不同。

第四，荀子心目中的周公

作为周初的政治家，周公是文王之子、武王之弟、成王之叔父，社会身份特殊，他处在商末周初这一王朝鼎革的历史时期，不仅帮助武王取得了天下，更辅助成王巩固了天下。他多才多艺，高瞻远瞩，富于政治智慧，尤其在周朝取得天下以后，面对周初风云变幻的复杂形势，他成功地解决了殷商的遗臣和顽民等问题，彻底消除了他们复辟的隐患，还推行分封制，建立了新的统治秩序。更为重要的是，周公提倡“敬德”，制定礼乐，从政治思想方面，强化了西周王朝的统治。

从本质上讲，“敬德”乃是加强周统治集团的内部团结，其标准在于遵守礼乐制度。周公制礼作乐，标明了人与人之间的等级名分制度，规定了君臣、父子、兄弟、夫妻、朋友之间的上下尊卑关系。因此，只要各级人们的行为合乎礼乐制度，就是发挥了“敬德”精神，周朝的政权就可以保持并巩固。无论敬德思想还是礼乐制度，对巩固周朝政权都起了重要的作用，对后世也影响极大。

在荀子的心目中,周公可谓儒者楷模,至诚至圣。荀子把儒者分为大儒、雅儒、俗儒、俗人,并且明确称周公为大儒。在《儒效》篇中,荀子指出:"大儒之效:武王崩,成王幼,周公屏成王而及武王以属天下,恶天下之倍周也。履天子之籍,听天下之断,偃然如固有之,而天下不称贪焉……"即:武王去世后,由于成王年幼,周公毅然摄政。在周初复杂的历史环境下,周公平定叛乱,分封诸侯,教导和培养成王。成王长大以后,他又及时归政成王。周公屏成王而及武王以属天下,是为了避免天下的混乱;周公"归周反籍",是为了"明不灭主之义"。荀子分析说:"以枝代主而非越也,以弟诛兄而非暴也,君臣易位而非不顺也。因天下之和,遂文、武之业,明枝主之义,抑亦变化矣,天下厌然犹一也。"荀子感叹道:像周公这样的作为,"非圣人莫之能为!"意思是说,周公以摄政之臣的地位代替天子执政而不被认为是僭越,以弟弟的地位平息兄长的叛乱而不算是残暴,这样的君臣换位不能说是不顺的。周公能够有这样的作为,其实是利用天下之和的形势,成就了文武的大业,彰显了君臣大义。虽然这种作为有因势利导的一面,但是天下的运作在周公手中俨然是一体的。所以荀子感叹道:像周公这样的作为,"非圣人莫之能为!"

荀子还把人臣分为四等,即大忠、次忠、下忠、国贼,并以周公为大忠,即《臣道》篇中,荀子称赞说:"若周公之于成王也,可谓大忠矣。"此外荀子在《解蔽》还称赞说:"故德与周公齐,名与三王并,此不蔽之福也。"这里,"周公"与"三王"并提,二者比肩而有区别,"三王"即早期儒家常常说到的"三代之明王",习惯上属于"先王"的行列,周公与他们的区别也就是他属于荀子心目中的"后王"。此外,荀子自称继承孔子及其弟子仲弓,并且荀子在《儒效》中还说"非大儒莫之能立,仲尼、子弓是也",《儒效》开篇就说:"大儒之效:武王崩,成王幼,周公屏成王而及武王以属天下,恶天下之倍周也……”可见把周公、孔子和子弓同属“大儒”之列，在这里，周公与孔子相等，这正是荀子心目中的周公，也正是他心目中的“后王”。

第五，从周公制礼到荀子“隆礼”

在荀子“法后王”的论述中，有一点不应当忽略，那就是他论述“大儒”时所暗含的周公的历史作用和荀子“隆礼”思想之间的联系。这里彰显出来一个思想学说的传承统绪，即：周公——孔子——子弓——荀子。

在《儒效》篇中，荀子说到，“大儒”不仅“法先王，统礼义，一制度”，而且“张法而度之”，这自然绝非一般儒者所能为。在以“大儒”“统礼义”的同时，荀子却指责“俗儒”的“不知隆礼义”，肯定“雅儒”的“隆礼义”，这是他们的不同之处。周公是制礼作乐的人，在继承先王的基础上，在“损益”夏、商二代之礼的前提下，他统御礼义，齐一制度，确定了人们的行为法度，更奠定了周朝的礼乐文明。

更为重要的是，周公以自身的实践，为树立作为礼之根本内含的君臣大义做出了样板。对此，荀子的赞扬可谓极其铺张扬厉。在武王去世、成王年幼的情况下，周公拥戴成王，继承武王，来维系天下的统治。为了避免天下背叛周朝，他毅然履践天子之位，掌握天下政治，还诛管叔，分封诸侯，平平稳稳治政，就像他本来就应拥有权柄那样。周公这样做，却得到天下人的拥护与赞美，这是为什么呢？很显然，天子之位不可以让年幼的人担当，也不可以任意代理，但成王年幼，周公居摄，教诲开导成王，使其明了治理天下之道，因而能够追迹文王、武王的德业，然后，周公返政成王。在这样的过程中，天下诸侯没有停止、中断臣服周朝，然后周公本人仍然居其臣位。

在荀子看来，周公的作为有两点很值得肯定：其一，周公拥戴成王而继承武王掌管天下,乃是“恶天下之离周”;其二,周公返政成王,乃是“明不灭主之义”。周公的功效可谓“大儒之效”!

孔子是周公之后的又一位礼乐大师。孔子“祖述尧舜、宪章文武”,主张仁政德治,但他的仁政思想是在其礼治思想基础上阐发开来的,他曾说:“人而不仁,如礼何?人而不仁,如乐何?”其仁的思想乃根基于他的礼治思想。为了保证礼制的施行,孔子又注重刑罚。据《孔子家语·刑政》中记载,孔子曾经说过:“太上以德教民,而以礼齐之。其次以政焉导民,以刑禁之,刑不刑也。化之弗变,导之弗从,伤义以败俗,于是乎用刑矣。”即治理教化人民最好的方法是用道德来教化人民,用礼仪来统一;其次才用政令法制来教导人民,用刑罚来禁止他们的行为,用刑的目的不在于刑罚。教化后不改变,教导又不听从,伤风败俗的人,只好用刑来惩罚他们。在这里,孔子指出刑之用乃以德为前提,刑只用于愚顽不化、不守法度的人。刑以止刑,刑以佐教,宽猛相济,这其实正符合孔子的一贯主张。

孔子以后,荀子推崇仲弓,尊称其为“子弓”,或者有格[illegible]敬重仲弓以至于以之为自己学说所宗之人的意义,就如同《墨子》书中称墨子时往往称为“子墨子”那样。更为重要的是荀子与仲弓在思想上的高度一致。《论语·雍也》中有孔子称赞仲弓(冉雍)的政治才能的话:“冉雍这个人可以让他做官。”还比喻说:“犁牛的儿子长着赤色的毛、整齐的角,虽然不想用它作牺牲来祭祀,山川之神难道会舍弃它吗?”认为像仲弓这样的贤才必须推举出来。

孔子重视仲弓的才能,主要着眼于政治方面。而仲弓的政治思想正好与荀子完全合拍。《论语·雍也》记载说:“仲弓问子桑伯子,子曰:‘可也,简。’仲弓曰:‘居敬而行简,以临其民,不亦可乎?居简而行简,无乃大简乎?’子曰:‘雍之言然。’”即仲弓问孔子子桑伯子这个人,孔子回答说:“他行事简单。”仲弓说:“居心恭敬而行事简要，这样来治理人民，不是也可以吗？存心简单而又简单行之，不是太简单了吗？”对仲弓“居敬行简”的思想，孔子表示完全赞同，这说明孔子、荀子的思想有相通之处。

从孔子到荀子思想的过渡，仲弓是一个重要的中间环节，其中最为重要的材料是《孔子家语》的《刑政》篇。《孔子家语》长期被视为伪书，严重影响到了对该书的利用，现在，学术界已经认识到了此书的价值，也开始正确对待该书。《刑政》篇记述孔子与弟子仲弓之间的对话，谈论的是刑罚与政教问题，故以“刑政”名篇。《刑政》篇中所记述的孔子关于刑罚的论述，闪烁着孔子政治思想的智慧之光。《刑政》记述孔子与仲弓的对话，显示了仲弓的思想倾向。该篇与孔子“德主刑辅”的政治思想相应，他主张德政，也不排斥刑罚，认为“为政以德”是政治的根本，刑罚是德政的必要补充。

在新公布不久的《上海博物馆藏战国楚竹书》中有《中弓》一篇，为我们提供了研究荀子、仲弓思想的宝贵材料。该篇为孔子与仲弓对话的记录，是先秦时期标准的语录体文献。由于该篇简文第十六枚的简背有“中弓”二字，这应该是本篇的标题，本篇可以称为《中弓》或《仲弓》。从初步的编连看，该篇明显可区分为孔子弟子向孔子询问“为政”与“事君”的两大事类。从该篇内容看，它与传世文献尤其是《论语》等都有相同、相通之处，反映了仲弓的思想倾向，也昭示了该篇资料的宝贵价值，这证明我们的上述认识是正确的。①

荀子的政治主张，显然继承了孔子、仲弓等的礼、法结合的思想。《论语·为政》中孔子说：“道之以政，齐之以刑，民免而无耻；

① 杨朝明：《从孔子弟子到孟、荀异途——由上博竹书〈中弓〉思考孔门学术分别》，《齐鲁学刊》2005 年第 3 期。人大报刊复印资料《中国哲学》2005 年第 9 期。

道之以德，齐之以礼，有耻且格。”孔子的意思是说用政纪来教导民众，用刑罚来规范民众，民众往往会为了侥幸得到逃脱而不顾忌耻辱；用道德来教导民众，用礼义来规范民众，民众就不仅有明确的是非之心而且真心归附。在这样思想的影响下，荀子的思想呈现出了“礼治”与“法制”并重的特征。仔细研究《孔子家语·仲弓》等篇，很容易发现荀子与孔子、仲弓思想的高度一致。

荀子重视“礼”学，恰恰是继承了孔子的思想传统。《荀子》中有《礼论》篇，是荀子阐发“礼”的起源、内容和作用的文章。在该篇中，荀子解释“礼”的产生与社会功能时说道：“人生来就有欲望，想要得到而得不到，就会去追求，追求却没有度量分界，就会发生争斗，发生争斗就会导致混乱，混乱就会导致穷苦。先王厌恶其混乱，因此制礼义来区分，来教养人的欲望，供给人的需求，使欲望不必穷尽事物，事物不必屈从于欲望，两者相持而长，是礼的起源。”很明显，荀子把“礼”解释为调解财产关系、调解社会关系的伦理范畴和标准，是“先王”为了调节人们的欲望、避免战乱而制定出来的“度量分界”。荀子的“礼”已经包含了“法”的思想，所以他的“法”实际上也就是在他所处的社会中能起作用的不成文“法”，这就有了调和礼、法的倾向。

荀子认为，“礼”的内容虽包含“事生”、“送死”、“祭祀”、“师旅”等等，实质上不外乎“养”和“制”，即所谓“养人之欲”以及“贵贱有等，长幼有差，贫富轻重皆有称者也”。荀子强调礼的重要性，《荀子·大略》中他说：“人如果没有了礼就不会生存，事情如果没有礼就不会成功，国家如果没有礼就不会安宁。”他认为礼是治国的根本乃至是衡量一切的最高标准，即“人道之极”，同时也是至高无上、永恒存在的最高原则。所以，荀子在《礼论》中指出，天地、日月、四时、星辰、江河、万物、好恶、喜怒，都有一定的顺序，万物变化却不混乱，都是礼在起作用。

在荀子的心目中,礼应当是人们社会生活、政治生活、文化生活和物质生活的规范。礼起着一种规范、法式的作用,为人们的活动、行为规定界限和标准。社会成员必须尊重和遵守礼的规定,所以,《荀子·礼论》中说:“不法礼,不足礼,谓之无方之民;法礼,足礼,谓之有方之士。”意思是没有规矩就不成方圆,因此礼在国家政治生活中有着极其重要的作用。荀子还指出君主也要用礼统率群臣、治理国家。在《儒效》中他认为:“礼者,人主之所以为群臣寸尺寻丈检式也。”又《王霸》说:“国无礼则不正。礼之所以正国也,譬之犹衡之于轻重也,犹绳墨之于曲直也,犹规矩之于方圆也,既错之而人莫之能诬也。”指出有了礼作为尺度标准,就好像衡器可以称量轻重、木匠的绳墨可以判断曲直、直尺圆规可以用于确定方圆一样,礼也能用来衡量人们的行为,只要人们的视听言行都符合礼的规定,国家就能治理得好。由于荀子以人性为“恶”,“恶”之性并不符合礼的要求,因此,要使人们的视听言行符合礼的标准,就必须改变人的本性。礼作为一种规范、法式,就起着教化和矫饰人性的作用,荀子强调“明礼义以化之”,主张通过礼义的教化,诱导人们“化性起伪”、去“恶”从“善”。

在强调礼治的同时,荀子还强调法治。在《君道》中他说:“法者,治之端也。”以“法”为治理国家的开端,是实现统治不可缺少的重要方面。荀子认为,通过礼义教化,可以“赏不用而民劝,罚不用而民服”,这是礼治的优越性。但是,礼义的教化又不是万能的,社会上总有礼义所不能教化的人,对于不能用礼义教化的所谓“嵬琐”,就只能待之以刑罚。荀子这里所说的“嵬琐”,其实就是孔子所说的“化之弗变,导之弗从,伤义以败俗”的人。荀子指出对于善的人要用礼来对待,而对于不善的人就用刑罚来对待,即《王制》中说的:“以善至者待之以礼,以不善至者待之以刑。”荀子主张,要把礼义的教化同法制的刑赏结合起来。他反对“不教而诛”,也反对“教而不诛”和“诛而不赏”。在《富国》中他指出,“故不教而诛,则刑繁而邪不胜;教而不诛,则奸民不惩;诛而不赏,则勤励之民不劝”。即,不教化就诛杀,刑罚就会繁重而且邪恶滋生;只用教化而不用刑罚,奸民就得不到惩罚;只惩罚而不奖赏,勤快的人民就不会劝服。可见,荀子对于法制上的赏罚手段也是非常重视的。

在荀子的社会政治思想中,“礼”是居于核心地位的观念。在《劝学》中他曾明确说:“礼者,法之大分,群类之纲纪者也。”指出礼是核定国家法律和其他一切规章制度的准绳。因此,在《君道》中他提出治国的指导思想应该是“隆礼至法”、“尚贤使能”①。又《大略》中说:“君人者,隆礼尊贤而王,重法爱民而霸。”指出君主做到注重礼、尊重贤才就会称王,重视刑法、爱惜人民就会称霸。他继承和损益了孔子、仲弓的思想,突出强调了“礼学”,又十分重视刑罚在治国中的辅助作用。荀子颇有向法家转变的趋势,以至于后期法家的代表人物韩非子、李斯都出于荀子门下,这种情况的出现并非偶然。

(三) 关于荀子的“天人之分”

作为中国哲学的核心范畴,“天”与“人”是思想家思索的中心问题,中国古代哲学就是围绕“天人之辩”发生并且展开的。谈到原始儒家对后世的影响,谈到早期儒家的历史地位,不能不谈到他们关于“天人关系”的论述。

以前,说到“天人关系”,一般认为荀子与孔孟不同,孔孟等人多言“天人合一”,荀子则言“天人之分”,现在,有了新材料尤其是郭店楚简的发现,我们认识到,“天人之分”不是荀子一人的专利,

---

① 《荀子·君道》:“隆礼至法则国有常,尚贤使能则民知方。”

荀子也不是没有“天人合一”的思想。

《荀子》一书中有《天论》篇，荀子系统地阐发了他的自然观，最终是为了说明人不可“倍道而妄行”。针对当时天有意志、治乱在天、天命可畏等观点，他进行了比较深刻的论述。他指出：“天行有常，不为尧存，不为桀亡。应之以治则吉，应之以乱则凶。”天是不以人的意志为转移的客观存在，有其特定的运动变化规律，人应当遵从这个规律。荀子的“天”当然包括自然界，荀子的天命也指自然规律，但是，荀子还提出了“天职”、“天功”以说明天生成万物的功能和作用。

《天论》的论述是细致深刻的。在荀子看来，天生万物不是上天或神意的体现，也不是人为的结果，而是一个自然过程，他将这称作是天职；同时，他将星辰的旋转变化、日月的交替出现、四时的季节更替、阴阳的相互作用以及万物在这一过程中所得以出生、成长称作是天功。荀子认识到“天职”、“天功”是自然法则，客观实在，所以他说：“唯圣人为不求知天。”荀子又说到所谓“天养”、“天政”，他说：“财非其类以养其类，夫是之谓天养。顺其类者谓之福，逆其类者谓之祸，夫是之谓天政。”“天养”、“天政”同样具有自然法则、规律的含义。对此，荀子主张积极认识和利用，以造福人类。

在天人关系上，荀子提出了“天人之分”的问题，在他看来，社会的治乱、国家的存亡、人的吉凶祸福，都是由人的行为所决定的，而与天的意志没有必然联系。他希望人都要明白“天”与“人”的不同，明确各有自己的职分，二者不可混淆。在这样的基础上，荀子进一步提出了“制天命而用之”，从而顺应自然，而不是在自然面前消极被动，做到“应时而使之”即顺应时令并为我所用、“骋能而化之”即施展人的才能使万物根据人的需要而变化、“理物而勿失之”即管理好万物而不失去他们等等。

郭店楚简《穷达以时》说：

> 有天有人，天人有分。察天人之分，而知所行矣。有其人，无其世，虽贤弗行矣。苟有其世，何难之有哉？

这里明确提到“天”和“人”，论述了二者的关系，格外引人注意。此处的论说与通常所说的“天人合一”不同，在这里，“人”与“天”被两分，“天”与“人”各有其“分”。何谓“分”？《礼记·礼运》郑玄注曰：“分，犹职也。”故“天人有分”是说天、人各有其职分，天、人互有不同。

说到儒家的天人论，一般认为，“天人合一”是中国古代哲学尤其是儒家哲学的基本特征，“天人之分”观念由荀子提出，不像“天人合一”思想那样形成早、影响大。实际上，“天人之分”应当像“天人合一”那样历史悠久，人们长期以来忽视了“天人之分”的观念，才产生了错误的认识，这是《穷达以时》的发现给我们的重要启示。梁涛先生在《竹简〈穷达以时〉与早期儒家天人观》一文中说得好：“根据竹简的内容，天人之分其实也有深刻的历史渊源，而且从思想史的发展看，天人之分与天人合一总是相伴而生的，没有不讲天人之分的天人合一，也没有不讲天人合一的天人之分。”

孟子其实也是讲天人之分的，以前我们在天人关系上将孟、荀简单对立是不恰当的。在孟子的论述中，他也不仅重视“道德天”，而且重视“命运天”，比如，鲁平公欲见孟子，嬖人臧仓却从中作梗。在《孟子·梁惠王下》中孟子评论说：“行，或使之；止，或尼之。行止非人所能也。吾之不遇鲁侯，天也。臧氏之子焉能使予不遇哉？”意思是说行或止都不是人所能左右的，我之所以没有遇到鲁侯，是天意。臧氏的儿子怎么能使我不遇到呢？这里的天显然就是一种命运天。孟子提出命运天，并不是要人无所作为，而是要通过“察天人之分”，更好地发挥人的作用。所不同的是，孟子已不停留在天人之分上，而是更进一步提出了“性命之分”，进一步发展了“天人之分”。

既然“天”与“人”是二分的，那么何谓“天”？在中国古人的观念中，“天”的内涵有所不同，它可以是有意志、有目的的神学天，也可以是“不为尧存，不为桀亡”的自然天。而《穷达以时》中所说的“天”则是决定人生显达与困厄的命运天、时运天，它可以决定人生的升降浮沉，可以使人一生不遇，也可以使人宏图大展。所以，竹简《穷达以时》说“遇不遇，天也”。如果境遇不佳，即使为人贤能同样无济于事。

人生处世，有穷有达。人生穷、达决定于“天”，却并不是人们在“天”的面前无可为、无所为，认识到“天人有分”，才可以更好地确立人生态度，正确对待人生，所以，《穷达以时》说“察天人之分，而知所行矣”。这里涉及如何对待人生命运的问题，“察天人之分，而知所行”，实际是一个人道如何适应天道的问题，因为“人”与“天”虽然两分相并，但“天”与“人”并不相等，在很大程度上，“天”决定着人的命运，决定着人生。所以，从对待“天”的态度的角度而言，“人”应当尊重“天”，应当顺应“天”。这又由“天人之分”走向了“人”自觉与“天”相互和谐的路子上。很显然，不知其“分”便难得其“合”，不了解“人”与“天”的区别，就难以正确对待人生。

郭店楚简所说的“天人之分”与“为学”、“知道”、“知命”之间的关系，使我们想到了孔子。竹简整理者指出，《穷达以时》篇的内容见于《荀子·宥坐》、《孔子家语·在厄》、《韩诗外传》卷七和《说苑·杂言》。认真比较各项材料，它们虽文字多有参差，内容却大体一致，肯定有共同的来源。人们认为，《穷达以时》出于子思学派，这是可信的，《穷达以时》很可能是孔子裔孙子思著作中记录的孔子言语。① 我们研究发现，各有关记载应该都本于孔子

---

① 郭沂：《子思书再探讨——兼论〈大学〉作于子思》，《中国哲学史》2003 年第 4 期。

向弟子阐述自己对陈蔡之厄的看法,《穷达以时》的性质也应该如此。

《穷达以时》为子思著作记录孔子言语,其思想不仅属于子思学派,也应属于孔子。将相关的思想联系起来考察,荀子思想与孔子、子思的思想并没有截然的区别,那种将荀子与孔子等区别开来,突出强调其间差异的做法并不合适。

正像孟子也讲"天人之分"那样,荀子其实也有"天人合一"的思想。有学者指出:由于儒家的"天"具有多种涵义,其天人关系至少可以分为人与命运天、人与自然天、人与道德天等不同层面,与此相应,孟、荀实际上都是既讲天人之分,也讲天人合一,只是在具体层面上有所不同而已。这些不同层面既可以是天人之分的,也可以是天人合一的。"天人之分"只是荀子天人关系论的一个重要的层面,并不能代表荀子思想的全部,在其他层面上,荀子也可以说是主张天人合一的。如荀子十分推崇礼,常常把礼看做是沟通天人并将二者联系在一起的原理、原则。《荀子·礼论》中荀子说:"天地以合,日月以明,四时以序,星辰以行,江河以流,万物以昌,好恶以节,喜怒以当,以为下则顺,以为上则明,万物变而不乱,贰之则丧也。礼岂不至矣哉!"天人共同依据礼而存在变化,表现为某种共同的秩序性和规律性,因而是天人合一的。所以荀子既讲天人之分,也讲天人合一,二者构成其思想的整体。

(四) 荀子与儒家经籍

按照儒家的理解,《诗》、《书》、《礼》、《乐》、《春秋》、《易》"六经"之中,包含着治国平天下的"大道",因此,早期儒家的代表人物大都重"经"。荀子弘扬王道,也注意传承"六经",与这些经典具有重要的联系。

第一,儒家经籍与圣王之道

在荀子那里,尊崇“后王”周公与尊崇“先王”具有内在一致性,周公是鲁国之君,虽然只应令行于鲁国境内,但周公“屏成王而及武王”,不仅是鲁国国君,更是天下圣王,是天下之君。这是周公作为“后王”的最大特征。

荀子以前,包括孔子在内的很多学者,往往笼统地称颂三代圣王为“先王”,周公也自然包括其中。荀子与他人不同,他特别推崇周公,并以之相对于其他圣王而称其为“后王”。他设问:“圣王有百,吾孰法焉?”他自答:周公作为“后王”不仅距离今人时代较近,更为重要的是,论历代圣王之迹,周公事迹最为清晰“粲然”,今人不当舍“后王”而取法“先王”。荀子“法后王”与“法先王”之间的关系,正如荀子本人所言,是“以近知远,以一知万,以微知明”的思维方式,最终只是为了更好地“法先王”。

荀子称周公的“圣王之迹”“粲然”可法,首先是因为文献足征。在儒家所尊崇的《诗》、《书》、《礼》、《乐》等典籍中,周公的德业有所反映,相对于“先王”,周公事迹应当最为“粲然”可法,这为后人师宗王道提供了最大的现实可能性。据《左传》记载,春秋时期的鲁国人常说“先君周公制《周礼》”,而且据《礼记》记载“自周公以来未之有改也”,他们像后世尊崇祖训那样“遵周公之遗制”。

后世言儒家所倡导的“王天下之道”,有的称为“王道”、“先王之道”,有的称为“周孔之道”、“孔孟之道”,意思大体相同。儒家的“王道”焉在?后人认为“载于六经者”是也,这正是弘扬“王道”思想与传承儒家经典的内在关联之处。

当然,在周公时期,《诗》、《书》、《礼》等尚未编纂成书,《易》也停留在纯占筮的阶段,《春秋》产生较晚,与周公无关,周公只是为经学发端开启先河。不过,周公之道在“六经”中的体现尤为显著,荀子便持这样的看法。像所有的儒家一样,荀子主张人应当自觉修身,不苟于修身。他认为,由做一位普通的士人,到成为圣人,应当明白自己成长的途径或方式。这个途径或方式是什么?就是“学”。那么,“学”从哪里开始?到哪里结束?荀子认为“始乎诵经,终乎读礼”。就是说,应当从诵习《诗》、《书》、《礼》、《乐》等经书开始,最终落实于个人实际行为的“循礼而动”方面,内化为指导自己的行为准则。而“诵经”、“读礼”不能空洞进行,应当与“近其人”、“方其人”、“好其人”相结合。这里的“其人”,我们认为应当是指“后王”,即周公。

《庄子·天下》篇曾说道:“《诗》以道志,《书》以道事,《礼》以道行,《乐》以道和,《易》以道阴阳,《春秋》以道名分。其数散于天下而设于中国者,百家之学时或称而道之。”将其与《荀子》中的论述结合起来考察,可知荀子的认识与庄子比较一致,只是荀子更强调“读其书”与“识其人”相结合,强调“读其书”是为了“识其人”,换句话说,荀子的着眼点在于实际的政治,他“传经”乃是为了“弘道”。所以,在《劝学》中荀子说:

> 故学数有终,若其义则不可须臾舍也。为之,人也;舍之,禽兽也。故《书》者,政事之纪也;《诗》者,中声之所止也;《礼》者,法之大分,类之纲纪也,故学至乎《礼》而止矣。夫是之谓道德之极。《礼》之敬文也,《乐》之中和也,《诗》、《书》之博也,《春秋》之微也,在天地之间者毕矣。

在这里荀子指出经书功能不同,但作为道德的标准,可以说已经包含了天地之间的一切道理。正因如此,诵经、读经的过程有结束的时候,但礼之义应当浸透到一生的行为之中,这是作为“人”所不可须臾离弃的。而要做到这一点,要真正从经书中获取其实实在在的意蕴,就要最大限度地接近、效仿、爱好经书中内涵着的“圣王”道德形象,真正了解荀子所说的“其人”。因此,荀子指出人习《礼》、《乐》、《诗》、《书》、《春秋》等经书乃是“习君子之说”,习经书而“近其人”、“方其人”、“好其人”乃是最好、最便捷的途径，才会取得应有的效果。假如不能这样做，又不能尊隆礼义，就只不过像是学习杂家的书籍，记诵《诗》、《书》作为教条，一辈子也只能做个“陋儒”。

荀子认为，圣人能够在政治上尽善周洽，任何事物都不能转移其志向，这叫做“执神而固”，叫做“一”。并指出圣人是“道”的枢纽所在，圣人在政治上的尽善周洽，所谓“天下之道”、“百王之道”，全都可以归结在此，这也正是《诗》、《书》、《礼》、《乐》等经书的指归所在。“天下之道”尽于《诗》、《书》、《礼》、《乐》、《春秋》等书，向圣人、向经书中求“道”，就一定会有好的效果。

显然，荀子希望儒者要做“通儒”。他批评“不能好其人”又“不能隆礼”的“陋儒”，以及不知“隆礼”而只有“察辩”之能的“散儒”，他们都与这里的“鄙儒”相类。所谓“通儒”，应当是指那些真正掌握经典义理的人，真正“统其大义”、“以获先王之心”的人。

第二，荀子与“六经”

所谓“六经”，指的是《诗》、《书》、《礼》、《乐》、《易》、《春秋》六部经典。荀子与这些经典的关系如何，人们的看法差异很大。但是，从总体上讲，荀子被认为是战国诸子中与中国经学的形成关系最密切的一位。

孔子“删述六经”之后，孔子后学根据自身的理解分别传述六经。就孟子、荀子而言，他们对于经学的发展就有方向的差别。一般说来，孟子虽然“通五经”，但更加重视《诗》、《书》之教①，并高度评价了孔子作《春秋》的意义。而荀子的侧重点在于《礼》、《乐》，继承并发展了孔子的礼乐之教。

---

① 东汉学者赵岐精研《孟子》，他曾说：“孟子通五经，尤长于《诗》、《书》。”

在清代，学者汪中在《荀卿子通论》中说道：“荀卿之学，出于孔氏，而尤有功于诸经。”徐复观先生也强调荀子对经学发展的关键地位，他说：“若就经学而论，经学的精神、意义、规模，虽至孔子已奠其基，但经学之所以为经学，亦必具备一种由组织而具体化之形式。此形式，至荀子而始挈其要。”①他还指出荀子在《劝学》、《儒效》中已将《春秋》与《诗》、《书》、《礼》、《乐》联系起来，并在《大略》中将《诗》与《易》并举，已大致奠定了“六经”的规模。

“经”之名起于何时，人们看法不同。但《荀子·劝学》篇将儒家的《诗》、《书》、《礼》、《乐》、《春秋》等看做“经”应当是比较早的。《劝学》篇说“始乎诵经，终乎读礼”，从荀子的有关论述看，他所说的“经”即包括了这些典籍。

与那时期许多人的认识一样，荀子对各“经”的内容、功能、思想内涵的认识都很精到。他认为《诗》是与礼义标准相符合的诗歌总汇，表达了圣人的志向，《书》中记载了前代圣人的政事；《礼》是圣人制定的行为规范，保存了庄重的礼仪，是“法之大分，类之纲纪”，学习必须要到《礼》才可以；《乐》有“中和”之音，《乐》与《礼》规定、蕴含着人们行为的法度。《春秋》则在记事中蕴含思想妙旨，包含着天地之间处事治国的行为大义。

在认识群经特征的基础上，荀子提出了他的习经方法论，他主张“隆礼义而杀《诗》、《书》”②，应当懂得“执神”，重视经典的神韵，把握经典中的礼义之道，而不应当拘泥于《诗》、《书》的文句，片面重视经文。所以，荀子反对“不道礼宪，以《诗》、《书》为之”③的做法，认为这样做无异于用手指测量河水，用矛戈之类的兵器舂

---

①　徐复观：《中国经学史的基础》第34页，台北：台湾学生书局，1982年。

②　《荀子·儒效》。

③　《荀子·劝学》。

米,用锥子作筷子用餐,难以收到应有的功效。

荀子对于群经的态度,或者他对群经重神轻形的态度,人们以往多有误解。比如,不少人根据荀子"隆礼义而杀《诗》、《书》"的说法,认为荀子这是在群经中重视《礼》而轻视《诗》、《书》。关于这一点,有学者指出:荀子"隆礼"自然没有问题,但对这句话的理解不可拘泥、机械,因为礼有礼义、礼容的区分,《诗》、《书》也有形、神之别。这里的礼义,并不完全等同于《礼》经,这里的《诗》、《书》似乎也并非仅是指《诗》、《书》两种,而是包括群经在内。荀子主张人们要重神轻形,学习并掌握群经的精神实质,即礼义大道,反对人们死搬硬套经书的词句而忘其本。正因为荀子没有在群经中区分轻重缓急,所以他往往群经并言。①

尽管荀子与"六经"都有重要的关系,但他的着眼点不是传经本身,他更加重视弘道。他谈论治经的方法问题,更重视"儒"或者"士"的内在本质问题。孔子以来的儒家对自我的身份认同都怀有高度的敏感,儒者重视通过习经在现实世界中确立自己的位置,反映了儒者对自我与世界之关系的掌握。荀子对经典的阐述,不仅促进了经学的产生和发展,而且具有浓厚的道德实践与社会实践意义。

像许多先秦思想家一样,荀子十分熟悉《诗》,常常引《诗》论《诗》。据统计,《荀子》引《诗》论《诗》达 80 多次,有的是对《诗》的整体评价,有的是对《诗》的具体部分如《风》、《小雅》、《大雅》、《颂》等特点的分析论说,有的是直接说解《诗》意,更多的则是以《诗》证言。

刘向的《叙录》说"孙卿善为《诗》",在《诗》的传授方面,荀子

---

① 廖名春:《荀子与"六经"关系新考》,见廖名春:《中国学术新证》第 509 页,成都:四川大学出版社,2005 年。

有很大功绩。据后人的追述与研究,汉代传授《诗经》的四家之中,毛诗、鲁诗、韩诗的传授都与荀子有重要关系。清人汪中认为:"《毛诗》,荀卿子之传也","《鲁诗》,荀卿子之传也","《韩诗》,荀卿子之别子也"。

荀子与《书》也有密切关系。有材料证实,周代以来,《诗》、《书》、《礼》、《乐》是贵族教育中的重要教材。春秋末年,孔子施教,也以《诗》、《书》为先。① 所以,包括荀子在内的早期儒家一般都熟谙《诗》、《书》,也常常在自己的论说中征引《诗》、《书》,帮助自己的论说。《荀子》书中引《书》的情况常常出现,说明荀子一定对《书》十分熟悉。

《荀子》书中专有《礼论》一篇,荀子主张"隆礼",其学也擅长于礼,清人汪中《荀卿子通论》就说"荀卿所学,本长于礼"。《荀子》中提到了《礼经》,《礼论》篇中也说到"丧礼之凡"之类,《荀子》中涉及不少具体的礼的仪节,都可与《仪礼》相互印证。

《荀子》中还有《乐论》一篇,是荀子论述音乐理论及其社会功能的专文。儒家传统的"六经"之中包括《乐》不会有什么问题,在现存的材料中,《礼记》之中有《乐记》篇,而且与《荀子》该篇有许多相同的内容。二者之间是什么关系,学者们存有不同看法。《礼记》成书在西汉时期,是汇集先秦以来儒家论礼的文献而成,根据新出土材料提供的信息,这种说法是没有问题的。据《隋书·音乐志》,梁朝的沈约说"《乐记》取《公孙尼子》",而公孙尼子乃"七十子之弟子"。鉴于《荀子》书中有传述前人学说的内容,我们认为《荀子·乐论》与《礼记·乐记》可能有共同的材料来源。

荀子与《春秋》的关系可能更为密切。汉代学者刘向说荀子"善《春秋》",司马迁说:"及如荀卿、孟子、公孙固、韩非之徒,各往

---

① 《孔子家语·弟子行》:"孔子之施教也,先之以《诗》、《书》。"

往捃摭《春秋》之文以著书,不可胜纪。”①荀子不仅采择《春秋》之文,受《春秋》的影响较深,更为重要的是,他还传承了《春秋》之学。前人追溯《左氏春秋》、《谷梁春秋》的传授源流,都曾经说到荀子,所以,清人汪中在《荀卿子通论》中也说:“《左氏春秋》,荀卿之传也”,“《谷梁春秋》,荀卿子之传也”。

荀子与《易》的关系有人表示怀疑,其实,虽然他还没有六经并称,但他提到的经典却“六经”都在。荀子已经承认了《易》的价值,《荀子·大略》中说:“故《春秋》善胥命,而《诗》非屡盟,其心一也。善为《诗》者不说,善为《易》者不占,善为《礼》者不相,其心同也。”在此,他已经把《易》与《诗》、《书》、《礼》、《乐》、《春秋》并列在一起。荀子称引《易》的地方有四次,除了前面提及的一次是与《春秋》、《诗》、《礼》一起称引外,其他三次都是单独称引。一次是在《非相》篇:“故《易》曰:‘括囊无咎无誉’。”另两次都是在《大略》篇,其一,“《易》之《咸》,见夫妇。夫妇之道,不可不正也,君臣父子之本也。咸,感也,以高下下,以男下女,柔上而刚下。”其二,“《易》曰:‘复自道,何其咎?’”

从荀子与“六经”的关系看,他与诸经的关系可能会有密切程度上的差别,但荀子与其他“本色儒家”并没有太多不同。不少学者认为荀子思想“驳杂”,其实是没有看到荀子思想的实质。荀子处在战国晚期,他的思想不可避免地吸收了道家、法家等诸子思想因素,但他的思想却以儒家为本位,其他因素都被统摄在他的儒家“圣道”之中。荀子“非十二子”,讥评各家,也批评了一些孔子弟子以及思孟学派,但正如韩非所说,他本人也以“真孔”②自居,也

① 《史记·十二诸侯年表》。

② 《韩非子·显学》。

是师宗孔子的思想。荀子希望人们“原先王,本仁义”①,“审后王之道而论于百王之前”②,以礼“正身”③,这是典型的儒家之“道”。荀子的经典就是儒家经典,荀子所要求的“儒道”④、“王道”与历代圣王所要求达到的在学术和知识上的统一,也就是在“儒家经典之中达到的统一”。⑤

三 荀子与中国文化

荀子曾经批评子思、孟子以及孔子弟子子张、子夏、子游等人,其弟子又有韩非、李斯等法家代表人物,反而模糊了人们理解荀子的视线,极大地影响到了人们对荀子的认识,影响到对荀子思想学说的积极借鉴。

实际上,荀子是继孟子之后儒家学派的重要代表人物,他通过与诸家的论争,吸取有关思想,发展了孔子学说,极大地丰富了儒家理论。作为赵人,荀子入齐赴秦,终老兰陵,积极弘扬与传播了儒学。他认真总结历史,客观面对现实,理性分析思考,关注文化,思考社会,集众家之长,全面推进了儒学进展,他的思想具有重要的文化价值,产生了重要的历史影响。

(一) 荀子与儒家“别宗”

孔子以后,孔门后学传习师说各有侧重。由孔子弟子开端,孔

---

① 《荀子·劝学》。

② 《荀子·不苟》。

③ 《荀子·修身》。

④ 《荀子·子道》。

⑤ 姜广辉主编:《中国经学思想史》第一卷第210~211页,北京:中国社会科学出版社,2003年。

门学术至战国中期已经两分。孟子注重内心求索，其学源自曾子；荀子看重外在约束，其学推重仲弓。这是上博竹书《中弓》篇给我们带来的一个十分清晰的认识。

《上海博物馆藏战国楚竹书》第三册的《中弓》篇，共存简二十八支，计五百二十字。《中弓》篇多为残简，编连起来比较困难，学者们进行了不少努力，取得了较好成绩。篇中的"中弓"即孔子弟子"仲弓"，亦即《荀子》所说的"子弓"。荀子推崇仲弓（冉雍），认同仲弓思想。在孔子弟子中，仲弓被认为是有"德行"者，受到后人较多的注意。以前，传世文献缺乏，仲弓思想的特点并不明确，荀子何以认同仲弓难知其详。现在，《中弓》篇问世，我们可以重新认识有关的传世文献①，梳理荀子与仲弓的关系，重新认识荀子与"思孟学派"的区别。②

按照传统看法，曾子不仅传述孔子的孝道思想，留下了《大学》、《孝经》等著名儒家经典，更重要的是在他身后形成了"思孟学派"。以子思、孟子为代表的"思孟学派"注重内求，发展了儒家心性学说。作为儒家的"正统"学派，"思孟学派"在中国儒学史上产生了极其重要的影响。宋明理学上承"思孟学派"，对封建后期中国社会产生了重大影响。与子思、孟子学说不同，荀子之学在历史上很长的时间里都没有受到青睐，不少学者都尊孟抑荀，从而后世有人目荀子为儒家"别宗"。

孔子以后，其后学出现了不同学派。韩非叙述孔子以后的"儒家八派"，说到了"子思之儒"，也说到了"孟氏之儒"，而荀子则把思孟并提，并且把他们放在一起进行批评。荀子认为他们取法先

---

① 如《孔子家语·刑政》。

② 杨朝明：《从孔子弟子到孟、荀异途——由上博竹书〈中弓〉思考孔门学术分别》，《齐鲁学刊》2005年第3期。人大报刊复印资料《中国哲学》2005年第9期。

王而不知道纲领，看起来好像从容不迫，才多而志大，见闻博杂。他们按照往古旧制，臆造而伪说。荀子认为这些学说非常怪诞而不伦不类，神秘而难以通晓，晦涩而不易理解。

依我们今天的眼光看，荀子的观点显然失之偏颇，它反映了儒家学派内部对于儒学理论的不同认识。作为亲身受学于孔子的人，孔子弟子对孔子思想和学说应当有更真切的了解，他们把自己从孔子那里听到的言论记录整理，其间或有“润色”①的成分，但他们绝不会凭空臆造孔子言语。子思是孔子裔孙，有比孔子弟子更为特殊的身份和优越条件，他把孔子遗说搜集整理应该是情理中事。

荀子近于孟子而稍晚，二人同属儒家，都是具有重要影响的人物，司马迁作《史记》时将他们写在同一传记中。但是，在思想主张上，孟、荀却有明显区别。孟子是邹鲁人士，“学于子思之门人”，与子思有学术上的关联，他自然像子思那样宗师孔子，言必称孔子之言。荀子反对孟子，似以孟子为“俗儒”一类，自己则以“大儒”自命，在儒家学派中别立一宗。

在继承孔子的同时，荀子又批判和改造了儒家思想，他不像孟子那样有清晰的从孔子到子思再到“子思之门人”的师承系统，他也看不惯子思、孟子动辄称述孔子之言的做法，为了反击孟子，他还认为子思、孟子影响了后来世间愚蒙的儒者，歪曲了孔子的学说。

荀子还批判了思孟“五行”，给后世留下了千古之谜。思孟“五行”何指？荀子为何批评思孟“五行”？不明白思孟“五行”的具体内容，就难以了解荀子为什么批评思孟“五行”。再说，连“五

---

① 孔安国:《孔子家语后序》，见《文献通考 · 经籍考 · 经部》，上海:华东师范大学出版社，1985 年。

行”为何物都搞不清楚，人们对思孟学派的存在也自然会画上一个大大的问号。

随着出土文献的问世，一些学术问题得以解决。1973 年在长沙马王堆汉墓出土的帛书文献中，《老子》甲本卷后附录有四种古佚书，庞朴先生经过研究，将其中佚书之一命名为《五行》，认为其中谈到的“仁、义、礼、智、圣”就是人们争论不休的思孟“五行”。① 在帛书中，仁、义、礼、智、圣五种被称为“德之行”，另外还有仁、义、礼、智“四行”之说，显然，仁、义、礼、智、圣也被称为“五行”，更何况仁、义、礼、智、圣也见于《孟子》。湖北荆门郭店出土的战国时期的楚国竹简②，其中有自题为《五行》的一篇，与帛书《五行》大体相同，使思孟“五行”研究得到彻底改观，因为它清楚标明了“五行”，而且时代在战国中期，证实了庞朴先生的判断。

郭店楚简《五行》篇的问世，也引发了对思孟“五行”说相关问题的进一步思考。学者们认识到，子思上承孔子、曾子的心性论，对心性、性情的本原及其相互之间的关系做了细致的发掘。子思认为，既然人性是人的本质，人性的载体是心，那么，只有使心中具有各种善德，才能使人的行为符合善的要求。竹简《五行》篇把仁、义、礼、智、圣作为五种德行，称为“五行”。子思认为具备仁、义、礼、智四种德行的人，符合人道的基本要求；具备仁、义、礼、智、圣五种德行的人，符合天道的要求。“五行皆形于内而时行之，谓之君子”，内心流行五行之德，外在实践五行之德，这样的人才是君子。可见，子思五行说对于仁、义、礼、智、圣等具体内化为心中之德的过程十分重视。

从思想来源上看，子思的“五行”思想与《尚书·洪范》有密切

---

① 庞朴：《帛书五行研究》第 136 页，济南：齐鲁书社，1986 年。

② 荆门市博物馆：《郭店楚墓竹简》，北京：文物出版社，1998 年。

联系,也与曾子的思想有直接的联系。曾子也曾经将“五行”与人的身体进行结合,《吕氏春秋·孝行》记曾子曰:“五行不遂,灾及乎亲,敢不敬乎?”他从孝亲出发,以修身论至养身,他已经把五种德行称为五行,并引述春秋以来自然五行与人文相互结合的盛行观念作为自己的论据,详细阐发了自然五行与修身的关系。子思可能从《洪范》自然水、火、木、金、土五行与五事相结合的思路出发,借助曾子的“五行”论,建构了自己的“五行”说。子思“四行”与“五行”的划分,即人道与天道的划分,既具现实操作性,又有形而上的终极性。他把仁、义、礼、智定为做人的基本道德,开启了孟子的“四端说”,对中国传统伦理道德也产生了重大而深远的影响。

从子思到孟子,经过理论上的探索,从孔子、曾子那里继承来的思想学说都得到了发展,并最终完成了理论上的建构。无论《五行》中表现的子思的思想还是《孟子》中显示的孟子思想,都突出并强调“仁”,强调“形于内”的“德之行”,具有内在的一致性。孟子淡化了五行说的神秘性,把儒家思想阐释为和谐的“王道”政治,以具有普世意义的个人修身理论,刚毅勇猛的君子人格,由成就“内圣”而达至“外王”。

在《荀子》书中,荀子一再提及的“子弓”到底是何人,人们看法不一。以前,不少学者认为他是子夏弟子馯臂子弓。依《史记》之说,馯臂子弓是孔子的再传弟子。据东汉应劭说,他不仅传《易》于商瞿,而且还是子夏的门人。于是,人们认为从孔子到荀子的学术传承是:孔子——子夏——馯臂子弓——荀子。持这种看法的有清人章学诚,他认为“荀、庄皆出子夏门人”①,可惜未见

① 章学诚:《文史通义·内篇·经解》,见《章学诚遗书》第8页,北京:文物出版社,1985年。

详细的论证,清人汪中则认定荀卿之学出自子夏、仲弓①。此外还有一些现代学者也持这一看法,比如有学者认为荀子除继承子弓一系外,也继承了子夏一系的学说,成为传经之儒②。

人们认定荀子与子夏之间有学术上的密切联系,而不提子弓,主要原因在于材料缺乏,难见“子弓”学说特征。在这种情况下,学者们看到荀子与子夏都在传述儒家经典方面有所贡献,便比较容易将二者联系起来。正如余英时先生所说:“在先秦儒学史上,儒家经典为孔子所手定,而其传授之功,见于文献可考者,则前归子夏,后归荀子,他们二人在传授儒家经典方面皆有卓越的表现。”③

其实,综合研究荀子学说的特征,其与子夏的差异还是比较明显的,更何况荀子明确批评了子夏,并称其为“子夏氏之贱儒”。虽然荀子以仲尼、子弓并称又倍加推崇,可能是“由其治学宗旨所决定,并非自标其师承传授之门”④。但这里所说的“子弓”如果为子夏弟子,似乎还是扞格难通,因为如果“孔子——子夏——馯臂子弓——荀子”的传承成立,而且馯臂子弓就是《荀子》所说的“子弓”,那么,荀子推崇孔子、子弓,不应该惟独对子夏以“贱儒”相称。我们还必须注意到,子夏传经,研究经义,注意发掘经文的微言大义⑤,这与荀子不同。

---

① 汪中:《荀卿子通论·荀子述学补遗》,见王先谦:《荀子集解·考证下》第22页,新编诸子集成本,北京:中华书局,1988年。

② 姜广辉:《郭店楚简与道统攸系——儒学传统重新诠释论纲》,《中国哲学》第二十一辑,沈阳:辽宁教育出版社,2000年。

③ 余英时:《中国思想传统及其现代变迁》第184页,桂林:广西师范大学出版社,2004年。

④ 葛志毅:《荀子学辨》,《历史研究》1996年第3期。

⑤ 杨朝明:《子夏及其传经之学考论》,《孔子研究》2002年第4期。

（二）后人的"孟荀对立"情结

荀子是一位阐道醇儒，是儒家人格与社会政治理想的坚定传承者。可是，许多人却认为他不是醇正的儒家，不承认他是儒家道统的传人，还有人认为荀子思想虽以儒家为主，但综合了儒、墨、道三家，属于什么"创新派"，"不代表原汁原味的孔子思想体系"，在有些学者的观念中，荀子还与法家或杂家为伍。无论人们把荀子排除在儒家正统之外还是将他排除在儒家之外，说到底都与"孟荀对立"的认识误区有一些关联。

荀子自称继承了孔子、仲弓的儒家传统，与孟子不同。荀子虽然在时代上后于孟子，但毕竟都是孔子之后、战国时期的大儒，二人在思想上也有许多可比之处，因此，无论研究早期儒学，还是分别就孟、荀进行研究，人们常将孟子与荀子进行比较，二者的不同是人们经常谈论的话题。

荀子不同意子张、子夏、子游、子思、孟子等人的学术观点，他的一些论断或提法，确与孔孟之道有一些不同，如他的历史进化观、性恶论、尊君隆礼论等，对孔子学说有沿革损益，体现了时代的要求。尤其他公开批评包括子思、孟子在内的儒学阵营，就使得后世儒者难以搁置"孟荀对立"的问题。荀子的学生中还出了李斯、韩非这样代表法家思想的人物，更影响到了后世荀子在儒学史上的地位。所以，从汉代开始，已经开始有人批评荀子。

扬雄是汉代批评荀子的代表人物，他说："或曰：'孙卿非数家之书，侻也；至于子思、孟轲，诡哉！'曰：'吾于孙卿，与见同门而异户也，惟圣人为不异。'"①在此他指出荀子虽为儒家，但其学说思想却又很大的不同，只有在对待圣人方面没有区别。唐代，韩愈昌

① 《法言·君子》。

明"道统"之说，称孟子去世之后，道统"不得其传"；他说"醇乎醇"，说荀子"大醇小疵"，表现出了尊孟贬荀的倾向，把荀子排斥出儒学正宗的体系之外。在宋代理学大盛时期，荀子更受到空前的贬抑，朱熹甚至告知弟子，说荀子"全是申韩"，还说"不须理会荀卿，且理会孟子性善"①。于是，荀子长期被排除在儒学主流体系之外，承受着许多曲解、误解和批评。

（三）《荀子》学术在历代中国

前面说到荀子是先秦时期最后一位儒家，他发展了孔子学说，极大地丰富了儒家理论。历史上认识到荀学价值的人也大有人在。在荀子生前，荀子已经拥有了自己的崇拜者。据《荀子·尧问》篇，在荀子的信徒之中，有人认为荀子就是"圣人"，即使与孔子相比也毫不逊色。他们说："今之学者，得孙卿之遗言余教，足以为天下法式表仪。所存者神，所过者化，观其善行，孔子弗过。世不详察，云非圣人，奈何！天下不治，孙卿不遇时也。"换言之，他们认为荀卿没有赶上好的"时"。孔子曾说："君子博学深谋不遇时者众矣，何独丘哉？"②意思是说，天下没有遇见好的时代的博学君子、深谋远虑之士很多，不只有孔子一人，这句话也体现了孔子豁达的一面，不过孔子这句话也说的是实情。当然，在荀子的追随者看来，荀子也是一位"不遇时"的人，而荀子之遗言"足以为天下法式表仪"，他们甚至认为，在这方面孔子也不能超过荀子。如此这般的尊崇言论，与颜渊、子贡等人对孔子的敬仰颇为相近。

荀子毕竟是战国时代的儒学宗师，在当时曾是最有学术成就和社会影响的思想家之一。稷下学宫无疑是战国"百家争鸣"的

---

① 《朱子语类》卷一百三十七，四库全书本。

② 《孔子家语·在厄》。

学术重镇，秉持各家学说的代表人物齐集一堂，放言高论，著书立说，为先秦诸子思想从自由争鸣转而走向兼收并蓄的融合，提供了一个难得的学术平台。荀子作为稷下学宫后期的学术领袖，为推进这一进程做出了贡献。荀子本人十分尊重孔子，他也把自己作为孔子的正宗传人。对此，有不少人都作出了恰当的评价。司马迁《史记·孟子荀卿列传》对荀子事迹记载简略，但对荀子充满了敬意。他还在《儒林列传》中说："威、宣之际，孟子、荀卿之列咸遵夫子之业而润色之，以学显于当世。"指出孟子和荀卿在遵守及发扬夫子之学中的作用。孔子后裔孔安国说："六国之世，儒道分散，游说之士各以巧意而为枝叶，唯孟轲、孙卿守其所习。"①也指出在战国那个混乱的时期只有孟子和荀子能够遵守孔子之学。刘向在《孙卿子叙录》中也说："惟孟轲、孙卿为能尊仲尼。"

学术界一般认为，在汉代的儒学与思想文化发展中，荀子的影响远远超过了孟子。作为传经之师，荀子不仅终结了先秦的子学，更开启了两汉的经学。从"经"的传承上讲，汉代经师尊奉与研习的经典有不少与荀子有关，汉代的许多著作如《韩诗外传》、《礼记》、《大戴礼记》以及《新书》、《史记》、《白虎通义》、《新序》、《汉书》等都有引述《荀子》的例子。汉代学者纷纷引据《荀子》，表明荀子及其著作在汉代具有一定的理论权威性，这恐怕也与战国末年以来荀子学术影响的惯性有一些关系。汉代政论家如陆贾、贾谊等都受到荀子的影响很深，今之学者研究认为，"陆贾之学，盖出于荀子"②，以为荀贾学术必有一定的"师承关系"；还有人认为

---

① 孔安国：《孔子家语后序》，见于马端临：《文献通考·经籍考·经部》，上海：华东师范大学出版社，1985 年。

② 王利器：《新语校注·前言》，北京：中华书局，1986 年。

“贾谊必深得荀子一派儒学的教养”①，荀子的人性论和修养论对贾谊有直接影响，看到了不少“贾谊思想中的荀学余绪”②。

汉代以后，统治者一般都尊孔孟而贬荀子。他们虽然提倡儒家的仁政德治，而实际上往往施行外儒内法的统治方式，而这一方式与荀子的学说似有相合之处，可是，在很长的时期里，荀子所受到的更多的却是贬抑与冷遇。

荀子在汉代的实际影响与荀子本人、《荀子》其书的政治地位很不相称。但古代知识分子却无力把握思想家的学术命运，最后还是政治左右了学术。汉初，文帝为了建立思想的权威，曾设立《孟子》传记博士。他“本好刑名之言”，却选中了《孟子》而不是《荀子》，这种官方行为产生的作用实在不容低估。例如汉代的贾谊，其立论点就是基于荀子的“性善者伪也”的理论，他的论述有的“显然是荀子人性论的演绎，比喻也同于‘居越而越，居楚而楚’的道理”。贾谊又有荀子“谨注错，慎习俗”的复述，荀子谓“积礼义而为君子”，贾谊说：“安者非一日而安也，危者非一日而危也，皆以积渐，然不可不察也。人主之所积，在其取舍。以礼义治之者积礼义，以刑罚治之者积刑罚。”换言之，贾谊意在说明安危都不是一时的原因所产生的结果，作为执政者，用礼义治国积累的是礼义，用刑罚治国积累的是刑罚，很显然，对于统治者来说，前者是比较好的。可以看出，贾谊的这套说法与荀子“习俗移志，安久移质”之说相合。③

---

① 侯外庐等：《中国思想史》第一卷第66页，北京：人民出版社，1957年。

② 侯外庐等：《中国思想史》第一卷第67页，北京：人民出版社，1957年。

③ 侯外庐等：《中国思想史》第一卷第67页，北京：人民出版社，1957年。

到宋明时期的理学家,他们往往用孟子的性善论来贬斥荀子的性恶论,可就是在他们“天命之性”、“气质之性”的人性论中,其逻辑的关节点却刚好又是荀子的“化性起伪”之说。近人康有为曾经说道:“孟子言性善,扩充不须学问;荀子言性恶,专教人变化气质,勉强学问。论说多勉强学问工夫,天下惟中人多,可知荀学可重。”①他特别强调“荀子言变化气质最多”,“宋儒日攻荀子,而言变化气质则不出荀子外”。②

中唐以后,学术思想界出现了“孟子的升格运动”,《孟子》也由“子”而“经”,在理学家们的政治学术话语中,人们更是已经习惯了“孔孟一体”的说法,这造成了扬孟贬荀声势的高涨,使荀子之学灰暗不彰。但是,在19世纪末期,维新志士谭嗣同说:“二千年之政,皆秦政也;二千年之学,皆荀学也。”③认为统治中国的封建专制思想其实是荀学,这其实是否定了荀学的价值。有学者认为,当政者以“荀学”作为政治的支撑,但就是从来不愿像对待孔孟那样对待荀子。荀子之学似乎被皇权抛却,离开了政治学术的舞台,只是潜隐地存在于思想家的论说中,但由荀子学说的特征所决定,它好像又一直没有离开这个舞台。也许正因如此,梁启超说出与谭嗣同相近的话:“自秦汉以后,政治学术,皆出荀子矣。而所谓学术者,不外汉学、宋学两大派,而实皆出于荀子。”④

大体上讲,早期荀学的义理研究都在一定程度上没有离开经学研究的理论框架,都以其与孔孟的关系作为评价的基本标准。

---

① 《康有为全集》第2集第374页,上海:上海古籍出版社,1990年。

② 《康有为全集》第2集第524页,上海:上海古籍出版社,1990年。

③ 谭嗣同:《谭嗣同全集》(增订本)第337页,北京:中华书局,1981年。

④ 梁启超:《论支那宗教改革》,《饮冰室合集》(Ⅰ)第57页,北京:中华书局,1989年。

有学者指出："无论是尊荀派还是抑荀派，都是以孔孟为基本的参考坐标，以人性善恶为讨论的重点。"①后来，不少学者脱离了经学的束缚，不再拘泥于荀子与孔、孟的比较，而是将研究视角扩大到比较与诸子的关系上，但是，孟子仍然是一个重要的"参考坐标"。例如章太炎就是如此，他特别推重荀子的《正名》和《礼论》两篇，他认为，《礼论》是掌握六经的钥匙，《正名》是掌握《春秋》微言大义的钥匙，荀学才是孔学正传。在他看来，以孟子诋毁荀子，始于北宋的二程、苏轼，后世随声和之，遂使后圣之学，终于闭锢不见，仲尼之志，自是不得见。

后人认为荀子不同于孟子，也曾经使荀子地位提高。最为奇特的是 20 世纪 70 年代的"文革"时期，在所谓"评法批儒"的"运动"中，荀子其人和《荀子》其书因为被认定为是"大法家"而地位空前提升。其实，在"文革"之前，人们在称誉荀子为"先秦时期唯物主义哲学的集大成者"的同时，也以为荀子思想"和孔丘、孟轲针锋相对"。这也是与"孔孟之道"比较的结果。

荀子和孟子同为儒家的代表，荀子处于更加动乱的年代，他所倡导的积极进取的精神世代激励着人们不断地学习，不断地实践；他所提出的一系列政治主张对后来的统治影响深远；他在入齐赴秦的过程中对经学和儒学的传播作出了很大的贡献。

（四）历代的《荀子》研究

作为荀况思想及先秦思想研究的重要材料，《荀子》在清代以前的研究相对比较薄弱。自唐代杨倞作注，以后的整理工作主要是在其基础上展开的。由唐至明，关于荀子的校注，包括明人的节

① 江心力：《20 世纪前期的荀学研究》第 7 页，北京：中国社会科学出版社，2005 年。

本、评点本，总共只有7种而已。到了清朝，情况发生了极大改变，出现的有关著作竟有25种之多。

除了数量的增加，清朝的荀学研究水平也大大提高，无论版本考订、文字校勘还是词义训释，各个方面都取得了重要成就。自刘向校书以来，在很长的时间内，《荀子》一直没有得到系统的整理，脱、讹、窜、衍现象比较严重，一些章节甚至难以卒读。经过学者们的研究，到晚清时期，王先谦采集各家之说，发挥己见，编成《荀子集解》。该书脉络清楚，是《荀子》研究的一个完善注本。

在荀子义理的研究方面，汉代学者关心荀子与经学的关系，认为荀学“明礼义之统纪”，以孟荀学理的比较作为基本的研究方法。唐朝以后，在荀学义理的研究中，主要分析探讨了礼法区别、人性善恶、天人关系等问题，尤其荀子的人性恶的观点受人注意。宋明时期，不少理学家指斥他的人性恶的学说，认为荀子由此而失去了儒学“大本”，将他排斥在儒学道统之外。不少学者还对荀子的天人关系问题加以关注，清朝则有学者重点讨论了荀子的礼学思想。

20世纪前期，随着中国门户的开放和西方文化的传入，不少人开始注意荀子的著作与思想，尤其新文化运动兴起后，荀学被视为儒学“异端”而受到瞩目。这时期的荀学研究注重社会功用，颇具时代气息。在《荀子》书的整理方面，有刘师培的《荀子补释》、《荀子词例举要》、《荀子斠补》等著作，有梁启雄的《荀子柬释》、钟泰的《荀子订补》等。义理方面的研究则有陶师承的《荀子研究》、陈登原的《荀子哲学》、熊公哲的《荀卿学案》等。其他研究荀子思想的学者还有很多，如杜国庠先生从研究《荀子》的《成相》篇入手，考察荀子的思想学说，认为该篇是荀子本人思想的概要，侯外庐先生则结合先秦社会的历史状况，分析了荀子的思想特点。

20世纪后期，荀子研究受到学术界的关注，除了十年“文革”期间由于政治的动乱学术研究难以正常进行外，其他时期都有学者在研究荀学，出版了一些专门的论著，发表文章数百篇。

20世纪五六十年代，学术界十分注重运用马克思主义研究荀子，对荀子思想的各主要方面都进行了探索。“文革”结束以后，正常的学术研究逐步展开。先后出现的有关著作有“北京大学《荀子》注释组”注释的《荀子新注》、夏甄陶的《论荀子的哲学思想》、郭志坤的《荀学论稿》、高正的《〈荀子〉版本源流考》、向仍旦的《荀子通论》等。学术研究论文大批涌现，还举行了专门的全国性的荀子学术研讨会。

近十几年来荀子研究的成果更多，成就更高。如李中生的《荀子校诂丛稿》，高亨著、董治安编的《荀子新笺》，王天海的《荀子校释》，韩德民的《荀子与儒家的社会理想》等。这时期的高质量的学术论文大量涌现，对荀子其人、《荀子》一书、整个的荀子学术研究都更加深入细致。特别值得提出的是，随着学术的进展，随着大批地下文献的问世，人们对《荀子》一书的所谓“真伪”问题看得更清楚，对荀子思想的研究也能够将其放在整个先秦社会、早期儒学的视域中进行全面考察，使得研究的结论更加坚实。

值得提出的是，学术界看到了“元典文化”研究的价值，看到了“大思想家与中国文化”的密切关联，开始注意了荀子与中国文化关系的探讨，站得更高，视野更宽。例如张曙光的《外王之学——〈荀子〉与中国文化》，不仅阐述《荀子》一书及其作者、探索了《荀子》的主要思想内容、《荀子》与时代及诸家学派的关系，更揭示了此书对中国封建社会的形成与发展、对于中华民族精神性格的塑造以及中国古代思想文化的构建的深远影响。惠吉星的《荀子与中国文化》则是一部研究荀子思想与中国文化及相互关系的专著。作者将荀子置于中国文化这一大背景下，运用文化学的理论和方法，深入探讨了荀子的思想。进而以荀子思想为视角，阐述了中国传统文化模式的形成和演变、天人之辩在中国哲学中的地位和实质、中国古代认识论的道德特质、传统政治文化和法律文化的特点等问题,充分展示了荀子在中国文化形成和发展中的作用。此书把文化的个案研究与整体观照结合在一起,视角独特,观点新颖,资料翔实,语言流畅,具有较强的思想性、知识性和可读性。

四 校注说明

(一)书中原文以中华书局1954年影印世界书局本《荀子集解》为底本,以简体字横排。

(二)本书以下列版本参校:

1. 王先谦:《荀子集解》,光绪十七年辛卯刻本;

2. 王先谦:《荀子集解》,商务印书馆万有文库本;

3.《荀子》,上海古籍出版社"诸子百家丛书"本;

4. 王天海:《荀子校释》,上海古籍出版社"中华要籍集释丛书"本。

(三)本书还参考下列各书:

1. 杨倞注:《荀子》,上海:上海古籍出版社,1996年。

2. 杨柳桥:《荀子诂译》,济南:齐鲁书社,1985年。

3. 梁启雄:《荀子简释》,北京:中华书局,1983年。

4. 章诗同:《荀子简注》,上海:上海人民出版社,1974年。

(四)原文与其他文献相同、相通处,注释时适当参酌。

(五)底本中的明显误字,据参校本直接改正。

(六)底本中的脱文掉字和衍字,据参校本补、删;在注释中说明。

(七)底本中的古体、异体字,直接改为通行简化字体。

(八)本书主要对原文词、句疏通解释,减少单字的注释。无论注释字、词还是整句,注码一般放在分句之后。

(九)注释时一般先串讲句子,疏通文意,如有必要,然后再解释其中字、词。

(十)同篇卷中注释尽量避免重复,如有必要,采取参见方式。

(十一)注音用现代汉语拼音注音法,用小括号括注在词头中被注字后。

(十二)力求语言通俗,以适合于更广大的读者。

劝学篇第一

君子曰:学不可以已①。青,取之于蓝②,而青于蓝;冰,水为之,而寒于水。木直中绳③,𫐓以为轮④,其曲中规,虽有槁暴⑤,不复挺者,𫐓使之然也。故木受绳则直,金就砺则利⑥,君子博学而日参省乎己⑦,则知明而行无过矣⑧。

[**注释**]①已:停止。 ②蓝:植物名,其叶可制蓝色染料,即靛青。 ③木直中(zhòng)绳:木材很直,符合木匠所用墨线的要求。中,符合。绳,木工确定曲直的工具,即墨线。 ④𫐓(róu):通"揉",用火烤木材使弯曲。 ⑤槁暴(pù):烘烤、暴晒。暴,用太阳晒。 ⑥金就砺则利:用金属做成的刀剑在磨刀石上磨过就会锋利。金,金属,这里指用金属做成的刀剑。砺,磨刀石。 ⑦参省(xǐng)乎己:多次检验省察自身。参,通"三",多次。《论语》:"吾日三省吾身。" ⑧知:通"智"。

故不登高山,不知天之高也;不临深溪,不知地之厚也;不闻先王之遗言,不知学问之大也。干越、夷貉之子①,生而同声,长而异俗,教使之然也。诗曰:"嗟尔君子,无恒安息。靖共尔位,好是正直。神之听之,介尔景福[②]。”神莫大于化道，福莫长于无祸[③]。

[**注释**]①干越、夷貉(mò)：干，即邗，古国名，春秋时被吴所灭而成为吴邑，此指代吴国。夷貉，古代居住在东方和东北方的少数民族。　②嗟尔君子，无恒安息。靖共尔位，好是正直。神之听之，介尔景福：语出《诗·小雅·小明》。意为你们这些君子们啊，不要常想安逸，要安于自己的职位，亲近喜爱那些正直的人；如果上帝知道了你，也会给予你洪福的。恒，常。靖，安。共，通“供”；共位，即供职。介，助。景，大。　③神莫大于化道，福莫长于无祸：精神境界没有比受圣贤道德的教化更高的了，幸福没有比无灾无祸更大的了。化道，受道的教化。

吾尝终日而思矣，不如须臾之所学也；吾尝跂而望矣[①]，不如登高之博见也。登高而招，臂非加长也，而见者远；顺风而呼，声非加疾也[②]，而闻者彰[③]。假舆马者[④]，非利足也，而致千里；假舟楫者，非能水也，而绝江河[⑤]。君子生非异也[⑥]，善假于物也。

[**注释**]①跂(qǐ)：踮起脚尖。　②疾：宏亮。　③彰：明显，清楚。④假：凭借，依靠。　⑤绝：横渡，跨越。　⑥生：同“性”，指人的资质。

南方有鸟焉，名曰蒙鸠，以羽为巢而编之以发，系之苇苕[①]，风至苕折，卵破子死。巢非不完也，所系者然也。西方有木焉，名曰射干[②]，茎长四寸，生于高山之上而临百仞之渊。木茎非能长也，所立者然也。蓬生麻中，不扶而直[③]。兰槐之根是为芷[④]。其渐之滫[⑤]，君子不近，庶人不服[⑥]。其质非不美也，所渐者然也。故君子居必择乡，游必就士[⑦]，所以防邪僻而近中正也。

［注释］①苇苕（tiáo）：芦苇的花。 ②射（yè）干：一种草，多年生草本植物，根可入药。 ③蓬生麻中，不扶而直：据《尚书·洪范正义》引文此句后应有“白沙在涅，与之俱黑”。 ④兰槐：香草名，开白花，味香。古人称其苗为“兰”，根为“芷”。亦名“白芷”。 ⑤其渐之滫（xiǔ）：如果浸在臭水里。渐，浸渍。滫，臭水。 ⑥庶人不服：普通百姓也不去拿它。服，执持。 ⑦居必择乡，游必就士：居住一定选择乡里，出游一定接近贤士。士，古代泛指有知识有学问的人。

物类之起，必有所始。荣辱之来，必象其德①。肉腐出虫，鱼枯生蠹。怠慢忘身，祸灾乃作。强自取柱，柔自取束②。邪秽在身，怨之所构③。施薪若一，火就燥也；平地若一，水就湿也④。草木畴生⑤，禽兽群焉，物各从其类也。是故质的张而弓矢至焉⑥，林木茂而斧斤至焉⑦，树成荫而众鸟息焉，醯酸而蜹聚焉⑧。故言有招祸也，行有招辱也，君子慎其所立乎！

［注释］①必象其德：一定与他的德行相应。象，通“像”，类似。 ②强自取柱，柔自取束：凡是强硬的东西，就招致人们把它当做支柱；凡是柔软的东西，就招致人们把它当做缠带。 ③邪秽在身，怨之所构：邪恶污秽的东西存在于自身，是怨恨集结的根源。构，集结。 ④施薪若一，火就燥也；平地若一，水就湿也：柴草施放得一样，火总是向着干燥的一边延伸；地面平整得一样，水总是向着潮湿的一边流去。 ⑤草木畴生：草木都是从聚而生。畴，同“俦”，即类。 ⑥质的（dì）张而弓矢至焉：只要箭靶树立起来，弓箭就会射到那里。质的，泛指箭靶。的，箭靶的中心。 ⑦斤：斧子。 ⑧醯（xī）酸而蜹（ruì）聚焉：醋变酸，蚊子就会汇聚而来。醯，醋。蜹，蚊类害虫，体形似蝇而小，吸人畜血液。

积土成山，风雨兴焉；积水成渊，蛟龙生焉；积善成德，而神明自得，圣心备焉。故不积跬步[1]，无以至千里；不积小流，无以成江海。骐骥一跃，不能十步；驽马十驾[2]，功在不舍。锲而舍之，朽木不折；锲而不舍，金石可镂[3]。螾无爪牙之利[4]，筋骨之强，上食埃土，下饮黄泉，用心一也。蟹六跪而二螯[5]，非蛇蟮之穴无可寄托者，用心躁也。是故无冥冥之志者，无昭昭之明；无惛惛之事者，无赫赫之功[6]。行衢道者不至[7]，事两君者不容。目不能两视而明，耳不能两听而聪。螣蛇无足而飞[8]，梧鼠五技而穷[9]。诗曰："尸鸠在桑，其子七兮。淑人君子，其仪一兮。其仪一兮，心如结兮[10]。"故君子结于一也。

［**注释**］①跬（kuǐ）：半步。　②十驾：马驾车走十天的路程。驾，量词，一日之行程。　③锲而不舍，金石可镂：刻一件东西如果不放弃，金属和石头也可以雕刻出花纹来。锲，用刀刻。金，金属。镂，雕刻。　④螾：同"蚓"，蚯蚓。　⑤六跪而二螯：据《大戴礼记・劝学》，"六"应为"八"。跪，蟹足。螯，蟹的两个如同钳的爪。　⑥是故无冥冥之志者，无昭昭之明；无惛惛之事者，无赫赫之功：如果没有刻苦钻研的精神，就不会有光明的智慧；没有默默无闻的工作，就不会有显赫的功绩。冥冥、惛惛，专心致志的样子。昭昭、赫赫，非常显著的样子。　⑦行衢道者不至：走上歧路的，就到达不了目的地。衢道，歧路，岔路。　⑧螣蛇：传说中一种能飞的神蛇。　⑨梧鼠五技而穷：据《大戴礼记・劝学》，"梧鼠"当为"鼫鼠"。五技，指能飞不能上屋，能缘不能穷木，能游不能渡谷，能穴不能掩身，能走不能先人。穷，窘困。　⑩尸鸠在桑，其子七兮。淑人君子，其仪一兮。其仪一兮，心如结兮：语出《诗・曹风・尸鸠》。春秋时有尸鸠养子平均的传说。诗人用尸鸠平均抚养其幼鸟，比喻君子的言行专一。尸鸠，即布谷鸟。七是虚数，言其多。仪，言行。结，把东西系起来使不散开，比喻专心致志，坚定不移。

昔者瓠巴鼓瑟而流鱼出听[1]，伯牙鼓琴而六马仰秫②。故声无小而不闻，行无隐而不形③，玉在山而草木润，渊生珠而崖不枯④。为善不积邪，安有不闻者乎⑤？

［注释］①瓠（hù）巴鼓瑟而流鱼出听：瓠巴，传说是楚国人，善于弹瑟。流鱼，据《大戴礼记·劝学》，"流"应为"沈"，同"沉"。　②伯牙鼓琴而六马仰秣：伯牙，春秋时人，以精于琴艺著名。传说伯牙善弹琴，其友钟子期能完全理解琴意。后钟子期死后，伯牙终身不再弹琴。六马，古代为天子驾车用的六匹马，此指拉车之马。秣，通"末"，头。六马仰秣，即马被琴声所吸引，仰起头来听。　③声无小而不闻，行无隐而不形：声音无论多么微小，都能被人听到；行动无论多么隐蔽，都会暴露出来。形，流露，显现。　④崖：岸边。⑤为善不积邪，安有不闻者乎：是因为没有坚持做好事所以善行还没有积累起来吧，否则哪能不被人知道呢？

学恶乎始①？恶乎终？曰：其数则始乎诵经②，终乎读《礼》；其义则始乎为士，终乎为圣人。真积力久则入③，学至乎没而后止也④。故学数有终，若其义则不可须臾舍也。为之，人也；舍之，禽兽也。故《书》者，政事之纪也⑤；《诗》者，中声之所止也⑥；《礼》者，法之大分，类之纲纪也⑦，故学至乎《礼》而止矣，夫是之谓道德之极。《礼》之敬文也⑧，《乐》之中和也⑨，《诗》、《书》之博也，《春秋》之微也⑩，在天地之间者毕矣。

［注释］①恶（wū）：疑问代词，哪里。　②数：学习的顺序。　③真积力久则入：诚心积累，功夫持久，就能深入进去。　④没：通"殁"，死。⑤《书》者，政事之纪也：《尚书》，是政事的记载。《书》，指《尚书》，是我国现存最早关于上古时典章文献的汇编。纪，通"记"，记载，记录。　⑥《诗》者，中声之所止也：《诗经》，是合乎音律的诗歌的保存。《诗》，指《诗经》，是我国现存最早的一部诗歌总集。中声，符合音律。止，保存。　⑦《礼》者，法之大分（fèn），类之纲纪也：《礼》，是礼法的要领，具体律例的总纲。《礼》，汉代称

为《礼经》,是我国春秋战国时代一部分礼制的汇编。大分,总纲、要领。类,礼法条文以外比附类推的律例。纲纪,大纲,要领。　⑧敬文:慎守礼文。⑨《乐》之中和也:《乐》,指《乐经》,据说是附于《诗经》的一种乐谱,秦时亡佚。中和,中正和谐。　⑩《春秋》之微也:《春秋》,春秋时鲁国史官记载当时史事的编年史,相传孔子曾经修订过。微,指微言大义的"春秋笔法"。

君子之学也,入乎耳,箸乎心①,布乎四体,形乎动静②。端而言,蠕而动,一可以为法则③。小人之学也,入乎耳,出乎口,口耳之间则四寸耳④,曷足以美七尺之躯哉！古之学者为己,今之学者为人。君子之学也,以美其身;小人之学也,以为禽犊⑤。故不问而告谓之傲⑥,问一而告二谓之囋⑦。傲,非也;囋,非也;君子如向矣⑧。

[**注释**]①箸:通"著",附着。　②形乎动静:显现在行动举止上。形,流露,显示。　③端而言,蠕(rú)而动,一可以为法则:轻声的说话,小心的行动,都可以成为别人效法的榜样。端,通"喘",微言。蠕,微动。一,都。④则:才。　⑤禽犊:古时彼此馈赠多以家禽、小牛为礼物。这里指小人之学无益于身心,只是为了取悦于人而已。　⑥傲:通"躁",急躁。　⑦囋(zá):多言,唠叨。　⑧君子如向矣:君子对别人的回答,就好像回声应和原声一样。向,通"响",回声。

学莫便乎近其人。《礼》、《乐》法而不说①,《诗》、《书》故而不切②,《春秋》约而不速③。方其人之习君子之说,则尊以遍矣,周于世矣④。故曰:学莫便乎近其人。

[**注释**]①法而不说:记载法度而没有详细解说。　②故而不切:记载旧事而不够切近现实。　③约而不速:文辞简约而不易迅速理解。　④方其人之习君子之说,则尊以遍矣,周于世矣:仿效贤师而学习君子的学说,就能养成崇高的品德而且获得广博的知识,也能通晓世事了。方,通"仿",仿效。

以，而且。

学之经莫速乎好其人①，隆礼次之②。上不能好其人，下不能隆礼，安特将学杂识志③，顺《诗》、《书》而已耳，则末世穷年，不免为陋儒而已④。将原先王，本仁义，则礼正其经纬蹊径也⑤。若挈裘领，诎五指而顿之，顺者不可胜数也⑥。不道礼宪⑦，以《诗》、《书》为之，譬之犹以指测河也，以戈舂黍也，以锥餐壶也⑧，不可以得之矣。故隆礼，虽未明，法士也⑨；不隆礼，虽察辩，散儒也⑩。

[**注释**]①学之经莫速乎好其人：学习的途径没有比亲近贤师更快速有效的了。经，通“径”，途径。 ②隆礼：尊崇礼法。 ③安特将学杂识志：只是学习一些杂乱的知识。安，语助词。特，只。识，记也。 ④陋儒：学识浅陋的儒生。 ⑤将原先王，本仁义，则礼正其经纬蹊径也：如果想要追溯先王的教化，寻求仁义的根本，那么礼文正是四通八达的途径。经纬，纵横的道路，以南北为“经”，东西为“纬”。蹊径，道路，途径。 ⑥若挈（qiè）裘领，诎五指而顿之，顺者不可胜数也：就好像提起皮衣的领子，弯曲五个手指去抖动皮衣，理顺的皮毛数也数不清。诎，通“屈”，弯曲。顿，上下抖动使整齐。 ⑦不道礼宪：道，遵行。宪，法令，法度。 ⑧以锥餐壶：（不用勺、箸，而只）用锥子吃饭。餐，吃。壶，古代盛酒浆或粮食的器皿，这里指吃的东西。 ⑨法士：好礼之士。 ⑩虽察辩，散儒也：虽然明察善辩，也只是一个不守礼法的儒生。散儒，不尊奉礼法的散漫的儒生。

问楛者勿告也①，告楛者勿问也，说楛者勿听也，有争气者勿与辩也②。故必由其道至，然后接之，非其道则避之。故礼恭而后可与言道之方，辞顺而后可与言道之理，色从而后可与言道之致③。故未可与言而言谓之傲，可与言而不言谓之隐，不观气色而言谓之瞽[④]。故君子不傲，不隐，不瞽，谨顺其身[⑤]。《诗》曰："匪交匪舒，天子所予[⑥]。"此之谓也。

［**注释**］①问楛(kǔ)者勿告也：问不合礼法的事情，就不要告诉他。楛，不正当、不合礼法的事情。　②争气：争强好胜。　③色从而后可与言道之致：面色谦虚顺从，才可以和他谈论道的精义。色从，脸色表现出谦虚顺从。致，极点。　④瞽(gǔ)：目盲，此指没有辨别能力。　⑤谨顺其身：谨慎地随着对方的行动来说话。顺，卢文弨以为当为"慎"。　⑥匪交匪舒，天子所予：语出《诗·小雅·采菽》。对人不急躁，不怠慢，这是天子所赞许的。匪，不。交，通"绞"，急。舒，懈怠。

百发失一，不足谓善射；千里跬步不至，不足谓善御[①]；伦类不通[②]，仁义不一，不足谓善学。学也者，固学一之也[③]。一出焉，一入焉，涂巷之人也[④]。其善者少，不善者多，桀、纣、盗跖也[⑤]。全之尽之，然后学者也。

［**注释**］①善御：善于驾车。　②伦类不通：不能贯通事物的条理规范。③一：专一。　④涂巷之人：最普通的人。　⑤盗跖：即跖，盗是对他的蔑称。

君子知夫不全不粹之不足以为美也，故诵数以贯之[①]，思索以通之，为其人以处之[②]，除其害者以持养之[③]，使目非是无欲见也，使耳非是无欲闻也，使口非是无欲言也，使心非是无欲虑也。及至其致好之也，目好之五色，耳好之五声，口好之五味，心利之有天下[④]。是故权利不能倾也，群众不能移也，天下不能荡也[⑤]。生乎由是，死乎由是[⑥]，夫是之谓德操[⑦]。德操然后能定，能定然后能应[⑧]，能定能应，夫是之谓成人[⑨]。天见其明[⑩]，地见其光[⑪]，君子贵其全也。

[**注释**]①诵数以贯之:诵数,反复诵读。贯,贯穿,会通。 ②为其人以处之:效法良师益友来实践它。 ③持养:保养。 ④及至其致好之也,目好之五色,耳好之五声,口好之五味,心利之有天下:等到达到非常爱好学习的程度时,就好像眼睛喜欢看各种颜色、耳朵喜欢听各种音乐、嘴巴喜欢尝各种滋味、心里追求拥有整个天下一样出于自然。致好,非常喜欢。五声,宫、商、角、徵、羽。 ⑤荡:动摇。 ⑥由是:由,遵循。是,代指礼义。 ⑦德操:道德操守。 ⑧能定然后能应:立场坚定就能应付各种复杂的情况。 ⑨成人:遵循礼义具有仁德的人。 ⑩见:同“现”,显现,显露。 ⑪光:通“广”,广博。

修身篇第二

见善，修然必以自存[①]也；见不善，愀然[②]必以自省也。善在身，介然[③]必以自好也；不善在身，菑然[④]必以自恶也。故非我而当[⑤]者，吾师也；是我而当者，吾友也；谄谀我者，吾贼[⑥]也。故君子隆师而亲友，以致[⑦]恶其贼。好善无厌[⑧]，受谏而能诫，虽欲无进，得乎哉！小人反是，致乱而恶人之非己也，致不肖[⑨]而欲人之贤己也；心如虎狼，行如禽兽，而又恶人之贼己也。谄谀者亲，谏争者疏；修正为笑[⑩]，至忠为贼[⑪]，虽欲无灭亡，得乎哉！《诗》曰："噏噏呰呰，亦孔之哀。谋之其臧，则具是违；谋之不臧，则具是依[⑫]。"此之谓也。

［**注释**］①修然必以自存：修然，肃然，恭敬的样子。存，省察。　②愀然：忧惧的样子。　③介然：洁净的样子。介，通"洁"。　④菑然：污浊的样子。菑，同"缁"。　⑤当：恰当。　⑥贼：害人者。　⑦致：尽，极。下同。　⑧厌：满足。　⑨不肖：不才，不正派。　⑩笑：讥笑。　⑪贼：败坏，伤害。　⑫噏噏呰呰，亦孔之哀。谋之其臧，则具是违；谋之不臧，则具是依：随声附和，相互诋毁，真是莫大的悲哀啊。正确的意见拒不采纳，不好的主意却完全照办。噏，通"翕"，相互附和。呰，通"訾"，相互诋毁。孔，甚。臧，善，好。

具,全,都。语出《诗·小雅·小旻》。

扁善之度①,以治气养生则后彭祖②,以修身自名则配尧、禹③。宜于时通④,利以处穷⑤,礼信是也⑥。凡用血气、志意、知虑,由礼则治通⑦,不由礼则勃乱提僈⑧;食饮、衣服、居处、动静,由礼则和节⑨,不由礼则触陷生疾⑩;容貌、态度、进退、趋行⑪,由礼则雅,不由礼则夷固僻违⑫,庸众而野⑬。故人无礼则不生,事无礼则不成,国家无礼则不宁。《诗》曰:"礼仪卒度,笑语卒获⑭。"此之谓也。

[**注释**]①扁善之度:善行遍及的法则。扁,通"徧",即遍,遍及。一说遵循。 ②后:后于。 ③自名:自成其名。 ④宜于时通:宜于合时而通达。 ⑤利以处穷:利于居处困境之中。 ⑥礼信是也:礼的作用确实如此。 ⑦由礼则治通:由,遵循。治通,安定通达。 ⑧勃乱提僈(màn):违礼错乱,弛缓怠惰。勃,通"悖"。 ⑨和节:谐和,适度。 ⑩触陷生疾:遭遇过失,生成怨恨。陷,过失。 ⑪趋行:步子细碎而疾走。 ⑫夷固僻违:倨傲邪僻。违,乖邪。 ⑬庸众而野:平庸浅陋,不合于礼。众,普通。野,与雅相对,敬而不中礼谓之野。 ⑭礼仪卒度,笑语卒获:礼仪全都合乎法度,言笑全都适得其宜。卒,尽。度,法度。获,得其宜。语出《诗·小雅·楚茨》。

以善先人者谓之教①,以善和人者谓之顺②;以不善先人者谓之谄,以不善和人者谓之谀。是是非非谓之知③,非是是非谓之愚。伤良曰谗④,害良曰贼。是谓是,非谓非曰直。窃货曰盗,匿行曰诈⑤,易言曰诞⑥。趣舍无定⑦,谓之无常;保利弃义,谓之至贼。多闻曰博,少闻曰浅。多见曰闲⑧,少见曰陋。难进曰偍⑨,易忘曰漏。

少而理曰治，多而乱曰秏⑩。

［注释］①先：先于，首倡。 ②和（hè）：应和。 ③是是非非谓之知：肯定正确的，否定错误的，叫做智。知，通“智”。 ④伤良：中伤善良。 ⑤匿行：隐匿行迹。 ⑥易言：妄改其言，说话不慎重。 ⑦趣舍无定：趋向或舍弃没有定准。一说“趣”借为“取”。 ⑧闲：广，大。 ⑨偍（tí）：同“提”，弛缓。 ⑩秏（mào）：通“眊”，昏昧。

治气养心之术：血气刚强，则柔之以调和①；知虑渐深②，则一之以易良③；勇胆猛戾④，则辅之以道顺⑤；齐给便利⑥，则节之以动止⑦；狭隘褊小⑧，则廓之以广大⑨；卑湿重迟贪利⑩，则抗之以高志⑪；庸众驽散⑫，则劫之以师友⑬；怠慢僄弃⑭，则炤之以祸灾⑮；愚款端悫⑯，则合之以礼乐⑰，通之以思索。凡治气养心之术，莫径由礼⑱，莫要得师⑲，莫神一好⑳。夫是之谓治气养心之术也。

［注释］①调和：协调，和合。 ②渐（jiān）深：渐，欺诈。深，深密。 ③一之以易良：一，齐，正。一说平抑。易良，平易善良。 ④勇胆猛戾：勇敢凶猛。戾，凶暴。 ⑤道顺：合情顺理。 ⑥齐给（jǐ）便利：迅疾敏捷。齐，疾。给，口齿伶俐。 ⑦动止：举止安详。 ⑧褊（biǎn）小：气量狭小。 ⑨廓：开扩。 ⑩卑湿重迟：卑下迟钝。卑湿，谓意志浮薄卑下。 ⑪抗：通“亢”，举。 ⑫驽散：低劣散漫。驽，劣马，喻才能低下。 ⑬劫：劫制，督责。 ⑭僄（piào）弃：轻浮自弃。 ⑮炤：同“照”，明。 ⑯愚款端悫（què）：老实恳切，正直诚实。 ⑰合：和同。 ⑱径：捷速。 ⑲要：重要。 ⑳莫神一好：没有比所好专一更为圣明的了。神，圣明。

志意修则骄富贵①，道义重则轻王公②，内省而外物轻矣③。传曰④：“君子役物，小人役于物”⑤，此之谓矣。

身劳而心安，为之；利少而义多，为之；事乱君而通，不如事穷君而顺焉[⑥]。故良农不为水旱不耕，良贾不为折阅不市[⑦]，士君子不为贫穷怠乎道。

［**注释**］①志意修则骄富贵：修，美好。骄，傲视。　②重：厚重。　③内省：内心自省。　④传曰：谓古代传闻之言。　⑤役：役使。　⑥事乱君而通，不如事穷君而顺焉：事奉暴乱之君而显赫通达，不如事奉困厄之君而顺乎道义。事，事奉。乱君，暴乱之君。通，显达。穷君，困厄之君。顺，顺乎道义。　⑦折（shé）阅：亏损。

体恭敬而心忠信，术礼义而情爱人[①]，横行天下[②]，虽困四夷[③]，人莫不贵[④]。劳苦之事则争先，饶乐之事则能让[⑤]，端悫诚信，拘守而详[⑥]，横行天下，虽困四夷，人莫不任[⑦]。体倨固而心执诈[⑧]，术顺墨而精杂污[⑨]，横行天下，虽达四方[⑩]，人莫不贱。劳苦之事则偷儒转脱[⑪]，饶乐之事则佞兑而不曲[⑫]，辟违而不悫，程役而不录[⑬]，横行天下，虽达四方，人莫不弃。行而供冀[⑭]，非渍淖也[⑮]；行而俯项，非击戾也[⑯]；偶视而先俯[⑰]，非恐惧也。然夫士欲独修其身，不以得罪于比俗之人也[⑱]。

［**注释**］①术礼义而情爱人：术，以之为法。人，通“仁”。情爱人，性情仁爱。　②横行：遍行，言周游之广。　③虽困四夷：即使在偏远之地处境艰难。四夷，古代对周边少数民族的统称。　④贵：尊重。　⑤饶乐：逸乐。　⑥拘守而详：谨守慎察。详，审慎。　⑦任：信任。　⑧体倨固而心执诈：倨固，倨傲鄙固。执，当为“势”。势诈，狡诈。　⑨术顺墨而精杂污：顺墨，即“慎墨”，指战国法家人物慎到与墨家学派创始人墨翟。精，通“情”，性。　⑩达：显达。　⑪偷儒转脱：苟且怠惰，躲避逃脱。儒，通“懦”。　⑫佞兑而不曲：以奸巧取悦于人而无所顾忌。兑，通“悦”。　⑬程役而不录：从事工程

劳役而不检束。一说“程役”谓“逞欲”。 ⑭供冀:恭敬谨慎。供,通“恭”。冀,当为“翼”。 ⑮渍淖(nào):浸染泥沼。 ⑯击戾:抵触,违忤。 ⑰偶视:对视。 ⑱不以得罪于比俗之人:以,因为。比俗,世俗。

夫骥一日而千里①,驽马十驾则亦及之矣②。将以穷无穷,逐无极与③?其折骨绝筋④,终身不可以相及也。将有所止之⑤,则千里虽远,亦或迟或速、或先或后,胡为乎其不可以相及也⑥?不识步道者⑦,将以穷无穷,逐无极与?意亦有所止之与⑧?夫“坚白”、“同异”、“有厚无厚”之察⑨,非不察也,然而君子不辩,止之也。倚魁之行⑩,非不难也⑪,然而君子不行,止之也。故学曰迟⑫,彼止而待我,我行而就之⑬,则亦或迟或速、或先或后,胡为乎其不可以同至也?故跬步而不休,跛鳖千里;累土而不辍⑭,丘山崇成⑮。厌其源⑯,开其渎⑰,江河可竭;一进一退,一左一右,六骥不致⑱。彼人之才性之相县也⑲,岂若跛鳖之与六骥足哉!然而跛鳖致之,六骥不致,是无他故焉,或为之,或不为尔!

[**注释**]①骥:骏马。 ②驽马十驾则亦及之:驾,马一天的行程。及,赶上。 ③将以穷无穷,逐无极与:要穷尽力量追逐无穷或无尽头的目标吗?将,选择连词,抑或。与,同“欤”。 ④其:则。 ⑤有所止之:有一定的目标范围。 ⑥胡:怎么。 ⑦步:行。 ⑧意亦:抑或。意,通“抑”,亦,语气词,表加强。 ⑨夫“坚白”、“同异”、“有厚无厚”之察:对那些“坚白”、“同异”、“有厚无厚”等学说的辨析。“坚白”为战国名家公孙龙提出的命题,涉及物体(石)与属性(坚、白),不同属性(坚、白)之间相离而自藏的关系问题。“同异”、“有厚无厚”为战国名家惠施提出的命题,前者提出具体事物的同异为小同异,万物的“毕同毕异”为大同异;后者涉及空间的无限性问题。一说

"有厚无厚"为春秋时期邓析所提。 ⑩倚(jī)魅:奇异狂怪。 ⑪难:责难。 ⑫曰:若,如果。 ⑬就:靠近,趋向。 ⑭累:积。 ⑮崇:同"终",一说聚。 ⑯厌(yā):堵塞。 ⑰渎:沟渠。 ⑱致:到达。 ⑲县:同"悬",殊。

道虽迩①,不行不至;事虽小,不为不成。其为人也多暇日者②,其出入不远矣③。好法而行,士也④;笃志而体⑤,君子也;齐明而不竭⑥,圣人也。人无法,则伥伥然⑦;有法而无志其义⑧,则渠渠然⑨;依乎法而又深其类⑩,然后温温然⑪。

[**注释**]①迩:近。 ②多暇日:多时日。暇,空闲。 ③出入:当作"出人",超群出众。一说"出入",谓道路所至。 ④士:贤士。 ⑤笃志而体:志虑专一而体悟。 ⑥齐明而不竭:中正明智而力行不止。一说"齐明"谓无一不明。 ⑦伥伥然:无所适从的样子。 ⑧志:识。 ⑨渠渠然:局促不安的样子。 ⑩深其类:深明礼义。类,理,此指礼义。 ⑪温温然:温和宽厚的样子。

礼者,所以正身也;师者,所以正礼也。无礼何以正身?无师,吾安知礼之为是也?礼然而然,则是情安礼也①;师云而云,则是知若师也②。情安礼,知若师,则是圣人也。故非礼③,是无法也;非师,是无师也。不是师法而好自用,譬之是犹以盲辨色,以聋辨声也,舍乱妄无为也④。故学也者,礼法也。夫师,以身为正仪⑤,而贵自安者也。《诗》云:"不识不知,顺帝之则⑥。"此之谓也。

[**注释**]①情安礼:情感依礼而行。 ②知若师:知,同"智",见识。若,顺从。 ③非:诋毁,讥讽。 ④舍乱妄无为也:除了胡作非为没有别的。舍,除。 ⑤正仪:典范。 ⑥不识不知,顺帝之则:不知道也不懂得,只是顺

乎上帝的法则。语出《诗·大雅·皇矣》。

端悫顺弟①,则可谓善少者矣②;加好学逊敏焉③,则有钧无上④,可以为君子者矣。偷儒惮事⑤,无廉耻而嗜乎饮食,则可谓恶少者矣;加愓悍而不顺⑥,险贼而不弟焉⑦,则可谓不详少者矣⑧,虽陷刑戮可也。老老而壮者归焉⑨,不穷穷而通者积焉⑩,行乎冥冥而施乎无报⑪,而贤不肖一焉⑫。人有此三行,虽有大过⑬,天其不遂乎⑭?

[**注释**]①弟:同“悌”,敬爱兄长。 ②善少:好青年。 ③逊敏:谦逊勤敏。 ④有钧无上:有与之均等而无超出其上者。钧,通“均”。 ⑤惮:怕。 ⑥愓悍:放荡凶悍。愓,同“荡”。 ⑦险贼:阴险狠毒。 ⑧不详少:凶险的青年。详,通“祥”,善,吉。 ⑨老老而壮者归焉:尊敬老人,青壮年就前来归附。 ⑩不穷穷而通者积焉:不逼迫困厄之人,显达之人就聚集而来。 ⑪行乎冥冥而施乎无报:暗中行善施惠而不求回报。冥冥,晦暗,昏昧。 ⑫一:谓同而归之。 ⑬过:过失。 ⑭天其不遂乎:上天难道不会成就吗?其,通“岂”。遂,成。

君子之求利也略①,其远害也早,其避辱也惧②,其行道理也勇。君子贫穷而志广,富贵而体恭,安燕而血气不惰③,劳倦而容貌不枯④,怒不过夺⑤,喜不过予⑥。君子贫穷而志广,隆仁也⑦;富贵而体恭,杀势也⑧;安燕而血气不惰,柬理也⑨;劳倦而容貌不枯,好交也⑩;怒不过夺,喜不过予,是法胜私也。《书》曰:“无有作好,遵王之道。无有作恶,遵王之路⑪。”此言君子之能以公义胜私欲也。

[**注释**]①略:疏略。 ②惧:戒惧。 ③安燕而血气不惰:安燕,安闲。惰,懈怠。 ④枯:枯槁。 ⑤夺:剥夺,引申为责罚。 ⑥予:给予,引申为

嘉许。　⑦隆：推崇。　⑧杀（shài）势：减抑威势。　⑨柬理：选择合乎事理。柬，择，一说为“束”之误。　⑩好交：注重礼文。交，当为“文”。　⑪无有作好，遵王之道。无有作恶，遵王之路：不要有所偏爱，遵循圣王的大道；不要有所偏恶，遵循圣王的大路。语出《尚书·洪范》。

不苟篇第三

君子行不贵苟难[①]，说不贵苟察，名不贵苟传，唯其当之为贵[②]。故怀负石而赴河[③]，是行之难为者也，而申徒狄能之[④]；然而君子不贵者，非礼义之中也。山渊平，天地比[⑤]，齐、秦袭[⑥]，入乎耳，出乎口，钩有须[⑦]，卵有毛[⑧]，是说之难持者也[⑨]，而惠施、邓析能之[⑩]；然而君子不贵者，非礼义之中也。盗跖吟口[⑪]，名声若日月，与舜、禹俱传而不息[⑫]；然而君子不贵者，非礼义之中也。故曰：君子行不贵苟难，说不贵苟察，名不贵苟传，唯其当之为贵。《诗》曰："物其有矣，惟其时矣[⑬]。"此之谓也。

[**注释**]①君子行不贵苟难：君子对于行为，不以不正当的难能为可贵。苟，不正当，不符合礼义。　②唯其当之为贵：只有符合了礼义才是可贵的。③负：抱持。　④申徒狄：殷末人，相传不忍见纣乱，抱着石头投河自杀。⑤比：齐等。　⑥齐、秦袭：齐国和秦国是合在一起的。齐在东，秦在西，相距很远，所以说这种说法很难成立。袭，合。　⑦钩有须：妇女有胡须。钩，疑为"姁"，同"妪"，妇女。　⑧卵有毛：蛋里有羽毛。　⑨难持：难以成立。⑩惠施、邓析：惠施，战国时期宋国人，名家的代表人物之一。邓析，春秋时期郑国人，传为名家之祖。　⑪盗跖吟口：盗跖传诵于众人之口。　⑫舜、禹：

舜,古帝名,传说中的贤君。禹,夏后氏部落的首领,古史相传禹采用疏导的办法治水,三过家门而不入,最终水患悉平。 ⑬物其有矣,惟其时矣:语出《诗·小雅·鱼丽》。意为事物的存在贵在得其时。

君子易知而难狎①,易惧而难胁,畏患而不避义死②,欲利而不为所非③,交亲而不比④,言辩而不辞⑤。荡荡乎⑥,其有以殊于世也。

[**注释**]①易知而难狎(xiá):容易结交,而难以亵狎。易知,容易结交。狎,戏谑,狎玩。 ②义死:为正义而死。 ③不为所非:不做自己认为是错误的事。 ④比:相互勾结。 ⑤辞:玩弄辞藻。 ⑥荡荡乎:广大,广远。

君子能亦好,不能亦好;小人能亦丑,不能亦丑。君子能则宽容易直以开道人①,不能则恭敬缚绌以畏事人②;小人能则倨傲僻违以骄溢人③,不能则妒嫉怨诽以倾覆人。故曰:君子能则人荣学焉④,不能则人乐告之;小人能则人贱学焉,不能则人羞告之。是君子小人之分也。

[**注释**]①开道:道,通“导”。开导。 ②恭敬缚(zǔn)绌(chù)以畏事人:恭恭敬敬、谦虚节制地小心侍奉别人。缚绌,通“撙黜”,谦虚节制。 ③倨傲僻违以骄溢人:傲慢自大、乖邪背理地轻视欺凌别人。僻违,乖邪,违反常理。溢,欺侮,侵凌。 ④荣学:以向他学习为光荣。

君子宽而不僈①,廉而不刿②,辩而不争,察而不激③,寡立而不胜④,坚强而不暴,柔从而不流⑤,恭敬谨慎而容⑥。夫是之谓至文⑦。《诗》曰:“温温恭人,惟德之基⑧。”此之谓矣。

［注释］①僈：通"慢"，怠慢。　②廉而不刿（guì）：方正刚直而不伤人。廉，棱角，比喻人的禀性方正、刚直。刿，刺伤。　③察而不激：明察而不冲动。　④寡立而不胜：超凡出众而不盛气凌人。寡立，独立，出众。　⑤流：随波逐流。　⑥容：宽厚。　⑦至文：最完美的礼义。文，礼文。　⑧温温恭人，惟德之基：语出《诗·大雅·抑》。温和恭敬的人是德行的标准。温温，和柔的样子。恭人，恭谨守礼的人。基，根本，引申为标准。

君子崇人之德，扬人之美，非谄谀也；正义直指①，举人之过，非毁疵也②；言己之光美，拟于舜、禹③，参于天地④，非夸诞也⑤；与时屈伸，柔从若蒲苇，非慑怯也；刚强猛毅，靡所不信⑥，非骄暴也，以义变应，知当曲直故也⑦。《诗》曰："左之左之，君子宜之；右之右之，君子有之⑧。"此言君子能以义屈信变应故也⑨。

［注释］①正义直指：根据正义，直言指责。　②毁疵（cī）：毁谤，诋毁。③拟：比拟。　④参（sān）：并列。　⑤夸诞：夸大虚妄，语言不实。　⑥靡所不信：没有什么地方不正直。靡，无，没有。信，通"伸"，不屈。　⑦以义变应，知当曲直故也：这是因为君子能够根据道义来随机应变，知道什么时候该曲、什么时候该直的缘故。　⑧左之左之，君子宜之；右之右之，君子有之：语出《诗·小雅·裳裳者华》。指君子能根据礼义以应时变。　⑨屈信：通"屈伸"。

君子，小人之反也。君子大心则天而道①，小心则畏义而节②；知则明通而类③，愚则端悫而法④；见由则恭而止⑤，见闭则敬而齐⑥；喜则和而理⑦，忧则静而理⑧；通则文而明⑨，穷则约而详⑩。小人则不然，大心则慢而暴，小心则淫而倾⑪；知则攫盗而渐⑫，愚则毒贼而乱⑬；见由则兑而倨⑭，见闭则怨而险；喜则轻而翾⑮，忧则挫而慑；通则骄而偏，穷则弃而儑⑯。传曰："君子两进，小人两废⑰。"此之谓也。

［注释］①君子大心则天而道：据《韩诗外传》卷四"则"后应有"敬"字。意为君子志向远大时会敬奉自然而遵循规律。　②小心则畏义而节：志向小时会敬畏礼义而有所节制。　③明通而类：明理通达而触类旁通。　④端悫(què)而法：正直诚实而遵守法度。　⑤见由则恭而止：如果被任用则恭敬而有礼。由，用。止，谓"知有所止"，不放纵。　⑥见闭则敬而齐：如果不被重用则守礼而不怨恨。见闭，不被重用。　⑦和而理：据《韩诗外传》卷四"理"应作"治"。和悦而平顺。　⑧静而理：安静而理智。　⑨通则文而明：显达时就显得有文采而彰明。　⑩穷则约而详：在困境中就会简约而安详。⑪淫而倾：淫邪而互相排斥。　⑫攫盗而渐：抢劫偷盗而欺诈。　⑬毒贼而乱：恶毒暴虐而作乱。　⑭兑而倨：喜悦而傲慢。兑，通"悦"。　⑮翾(xuān)：通"儇"，轻佻。　⑯弃而儑(àn)：自暴自弃而志气低落。儑，志气低落。　⑰废：停止，终止。

君子治治①，非治乱也。曷谓邪？曰：礼义之谓治，非礼义之谓乱也②。故君子者，治礼义者也，非治非礼义者也。然则国乱将弗治与？曰：国乱而治之者，非案乱而治之之谓也，去乱而被之以治③；人污而修之者④，非案污而修之之谓也，去污而易之以修。故去乱而非治乱也，去污而非修污也。治之为名，犹曰君子为治而不为乱，为修而不为污也。

［注释］①治治：治理安定的国家。第一个"治"是动词，第二个"治"是名词。　②礼义之谓治，非礼义之谓乱：符合礼义的叫做安定，不符合礼义的叫做混乱。　③非案乱而治之之谓也，去乱而被(bèi)之以治：并不是在混乱的基础上去治理，而是要除去原有的混乱而加之以安定。案，根据。被，加。

④修:修饰。

君子洁其辩而同焉者合矣①,善其言而类焉者应矣②。故马鸣而马应之,非知也,其势然也③。故新浴者振其衣,新沐者弹其冠,人之情也。其谁能以己之潐潐④,受人之掝掝者哉⑤!

[**注释**]①君子洁其辩而同焉者合矣:据《韩诗外传》卷一,“辩”应为“身”。君子修整自己的身心,志同道合的人就会聚合在他的周围。洁,修整。②类焉者应矣:和他同类的人就会来响应。　③马鸣而马应之,非知也,其势然也:据《韩诗外传》卷一,“马鸣而马应之”后应有“牛鸣而牛应之。”知,通“智”。势,形势。　④潐潐(jiào):明察。　⑤掝掝(huò):迷惑。

君子养心莫善于诚,致诚则无它事矣①。唯仁之为守,唯义之为行。诚心守仁则形,形则神,神则能化矣②;诚心行义则理③,理则明④,明则能变矣。变化代兴,谓之天德⑤。天不言而人推高焉,地不言而人推厚焉,四时不言而百姓期焉⑥。夫此有常,以至其诚者也⑦。君子至德,嘿然而喻⑧,未施而亲,不怒而威。夫此顺命,以慎其独者也⑨。善之为道者,不诚则不独⑩,不独则不形,不形则虽作于心,见于色,出于言,民犹若未从也,虽从必疑。天地为大矣,不诚则不能化万物⑪;圣人为知矣,不诚则不能化万民;父子为亲矣,不诚则疏;君上为尊矣,不诚则卑⑫。夫诚者,君子之所守也,而政事之本也。唯所居以其类至⑬,操之则得之,舍之则失之。操而得之则轻⑭,轻则独行,独行而不舍则济矣⑮。济而材尽,长迁而不反其初则化矣⑯。

[注释]①致诚则无它事矣:做到真诚,就无须做其他的事了。致,达到。②诚心守仁则形,形则神,神则能化矣:真诚地施行仁德,仁德就会在行为上显现出来,仁德在行为上显现出来就显得神明,显得神明了,就能使人得到感化。形,显现。 ③理:做事有条理。 ④明:明察事理。 ⑤变化代兴,谓之天德:转变和感化交互为用,这就叫做天德。天德,天的本质,这里指交替变化的自然规律。 ⑥期:相信(它变换的规律)。 ⑦夫此有常,以至其诚者也:这是因为天地、四时都有变化的规律,因而达到了真诚。 ⑧嘿然而喻:沉默不语却明晓事理。嘿,通“默”。喻,知晓,明白。 ⑨夫此顺命,以慎其独者也:这是因为他顺从了天命,在独处的时候也谨慎戒惧的缘故。⑩不独:不能慎其独。 ⑪化:生长,养育。 ⑫卑:(被臣下所)鄙视。⑬唯所居以其类至:只要保持真诚,同类就会聚拢而来。 ⑭操而得之则轻:保持了真诚,就会得到同类,就容易使他们受到感化。 ⑮济:成功。 ⑯济而材尽,长迁而不反其初则化矣:养成了真诚,才能就能得到完全的发挥。人们就会长期保持真诚而不会返回到最初的本性。这样人们就会完全被感化了。

君子位尊而志恭,心小而道大,所听视者近而所闻见者远。是何邪?则操术然也①。故千人万人之情,一人之情是也;天地始者,今日是也;百王之道,后王是也②。君子审后王之道而论于百王之前,若端拜而议③。推礼义之统,分是非之分④,总天下之要,治海内之众,若使一人。故操弥约而事弥大⑤。五寸之矩,尽天下之方也⑥。故君子不下室堂而海内之情举积此者⑦,则操术然也。

[注释]①操术:所掌握的方法。 ②千人万人之情,一人之情是也;天地始者,今日是也;百王之道,后王是也:千万人的性情,和一个人的性情是一样的;天地开辟时的样子,和今天是一样的;古代帝王的道术,和后王是一样的。

百王,指西周之前的古代帝王。后王,周文王、武王之后,当指周公。　③若端拜而议:就好像端身拱手一样从容不迫。端拜,唐杨倞以为当为“端拱”。④推礼义之统,分是非之分:推究礼义的准则,区别是非的界限。统,纲纪,准则。　⑤操弥约而事弥大:所使用的方法越简约,其所做成的事就越大。⑥五寸之矩,尽天下之方也:一个五寸的矩尺,能够画尽天下的方形。矩,画直角或方形的工具。　⑦举:全部,都。

有通士者,有公士者,有直士者,有悫士者,有小人者。上则能尊君,下则能爱民,物至而应,事起而辨①,若是,则可谓通士矣。不下比以暗上,不上同以疾下②,分争于中,不以私害之③,若是,则可谓公士矣。身之所长,上虽不知,不以悖君④;身之所短,上虽不知,不以取赏;长短不饰,以情自竭⑤,若是,则可谓直士矣。庸言必信之,庸行必慎之,畏法流俗而不敢以其所独甚⑥,若是,则可谓悫士矣。言无常信,行无常贞,唯利所在,无所不倾,若是,则可谓小人矣。

[**注释**]①辨:治理。　②不下比以暗(àn)上,不上同以疾下:在下不互相勾结以蒙蔽君主,在上不迎合君主以残害臣民。暗,蒙蔽。疾,残害。③分争于中,不以私害之:在事情上有了纷争,不因个人的私怨去陷害别人。④悖:怨恨。　⑤长短不饰,以情自竭:不掩饰自己的长处和短处,如实的反映自己。情,实情。竭,全部,无保留。　⑥畏法流俗而不敢以其所独甚:不敢效法流行的习俗,不敢自以为是。甚,通“是”。

公生明,偏生暗①,端悫生通,诈伪生塞②,诚信生神,夸诞生惑③。此六生者,君子慎之,而禹、桀所以分也。

[**注释**]①暗:昏昧。　②塞:蔽塞。　③惑:惑乱。

欲恶取舍之权①：见其可欲也，则必前后虑其可恶也者；见其可利也，则必前后虑其可害也者；而兼权之，孰计之②，然后定其欲恶取舍。如是，则常不失陷矣。凡人之患，偏伤之也③。见其可欲也，则不虑其可恶也者；见其可利也，则不顾其可害也者。是以动则必陷，为则必辱，是偏伤之患也。

[**注释**]①欲恶取舍之权：贪欲、厌恶、采取、放弃的衡量标准。权，指秤，测定物体重量的器具，此指权衡。　②兼权之，孰计之：全面地衡量，缜密地考虑。孰，同“熟”。　③偏伤：偏颇。

人之所恶者，吾亦恶之。夫富贵者则类傲之①；夫贫贱者则求柔之②，是非仁人之情也，是奸人将以盗名于晻世者也③，险莫大焉④。故曰：盗名不如盗货。田仲、史鳝不如盗也⑤。

[**注释**]①类傲之：一律蔑视他们。类，皆，都。　②求柔：一味屈就。③是奸人将以盗名于晻（ àn）世者：这是奸邪之人在乱世盗取名声的做法。晻，通“暗”，昏暗。　④险：险恶。　⑤田仲、史鳝（ qiú）：田仲，又叫陈仲子，战国时期齐国人。其兄长在齐为官，他认为兄长食俸禄为不义，不愿接受兄长的接济。他也不愿为官，宁可种菜。史鳝，又名史鱼，春秋时期卫国的大夫，以正直敢谏著名。他曾劝说卫灵公任用蘧伯玉，罢免弥子瑕，灵公不从。临死时，叫儿子不要入殓，说生前不能改正国君的过失，死后不应成礼。这里以此二人为例来喻欺世盗名之人。

荣辱篇第四

憍泄者[①],人之殃也;恭俭者,偋五兵也[②]。虽有戈矛之刺,不如恭俭之利也。故与人善言,暖于布帛;伤人之言,深于矛戟[③]。故薄薄之地[④],不得履之,非地不安也。危足无所履者[⑤],凡在言也。巨涂则让[⑥],小涂则殆[⑦],虽欲不谨,若云不使[⑧]。

[**注释**]①憍泄:骄横不恭。憍,同"骄"。泄,同"亵"。　②偋(bǐng)五兵:抵挡各种兵器。意思指可免除杀身之祸。偋,同"屏",抵挡。五兵,指矛、戟等五种兵器。　③伤人之言,深于矛戟(jǐ):以言语伤人比以矛、戟伤人更深。王念孙认为"之"应作"以"。　④薄薄:博大,广大。　⑤危足:侧足。⑥巨涂则让:大路人多,熙熙攘攘。让,同"攘",拥挤。　⑦小涂则殆:小路偏远而危险。殆,危险。　⑧虽欲不谨,若云不使:人无论走在大路还是小路上都不得不谨慎。

快快而亡者,怒也[①];察察而残者,忮也[②];博而穷者,訾也[③];清之而俞浊者[④],口也[⑤];豢之而俞瘠者[⑥],交也[⑦];辩而不说者[⑧],争也;直立而不见知者[⑨],胜也[⑩];廉而不见贵者,刿也[⑪];勇而不见惮者,贪也[⑪];信而不见敬者，好剸行也⑬：此小人之所务而君子之所不为也。

［注释］①快快而亡者，怒也：逞一时之快而导致死亡的，是由于愤怒。②察察而残者，忮（zhì）也：处事精明而导致伤残的，是由于有忌恨刻毒之心。忮，忌恨，刻毒。　③博而穷者，訾（zǐ）也：博学善辩而致穷困的，是由于好毁谤、非议别人。　④俞浊：更加污浊。俞，同“愈”，更加。　⑤口：口说之过。⑥豢（huàn）之而俞瘠者：喂养它反而更加瘦弱。　⑦交：交往不当。　⑧辩而不说：能言善辩而不能说服别人。　⑨直立而不见知：为人正直而没有好名声。　⑩胜：争强好胜。　⑪廉（lián）而不见贵者，刿（guì）也：正直有节操而得不到人们尊重的，是由于尖刻伤人。廉，有棱角。刿，刺伤，伤人。⑫贪：有贪欲。　⑬剸：同“专”，专断独行。

斗者，忘其身者也，忘其亲者也，忘其君者也。行其少顷之怒而丧终身之躯，然且为之，是忘其身也；室家立残①，亲戚不免乎刑戮，然且为之，是忘其亲也；君上之所恶也，刑法之所大禁也，然且为之，是忘其君也。忧忘其身②，内忘其亲，上忘其君，是刑法之所不舍也，圣王之所不畜也③。乳彘触虎④，乳狗不远游，不忘其亲也。人也，忧忘其身，内忘其亲，上忘其君，则是人也而曾狗彘之不若也。

［注释］①室家立残：家庭立刻遭到摧残。　②忧：据杨倞、王念孙的说法，“忧”应为“下”，或因音误为“夏”，又因形误为“憂”（繁体“忧”）。③畜：容许，收容。　④乳彘（zhì）触虎：处于哺乳期的母猪可以为了幼崽而触犯老虎。又一说此句应为“乳彘不触虎”。

凡斗者，必自以为是而以人为非也。己诚是也，人诚非也，则是己君子而人小人也，以君子与小人相贼害也①。

忧以忘其身，内以忘其亲，上以忘其君，岂不过甚矣哉！是人也，所谓“以狐父之戈钃牛矢”也[②]。将以为智邪？则愚莫大焉。将以为利邪？则害莫大焉。将以为荣邪？则辱莫大焉。将以为安邪？则危莫大焉。人之有斗，何哉？我欲属之狂惑疾病邪[③]，则不可，圣王又诛之。我欲属之鸟鼠禽兽邪，则不可，其形体又人，而好恶多同。人之有斗，何哉？我甚丑之！

[**注释**]①贼害：残害，伤害。贼，本义残害、毁。　②以狐父之戈钃(zhú)牛矢：用狐父出产的利戈去刺牛粪。比喻以贵而用于贱。狐父，古代地名，出产名戈。钃，砍，刺。矢，通“屎”。　③属之狂惑疾病：将他们归属于精神疯狂、迷乱的病人。属，归类于。

有狗彘之勇者，有贾盗之勇者[①]，有小人之勇者，有士君子之勇者：争饮食，无廉耻，不知是非，不辟死伤[②]，不畏众强，恈恈然唯利饮食之见[③]，是狗彘之勇也。为事利，争货财，无辞让，果敢而振，猛贪而戾[④]，恈恈然唯利之见，是贾盗之勇也。轻死而暴，是小人之勇也。义之所在，不倾于权，不顾其利[⑤]，举国而与之不为改视，重死持义而不桡[⑥]，是士君子之勇也。

[**注释**]①贾(gǔ)盗：商人和盗贼。　②不辟死伤：不顾忌死伤。辟，通“避”。　③恈(móu)恈然：贪婪的样子。　④果敢而振，猛贪而戾：果断勇敢而妄动，凶猛贪婪而暴戾。王引之则认为“振”当为“很”。“很”同“狠”，与“猛贪而戾”相应。　⑤不倾于权，不顾其利：不屈服于权势，不顾及私利。⑥重死持义而不桡(náo)：爱惜生命、坚持正义而不屈服。

鯈鉌者[①]，浮阳之鱼也[②]，胠于沙而思水[③]，则无逮矣[④]。挂于患而欲谨[⑤]，则无益矣。自知者不怨人，知命者不怨天，怨人者穷，怨天者无志[⑥]。失之己，反之人[⑦]，岂不迂乎哉[⑧]！

[**注释**]①儵（tiáo）鉢（qiáo）：皆为鱼名。儵，古同“鲦”。 ②浮阳：浮在水面上以就于阳。 ③胠（qū）：搁浅。 ④无逮（dài）：来不及。 ⑤挂于患而欲谨：身陷于困境后再想小心谨慎。挂，通“絓”，牵绊。 ⑥无志：即无识，指不知天命。志，古通“识”。 ⑦反之人：反怪别人。 ⑧迂（yū）：远，意思指言行或见解不合时宜。

荣辱之大分，安危利害之常体[①]：先义而后利者荣，先利而后义者辱；荣者常通，辱者常穷；通者常制人，穷者常制于人：是荣辱之大分也。材悫者常安利，荡悍者常危害[②]；安利者常乐易[③]，危害者常忧险；乐易者常寿长，忧险者常夭折：是安危利害之常体也。

[**注释**]①荣辱之大分，安危利害之常体：荣与辱的主要区别，安危利害的一般规律。分，区别。常体，一般规律。 ②材悫者常安利，荡悍者常危害：资质诚实的人常常安全顺利，放荡凶悍的人常常危险受伤害。材，一说为“朴”，朴悫安利与荡悍常危相应。悫，诚实，恭谨。 ③乐易：快乐平易，心情舒畅。

夫天生蒸民，有所以取之[①]。志意致修，德行致厚，智虑致明，是天子之所以取天下也。政令法，举措时[②]，听断公，上则能顺天子之命，下则能保百姓，是诸侯之所以取国家也。志行修，临官治，上则能顺上，下则能保其职，是士大夫之所以取田邑也[③]。循法则、度量、刑辟、图籍[④]，不知其义，谨守其数，慎不敢损益也，父子相传，以持王公[⑤]，是故三代虽亡，治法犹存，是官人百吏之所以取禄秩也⑥。孝弟原悫，軥录疾力⑦，以敦比其事业⑧，而不敢怠傲，是庶人之所以取暖衣饱食，长生久视，以免于刑戮也⑨。饰邪说，文奸言⑩，为倚事，陶诞突盗，惕悍憍暴⑪，以偷生反侧于乱世之间⑫，是奸人之所以取危辱死刑也。其虑之不深，其择之不谨，其定取舍楛僈⑬，是其所以危也。

［**注释**］①天生蒸（zhēng）民，有所以取之：天下芸芸众生，各有其生身立命的条件。蒸，众多。　②政令法，举措时：政令合于法度，措施合乎时宜。　③邑（yì）：诸侯分给大夫的封地。　④循法则、度量、刑辟、图籍：遵循法律准则、度量、刑法、地图户籍办事。度，尺寸。量，斗斛。刑辟，有关刑法的书。图，古人摹写的土地形状。籍，记录的户口数目。　⑤持：奉，效力于。　⑥取禄秩（zhì）：获得做官吏的俸禄。　⑦孝弟（tì）原悫，軥（qú）录疾力：孝顺父母，敬爱兄长，诚实谨慎，勤劳努力。弟，通“悌”。原悫，敬慎。軥录，自我约束，疾苦的意思。疾力，奋力而作。　⑧敦比：治理，经营。敦，厚。比，亲，又通“庀（pǐ）”，治理之义。　⑨长生久视，以免于刑戮（lù）：健康长寿而不受刑罚杀戮。　⑩饰邪说，文奸言：粉饰异端邪说。饰、文，装饰，遮掩。⑪为倚事，陶诞突盗，惕悍憍暴：做怪异的事情，欺诈荒诞，倔强而不驯服，放荡凶悍，傲慢残暴。倚，同“奇”，怪异。陶诞，顽嚣不驯的样子。突盗，凌突不顺。惕，同“荡”，放荡。憍，同“骄”，骄傲。　⑫反侧：不安于现状，为非作歹。　⑬楛（kǔ）僈（màn）：粗略轻慢，不经心。

材性知能，君子小人一也①。好荣恶辱，好利恶害，是君子小人之所同也，若其所以求之之道则异矣。小人也者，疾为诞而欲人之信己也②，疾为诈而欲人之亲己也，禽兽之行而欲人之善己也③。虑之难知也，行之难安也，持之难立也④，成则必不得其所好，必遇其所恶焉⑤。故君子者，信矣，而亦欲人之信己也；忠矣，而亦欲人之亲己也；

修正治辨矣[6]，而亦欲人之善己也。虑之易知也，行之易安也，持之易立也，成则必得其所好，必不遇其所恶焉。是故穷则不隐[7]，通则大明，身死而名弥白[8]，小人莫不延颈举踵而愿曰[9]："知虑材性，固有以贤人矣[10]。"夫不知其与己无以异也。则君子注错之当[11]，而小人注错之过也。故孰察小人之知能，足以知其有余，可以为君子之所为也。譬之越人安越，楚人安楚，君子安雅[12]。是非知能材性然也，是注错习俗之节异也[13]。

［**注释**］①材性知能，君子小人一也：论人的本性、智慧、才能，君子和小人是一样的。知，通"智"。　②疾为诞：肆意说大话。诞，诞言，说大话。③禽兽之行而欲人之善己也：行为如同禽兽一般，却希望别人赞扬自己。④虑之难知也，行之难安也，持之难立也：思虑问题不明智，行为做事不稳妥，坚持的主张难立足。　⑤成则必不得其所好，必遇其所恶焉：最终必然得不到他们所喜好的荣誉和利益，而一定会遭受他们所厌恶的耻辱和祸害。成，最终，结果。　⑥修正治辨：善良正直，处理事情得当。辨，治理。　⑦不隐：不能遮蔽。　⑧白：显耀。　⑨延颈举踵而愿：伸着脖子抬着脚跟而羡慕不已。愿，思慕。　⑩贤人：贤于别人。　⑪注错：所注意的，所致力于的。⑫雅：古时通"夏"，指中原地区。　⑬注错习俗之节异：对行动和习惯的节制有所不同。节，限制。

仁义德行，常安之术也，然而未必不危也；污僈突盗[1]，常危之术也，然而未必不安也。故君子道其常，而小人道其怪[2]。

［**注释**］①污僈突盗：污浊卑鄙，凌突不顺。僈，同"漫"，漫亦为污，玷污。突盗，凌突不顺，冒失营私。　②君子道其常，而小人道其怪：君子遵循正道而行，而小人用心于歪门邪道。道，遵循。

凡人有所一同:饥而欲食,寒而欲暖,劳而欲息,好利而恶害,是人之所生而有也,是无待而然者也,是禹、桀之所同也。目辨白黑美恶,耳辨音声清浊,口辨酸咸甘苦,鼻辨芬芳腥臊,骨体肤理辨寒暑疾养[①],是又人之所常生而有也,是无待而然者也,是禹、桀之所同也。可以为尧、禹,可以为桀、跖,可以为工匠,可以为农贾[②],在势注错习俗之所积耳,是又人之所生而有也,是无待而然者也,是禹、桀之所同也。为尧、禹则常安荣,为桀、跖则常危辱;为尧、禹则常愉佚[③],为工匠农贾则常烦劳。然而人力为此而寡为彼,何也?曰:陋也。尧、禹者,非生而具者也,夫起于变故[④],成乎修修之为[⑤],待尽而后备者也。人之生固小人,无师无法则唯利之见耳[⑥]。人之生固小人,又以遇乱世,得乱俗,是以小重小也,以乱得乱也[⑦]。君子非得势以临之,则无由得开内焉[⑧]。今是人之口腹,安知礼义?安知辞让?安知廉耻隅积[⑨]?亦呥呥而噍,乡乡而饱已矣[⑩]。人无师无法,则其心正其口腹也[⑪]。今使人生而未尝睹刍豢稻粱也[⑫],惟菽藿糟糠之为睹[⑬],则以至足为在此也,俄而粲然有秉刍豢稻粱而至者[⑭],则瞲然视之曰[⑮]:“此何怪也?”彼臭之而无嗛于鼻[⑯],尝之而甘于口,食之而安于体,则莫不弃此而取彼矣。今以夫先王之道,仁义之统,以相群居,以相持养,以相藩饰[⑰],以相安固邪?以夫桀、跖之道,是其为相县也,几直夫刍豢稻粱之县糟糠尔哉[⑱]!然而人力为此而寡为彼,何也?曰:陋也。陋也者,天下之公患也,人之大殃大害也。故曰:仁者好告示人。告之示之,靡之儇之,鈆之重之[⑲],则夫塞者俄且通也,陋者俄且僩也⑳，愚者俄且知也。是若不行，则汤、武在上曷益？桀、纣在上曷损？汤、武存则天下从而治，桀、纣存则天下从而乱。如是者，岂非人之情固可与如此，可与如彼也哉！

[**注释**]①寒暑疾养：冷热痛痒。养，同“痒”。　②可以为桀、跖(zhí)，可以为工匠，可以为农贾(gǔ)：可以成为桀和跖那样的坏人，可以成为工匠，也可以成为农民和商人。跖，人名，指柳下惠的弟弟盗跖。贾，商人。　③佚(yì)：同“逸”，安逸。　④变故：改变故旧的本性。　⑤修修之为：长久的修养。一说“修之”为衍文，“成乎修为”与前“起于变故”相应。修为，践行修身。　⑥人之生固小人，无师无法则唯利之见耳：人生下来本是小人，不经过良师教导，没有礼法约束，则只能看到财利。生，通“性”，性情。　⑦以小重小也，以乱得乱也：小人的本性上又加上卑鄙的习性，从混乱的习俗里更染上混乱的品性。重，更加。　⑧开内：打开小人的心志以纳善道。内，同“纳”。　⑨隅(yú)积：局部和整体的道理。隅，道之分见。积，道之贯通。　⑩呥(rán)呥而噍(jiào)，乡乡而饱：大口地咀嚼食物，狼吞虎咽地填饱肚子。呥呥，咀嚼的样子。噍，咀嚼，同“嚼”。乡，同“芗(xiāng)”。乡乡，饱食后甘美的样子。　⑪正：正如。　⑫刍(chú)豢(huàn)：指牛羊猪狗等肉食。刍，指食草的牲口，如牛羊。豢，指食谷物的牲口，如猪狗。　⑬菽(shū)藿(huò)：豆和豆叶。菽，豆类的总称。藿，豆叶。　⑭粲(càn)然有秉：很耀眼地拿着。粲，同“灿”；粲然，精洁鲜明的样子。　⑮瞲(xuè)然：惊视，惊讶的样子。　⑯臭(xiù)之而无嗛(qiè)：闻着它的气味而不知满足。一说“无”为衍字。臭，“嗅”的古字，用鼻子辨别气味。嗛，通“慊”，满足，快意。　⑰以相持养，以相藩(fān)饰：以帮助人们得到养育，得到保护。持养，保养。持即养。藩饰，遮蔽，文饰。　⑱相县也几直：其悬殊差别岂止于。县，同“悬”，悬殊。几直，岂止。　⑲靡之儇(xuān)之，鈆(qiān)之重之：使人们遵循，使人们渐渐形成习惯，安抚并戒饬他们。靡，服从。儇，渐渐积成。鈆，通“沿”，抚循的意思。　⑳陋者俄且僩(xiàn)：顽固浅陋的人逐渐解脱。僩，胸襟开阔的样子。

人之情,食欲有刍豢,衣欲有文绣,行欲有舆马,又欲夫余财蓄积之富也;然而穷年累世不知足[①],是人之情也。今人之生也,方知蓄鸡狗猪彘,又蓄牛羊,然而食不敢有酒肉;余刀布,有囷窌[②],然而衣不敢有丝帛;约者有筐箧之藏[③],然而行不敢有舆马。是何也?非不欲也,几不长虑顾后而恐无以继之故也。于是又节用御欲[④],收敛蓄藏以继之也,是于己长虑顾后,几不甚善矣哉[⑤]!今夫偷生浅知之属,曾此而不知也,粮食大侈,不顾其后,俄则屈安穷矣[⑥],是其所以不免于冻饿,操瓢囊为沟壑中瘠者也[⑦]。况夫先王之道[⑧],仁义之统,《诗》、《书》、《礼》、《乐》之分乎。彼固天下之大虑也,将为天下生民之属长虑顾后而保万世也。其流长矣,其温厚矣,其功盛姚远矣[⑨],非孰修为之君子莫之能知也。故曰:短绠不可以汲深井之泉[⑩],知不几者不可与及圣人之言[⑪]。夫《诗》、《书》、《礼》、《乐》之分,固非庸人之所知也。故曰:一之而可再也,有之而可久也,广之而可通也,虑之而可安也,反鈆察之而俞可好也[⑫]。以治情则利,以为名则荣,以群则和,以独则足乐,意者其是邪?

[**注释**]①不知足:原本作"不知不足",当删后一"不"字。　②余刀布,有囷(qūn)窌(jiào):有剩余钱财,谷仓地窖有富余的粮食。刀,形如刀的古代钱币;布,古代布币。刀布,指钱财。囷,谷仓。窌,地窖。　③约者有筐箧(qiè)之藏:节俭的人拥有一箱箱的积蓄。箧,小箱子,收藏东西用。　④节用御欲:节约费用,制止私欲。　⑤几不甚善矣哉:岂不是很好吗?几,读为"岂"。　⑥粮食大侈,不顾其后,俄则屈安穷矣:大量挥霍浪费粮食,不顾及以后的生活,不久就财物耗尽而陷于困境了。大,为"太"。安,语气助词,同"然"。　⑦操瓢囊为沟壑中瘠者:拿着讨饭的用具而成为沟壑中的饿死鬼。

瓢囊，行乞所用的东西。瘠，腐烂的尸体。 ⑧况夫：何况是。 ⑨其温厚矣，其功盛姚远矣：它的蕴积是相当丰厚的，它的功业是相当悠远的。温，通“蕴”。姚，通“遥”，遥远。 ⑩绠(gěng)：汲水用的绳子。 ⑪知不几：认知达不到微而明。几，隐微，微明。 ⑫反鈆察之而俞可好：反复思考、明察，才可以臻于至善、和美。鈆察，循察。俞，同“愈”，更加。

夫贵为天子，富有天下，是人情之所同欲也。然则从人之欲则势不能容①，物不能赡也②。故先王案为之制礼义以分之，使有贵贱之等，长幼之差，知愚、能不能之分，皆使人载其事而各得其宜③。然后使悫禄多少厚薄之称④，是夫群居和一之道也。

[**注释**]①然则从人之欲则势不能容：然而放纵人的欲望，在客观上是不容许的。从，同“纵”。 ②物不能赡(shàn)也：物质上是不能满足人的需求的。 ③使人载其事：使人们各行其是。载，任。 ④悫禄多少厚薄之称(chèng)：俸禄的多少与其才能相称。悫，疑为“穀”，指俸禄。

故仁人在上，则农以力尽田①，贾以察尽财②，百工以巧尽械器，士大夫以上至于公侯，莫不以仁厚知能尽官职，夫是之谓至平。故或禄天下而不自以为多③，或监门、御旅、抱关、击柝而不自以为寡④。故曰：“斩而齐，枉而顺，不同而一⑤。”夫是之谓人伦。《诗》曰：“受小共大共，为下国骏蒙⑥。”此之谓也。

[**注释**]①农以力尽田：农民尽心尽力去种田。尽，精于某事。 ②贾以察尽财：商人把全部心计用在理财上。察，明其盈虚。 ③禄天下：以天下为禄。这里指天子拥有天下。 ④御(yà)旅、抱关、击柝(tuò)：迎宾、门卒、巡夜打更。 ⑤斩而齐，枉而顺，不同而一：有了参差不齐才能达到整齐，有了

枉曲才能归于和顺,有了不同才能统于一。斩,截。枉,枉曲不直。 ⑥受小共大共,为下国骏蒙:大小各有法度,从而庇护各国以安天下。这一句诗引自《诗·商颂·长发》。共,法。小共大共,大小各有法度。骏蒙,庇护。

非相篇第五

相人[①]，古之人无有也，学者不道也[②]。古者有姑布子卿[③]，今之世，梁有唐举[④]，相人之形状颜色而知其吉凶妖祥，世俗称之。古之人无有也，学者不道也。故相形不如论心，论心不如择术[⑤]。形不胜心，心不胜术。术正而心顺之，则形相虽恶而心术善，无害为君子也；形相虽善而心术恶，无害为小人也。君子之谓吉，小人之谓凶。故长短、小大、善恶形相，非吉凶也。古之人无有也，学者不道也。

[**注释**]①相人：依人的面相、骨相等推断吉凶祸福。　②道：说。　③姑布子卿：姑布是姓，子卿是名；春秋郑国人，相士，曾相过孔子和赵襄子。　④唐举：战国时相士，曾相过李兑和蔡泽。　⑤相形不如论心，论心不如择术：观察人的相貌不如考察他的思想，考察他的思想不如鉴别他立身处世的道术。术，道术。

盖帝尧长，帝舜短；文王长，周公短；仲尼长，子弓短[①]。昔者卫灵公有臣曰公孙吕，身长七尺，面长三尺，焉广三寸[②]，鼻目耳具，而名动天下。楚之孙叔敖，期思之鄙人也③,突秃长左④,轩较之下⑤,而以楚霸。叶公子高⑥,微小短瘠⑦,行若将不胜其衣。然白公之乱也⑧,令尹子西、司马子期皆死焉⑨,叶公子高入据楚,诛白公,定楚国,如反手尔,仁义功名善于后世。故事不揣长,不揳大,不权轻重,亦将志乎尔⑩。长短小大,美恶形相,岂论也哉!

[**注释**]①仲尼长,子弓短:孔子高大,子弓矮小。子弓,即仲弓,孔子弟子。 ②焉:同"颜",额头。 ③期思之鄙人:期思这个地方的一个乡下人。期思,楚国的一个邑名。 ④突秃长左:头发短而且少,左手比右手长。 ⑤轩较之下:指修文德,不劳甲兵,远于征伐。轩,本义为中国古代一种前顶较高而有帷幕的车子,供大夫以上乘坐。较,本义为车厢两旁板上的横木。 ⑥叶(shè)公子高:楚大夫沈尹戌之子,名诸梁,字子高,封地在叶(今河南境),因而称叶公。 ⑦微小短瘠:矮小瘦弱。 ⑧白公:楚平王的孙子,太子建的儿子。 ⑨令尹子西、司马子期:子西,楚平王的长庶子,公子申。子期,楚平王的儿子,公子结。令尹、司马,皆是官名。 ⑩故事不揣长,不揳(xié)大,不权轻重,亦将志乎尔:对于士人,不估量其高矮,不约计其大小,不权衡其轻重,只是要修行意志而已。事,一说当为"士",古时"士"通"事"。揣,估量。揳,衡量,约计。

且徐偃王之状①,目可瞻焉②;仲尼之状,面如蒙倛③;周公之状,身如断菑④;皋陶之状,色如削瓜⑤;闳夭之状,面无见肤⑥;傅说之状,身如植鳍⑦;伊尹之状,面无须麋⑧;禹跳,汤偏⑨,尧、舜参牟子⑩。从者将论志意⑪,比类文学邪?直将差长短,辨美恶,而相欺傲邪⑫?

[**注释**]①徐偃(yǎn)王:徐,国名。偃,仰的意思。偃王是国君名,能仰而不能俯,所以人称之为偃王。 ②目可瞻焉:眼睛可以看到额头。焉,通"颜",额头;原本作"马",应为"焉"。 ③倛(qī):古代术士驱鬼时所戴的形状可怕的面具。 ④身如断菑(zī):身体如折断的枯树。菑,直立的枯树。

⑤皋(gāo)陶(yáo)之状,色如削瓜:皋陶的相貌,脸色青绿如削了皮的瓜。皋陶,传说为舜时掌刑法的大臣。　⑥闳(hóng)夭之状,面无见肤:闳夭的相貌,满脸胡须,看不到皮肤。闳夭,周文王的大臣,相传纣王囚文王于羑里,闳夭求得美女和名马献给纣王,纣王很高兴,就释放了文王。闳夭后来辅佐武王灭纣。　⑦傅说(yuè)之状,身如植鳍(qí):傅说的相貌,背上像长了鱼鳍。傅说,商王武丁的大臣。　⑧伊尹之状,面无须麋(mí):伊尹的相貌,脸上没有胡须和眉毛。伊尹,商初期大臣,曾辅佐商汤起兵伐桀。麋,同"眉"。⑨禹跳,汤偏:禹瘸了腿,汤跛了脚。偏,通"蹁"。跳、偏,皆指足跛。　⑩参牟子:三个瞳仁。参,同"叁",三个。牟,通"眸"。　⑪从者:即指学者。⑫将论志意,比类文学邪?直将差长短,辨美恶,而相欺傲邪:是要考察他们的志向思想,比较他们的学问呢?还是只区别他们的高矮,分辨他们的美丑,来互相欺骗、互相傲视呢?

古者桀、纣长巨姣美①,天下之杰也。筋力越劲②,百人之敌也,然而身死国亡,为天下大僇③,后世言恶则必稽焉④。是非容貌之患也,闻见之不众,论议之卑尔。今世俗之乱君,乡曲之儇子⑤,莫不美丽姚冶⑥,奇衣妇饰⑦,血气态度拟于女子;妇人莫不愿得以为夫,处女莫不愿得以为士⑧,弃其亲家而欲奔之者,比肩并起。然而中君羞以为臣⑨,中父羞以为子,中兄羞以为弟,中人羞以为友,俄则束乎有司而戮乎大市⑩,莫不呼天啼哭,苦伤其今而后悔其始。是非容貌之患也,闻见之不众,论议之卑尔。然则从者将孰可也⑪?

[**注释**]①长巨姣美:身材高大,容貌美好。姣,容貌美好。　②越劲:敏捷而有勇力。越,轻易的样子。　③僇:同"戮",耻辱。　④稽:对照,考证,引证。　⑤乡曲之儇(xuān)子:乡里的轻薄少年。儇,轻薄的。　⑥姚冶:美丽妖冶。姚,美好的样子。冶,艳丽,娇媚。　⑦奇衣妇饰:身着奇装异服,

像女人一样打扮。 ⑧士:这里指对没有娶妻的男子的称谓。 ⑨中:中等的,具有一般智慧的。 ⑩俄:表时间的副词,不久,片刻。 ⑪同上段的最后一句,问学者,论形象与论意志思想哪个更重要呢?

人有三不祥:幼而不肯事长,贱而不肯事贵,不肖而不肯事贤,是人之三不祥也。人有三必穷:为上则不能爱下,为下则好非其上,是人之一必穷也。乡则不若①,偝则谩之②,是人之二必穷也。知行浅薄,曲直有以相县矣③,然而仁人不能推,知士不能明④,是人之三必穷也。人有此三数行者,以为上则必危,为下则必灭。诗曰:“雨雪瀌瀌⑤,宴然聿消⑥,莫肯下隧,式居屡骄⑦。”此之谓也。

[**注释**]①乡则不若:在当面不顺从别人。乡,同“向”。若,顺。 ②偝则谩之:背后又谩骂侮慢别人。偝,同“背”。谩,毁谤,谩骂。 ③曲直有以相县:才能资质又与人有差距。曲直,不正与正,不才与才。县,同“悬”,差别。 ④仁人不能推,知士不能明:不能够尊重仁人志士。推、明,皆是推崇、尊崇的意思。知,同“智”。 ⑤瀌(biāo)瀌:形容雨或雪下得很大的样子。⑥宴然聿消:太阳一照就消融了。宴,通“曣”,晴朗,形容日出温暖。聿,助词“于”。 ⑦莫肯下隧,式居屡骄:意思指小人不肯自己引退,在位经常要骄傲。隧,通“坠”。式,语助词。这四句诗引自《诗·小雅·角弓》,今本作“雨雪瀌瀌,见晛曰消。莫肯下遗,式居娄骄”。

人之所以为人者,何已也①?曰:以其有辨也②。饥而欲食,寒而欲暖,劳而欲息,好利而恶害,是人之所生而有也,是无待而然者也,是禹、桀之所同也。然则人之所以为人者,非特以二足而无毛也,以其有辨也。今夫狌狌形笑③,亦二足而毛也,然而君子啜其羹,食其胾④。故人之所以为人者，非特以其二足而无毛也，以其有辨也。夫禽兽有父子而无父子之亲，有牝牡而无男女之别[5]，故人道莫不有辨。

［注释］①已：同“以”。 ②辨：辨别。 ③狌（xīng）狌：古时同“猩猩”。 ④啜（chuò）其羹，食其胾（zì）：喝它的肉汤，吃它的肉块。啜，尝，饮。胾，切成大块的肉。 ⑤牝（pìn）牡（mǔ）：雌性、雄性（指禽兽）。

辨莫大于分[1]，分莫大于礼，礼莫大于圣王；圣王有百，吾孰法焉？故曰：文久而息，节族久而绝[2]，守法数之有司极礼而褫[3]。故曰：欲观圣王之迹，则于其粲然者矣，后王是也[4]。彼后王者，天下之君也；舍后王而道上古，譬之是犹舍己之君而事人之君也。故曰：欲观千岁则数今日；欲知亿万则审一二；欲知上世则审周道[5]；欲知周道则审其人所贵君子[6]。故曰：以近知远，以一知万，以微知明，此之谓也。

［注释］①分：有上下、亲疏之分。 ②文久而息，节族久而绝：古礼仪制度和古乐的节奏，因年代久远逐渐失传。文，礼仪制度。节族，节奏。 ③守法数之有司极礼而褫（chǐ）：掌管礼法条文的有关官吏因与制定礼法的年代相距久远而使礼法有所废弛了。褫，本义为剥去衣服；这里指废弛，丧失。 ④后王：继开创之君后的守成之王。这里指周公、成王及其后的周代君王。 ⑤周道：周代的治国之道。 ⑥欲知周道则审其人所贵君子：要想知道周王朝的治国之道，那就要审察他们所尊敬爱戴的君子（即后王）。

夫妄人曰[1]：“古今异情，其以治乱者异道[2]。”而众人惑焉。彼众人者，愚而无说，陋而无度者也[3]。其所见焉，犹可欺也，而况于千世之传也[4]！妄人者，门庭之间，犹可诬欺也[⑤],而况于千世之上乎！圣人何以不欺？曰:圣人者,以己度者也[⑥]。故以人度人,以情度情,以类度类,以说度功[⑦],以道观尽,古今一度也[⑧]。类不悖[⑨],虽久同理,故乡乎邪曲而不迷[⑩],观乎杂物而不惑,以此度之[⑪]。五帝之外无传人[⑫],非无贤人也,久故也。五帝之中无传政[⑬],非无善政也,久故也。禹、汤有传政而不若周之察也[⑭],非无善政也,久故也。传者久则论略,近则论详,略则举大,详则举小[⑮]。愚者闻其略而不知其详,闻其小而不知其大也,是以文久而灭,节族久而绝。

[**注释**]①妄人:无知而胡言乱语的人。　②古今异情,其以治乱者异道:古今人的性情不同,所以用来治理人类粗劣性情的修德之道也相应的不同。③愚而无说,陋而无度(duó):愚钝而不能辩说道理,固陋而不知揣度是非。说,辩说。度,估计,揣度。　④传:传闻。　⑤诬(wū):无中生有来害人。⑥圣人者,以己度者也:圣人能以自己所认识到的规律揣度古人。　⑦以说度功:以流传下来的言论学说揣度古人的功业。　⑧以道观尽,古今一度也:以普遍规律来看古今一切事物,古今的情况是一样的,都可揣度得出。道,普遍规律。　⑨类不悖(bèi):物类的性情古今是不相违背的。　⑩乡:通"向",面临。　⑪以此度之:用这种观点来揣度。　⑫五帝之外无传人:五帝之前没有流传于后世的人。之外,以前。　⑬中:间,当中。　⑭察:明显,详细。　⑮略则举大,详则举小:简略的只能举出纲要,详尽的才能说出细节。大,大略,大纲。详,周全,完备。小,细节。

凡言不合先王,不顺礼义,谓之奸言,虽辩[①],君子不听。法先王,顺礼义,党学者[②],然而不好言[③],不乐言,则必非诚士也[④]。故君子之于言也,志好之,行安之,乐言之。故君子必辩。凡人莫不好言其所善[⑤],而君子为甚。

故赠人以言，重于金石珠玉；观人以言⑥，美于黼黻文章⑦；听人以言⑧，乐于钟鼓琴瑟。故君子之于言无厌。鄙夫反是，好其实，不恤其文⑨，是以终身不免埤污庸俗⑩。故《易》曰："括囊，无咎无誉⑪。"腐儒之谓也。

［**注释**］①辩：善于辩说。　②党学者：亲近有学识的人。党，亲。　③言：讲，说。　④诚：至诚好善。　⑤其所善：自己所崇尚的。　⑥观人：示于人。　⑦黼（fǔ）黻（fú）：古代礼服上所绣的花纹。黼，为黑白相间的花纹。黻，为青黑相间的花纹。　⑧听人：自己说，使人听。　⑨好其实，不恤其文：只喜好其质朴的实质，而不知其文饰。　⑩埤（pí）污庸俗：卑贱平庸。埤，通"卑"，低下。　⑪括囊，无咎无誉：扎起口来的袋子，虽不会有过错，但也没有可称道之处。这句出于《坤》卦六四爻辞。括，结，约束起来。囊，盛东西的袋子。荀子讥讽不能辩说的人。

凡说之难①，以至高遇至卑，以至治接至乱②。未可直至也，远举则病缪③，近世则病庸④。善者于是间也，亦必远举而不缪，近世而不庸，与时迁徙，与世偃仰⑤，缓急嬴绌⑥，府然若渠匽檃栝之于己也⑦，曲得所谓焉，然而不折伤⑧。故君子之度己则以绳，接人则用抴⑨。度己以绳，故足以为天下法则矣。接人用抴，故能宽容，因求以成天下之大事矣。故君子贤而能容罢⑩，知而能容愚⑪，博而能容浅，粹而能容杂，夫是之谓兼术⑫。《诗》曰："徐方既同，天子之功⑬。"此之谓也。

［**注释**］①说（shuì）之难：劝说的难处。说，游说，劝说。　②以至高遇至卑，以至治接至乱：怀有极崇高的思想境界去对待极卑浅的人，带着最佳的治世之道去接触最混乱的国家。　③缪（miù）：错误。　④近世则病庸：举近世的事例则容易流于鄙陋庸俗。　⑤与时迁徙，与世偃仰：因时、因地而灵活

变化。⑥赢（yíng）绌（chù）：这里指伸屈。赢，满，余。⑦府然若渠匽（yǎn）檃（yǐn）栝（guā）之于己也：如同渠匽对于流水、檃栝对于竹木一般控制自己。府，同“俯”。匽，贮水的坑池。檃，也作“隐”。檃栝，矫正竹木弯曲的工具。⑧曲得所谓焉，然而不折伤：委婉地尽可达意，而又不损道、不伤人。曲，委曲、详尽的意思，与前面“直”相应。⑨度己则以绳，接人则用抴（yè）：律己要像准绳取直一样严格要求，待人要像船夫渡人一样热情引导。绳，墨线，准绳。抴，短桨；船夫有时用它来接引人更方便地登船。⑩罢（pí）：品行不端、不从教化的人。⑪知：同“智”。⑫兼术：兼容之术。⑬徐方既同，天子之功：喻君子容物应如同天子使徐方顺化一般。此句出于《诗·大雅·常武》。徐方，古代一个方国。

谈说之术：矜庄以莅之[1]，端诚以处之，坚强以持之，分别以喻之，譬称以明之，欣欢芬芗以送之[2]，宝之，珍之，贵之，神之。如是则说常无不受。虽不说人[3]，人莫不贵。夫是之谓为能贵其所贵。传曰：“唯君子为能贵其所贵。”此之谓也。

［**注释**］①矜（jīn）庄以莅（lì）之：以严肃庄重的态度面对。莅，到，接近。②端诚以处之，坚强以持之，分别以喻之，譬称以明之，欣欢芬芗（xiāng）以送之：要以诚挚的心去对待，对自己的见解要坚持，要有比喻说明，要做具体分析使其明白，要和颜悦色地引导。芗，同“香”。③说（yuè）人：使人喜悦。说，古时同“悦”。

君子必辩。凡人莫不好言其所善，而君子为甚焉。是以小人辩言险而君子辩言仁也。言而非仁之中也，则其言不若其默也，其辩不若其呐也[1]。言而仁之中也，则好言者上矣，不好言者下也。故仁言大矣。起于上所以道于下[2]，正令是也；起于下所以忠于上，谋救是也[3]。故君子之行仁也无厌。志好之，行安之，乐言之，故言君子必辩。小辩不如见端④，见端不如见本分。小辩而察，见端而明，本分而理⑤；圣人士君子之分具矣。有小人之辩者，有士君子之辩者，有圣人之辩者：不先虑，不早谋，发之而当，成文而类，居错迁徙⑥，应变不穷，是圣人之辩者也。先虑之，早谋之，斯须之言而足听，文而致实，博而党正⑦，是士君子之辩者也。听其言则辞辩而无统⑧，用其身则多诈而无功，上不足以顺明王，下不足以和齐百姓，然而口舌之均，噡唯则节⑨，足以为奇伟偃却之属⑩，夫是之谓奸人之雄。圣王起，所以先诛也，然后盗贼次之。盗贼得变，此不得变也⑪。

［**注释**］①呐（nè）：古时同“讷”，说话迟钝或口吃。　②道：同“导”，指导，引导。　③谋救：建议和规劝。一说或为“谏救”。救，止的意思。　④小辩不如见端：论辩细节不如展现头绪。小辩，从小处论辩。见，同“现”。端，端首，头绪。　⑤小辩而察，见端而明，本分而理：辩论细节能明察秋毫，揭示头绪能明白清楚，揭示出事物固有的名分则能治理好。本分，揭示事物固有的名分。　⑥居错迁徙：措辞与改换话题。居，通“举”。　⑦斯须之言而足听，文而致实，博而党正：简短的言论也值得一听，论辩言辞质朴而信实，即使博大但不失为正直的言论。斯须，表短时间。党，正直。　⑧无统：没有根本。　⑨口舌之均，噡（zhān）唯则节：说话调匀得当，或夸夸其谈，或唯唯诺诺。噡，话多。节，有节制。　⑩偃（yǎn）却：如同偃仰，即“偃蹇（jiǎn）”，由高耸、突出而引申为傲慢、骄傲的意思。　⑪盗贼得变，此不得变也：盗贼或可以转变，而这类奸雄是改变不了的。

非十二子篇第六

假今之世[①],饰邪说,文奸言[②],以枭乱天下[③],矞宇嵬琐[④],使天下混然不知是非治乱之所存者[⑤],有人矣。

[注释]①假:当。 ②文(wèn):美化。 ③枭:同"浇",借为"挠",扰乱。 ④矞宇嵬琐:诡诈卑邪。矞宇,即"谲讦"。嵬琐,即"委琐"。一说嵬,通"傀",怪诞。 ⑤混然:浑浊纷乱的样子。

纵情性,安恣睢[①],禽兽行[②],不足以合文通治[③];然而其持之有故,其言之成理,足以欺惑愚众。是它嚣、魏牟也[④]。

[注释]①恣睢:任意胡为。 ②禽兽行:行为如同禽兽。 ③合文通治:合乎礼文,通晓治道。 ④它嚣、魏牟:它嚣,《韩诗外传》卷四作"范睢",或曰为环渊,曾讲学于齐国稷下。魏牟,即魏公子牟,《汉书·艺文志》道家载有《公子牟》四篇。

忍情性[①],綦谿利跂[②],苟以分异人为高[③],不足以合大众,明大分[④];然而其持之有故,其言之成理,足以欺惑愚众。是陈仲、史鰌也[⑤]。

[**注释**]①忍：抑制。　②綦（qí）谿（xī）利跂（qǐ）：故作深奥，违俗自高。綦，极。谿，深。利，同“离”。跂，踮起脚后跟。　③分异人：与众不同。分，区别。　④大分：礼义名分。　⑤陈仲、史鰌：陈仲，即田仲，战国齐人。因为他的兄长食禄万钟而行事不合道义，陈仲前往楚国，居于於陵，号曰“於陵仲子”。楚王想让他为相被拒后，他与妻子隐居，为人灌园。史鰌，字子鱼，春秋时卫大夫。卫灵公黜退蘧伯玉而任用宠臣弥子瑕，史鰌曾尸谏之。

不知壹天下、建国家之权称①，上功用②，大俭约而僈差等③，曾不足以容辨异④、县君臣⑤；然而其持之有故，其言之成理，足以欺惑愚众。是墨翟、宋钘也⑥。

[**注释**]①壹天下、建国家之权称：壹，统一。权称，礼义法度。　②上：通“尚”。　③大俭约而僈差等：大，尊崇。僈，轻视。　④曾（zēng）不足以容辨异：曾，甚至。容，容许。　⑤县（xuán）：悬隔。　⑥墨翟、宋钘（jiān）：墨翟，即墨子。宋钘，又称“宋牼”、“宋荣子”，战国宋人。与孟子、尹文、彭蒙、慎到同时，曾与尹文同游稷下，主张“见侮不辱”、“情欲寡浅”、“接万物以别宥为始”。

尚法而无法①，下修而好作②，上则取听于上③，下则取从于俗，终日言成文典，及纠察之④，则倜然无所归宿⑤，不可以经国定分⑥；然而其持之有故，其言之成理，足以欺惑愚众。是慎到、田骈也⑦。

[**注释**]①尚法而无法：推崇法治而无视礼法。　②下修而好作：轻视修行，喜欢立法。下，轻视。　③取：通“趋”。　④及纠察之：等到省察它的时候。及，一作“反”。纠，通“循”。　⑤倜然：疏远的样子。　⑥经国定分：治理国家，确定名分。　⑦慎到、田骈：慎到，战国赵人。齐宣、湣王时，曾与邹衍、淳于髡、接予、环渊为稷下学士，主张“弃私去己”，循自然而立法。《汉书·艺文志》有《慎子》四十二篇，多已散佚，今仅存辑本七篇。田骈，一作陈

骈。齐人,游稷下,号天口骈,《吕氏春秋》载“陈骈贵齐”,“因性任物”。《汉书·艺文志》道家有《田子》二十五篇,已佚。

不法先王,不是礼义①,而好治怪说,玩琦辞②,甚察而不惠③,辩而无用,多事而寡功,不可以为治纲纪;然而其持之有故,其言之成理,足以欺惑愚众。是惠施、邓析也④。

[**注释**]①是:遵从。　②琦:通“奇”,奇异。　③察而不惠:察,苛细。惠,好处,一说仁爱。　④惠施、邓析:惠施,战国时宋人,与庄子同时并为友,曾相魏惠王,主张“合同异”,《庄子·天下》认为“其道舛驳,其言也不中”。《汉书·艺文志》名家有《惠子》一篇,今佚。邓析,春秋时郑人,与子产同时,好刑名,操两可之说,《荀子·宥坐》、《列子》、《吕氏春秋》等云为子产所杀,《左传》定公九年则曰为驷歂所杀。《汉书·艺文志》著录《邓析子》二篇,今本分《无厚》、《辅辞》两篇,并为一卷。

略法先王而不知其统①,犹然而材剧志大②,闻见杂博。案往旧造说③,谓之五行④,甚僻违而无类⑤,幽隐而无说,闭约而无解⑥。案饰其辞而祗敬之⑦,曰:“此真先君子之言也⑧。”子思唱之,孟轲和之。世俗之沟犹瞀儒⑨,嚾嚾然不知其所非也⑩,遂受而传之,以为仲尼、子游为兹厚于后世⑪。是则子思、孟轲之罪也。

[**注释**]①统:统类,纲纪。　②犹然而材剧志大:犹然而,一作“然而犹”。剧,巨。　③案往旧造说:按照以往旧事臆造其说。　④五行:历来争议很大,据长沙马王堆汉墓帛书《五行》及郭店楚墓竹简《五行》篇,当为仁、义、礼、智、圣。　⑤僻违而无类:僻违,邪僻。类,法。　⑥闭约而无解:闭塞阻结而无法解说。　⑦案饰其辞而祗敬之:案,于是。祗敬,恭敬。　⑧先君

子:指孔子。 ⑨沟犹瞀(mào)儒:愚昧无知的儒生。沟,通"怐",愚。瞀,眼睛昏花。 ⑩嚾嚾然:喧哗叫嚷的样子。 ⑪以为仲尼、子游为兹厚于后世:以为仲尼、子游因此而为后世所推重。子游,当为"子弓"之误。兹,此。厚,推重。

若夫总方略,齐言行,壹统类,而群天下之英杰①,而告之以大古②,教之以至顺③,奥窔之间④,簟席之上⑤,敛然圣王之文章具焉⑥,佛然平世之俗起焉⑦,则六说者不能入也,十二子者不能亲也⑧。无置锥之地,而王公不能与之争名;在一大夫之位,则一君不能独畜,一国不能独容。成名况乎诸侯⑨,莫不愿以为臣。是圣人之不得势者也,仲尼、子弓是也⑩。

[**注释**]①群:会集。 ②大古:即"太古",此谓上古帝王的业绩。 ③至顺:最高的道理。 ④奥窔(yào):奥、窔,分别为屋子的西南角和东南角,此处代指堂室。 ⑤簟(diàn)席:竹席。 ⑥敛然:集聚的样子。 ⑦佛然:兴起的样子,佛,同"勃"。 ⑧亲:近。 ⑨成名况乎诸侯:盛名传颂于诸侯。成,通"盛"。况,通"皇",美。 ⑩子弓:仲弓。一说馯臂子弓。

一天下,财万物①,长养人民,兼利天下,通达之属莫不从服,六说者立息②,十二子者迁化③。则圣人之得势者,舜、禹是也。

[**注释**]①财:同"裁",成。 ②息:止。 ③迁化:迁移变化。

今夫仁人也将何务哉?上则法舜、禹之制①,下则法仲尼、子弓之义②,以务息十二子之说。如是则天下之害除,仁人之事毕③,圣王之迹著矣④。

［注释］①制：典章制度。 ②义：礼义原则。 ③毕：成就。 ④著：昭著。

信信①，信也；疑疑，亦信也。贵贤，仁也；贱不肖，亦仁也。言而当，知也；默而当，亦知也②。故知默犹知言也③。故多言而类④，圣人也；少言而法，君子也；多少无法而流湎然⑤，虽辩，小人也。故劳力而不当民务，谓之奸事；劳知而不律先王⑥，谓之奸心；辩说譬谕，齐给便利⑦，而不顺礼义，谓之奸说。此三奸者，圣王之所禁也。知而险⑧，贼而神⑨，为诈而巧，言无用而辩⑩，辩不惠而察，治之大殃也。行辟而坚⑪，饰非而好⑫，玩奸而泽⑬，言辩而逆⑭，古之大禁也。知而无法，勇而无惮，察辩而操僻⑮，淫大而用之⑯，好奸而与众⑰，利足而迷⑱，负石而坠⑲，是天下之所弃也。

［注释］①信信：相信可以相信的。 ②言而当，知也；默而当，亦知也："知"通"智"。当，恰当。 ③知：知道。 ④类：合乎统类。 ⑤多少无法而流湎然：少，一说为"言"之误。流湎然，放纵的样子。 ⑥律：效法。 ⑦齐给便利：言辞敏捷。 ⑧险：阴险。 ⑨贼而神：狠毒而莫测。 ⑩辩：巧言。 ⑪行辟而坚：行为邪僻而固执。辟，同"僻"。 ⑫饰非而好：掩饰错误而巧妙。 ⑬泽：光润，此指圆滑。 ⑭逆：违背常理。 ⑮操：操行。 ⑯淫大而用之：奢侈过度而用度匮乏。大，通"汰"。之，当为"乏"。 ⑰与：同类。 ⑱利足：犹言"利跂"。 ⑲负石而坠：指申徒狄抱石投河之事。参见《荀子·不苟》及《庄子》中的《外物》、《盗跖》篇。

兼服天下之心：高上尊贵，不以骄人；聪明圣知①，不以穷人②；齐给速通，不争先人③；刚毅勇敢，不以伤人。

不知则问，不能则学，虽能必让，然后为德。遇君则修臣下之义[④]，遇乡则修长幼之义[⑤]，遇长则修子弟之义，遇友则修礼节辞让之义，遇贱而少者则修告导宽容之义[⑥]。无不爱也，无不敬也，无与人争也，恢然如天地之苞万物[⑦]。如是则贤者贵之，不肖者亲之。如是而不服者，则可谓訞怪狡猾之人矣[⑧]，虽则子弟之中[⑨]，刑及之而宜[⑩]。《诗》云："匪上帝不时，殷不用旧。虽无老成人，尚有典刑。曾是莫听，大命以倾[⑪]。"此之谓也。

[**注释**]①知：同"智"。　②穷：使窘迫。　③争：当作"以"。　④修：行。　⑤乡：乡党。　⑥告导：劝诫引导。　⑦恢然如天地之苞万物：恢然，宽广的样子。苞，同"包"。　⑧訞：同"妖"。　⑨则：于，在。　⑩及：施加。　⑪匪上帝不时，殷不用旧。虽无老成人，尚有典刑。曾是莫听，大命以倾：不是上帝不善良，殷商不用旧典章。即使没有旧元老，还有旧法可依傍。可是如此不听劝，大命倾覆国灭亡。匪，非。时，善。老成人，旧臣元老。语出《诗·大雅·荡》。

古之所谓士仕者[①]，厚敦者也[②]，合群者也，乐富贵者也[③]，乐分施者也[④]，远罪过者也，务事理者也，羞独富者也；今之所谓士仕者，污漫者也[⑤]，贼乱者也，恣睢者也，贪利者也，触抵者也[⑥]，无礼义而唯权势之嗜者也。古之所谓处士者[⑦]，德盛者也[⑧]，能静者也[⑨]，修正者也[⑩]，知命者也，箸是者也[⑪]；今之所谓处士者，无能而云能者也，无知而云知者也，利心无足而佯无欲者也[⑫]，行伪险秽而强高言谨悫者也[⑬]，以不俗为俗，离纵而跂訾者也。

[**注释**]①士仕：据王念孙说，当作"仕士"，为官之士。下同。　②厚敦：

忠厚老实。 ③乐富贵:安于富贵。一说"富"为"當"之误。 ④施:恩惠。 ⑤污漫:污秽卑鄙。 ⑥触抵:触犯法令。 ⑦处士:不为官之士。 ⑧盛:大。 ⑨静:安时守常。 ⑩修正:修身正行。一说操守端正。 ⑪箸是:明正道。箸,同"著",明。 ⑫佯:假装。 ⑬行伪险秽而强(qiǎng)高言谨悫:伪,同"为"。强高言谨悫,硬要吹嘘谨慎诚实。

士君子之所能不能为①:君子能为可贵,不能使人必贵己;能为可信,不能使人必信己;能为可用,不能使人必用己。故君子耻不修②,不耻见污③;耻不信,不耻不见信;耻不能,不耻不见用。是以不诱于誉,不恐于诽,率道而行④,端然正己,不为物倾侧⑤,夫是之谓诚君子⑥。《诗》云:"温温恭人,维德之基⑦。"此之谓也。

[注释]①能不能为:即"能为不能为"之省文。或曰,前"能"为衍字。 ②修:修习。 ③见:被。 ④率:遵循。 ⑤不为物倾侧:物,泛指自身之外的人与物。倾侧,动摇。 ⑥诚:真。 ⑦温温恭人,维德之基:温和恭俭之人,乃是道德根基。语出《诗·大雅·抑》。

士君子之容①:其冠进②,其衣逢③,其容良④,俨然⑤,壮然⑥,祺然⑦,蕼然⑧,恢恢然⑨,广广然⑩,昭昭然⑪,荡荡然⑫,是父兄之容也;其冠进,其衣逢,其容悫,俭然⑬,恀然⑭,辅然⑮,端然⑯,訾然⑰,洞然⑱,缀缀然⑲,瞀瞀然⑳,是子弟之容也。

[注释]①容:仪容。 ②进:读为"峻",高。说从俞樾。 ③逢:大。 ④良:和善。 ⑤俨然:端重的样子。 ⑥壮然:庄严的样子。壮,同"庄"。 ⑦祺然:安泰的样子。 ⑧蕼然:宽舒的样子。蕼,通"肆"。 ⑨恢恢然:宽宏的样子。 ⑩广广然:豁达的样子。 ⑪昭昭然:光明的样子。 ⑫荡荡

然:坦荡的样子。 ⑬俭然:谦逊的样子。 ⑭恀(chǐ)然:柔顺的样子。 ⑮辅然:亲切的样子。 ⑯端然:端正的样子。 ⑰訾然:文弱的样子。 ⑱洞然:诚敬的样子。 ⑲缀缀然:随和的样子。缀缀,不乖离。 ⑳瞀瞀然:恭谨的样子。

吾语汝学者之嵬容:其冠绕[1],其缨禁缓[2],其容简连[3],填填然[4],狄狄然[5],莫莫然[6],瞡瞡然[7],瞿瞿然[8],尽尽然[9],盱盱然[10]。酒食声色之中,则瞒瞒然、瞑瞑然[11];礼节之中,则疾疾然、訾訾然[12];劳苦事业之中[13],则儢儢然、离离然[14],偷儒而罔[15],无廉耻而忍谟诟[16]。是学者之嵬也。

[注释]①绕:当为"俛",低俯。 ②其缨禁缓:他们的缨带松松垮垮。禁,读为"紟",带。 ③简连:怠慢倨傲。 ④填填然:迟缓滞重的样子。 ⑤狄(tì)狄然:跳跃的样子。 ⑥莫莫然:懒散随便的样子。 ⑦瞡(guī)瞡然:鄙细拘泥的样子。 ⑧瞿(jù)瞿然:左顾右盼、神情不安的样子。 ⑨尽尽然:封闭沮丧的样子。 ⑩盱(xū)盱然:张目直视的样子。 ⑪瞒瞒然,瞑瞑然:昏醉迷离的样子。 ⑫疾疾然,訾訾然:憎恶诋毁的样子。 ⑬事业:作业。 ⑭儢儢然,离离然:不耐劳苦,懒散疏脱的样子。 ⑮偷儒而罔:偷儒,苟且怠惰。儒,通"懦"。罔,诬罔。 ⑯谟诟(xǐ gòu):辱骂。

弟佗其冠[1],神禫其辞[2],禹行而舜趋[3],是子张氏之贱儒也;正其衣冠,齐其颜色[4],嗛然而终日不言[5],是子夏氏之贱儒也;偷儒惮事,无廉耻而耆饮食[6],必曰:"君子固不用力[7]",是子游氏之贱儒也。彼君子则不然,佚而不惰[8],劳而不僈[9],宗原应变[10],曲得其宜[11],如是然后圣人也。

［**注释**］①弟（tuí）佗：委垂歪斜。弟，据卢文弨，本作“弚”。“弚佗”与《庄子·应帝王》“弚靡”义相近。一说“弟佗”即“颓堕”。 ②神禫（chōng dàn）其辞：言辞淡薄无味。 ③禹行而舜趋：模仿禹的跛行和舜的快走。 ④齐其颜色：面色庄重。 ⑤嗛然：谦逊的样子。嗛，同“谦”。 ⑥耆：同“嗜”。 ⑦固：本来。 ⑧佚：通“逸”。 ⑨優：懈怠。 ⑩宗原应变：以礼义为宗而顺应万变。 ⑪曲得其宜：委曲变通，皆得其宜。

仲尼篇第七

仲尼之门人，五尺之竖子言羞称乎五伯[①]。是何也？曰：然。彼诚可羞称也。齐桓，五伯之盛者也，前事则杀兄而争国；内行则姑姊妹之不嫁者七人，闺门之内，般乐奢汏[②]，以齐之分奉之而不足[③]；外事则诈邾[④]，袭莒[⑤]，并国三十五。其事行也若是其险污淫汏也。彼固曷足称乎大君子之门哉[⑥]！

［**注释**］①五伯（bà）：指春秋五霸，即齐桓公、晋文公、楚庄王、吴王阖闾、越王勾践。伯，通“霸”。　②般（pán）乐奢汏（tài）：大肆作乐，极为奢侈。汏，“汰”的俗字，骄奢。　③以齐之分奉之：以齐国赋税的半数来侍奉其享乐。分，半。奉，供奉。　④邾（zhū）：古国名，在今山东邹城。　⑤莒（jǔ）：周代诸侯国名，在今山东莒县。　⑥曷（hé）：何，怎么。

若是而不亡，乃霸，何也？曰：于乎[①]！夫齐桓公有天下之大节焉，夫孰能亡之？倓然见管仲之能足以托国也[②]，是天下之大知也。安忘其怒，出忘其雠[③]，遂立以为仲父，是天下之大决也[④]。立以为仲父，而贵戚莫之敢妒也；与之高、国之位[⑤]，而本朝之臣莫之敢恶也[⑥]；与之书社三百[⑦],而富人莫之敢距也[⑧]。贵贱长少,秩秩焉莫不从桓公而贵敬之[⑨],是天下之大节也。诸侯有一节如是,则莫之能亡也;桓公兼此数节者而尽有之,夫又何可亡也?其霸也宜哉!非幸也,数也[⑩]。

[**注释**]①于乎:读"呜呼"。②倓(tán):平静而不怀疑。③雠(chóu):同"仇"。④大决:大决断。⑤高、国:指高氏、国氏,世代为齐国的上卿。⑥本朝之臣莫之敢恶(wù):齐国老臣没有敢对此不满的。恶,厌恶,反感。⑦书社:以社为单位登记的户口和土地数。社,古代一种基层社会组织单位,据《周礼》记载,二十五户为一社。⑧距:同"拒",反对。⑨秩秩焉:有顺序的样子。⑩数:气数,天命。

然而仲尼之门人,五尺之竖子,言羞称乎五伯,是何也?曰:然。彼非本政教也[①],非致隆高也[②],非綦文理也[③],非服人之心也。乡方略[④],审劳佚[⑤],畜积修斗而能颠倒其敌者也[⑥]。诈心以胜矣[⑦]。彼以让饰争,依乎仁而蹈利者也[⑧],小人之杰也,彼固曷足称乎大君子之门哉!

[**注释**]①本政教:把政治教化作为立国之本。②致隆高:达到讲求礼义的崇高境界。③綦(qí)文理:完全合乎礼义。綦,极,很。④乡方略:注重方法策略。乡,同"向",趋向。⑤审劳佚:使人民有劳有逸。⑥畜积修斗而能颠倒其敌:积蓄财物、加强战备以能颠覆打败敌人。畜积,积蓄粮草。修斗,练兵,修习战术。颠倒,倾覆,打败。⑦诈心以胜:依靠狡诈的心计来取胜。⑧以让饰争,依乎仁而蹈利:以礼让来掩饰争霸的心思,打着仁义的名号去争夺利益。饰,粉饰,掩饰。

彼王者则不然。致贤而能以救不肖,致强而能以宽弱[①],战必能殆之而羞与之斗[②],委然成文以示之天下[③],

而暴国安自化矣④。有灾缪者然后诛之⑤。故圣王之诛也,綦省矣⑥。文王诛四⑦,武王诛二⑧,周公卒业⑨,至于成王,则安以无诛矣。故道岂不行矣哉!文王载百里地而天下一;桀纣舍之,厚于有天下之势而不得以匹夫老⑩。故善用之,则百里之国足以独立矣;不善用之,则楚六千里而为雠人役⑪。故人主不务得道而广有其势,是其所以危也。

[**注释**]①宽:宽容。 ②殆之:意思是使敌人感到危险而屈服。殆,危险。 ③委然:有文采的样子。 ④暴国安自化:暴虐的国家自然而然地转化。 ⑤缪:通"谬",纰缪,错误。 ⑥綦省:很少。 ⑦四:指四个小国,即密、阮、共、崇。 ⑧二:指诛纣、伐奄。 ⑨卒业:完成王业。 ⑩桀纣舍之,厚于有天下之势而不得以匹夫老:桀纣舍弃道义,以拥有天下的好形势而不能像一个普通百姓一样终寿。 ⑪雠人:同"仇人",这里指秦。

持宠处位终身不厌之术①:主尊贵之,则恭敬而僔②;主信爱之,则谨慎而嗛③;主专任之,则拘守而详④;主安近之,则慎比而不邪⑤;主疏远之,则全一而不倍⑥;主损绌之⑦,则恐惧而不怨。贵而不为夸⑧,信而不处谦⑨,任重而不敢专。财利至则善而不及也,必将尽辞让之义然后受。福事至则和而理,祸事至则静而理⑩。富则施广,贫则用节。可贵可贱也,可富可贫也,可杀而不可使为奸也,是持宠处位终身不厌之术也。虽在贫穷徒处之势⑪,亦取象于是矣⑫。夫是之谓吉人。诗曰:"媚兹一人,应侯顺德,永言孝思,昭哉嗣服⑬。"此之谓也。

[**注释**]①持宠处位终身不厌之术:保持尊宠职位而可以终身使用的方法。 ②主尊贵之,则恭敬而僔(zǔn):得到君主尊敬重视,则要恭敬而谦逊。

僔，谦逊。 ③嗛（qiān）：通“谦”，谦虚。 ④主专任之，则拘守而详：君主专任自己，则应该谨守职事而详明法度。 ⑤主安近之，则慎比而不邪：君主亲近你，则谨慎顺从于君主而不谄谀。 ⑥倍：通“背”，背叛。 ⑦绌（chù）：通“黜”，废除，贬退。 ⑧夸：奢侈。 ⑨不处谦：不处于嫌疑之地。谦，通“嫌”，嫌疑。 ⑩理：不失其道。 ⑪徒处：独处，徒行。 ⑫取象于是：照此方法去做。 ⑬媚兹一人，应侯顺德，永言孝思，昭哉嗣服：武王是多么好的一个人啊，能够顺从祖先的德行，时时孝敬祖先，伟大的武王啊！这四句诗出于《诗·大雅·下武》。媚，爱。兹，此。一人，指武王。应，当。侯，维，语助词。顺德，指能成其祖、父的功业。昭，光明。嗣服，后进，即指武王。

求善处大重①，理任大事，擅宠于万乘之国②，必无后患之术，莫若好同之③，援贤博施，除怨而无妨害人。能耐任之④，则慎行此道也。能而不耐任，且恐失宠，则莫若早同之，推贤让能而安随其后。如是，有宠则必荣，失宠则必无罪，是事君者之宝而必无后患之术也。故知者之举事也，满则虑嗛⑤，平则虑险，安则虑危，曲重其豫⑥，犹恐及其祸，是以百举而不陷也。孔子曰：“巧而好度必节⑦，勇而好同必胜，知而好谦必贤。”此之谓也。愚者反是：处重擅权，则好专事而妒贤能，抑有功而挤有罪⑧，志骄盈而轻旧怨⑨，以吝啬而不行施⑩，道乎上为重⑪，招权于下，以妨害人，虽欲无危，得乎哉！是以位尊则必危，任重则必废，擅宠则必辱，可立而待也，可炊而竟也⑫。是何也？则堕之者众而持之者寡⑬矣。

［**注释**］①大重：大位。 ②乘（shèng）：指兵车，四匹马一辆兵车为一乘。 ③好同之：喜好贤者而与他们保持一致。 ④能耐任之：能够任用有才能的人。能，才能，这里指有才能的人。耐，通“能”，能够。 ⑤嗛（qiàn）：

通“歉”,不足。　⑥曲重其豫:周到地考虑事情以防不测。　⑦节:节制。　⑧挤:排挤,重伤。　⑨轻旧怨:轻忽旧怨,认为奈何不了自己。轻,轻忽。　⑩施:施恩惠。　⑪道乎上为重:说话、做事常借重于君主或上级。　⑫炊而竟:一顿饭的时间就可终止。竟,完毕,终止。　⑬堕(duò)之者众而持之者寡:反对他的人多而扶持他的人少。堕,毁坏。持,扶持。

天下之行术,以事君则必通,以为仁则必圣①,立隆而勿贰也②。然后恭敬以先之,忠信以统之,慎谨以行之,端悫以守之③,顿穷则从之疾力以申重之④。君虽不知,无怨疾之心;功虽甚大,无伐德之色⑤;省求⑥,多功,爱敬不倦:如是,则常无不顺矣。以事君则必通,以为仁则必圣,夫是之谓天下之行术。

[**注释**]①为仁:行仁德。为,作为。　②立隆而勿贰也:立足于中道而不要有二心。隆,山的中间高隆,这里引申为中。　③悫:厚道,朴实。　④顿穷则从之疾力以申重之:在困顿时就顺从它,并努力反复强调它。顿,困顿。疾力,很努力。申重,再三。　⑤伐:自吹自擂,夸耀。　⑥省:减少。

少事长,贱事贵,不肖事贤,是天下之通义也。有人也,势不在人上①,而羞为人下,是奸人之心也。志不免乎奸心,行不免乎奸道,而求有君子圣人之名,辟之是犹伏而咶天②,救经而引其足也③。说必不行矣④,俞务而俞远⑤。故君子时诎则诎⑥,时伸则伸也。

[**注释**]①势:地位。　②辟之是犹伏而咶(shì)天:好比是趴在地上而想舔到天。辟,通“譬”,譬喻。咶,古时同“舐”,舔。　③经:上吊,缢死。　④说必不行矣:这是一定行不通的。　⑤俞务而俞远:越这样做离想得到的结果就越远。俞,同“愈”,更加。务,致力,从事。　⑥诎(qū):通“屈”,弯曲。

儒效篇第八

大儒之效[1]：武王崩，成王幼，周公屏成王而及武王以属天下[2]，恶天下之倍周也[3]。履天子之籍，听天下之断，偃然如固有之[4]，而天下不称贪焉。杀管叔[5]，虚殷国[6]，而天下不称戾焉[7]。兼制天下[8]，立七十一国，姬姓独居五十三人，而天下不称偏焉[9]。教诲开导成王，使谕于道[10]，而能揜迹于文武[11]。周公归周，反籍于成王[12]，而天下不辍事周[13]，然而周公北面而朝之[14]。天子也者，不可以少当也[15]，不可以假摄为也[16]。能则天下归之[17]，不能则天下去之，是以周公屏成王而及武王以属天下，恶天下之离周也。成王冠[18]，成人，周公归周反籍焉，明不灭主之义也[19]。周公无天下矣。乡有天下[20]，今无天下，非擅也[21]；成王乡无天下，今有天下，非夺也，变势次序节然也[22]。故以枝代主而非越也[23]，以弟诛兄而非暴也，君臣易位而非不顺也。因天下之和[24]，遂文武之业[25]，明枝主之义，抑亦变化矣[26]，天下厌然犹一也[27]。非圣人莫之能为。夫是之谓大儒之效。

［**注释**］①效：功效。　②屏成王而及武王以属天下：屏，藩卫，蔽护。及，继。属，统属。　③倍：同“背”。　④履天子之籍，听天下之断，偃然如固有之：践天子之位，裁断天下政事，安然处之好像本应拥有王位。履，践。籍，位。听，治理。偃然，犹安然。　⑤管叔：武王弟，名鲜，封于管，因与蔡叔度鼓动纣子武庚叛变而被杀。　⑥虚：空。　⑦戾：暴。　⑧制：统御。⑨偏：偏私。　⑩谕：明晓。　⑪揜迹：继承功业。揜，袭。　⑫反：归还。⑬辍：止。　⑭北面：指以臣事君。　⑮少：幼弱。　⑯假摄：代行其政。⑰能：德称其位。　⑱冠：古代男子年二十而行加冠礼，以示成人。　⑲灭：绝弃。　⑳乡：同“向”，过去。　㉑擅：通“禅”，禅让。　㉒变势次序节然也：形势次序的变化如此。节，时遇。　㉓以枝代主而非越：枝，枝子，支庶。越，僭越。　㉔因：凭。　㉕遂：成。　㉖抑亦：表转折。一作“仰易”。㉗厌然：安然。

秦昭王问孙卿子曰①：“儒无益于人之国？”孙卿子曰：“儒者法先王，隆礼义，谨乎臣子而致贵其上者也②。人主用之，则势在本朝而宜③；不用，则退编百姓而悫④，必为顺下矣。虽穷困冻馁⑤，必不以邪道为贪。无置锥之地，而明于持社稷之大义⑥。呜呼而莫之能应⑦，然而通乎财万物、养百姓之经纪⑧。势在人上，则王公之材也；在人下，则社稷之臣，国君之宝也。虽隐于穷阎漏屋⑨，人莫不贵之，道诚存也⑩。仲尼将为司寇，沈犹氏不敢朝饮其羊⑪，公慎氏出其妻⑫，慎溃氏逾境而徙⑬，鲁之粥牛马者不豫贾⑭，必蚤正以待之也⑮。居于阙党，阙党之子弟罔不分⑯，有亲者取多，孝弟以化之也⑰。儒者在本朝则美政，在下位则美俗。儒之为人下如是矣。”

［**注释**］①秦昭王：战国时秦君，名稷。　②谨乎臣子而致贵其上者：谨守臣子之道而极尊崇君上。致，极。　③势：位。　④退编百姓而悫：退编，退

而入编户。悫，诚谨。　⑤馁：同“馁”，饥饿。　⑥持：维护。　⑦呜呼：或为“嗚呼”之误，呼唤。　⑧财万物、养百姓之经纪：财，通“裁”，裁制。经纪，纲纪。　⑨穷阎漏屋：穷巷陋室。阎，巷。漏，通“陋”。　⑩人莫不贵之，道诚存也：贵，尊重。据王先谦《群书治要》此句作“人莫不贵，贵道诚存也”，此处下“贵”字或作“丶”，转写而误为“之”。　⑪沈犹氏不敢朝饮其羊：沈犹氏不敢在早晨喂羊以欺诈买主。　⑫公慎氏出其妻：公慎氏休掉淫乱的妻子。⑬慎溃氏逾境而徙：慎溃氏因奢侈违法而越境出逃。　⑭鲁之粥牛马者不豫贾：鲁国出售牛马的人不敢欺价。粥，同“鬻”。豫，诳。贾，读为“价”。⑮必蚤正以待之：全都预先改正以等待他。必，通“毕”。蚤，通“早”。⑯罔不分：分配渔猎所得。罔不，即“网罘”，捕鱼网和猎兽网，借指渔猎所得。⑰弟：同“悌”。

王曰：“然则其为人上何如？”孙卿曰：“其为人上也，广大矣！志意定乎内，礼节修乎朝，法则度量正乎官①，忠信爱利形乎下②。行一不义，杀一无罪，而得天下，不为也。此君义信乎人矣，通于四海，则天下应之如讙③。是何也？则贵名白而天下治也④。故近者歌讴而乐之⑤，远者竭蹶而趋之⑥，四海之内若一家，通达之属莫不从服⑦，夫是之谓人师⑧。《诗》曰：‘自西自东，自南自北，无思不服⑨。’此之谓也。夫其为人下也如彼，其为人上也如此，何谓其无益于人之国也！”昭王曰：“善！”

[**注释**]①官：官府。　②形：体现。　③讙（huān）：喧哗，欢呼。　④贵名白：高贵的声名显赫。　⑤歌讴：讴歌。　⑥竭蹶：竭力奔走。　⑦通达之属：指舟车、人迹所至之处。　⑧人师：师表。　⑨自西自东，自南自北，无思不服：自西向东，自南向北，无不归服。语出《诗·大雅·文王有声》。

先王之道，仁之隆也①，比中而行之②。曷谓中？曰：

礼义是也。道者，非天之道，非地之道，人之所以道也，君子之所道也[③]。君子之所谓贤者，非能遍能人之所能之谓也；君子之所谓知者[④]，非能遍知人之所知之谓也；君子之所谓辩者，非能遍辩人之所辩之谓也；君子之所谓察者，非能遍察人之所察之谓也，有所正矣[⑤]。相高下[⑥]，视垅肥[⑦]，序五种[⑧]，君子不如农人；通财货，相美恶，辩贵贱，君子不如贾人[⑨]；设规矩，陈绳墨，便备用[⑩]，君子不如工人；不恤是非、然不然之情[⑪]，以相荐撙，以相耻怍[⑫]，君子不若惠施、邓析。若夫谪德而定次[⑬]，量能而授官，使贤不肖皆得其位，能不能皆得其官，万物得其宜，事变得其应，慎、墨不得进其谈，惠施、邓析不敢窜其察[⑭]，言必当理，事必当务，是然后君子之所长也。

［**注释**］①仁之隆：仁的至高体现。或曰，“仁”即“人”。 ②比：按照。 ③道：遵循。一说同“导”。 ④知：同“智”。下二“知”读如字。 ⑤正：当为“止”。 ⑥相高下：观察地势高低。相，观察。 ⑦视垅（qiāo）肥：根据土壤肥瘠。垅，土地瘠薄。 ⑧序五种：安排五谷种植。五种，指黍、稷、豆、麦、麻。 ⑨贾（gǔ）：商人。 ⑩便备用：治器用。便，通“辩”，也作“办”，指治办。 ⑪不恤是非、然不然之情：不顾是非、对错的情实。 ⑫以相荐撙，以相耻怍：相互凌驾和羞辱。荐，藉。撙，抑。怍，惭。 ⑬谪：据它本及杨倞注，或当为“谲”，通“决”，断定。 ⑭窜：隐匿。

凡事行，有益于理者立之[①]，无益于理者废之，夫是之谓中事[②]。凡知说，有益于理者为之，无益于理者舍之，夫是之谓中说。事行失中，谓之奸事；知说失中，谓之奸道[③]。奸事、奸道，治世之所弃，而乱世之所从服也。若夫充虚之相施易也[④]，坚白、同异之分隔也，是聪耳之所不能听也，明目之所不能见也，辩士之所不能言也，虽有圣人之知，未能偻指也⑤。不知，无害为君子；知之，无损为小人。工匠不知，无害为巧；君子不知，无害为治。王公好之则乱法，百姓好之则乱事。而狂惑戆陋之人⑥，乃始率其群徒，辩其谈说，明其辟称⑦，老身长子⑧，不知恶也。夫是之谓上愚⑨，曾不如相鸡狗之可以为名也。《诗》曰："为鬼为蜮，则不可得，有靦面目，视人罔极。作此好歌，以极反侧⑩。"此之谓也。

［**注释**］①理：当作"治"，唐人避高宗李治讳改之。下同。　②中：合宜。③奸道：邪说。　④充虚之相施易：充，实。施，通"移"。　⑤偻指：快速指明。偻，疾。　⑥戆（zhuàng）：愚。　⑦辟称：譬喻称说。辟，通"譬"。⑧老身长子：身老子长，谓终其一生。　⑨上愚：至愚。　⑩为鬼为蜮（yù），则不可得，有靦面目，视人罔极。作此好歌，以极反侧：是鬼还是蜮，不可以识得。靦然是人面，效人无法则。作此善意歌，揭穿无常者。蜮，传说中能含沙射人，使人发病的动物。视，效法。极，穷究。反侧，反复无常。语出《诗·小雅·何人斯》。

我欲贱而贵，愚而智，贫而富，可乎？曰：其唯学乎。彼学者，行之，曰士也；敦慕焉①，君子也；知之，圣人也。上为圣人，下为士、君子，孰禁我哉？乡也，混然涂之人也②，俄而并乎尧、禹③，岂不贱而贵矣哉！乡也，效门室之辨④，混然曾不能决也，俄而原仁义⑤，分是非，图回天下于掌上而辩白黑⑥，岂不愚而知矣哉！乡也，胥靡之人⑦，俄而治天下之大器举在此⑧，岂不贫而富矣哉！今有人于此，屑然藏千溢之宝⑨，虽行貣而食⑩，人谓之富矣。彼宝也者，衣之不可衣也⑪，食之不可食也，卖之不可偻售也，然而人谓之富，何也？岂不大富之器诚在此也？是杅杅亦富人已[12]，岂不贫而富矣哉！

［注释］①敦慕：勉力修习。慕，习。　②混然涂之人：无所知晓的普通人。混然，无所知的样子。涂，道路。　③俄而并乎尧、禹：不久就与尧、禹齐名。　④效门室之辨：考验内外之别。效，考。一说门室指代家事。　⑤原：推究其源。　⑥图回：图谋运转。回，运转。　⑦胥靡：空无所有。靡，无。⑧大器：宝器，此指学识。　⑨屑然藏千溢之宝：珍藏着许多财宝。屑然，众多的样子。溢，通“镒”，二十两曰镒。一说二十四两。　⑩行貣（tè）而食：行乞为生。貣，乞求。　⑪衣（yì）：穿。　⑫杅杅：即“于于”，广大的样子。

故君子无爵而贵，无禄而富，不言而信，不怒而威，穷处而荣，独居而乐，岂不至尊、至富、至重、至严之情举积此哉[1]！故曰：贵名不可以比周争也[2]，不可以夸诞有也[3]，不可以势重胁也[4]，必将诚此然后就也[5]。争之则失，让之则至；遵道则积，夸诞则虚。故君子务修其内而让之于外，务积德于身而处之以遵道。如是，则贵名起如日月，天下应之如雷霆。故曰：君子隐而显，微而明，辞让而胜[6]。《诗》曰：“鹤鸣于九皋，声闻于天[7]。”此之谓也。鄙夫反是，比周而誉俞少[8]，鄙争而名俞辱，烦劳以求安利，其身俞危。《诗》曰：“民之无良，相怨一方，受爵不让，至于已斯亡[9]。”此之谓也。故能小而事大[10]，辟之是犹力之少而任重也[11]，舍粹折无适也[12]。身不肖而诬贤[13]，是犹伛伸而好升高也[14]，指其顶者愈众。故明主谲德而序位[15]，所以为不乱也；忠臣诚能然后敢受职[16]，所以为不穷也[17]。分不乱于上[18]，能不穷于下，治辩之极也[19]。《诗》曰：“平平左右，亦是率从[20]。”是言上下之交不相乱也[21]。

[**注释**]①举:皆。　②比周:结党营私。比,近。周,密。　③夸诞:虚妄夸口。　④势重:权势地位。　⑤诚:审。　⑥君子隐而显,微而明,辞让而胜:君子幽隐而显扬,隐微而昌明,谦让而过人。　⑦鹤鸣于九皋,声闻于天:鹤鸣于幽深之泽,响彻云天。皋,泽。语出《诗·小雅·鹤鸣》。　⑧俞:通"愈",更加。　⑨民之无良,相怨一方,受爵不让,至于己斯亡:个人不善良,一味怨对方。受爵不谦让,事关私利忘。斯,语助词。亡,通"忘"。语出《诗·小雅·角弓》。　⑩能小而事大:才能小而事务重。　⑪辟之是犹力之少而任重:譬如力气少而负重担。辟,通"譬"。　⑫舍粹折无适:除了伤筋断骨别无他路。粹,通"碎"。适,至。　⑬诬贤:妄称贤能。　⑭伛(yǔ)伸:驼背。伸,读为"身"。　⑮谲:据上文及杨倞注,或为"谪"之误。　⑯诚能:确实有能力。　⑰穷:困顿。　⑱分:名分。　⑲治辨:治理。辨,治。　⑳平平左右,亦是率从:辨治左右,惟命是从。平平,辨治。亦,语气词。率,遵循。语出《诗·小雅·采菽》。　㉑交:交接。

以从俗为善,以货财为宝,以养生为己至道[①],是民德也。行法至坚,不以私欲乱所闻。如是,则可谓劲士矣[②]。行法至坚,好修正其所闻,以桥饰其情性[③],其言多当矣[④],而未谕也;其行多当矣,而未安也[⑤];其知虑多当矣,而未周密也[⑥];上则能大其所隆[⑦],下则能开道不己若者[⑧]。如是,则可谓笃厚君子矣[⑨]。修百王之法,若辨白黑;应当时之变,若数一二;行礼要节而安之[⑩],若生四枝[⑪];要时立功之巧,若诏四时[⑫];平正和民之善[⑬],亿万之众而博若一人[⑭]。如是,则可谓圣人矣。井井兮其有理也[⑮],严严兮其能敬己也[⑯],分分兮其有终始也[⑰],猒猒兮其能长久也[⑱],乐乐兮其执道不殆也[⑲],炤炤兮其用知之明也[⑳],修修兮其用统类之行也[㉑],绥绥兮其有文章也[㉒],熙熙兮其乐人之臧也[㉓],隐隐兮其恐人不当也[㉔]。如是,则可谓圣人矣。此其道出乎一[25]。曷谓一？曰：执神而固[26]。曷谓神？曰：尽善挟治之谓神[27]，万物莫足以倾之之谓固。神固之谓圣人。

［**注释**］①养生：治生业。　②劲士：廉直刚正之士。　③桥饰：矫治。桥，同“矫”。饰，通“饬”。　④当：得当。　⑤安：妥当。　⑥周密：尽善。　⑦上则能大其所隆：对上能尊崇他所推重的人。大，尊。　⑧下则能开道不已若者：对下则能开导不如自己的人。道，通“导”。不已若，即“不若己”。　⑨笃厚：诚实。　⑩要：约。　⑪枝：即“肢”。　⑫诏：告。　⑬正：通“政”。　⑭博：当作“抟”，聚集。　⑮井井兮其有理也：井井有条啊，那样地整齐有理。　⑯严严兮其能敬己也：庄重威严啊，那样地严于律己。　⑰分分兮其有终始也：坚定不移啊，那样地始终如一。分分，当为“介介”，坚固的样子。　⑱猒猒兮其能长久也：安然闲适啊，那样地长久不息。猒猒，安适的样子。　⑲乐乐兮其执道不殆也：怡然自得啊，那样地守道不懈。殆，通“怠”，懈怠。　⑳炤炤兮其用知之明也：光明赫赫啊，施展智慧那样地高明。炤，同“照”。　㉑修修兮其用统类之行也：整饬不悖啊，推行纲纪那样地端正。　㉒绥绥兮其有文章也：葳蕤生光啊，辞章文采那样地飞扬。绥绥，葳蕤的样子。一说安泰的样子。　㉓熙熙兮其乐人之臧也：安详和乐啊，悦人之善那样地高兴。臧，善。　㉔隐隐兮其恐人不当也：忧戚满怀啊，恐人失当那样地怔忪。　㉕一：专一。　㉖执：持守。　㉗挟：通“浃”，周洽。

圣人也者，道之管也[1]。天下之道管是矣，百王之道一是矣[2]。故《诗》、《书》、《礼》、《乐》之归是矣。《诗》言是其志也，《书》言是其事也，《礼》言是其行也，《乐》言是其和也，《春秋》言是其微也[3]。故《风》之所以为不逐者，取是以节之也[4]；《小雅》之所以为小雅者[5]，取是而文之也[6]；《大雅》之所以为大雅者，取是而光之也[7]；《颂》之所以为至者[8]，取是而通之也[9]。天下之道毕是矣[10]。乡是者臧,倍是者亡[11]。乡是如不臧,倍是如不亡者,自古及今,未尝有也。

[**注释**]①管:枢要,关键。　②一:皆。　③微:微旨。　④故《风》之所以为不逐者,取是以节之也:所以《国风》之所以不是淫放的,是因为选取了圣人道术而加以节制。逐,淫放。　⑤雅:正。《古逸丛书》影刻宋台州本后“雅”字无。下“大雅者”之“雅”同。　⑥文:饰。　⑦光:光大。　⑧至:极。　⑨通:贯通。　⑩毕:全。　⑪乡是者臧,倍是者亡:趋向这种道术的结局美好,违背这种道术的将会灭亡。乡,通“向”。臧,善,好。倍,同“背”。

客有道曰[1]:“孔子曰:‘周公其盛乎[2]!身贵而愈恭,家富而愈俭,胜敌而愈戒[3]。’”应之曰:是殆非周公之行[4],非孔子之言也。武王崩,成王幼,周公屏成王而及武王,履天子之籍,负扆而坐[5],诸侯趋走堂下[6]。当是时也,夫又谁为恭矣哉[7]!兼制天下,立七十一国,姬姓独居五十三人焉,周之子孙,苟不狂惑者[8],莫不为天下之显诸侯[9],孰谓周公俭哉!武王之诛纣也,行之日以兵忌[10],东面而迎太岁[11],至汜而泛[12],至怀而坏[13],至共头而山隧[14]。霍叔惧曰[15]:“出三日而五灾至,无乃不可乎?”周公曰:“刳比干而囚箕子[16],飞廉、恶来知政[17],夫又恶有不可焉[18]?”遂选马而进[19],朝食于戚,暮宿于百泉,厌旦于牧之野[20]。鼓之而纣卒易乡[21],遂乘殷人而诛纣[22]。盖杀者非周人,因殷人也。故无首虏之获[23],无蹈难之赏[24]。反而定三革,偃五兵[25],合天下,立声乐,于是《武》、《象》起而《韶》、《护》废矣[26]。四海之内,莫不变心易虑以化顺之。故外阖不闭[27],跨天下而无蕲[28]。当是时也,夫又谁为戒矣哉！

[**注释**]①道：言。　②盛：大，此指品德高尚。　③戒：警戒。　④殆：恐怕。表揣测。　⑤负扆（yì）而坐：背屏而立。扆，屏风。坐，或为立。　⑥趋走：疾走。　⑦谁：孰。　⑧狂惑：疯癫迷乱。　⑨显：显贵。　⑩兵忌：兵家禁忌之日。　⑪太岁：又称岁阴或太阴，古人以太岁主宰方位为凶方，主张行事应避开太岁。　⑫至氾而泛：行至氾水，河水泛滥。　⑬至怀而坏：行至怀地，城墙坍塌。一说"坏"指舟船毁坏。　⑭至共头而山隧：到了共头山，山石崩坠。隧，通"坠"。　⑮霍叔：武王弟，名处。　⑯刳（kū）比干而囚箕子：剖开比干之腹而囚禁箕子。刳，剖开。比干，商纣叔父（一说纣庶兄），因直谏遭剖心而死。箕子，纣诸父，封于箕，因劝谏为纣所囚。　⑰飞廉、恶来知政：任用佞臣飞廉、恶来执政。飞廉、恶来，皆纣之佞臣。知，主持。　⑱恶：通"乌"，什么。　⑲选：择。一说齐。　⑳厌旦：据俞樾，当作"旦厌"。厌，读为"压"，逼近。　㉑易乡：掉转方向，反戈而击。　㉒乘：因，凭借。　㉓首虏：所获敌人的首级。　㉔蹈难：冲锋陷阵。　㉕反而定三革，偃五兵：克商而返，停止制造革甲和兵器。定、偃，止息。三革，犀甲、兕甲、牛甲。五兵，矛、戟、钺、楯、弓矢。一说三革指甲、胄、盾，五兵指刀、剑、矛、戟、矢。　㉖于是《武》、《象》起而《韶》、《护》废：在这时《武》、《象》兴起而《韶》、《护》废弃。《武》、《象》，周乐。《韶》，舜时乐章。《护》，汤时乐章。　㉗阖：门扇。　㉘跨天下而无蕲：跨，据。蕲，同"圻"，边界。

造父者①，天下之善御者也，无舆马则无所见其能②。羿者③，天下之善射者也，无弓矢则无所见其巧。大儒者，善调一天下者也④，无百里之地，则无所见其功。舆固马选矣⑤，而不能以至远，一日而千里，则非造父也。弓调矢直矣，而不能以射远中微⑥，则非羿也。用百里之地，而不能以调一天下，制强暴，则非大儒也。彼大儒者，虽隐于穷阎漏屋，无置锥之地，而王公不能与之争名；在一大夫之位⑦，则一君不能独畜，一国不能独容⑧，成名况乎诸侯⑨，莫不愿得以为臣；用百里之地，而千里之国莫能与之争胜；笞棰暴国⑩，齐一天下，而莫能倾也⑪，是大儒之征也⑫。其言有类⑬，其行有礼，其举事无悔⑭，其持险应变曲当⑮，与时迁徙⑯，与世偃仰⑰，千举万变，其道一也，是大儒之稽也⑱。其穷也⑲，俗儒笑之；其通也，英杰化之⑳，嵬琐逃之㉑，邪说畏之，众人媿之㉒。通则一天下，穷则独立贵名，天不能死㉓，地不能埋，桀、跖之世不能污，非大儒莫之能立，仲尼、子弓是也。

［**注释**］①造父：周穆王时人，善驾车。　②见（xiàn）：表现。　③羿：有穷氏之君，善射。　④一：统一。　⑤选：良。　⑥中微：射中微细之物。　⑦在：居。　⑧容：用。　⑨成名况乎诸侯：盛名传颂于诸侯。成，通“盛”。况，通“皇”，美。　⑩笞棰暴国：攻伐暴虐之国。笞棰，鞭挞。一作“笞捶”。　⑪倾：倾覆。　⑫征：征验。　⑬类：条理。　⑭悔：过错。　⑮持险应变曲当：处理危难，应对变故周遍恰当。　⑯与时迁徙：因时迁移。　⑰与世偃仰：随世变易。偃仰，犹俯仰。　⑱大儒之稽：大儒的考核标准。稽，考。　⑲穷：不得志，不显贵。　⑳化：顺服。　㉑嵬琐：委琐之人。或曰，狂怪之人。　㉒媿（kuì）：惭愧。　㉓死：扼杀。

故有俗人者，有俗儒者，有雅儒者，有大儒者。不学问，无正义，以富利为隆①，是俗人者也。逢衣浅带②，解果其冠③，略法先王而足乱世术，缪学杂举④，不知法后王而一制度，不知隆礼义而杀《诗》、《书》⑤，其衣冠行伪已同于世俗矣⑥，然而不知恶者；其言议谈说已无以异于墨子矣，然而明不能别；呼先王以欺愚者而求衣食焉⑦，得委积足以揜其口，则扬扬如也⑧；随其长子⑨，事其便辟⑩，举其上客⑪，亿然若终身之虏而不敢有他志⑫，是俗儒者也。法后王，一制度，隆礼义而杀《诗》、《书》；其言行已有大法矣，然而明不能齐⑬；法教之所不及⑭，闻见之所未至，则知不能类也⑮；知之曰知之，不知曰不知，内不自以诬，外不自以欺，以是尊贤畏法而不敢怠傲⑯，是雅儒者也。法先王，统礼义，一制度，以浅持博⑰，以古持今，以一持万，苟仁义之类也⑱，虽在鸟兽之中，若别白黑；倚物怪变⑲，所未尝闻也，所未尝见也，卒然起一方⑳，则举统类而应之，无所儗怍㉑；张法而度之㉒，则晻然若合符节㉓，是大儒者也。故人主用俗人，则万乘之国亡；用俗儒，则万乘之国存；用雅儒，则千乘之国安；用大儒，则百里之地久，而后三年，天下为一，诸侯为臣；用万乘之国则举错而定㉔，一朝而伯㉕。

［**注释**］①隆：重。　②逢衣浅带：逢，大。浅，狭。一说“薄”。身穿宽大的衣服，腰束狭窄的带子。　③解果其冠：头戴松松垮垮的帽子。解果，据王天海，当读“懈堕”。　④缪学杂举：学说荒谬杂用。缪，同“谬”。　⑤杀(shài)：减。　⑥伪：同“为”。　⑦呼：称举。　⑧得委积足以揜其口，则扬扬如也：得到蓄积足以糊口，就洋洋得意。委积，蓄积。揜，通“掩”。扬扬，得意的样子。　⑨随其长子：追随朝中显贵。据刘师培，长为崇贵之称，子为百吏之称。　⑩事其便辟：侍奉国君亲信。便辟，犹“便嬖”。　⑪举其上客：奉承国君的贵客。举，通“誉”。　⑫亿然若终身之虏而不敢有他志：对自己终身的奴仆身份安然处之，不敢有别的志向。亿然，安然。　⑬明不能齐：指所见之明不能齐言行。　⑭及：涉及。　⑮类：触类旁通。　⑯畏：敬畏。⑰持：治，掌握。　⑱类：事理，原则。　⑲倚(jī)：奇异。　⑳卒然：即“猝然”，突然。　㉑儗怍：疑惑愧怍。儗，通“疑”。　㉒张法而度之：援法而裁度它。　㉓晻然若合符节：如同符节完全相合。晻然，完全相合的样子。㉔用万乘之国则举错而定：以万乘之国则一举而定国。错，通“措”。　㉕伯：

通“白”，显赫。一说通“霸”。

不闻不若闻之，闻之不若见之，见之不若知之，知之不若行之，学至于行之而止矣。行之，明也[1]；明之为圣人。圣人也者，本仁义，当是非[2]，齐言行[3]，不失豪厘[4]，无他道焉，已乎行之矣[5]。故闻之而不见，虽博必谬；见之而不知，虽识必妄；知之而不行，虽敦必困[6]。不闻不见，则虽当[7]，非仁也，其道百举而百陷也[8]。故人无师无法而知则必为盗[9]，勇则必为贼，云能则必为乱[10]，察则必为怪[11]，辩则必为诞；人有师有法而知则速通[12]，勇则速威，云能则速成，察则速尽，辩则速论[13]。故有师法者，人之大宝也；无师法者，人之大殃也。人无师法，则隆性矣[14]；有师法，则隆积矣[15]。而师法者，所得乎情[16]，非所受乎性，不足以独立而治。性也者，吾所不能为也，然而可化也[17]。情也者，非吾所有也，然而可为也。注错习俗[18]，所以化性也；并一而不二[19]，所以成积也[20]。习俗移志，安久移质。并一而不二，则通于神明，参于天地矣。

［**注释**］①明：谓明礼义。　②当：正。　③齐：一致。　④豪厘：豪，通“毫”。十丝为一毫，十毫为一厘，极言其细微。　⑤已：止。　⑥敦：厚，知识丰富。　⑦当：得当。　⑧百举而百陷：举措失败，无一幸免。陷，败。　⑨知：同“智”。　⑩云能：有能。云，有。　⑪察：精审。　⑫速通：很快显达。　⑬论：通“伦”，条理。一说决断。　⑭隆性：任性而为。隆，重。性，即生之所以然者，一作“情”。　⑮积：积习。一作“性”。　⑯情：指外物所感于性之好、恶、喜、怒、哀、乐。　⑰化：化移。　⑱注错：举措。　⑲并一：专一。　⑳积：或当作“情”。

故积土而为山,积水而为海,旦暮积谓之岁,至高谓之天,至下谓之地,宇中六指谓之极①,涂之人百姓,积善而全尽谓之圣人。彼求之而后得,为之而后成,积之而后高,尽之而后圣。故圣人也者,人之所积也。人积耨耕而为农夫②,积斫削而为工匠③,积反货而为商贾④,积礼义而为君子。工匠之子莫不继事⑤,而都国之民安习其服⑥,居楚而楚,居越而越,居夏而夏,是非天性也,积靡使然也⑦。故人知谨注错,慎习俗,大积靡,则为君子矣;纵性情而不足问学⑧,则为小人矣。为君子则常安荣矣,为小人则常危辱矣。凡人莫不欲安荣而恶危辱,故唯君子为能得其所好,小人则日徼其所恶⑨。《诗》曰:"维此良人,弗求弗迪;维彼忍心,是顾是复。民之贪乱,宁为荼毒⑩。"此之谓也。

[**注释**]①六指:指天、地、东、西、南、北。 ②耨(nòu)耕:耕耘。耨,锄草。 ③斫:砍。 ④反货:贩货。 ⑤事:业。 ⑥服:职事。 ⑦积靡:积习。靡,习染。 ⑧足:重视。 ⑨徼(yāo):求。 ⑩维此良人,弗求弗迪;维彼忍心,是顾是复。民之贪乱,宁为荼毒:对于善人,不任不用;对于恶人,顾念起用。百姓贪乱,乃因苦痛。迪,进。忍心,残忍之人。宁,乃。语出《诗·大雅·桑柔》。此处引诗乃断章取义,明君子安荣而小人危辱之义。

人论①:志不免于曲私②,而冀人之以己为公也③;行不免于污漫④,而冀人之以己为修也⑤;其愚陋沟瞀⑥,而冀人之以己为知也,是众人也。志忍私⑦,然后能公;行忍情性,然后能修;知而好问,然后能才。公修而才,可谓小儒矣。志安公⑧,行安修,知通统类,如是则可谓大儒矣。

大儒者,天子三公也;小儒者,诸侯大夫士也;众人者,工、农、商贾也。礼者,人主之所以为群臣寸、尺、寻、丈检式也⑨,人伦尽矣。

[**注释**]①论:通“伦”,等。　②曲私:偏私。　③冀:希望。　④污漫:卑污狡诈。　⑤修:善,美。　⑥沟瞀:通“怐愗”,愚昧无知。　⑦忍:抑制。　⑧安:安于。　⑨为群臣寸、尺、寻、丈检式:寻,古代长度单位,八尺为一寻。检式,约束法度。

君子言有坛宇,行有防表,道有一隆①。言道德之求不下于安存②,言志意之求不下于士,言道德之求不二后王③。道过三代谓之荡④,法二后王谓之不雅⑤。高之下之,小之臣之⑥,不外是矣。是君子之所以骋志意于坛宇宫庭也。故诸侯问政,不及安存则不告也;匹夫问学,不及为士则不教也;百家之说,不及后王则不听也。夫是谓君子言有坛宇,行有防表也。

[**注释**]①君子言有坛宇,行有防表,道有一隆:君子的言论有界域,行事有标准,道术有专重。坛宇,庭院屋宅。防表,堤防标志。　②言道德之求不下于安存:道德,当为“政治”。安存,安定存亡。　③二:通“贰”,背离。　④荡:渺茫。　⑤雅:正。　⑥臣:当为“巨”。

王制篇第九

请问为政？曰：贤能不待次而举[①]，罢不能不待须而废[②]，元恶不待教而诛[③]，中庸民不待政而化[④]。分未定也[⑤]，则有昭缪[⑥]。虽王公士大夫之子孙，不能属于礼义[⑦]，则归之庶人。虽庶人之子孙也，积文学[⑧]，正身行，能属于礼义，则归之卿相士大夫。故奸言、奸说、奸事、奸能、遁逃反侧之民[⑨]，职而教之[⑩]，须而待之，勉之以庆赏[⑪]，惩之以刑罚，安职则畜[⑫]，不安职则弃。五疾[⑬]，上收而养之，材而事之[⑭]，官施而衣食之[⑮]，兼覆无遗[⑯]。才行反时者死无赦[⑰]。夫是之谓天德[⑱]，王者之政也。

［**注释**］①次：等次。　②罢（pí）不能不待须而废：罢，偷惰，缺德。与“贤”相对。须，须臾，一作“顷”。　③元恶：首恶。　④中庸民不待政而化：中庸民，普通人。政，刑赏。　⑤分：名分。　⑥昭缪：古代宗庙制度，始祖居中，以下按父子辈分排列，左昭右穆。此指按照昭穆制度定次序那样分别等级尊卑。缪，读为“穆”。　⑦属：系，引申为符合。　⑧积文学：习典文。⑨反侧：反复无常。　⑩职而教之：给予一定的职事来教化。职，事。　⑪庆赏：奖赏。　⑫安职则畜：安于职事就留用。　⑬五疾：指哑、聋、跛、断残、侏儒五种人。　⑭材而事之：量才而用。　⑮官施而衣食之：任用他们而给予

衣食。官施,或曰提供馆舍。　⑯兼覆无遗:无所遗漏。　⑰时:时势。⑱天德:天覆之德。

听政之大分[1]:以善至者待之以礼,以不善至者待之以刑。两者分别,则贤不肖不杂,是非不乱。贤不肖不杂,则英杰至;是非不乱,则国家治。若是,名声日闻,天下愿[2],令行禁止,王者之事毕矣。凡听,威严猛厉而不好假道人[3],则下畏恐而不亲,周闭而不竭[4]。若是,则大事殆乎弛[5],小事殆乎遂[6]。和解调通[7],好假道人而无所凝止之[8],则奸言并至,尝试之说锋起[9]。若是,则听大事烦[10],是又伤之也[11]。故法而不议[12],则法之所不至者必废;职而不通[13],则职之所不及者必队[14]。故法而议,职而通,无隐谋[15],无遗善,而百事无过,非君子莫能。故公平者,职之衡也;中和者,听之绳也[16]。其有法者以法行,无法者以类举[17],听之尽也。偏党而无经[18],听之辟也[19]。故有良法而乱者有之矣,有君子而乱者,自古及今,未尝闻也。传曰:"治生乎君子,乱生乎小人。"此之谓也。

[**注释**]①听政之大分:治理政事的要领。听,治理。　②愿:向慕。③假道:宽导。假,宽容。　④周闭而不竭:密闭其口而不尽言。　⑤弛:废弛。　⑥遂:读为"坠",坠失。　⑦和解调通:调和变通。　⑧好假道人而无所凝止之:好宽导而无所定止。凝,定。　⑨尝试之说锋起:试探之说蜂起。锋,通"蜂"。　⑩大:通"太",过分。　⑪伤:损害。　⑫议:商议。　⑬通:畅通。　⑭队:同"坠"。　⑮隐谋:隐匿的计谋。　⑯绳:准绳。　⑰类:例。⑱偏党而无经:偏私而无原则。　⑲听之辟:治理政事的不公正。辟,同"僻"。

分均则不偏[①],势齐则不壹[②],众齐则不使[③]。有天有地而上下有差[④],明王始立而处国有制[⑤]。夫两贵之不能相事,两贱之不能相使,是天数也[⑥]。势位齐而欲恶同,物不能澹则必争[⑦],争则必乱,乱则穷矣。先王恶其乱也,故制礼义以分之,使有贫富贵贱之等,足以相兼临者[⑧],是养天下之本也。《书》曰:"维齐非齐[⑨]。"此之谓也。

[**注释**]①分均则不偏:名分相当就会无法治理。偏,借为"辩",治。②势齐则不壹:权势齐同就会无法统一。③众齐则不使:大家一样就会无法役使。④差:别。⑤制:等级制度。⑥天数:天理。⑦澹:同"赡",满足。⑧兼临:制约。⑨维齐非齐:齐一不齐。语出《尚书·吕刑》,"维"作"惟"。此处乃断章取义,谓不齐为齐,即只有等差有别才能天下齐整。

马骇舆[①],则君子不安舆;庶人骇政,则君子不安位。马骇舆,则莫若静之;庶人骇政,则莫若惠之[②]。选贤良,举笃敬[③],兴孝弟[④],收孤寡,补贫穷[⑤]。如是,则庶人安政矣。庶人安政,然后君子安位。传曰:"君者,舟也;庶人者,水也。水则载舟,水则覆舟。"此之谓也。故君人者,欲安,则莫若平政爱民矣;欲荣,则莫若隆礼敬士矣;欲立功名,则莫若尚贤使能矣,是君人者之大节也。三节者当,则其余莫不当矣。三节者不当,则其余虽曲当[⑥],犹将无益也。孔子曰:"大节是也,小节是也,上君也;大节是也,小节一出焉[⑦],一入焉,中君也;大节非也,小节虽是也,吾无观其余矣。"成侯、嗣公[⑧],聚敛计数之君也[⑨],未及取民也[⑩]。子产[⑪],取民者也,未及为政也。管仲[⑫],为政者也,未及修礼也。故修礼者王⑬,为政者强,取民者安,聚敛者亡。故王者富民,霸者富士⑭,仅存之国富大夫,亡国富筐箧⑮,实府库。筐箧已富,府库已实,而百姓贫,夫是之谓上溢而下漏⑯。入不可以守,出不可以战,则倾覆灭亡可立而待也。故我聚之以亡,敌得之以强。聚敛者,召寇肥敌、亡国危身之道也,故明君不蹈也⑰。

[**注释**]①骇舆:指驾车而受惊。 ②惠:施惠。 ③笃敬:忠诚恭敬。 ④弟:同"悌"。顺从兄长。 ⑤补:补助。 ⑥曲当:周备得当。 ⑦出:与"入"相对,二者连用以喻得失。 ⑧成侯、嗣公:成侯,名遬,战国时卫国国君。嗣公,成侯孙。二者都是搜刮钱财、锱铢必较的国君。 ⑨计数:计算。 ⑩未及取民:不得民心。及,至。取,通"聚"。 ⑪子产:名侨,字子产,又字子美。郑穆公之孙,春秋时郑国贤相。据《孟子·离娄下》,子产曾用自己乘坐的车子帮别人渡过溱水、洧水,孟子认为这只是小恩小惠,不如治理好政事,为百姓修路铺桥。荀子或本此。 ⑫管仲:名夷吾,字仲。起初事奉公子纠,后来辅佐齐桓公,九合诸侯,一匡天下。孔子曾指责他违反礼制设塞门、反坫。 ⑬王(wàng):称王。 ⑭士:卒伍。 ⑮箧:小箱子。 ⑯上溢而下漏:指上极富而下极贫。溢,满。漏,涸竭。 ⑰蹈:实行。

王夺之人①,霸夺之与②,强夺之地。夺之人者臣诸侯③,夺之与者友诸侯,夺之地者敌诸侯。臣诸侯者王,友诸侯者霸,敌诸侯者危。用强者④,人之城守,人之出战,而我以力胜之也,则伤人之民必甚矣。伤人之民甚,则人之民恶我必甚矣⑤。人之民恶我甚,则日欲与我斗。人之城守,人之出战,而我以力胜之,则伤吾民必甚矣。伤吾民甚,则吾民之恶我必甚矣。吾民之恶我甚,则日不欲为我斗。人之民日欲与我斗,吾民日不欲为我斗,是强者之所以反弱也。地来而民去,累多而功少[⑥],虽守者益[⑦],所以守者损[⑧],是以大者之所以反削也[⑨]。诸侯莫不怀交接怨而不忘其敌[⑩],伺强大之间[⑪],承强大之敝[⑫],此强大之殆时也[⑬]。

[**注释**]①人:指人心。 ②与:亲附之国。 ③臣:使臣服。 ④用强者:使用强力的国家。 ⑤恶:痛恨。 ⑥累:牵累,祸患。 ⑦守者:指地。 ⑧所以守者:指守地之人。 ⑨是以:"以"字可能是衍字。 ⑩怀交接怨而不忘其敌:思怀交好之国,联合仇怨之国,不忘记自己的仇敌。 ⑪伺强大之间:侦候强国的间隙。 ⑫承强大之敝:趁其衰败之机。承,通"乘",趁。敝,衰败。 ⑬强大之殆时:这是强国的危殆时刻。

知强大者不务强也,虑以王命[①],全其力,凝其德[②]。力全则诸侯不能弱也,德凝则诸侯不能削也,天下无王霸主,则常胜矣,是知强道者也。彼霸者不然,辟田野[③],实仓廪,便备用[④],案谨募选阅材伎之士[⑤],然后渐庆赏以先之[⑥],严刑罚以纠之[⑦]。存亡继绝[⑧],卫弱禁暴,而无兼并之心,则诸侯亲之矣。修友敌之道[⑨],以敬接诸侯,则诸侯说之矣[⑩]。所以亲之者,以不并也;并之见[⑪],则诸侯疏矣。所以说之者,以友敌也;臣之见,则诸侯离矣。故明其不并之行,信其友敌之道[⑫],天下无王霸主,则常胜矣,是知霸道者也。闵王毁于五国,桓公劫于鲁庄[⑬],无它故焉,非其道而虑之以王也。彼王者不然,仁眇天下[⑭],义眇天下,威眇天下。仁眇天下,故天下莫不亲也;义眇天下,故天下莫不贵也;威眇天下,故天下莫敢敌也。以不敌之威,辅服人之道[⑮],故不战而胜,不攻而得,甲兵不劳而天下服,是知王道者也。知此三具者[16],欲王而王,欲霸而霸,欲强而强矣。

[**注释**]①虑:计。 ②凝:巩固。 ③辟田野:开辟田地。 ④便备用:治办器用。便,通“辩”,亦作“办”。 ⑤案谨募选阅材伎之士:谨慎地招募选择身怀才技之人。案,发语词,无义。 ⑥渐庆赏以先之:加重奖赏来引导他们。 ⑦纠:督察。 ⑧存亡继绝:保存灭亡的国家,延续灭绝的世系。 ⑨友敌:友好平等。敌,平等。 ⑩说:通“悦”。下同。 ⑪见:同“现”。 ⑫信:信守。 ⑬闵王毁于五国,桓公劫于鲁庄:指战国齐闵王被燕、赵、楚、魏、秦联兵打败,齐桓公在柯地会盟被鲁庄公之臣劫持的事情。《公羊传》、《史记》以曹沫为劫持桓公之人(《穀梁传》作“曹刿”),《管子》则称桓公为庄公所劫,曹沫为助手,待考。 ⑭眇:视,引申为看待。 ⑮服人之道:谓仁义。 ⑯三具:三者。具,量词。

王者之人[①]:饰动以礼义[②],听断以类[③],明振毫末[④],举措应变而不穷[⑤],夫是之谓有原[⑥]。是王者之人也。

[**注释**]①王者之人:王者的为人。 ②饰动以礼义:用礼义整饬行动。饰,通“饬”。 ③听断以类:用法令治理政事。 ④明振毫末:明察秋毫。振,整。 ⑤举措应变而不穷:采取措施能随机应变而不感到窘迫。 ⑥夫是之谓有原:这就叫做懂得为政之本。原,根本。

王者之制:道不过三代,法不贰后王[①]。道过三代谓之荡[②],法贰后王谓之不雅[③]。衣服有制,宫室有度,人徒有数[④],丧祭械用皆有等宜[⑤]。声则凡非雅声者举废[⑥],色则凡非旧文者举息[⑦],械用则凡非旧器者举毁,夫是之谓复古[⑧]。是王者之制也。

[**注释**]①贰:背离。 ②荡:渺茫。 ③雅:正。 ④人徒:仆从。

⑤等宜:犹“等差”。　⑥举:皆。　⑦旧文:指符合礼制规定的彩绘文饰。⑧复古:恢复古制。

王者之论①:无德不贵,无能不官②,无功不赏,无罪不罚。朝无幸位③,民无幸生④。尚贤使能,而等位不遗⑤;析愿禁悍⑥,而刑罚不过。百姓晓然皆知夫为善于家而取赏于朝也⑦,为不善于幽而蒙刑于显也⑧,夫是之谓定论。是王者之论也。

[**注释**]①论:论择。　②官:任用。　③幸位:无德而禄。幸,侥幸。④幸生:不劳而生。　⑤等位不遗:等次没有过失。　⑥析愿禁悍:制裁狡黠,打击凶悍。据王念孙,“析”当为“折”,制。愿,读为“傆”,黠。下文“抃急”亦为“折愿”之误。　⑦百姓晓然皆知夫为善于家而取赏于朝:百姓都十分清楚地知道在家做了好事会受到朝廷的奖赏。　⑧为不善于幽而蒙刑于显:在暗地里做了坏事就会公开受到刑罚。幽,暗。蒙刑,受刑罚。

王者之法①:等赋、政事、财万物②,所以养万民也。田野什一,关市几而不征③;山林泽梁,以时禁发而不税④。相地而衰政⑤,理道之远近而致贡⑥。通流财物粟米⑦,无有滞留,使相归移也⑧,四海之内若一家。故近者不隐其能,远者不疾其劳⑨,无幽闲隐僻之国⑩,莫不趋使而安乐之⑪,夫是之谓人师⑫。是王者之法也。

[**注释**]①法:法令。“法”字本无,据王念孙及文例补。　②等赋、政事、财万物:等别赋税,治理民事,制裁万物。政,通“正”。财,通“裁”,制。③田野什一,关市几而不征:土地什一而税,关卡市场稽查而不征税。几,通“讥”,稽查。　④山林泽梁,以时禁发而不税:山林渔场根据时节关闭和开发,却不征税。泽梁,泛指水域。石绝水为梁。　⑤相地而衰(cuī)政:视土

地好坏而定征税等次。衰,等次。 ⑥理道之远近而致贡:计算道路远近而缴纳贡物。 ⑦通流:流通。 ⑧归移:给予运移。归,通“馈”。 ⑨疾:怨恨。 ⑩幽闲隐僻:边远僻陋。 ⑪趋使:归顺。 ⑫师:表率。

北海则有走马吠犬焉①,然而中国得而畜使之②。南海则有羽翮、齿革、曾青、丹干焉③,然而中国得而财之④。东海则有紫紶、鱼盐焉⑤,然而中国得而衣食之。西海则有皮革、文旄焉⑥,然而中国得而用之。故泽人足乎木,山人足乎鱼,农夫不斫削、不陶冶而足械用⑦,工贾不耕田而足菽粟⑧。故虎豹为猛矣,然君子剥而用之。故天之所覆,地之所载,莫不尽其美,致其用⑨,上以饰贤良⑩,下以养百姓而安乐之,夫是之谓大神⑪。《诗》曰:“天作高山,大王荒之;彼作矣,文王康之⑫。”此之谓也。

[**注释**]①北海则有走马吠犬:北部出产骏马良犬。海,泛指荒袤之地。 ②中国得而畜使之:中原得到而蓄养驱使它们。 ③羽翮(hé)、齿革、曾青、丹干:翮,鸟羽。齿革,象齿、犀革。曾青,铜精。丹干,丹砂,亦称朱砂。 ④财:以为宝。 ⑤紫紶:据王引之、龙宇纯,当作“绨绤”,即粗细葛布。 ⑥文旄:染制的牦牛尾。 ⑦斫:砍。 ⑧菽粟:泛指粮食。 ⑨致:尽。 ⑩饰:装饰。 ⑪大神:大治。 ⑫天作高山,大王荒之;彼作矣,文王康之:上天生成岐山,太王垦治拓宽。岐山既已垦治,文王安定周邦。语出《诗·周颂·天作》。

以类行杂①,以一行万②,始则终③,终则始,若环之无端也④,舍是而天下以衰矣⑤。天地者,生之始也⑥;礼义者,治之始也;君子者,礼义之始也;为之⑦,贯之⑧,积重之⑨,致好之者⑩,君子之始也。故天地生君子,君子理天地[11]。君子者,天地之参也[12],万物之揔也[13],民之父母也。无君子,则天地不理,礼义无统[14],上无君师,下无父子,夫是之谓至乱。君臣、父子、兄弟、夫妇,始则终,终则始,与天地同理,与万世同久,夫是之谓大本。故丧祭、朝聘、师旅一也[15],贵贱、杀生、与夺一也[16],君君、臣臣、父父、子子、兄兄、弟弟一也,农农、士士、工工、商商一也。

[**注释**]①以类行杂:用统类贯穿纷杂的事物。　②以一行万:用礼义统率万事万物。一,此指礼义。　③始则终:起点就是终点。　④若环之无端:如同圆圈没有开端。　⑤舍是而天下以衰:舍弃这个天下就会衰乱。⑥始:本。下同。　⑦为:修习。　⑧贯:贯彻。　⑨积重:积累。　⑩致好:好而不倦。致,极。　⑪理:治。　⑫参:参赞。　⑬揔:统领。　⑭统:要领。　⑮一:指统一于礼义。　⑯杀生:即死生。

水火有气而无生[1],草木有生而无知[2],禽兽有知而无义[3],人有气、有生、有知,亦且有义[4],故最为天下贵也。力不若牛,走不若马,而牛马为用,何也?曰:人能群[5],彼不能群也。人何以能群?曰:分[6]。分何以能行?曰:义。故义以分则和,和则一[7],一则多力,多力则强,强则胜物[8],故宫室可得而居也。故序四时[9],裁万物,兼利天下,无它故焉,得之分义也。故人生不能无群,群而无分则争,争则乱,乱则离[10],离则弱,弱则不能胜物,故宫室不可得而居也,不可少顷舍礼义之谓也。能以事亲谓之孝,能以事兄谓之弟,能以事上谓之顺,能以使下谓之君。君者,善群也。群道当[11],则万物皆得其宜[12],六畜皆得其长[13],群生皆得其命[14]。故养长时[15],则六畜育;杀生时,则草木殖；政令时，则百姓一[16]、贤良服。

［注释］①水火有气而无生：水火有气而没有生命。气，指构成宇宙万物的物质。　②知：感知。　③义：礼义。　④亦且：而且。　⑤群：合群。　⑥分：名分。　⑦和则一：和谐就齐心协力。　⑧物：指外物。　⑨序四时：顺四时之序安排活动。　⑩离：散。　⑪群道当：聚合的原则得当。　⑫得其宜：得到适当的安排。　⑬六畜皆得其长：六畜都得到畜养。六畜，指马、牛、羊、鸡、犬、豕。　⑭群生皆得其命：众生都繁衍生长。　⑮时：适时。　⑯一：齐一。

圣王之制也：草木荣华滋硕之时[1]，则斧斤不入山林，不夭其生[2]，不绝其长也；鼋、鼍、鱼、鳖、鳅、鳣孕别之时[3]，罔罟毒药不入泽[4]，不夭其生，不绝其长也。春耕、夏耘、秋收、冬藏，四者不失时，故五谷不绝，而百姓有余食也；污池渊沼川泽，谨其时禁[5]，故鱼鳖优多[6]，而百姓有余用也[7]；斩伐养长不失其时，故山林不童[8]，而百姓有余材也。

［注释］①荣华滋硕：开花结果。　②夭：摧折。　③鼋（yuán）、鼍（tuó）、鱼、鳖、鳅、鳣孕别之时：鼋，大鳖。鼍，扬子鳄。鳣，鳝鱼。孕别，怀孕产卵。　④罔罟：渔网。　⑤谨其时禁：严守季节禁令。　⑥优多：充足。　⑦用：财用。　⑧童：荒芜。

圣王之用也[1]：上察于天[2]，下错于地[3]，塞备天地之间[4]，加施万物之上[5]，微而明，短而长，狭而广，神明博大以至约[6]。故曰：一与一是为人者[7]，谓之圣人。

［注释］①用：体用。　②察：审。　③错：通“措”，施行。　④塞备：充塞。　⑤加施：施加，作用。　⑥至约：极简要。　⑦一与一是为人者：用礼

义推行的这些来治理人。与，通“举”，用，行。一是，即“壹是”，一切。

序官①：宰爵知宾客、祭祀、飨食、牺牲之牢数②，司徒知百宗、城郭、立器之数③，司马知师旅、甲兵、乘白之数④。

［注释］①序官：序次官职。　②宰爵知宾客、祭祀、飨食、牺牲之牢数：宰爵主管宾客、祭祀、宴享、牺牲的数量。宰爵，官名。知，主管。牢，用于祭祀、宴享的牛、羊、豕，三牲各一称一牢。　③司徒知百宗、城郭、立器之数：司徒主管宗族、城郭、器具的数量。司徒，官名，与下文司马、司空、司寇，属于周朝的六卿。　④司马知师旅、甲兵、乘白之数：司马主管军队、兵械、车卒的数量。白，同“伯”，为百人之长官。

修宪命①，审诗商②，禁淫声③，以时顺修④，使夷俗邪音不敢乱雅⑤，大师之事也⑥。

［注释］①宪命：修订宪令。　②审诗商：审核诗章。商，章。　③禁淫声：禁止淫邪之声。　④以时顺修：按时整饬。　⑤使夷俗邪音不敢乱雅：使蛮夷之乐不敢乱正声。　⑥大师：即太师，此指乐师之长。

修堤梁①，通沟浍②，行水潦③，安水臧④，以时决塞⑤，岁虽凶败水旱⑥，使民有所耘艾⑦，司空之事也。

［注释］①堤梁：堤坝。　②浍：排水渠。　③行水潦：疏引水涝。潦，通“涝”。　④安水臧：建水库。水臧，即“水藏”。　⑤以时决塞：适时开放和堵塞。　⑥凶败：凶，饥荒。败，庄稼歉收。　⑦艾：同“刈”，割。

相高下①，视肥垸②，序五种③，省农功④，谨蓄藏⑤，以时顺修，使农夫朴力而寡能⑥，治田之事也。

［**注释**］①相高下：观察地势高低。　②肥垸：土壤肥瘠。垸，土地瘠薄。③序五种：安排五谷种植。五种，指黍、稷、豆、麦、麻。　④省农功：视察农事。　⑤谨蓄藏：谨慎积储。　⑥朴力而寡能：质朴勤力而少疲困。能，当为"罢"（古作"罷"）之误，罢，通"疲"。

修火宪①，养山林、薮泽、草木、鱼鳖、百索②，以时禁发，使国家足用，而财物不屈③，虞师之事也。

［**注释**］①修火宪：制定用火法令。　②百索：百蔬。索，当为"素"。③屈（jué）：竭尽。

顺州里①，定廛宅②，养六畜，闲树艺③，劝教化，趋孝弟④，以时顺修，使百姓顺命，安乐处乡⑤，乡师之事也。

［**注释**］①顺州里：治理城邑。　②定廛宅：规定住宅。廛，市内之居。宅，邑内之居。　③闲树艺：习种植。闲，习。　④趋孝弟：趋，通"促"，敦促。弟，同"悌"。　⑤安乐处乡：安居乐业。

论百工①，审时事②，辨功苦③，尚完利④，便备用，使雕琢文采不敢专造于家⑤，工师之事也。

［**注释**］①论：评选。　②审：审查。　③辨功苦：辨别产品优劣。功，精善。苦，粗劣。　④尚完利：提倡坚固适用。　⑤专造：私造。

相阴阳①，占祲兆②，钻龟陈卦③，主攘择五卜④，知其吉凶妖祥，伛巫跛击之事也⑤。

［**注释**］①相阴阳：观察阴阳之气。　②占祲（jìn）兆：测阴阳相侵之兆。祲，阴阳相侵之气。　③钻龟陈卦：用龟甲和蓍草占卜。陈，陈列。　④主攘择五卜：主管禳灾、释奠、五卜之术。攘择，通"禳释"。五卜，即雨、霁、蒙、驿、

剋五种兆形。 ⑤伛巫跛击:驼背女巫和瘸腿男巫。击,借为“觋”,男巫。

修採清①,易道路②,谨盗贼③,平室律④,以时顺修,使宾旅安而货财通,治市之事也。

[**注释**]①修採清:修治公厕。据于省吾,“採”通“采”,官也。或曰当作“埰”,塚也。清,厕。 ②易道路:整修道路。 ③谨盗贼:严防盗贼。④平室律:平抑物价。室,读为“质”,契约。

抃急禁悍①,防淫除邪,戮之以五刑②,使暴悍以变③,奸邪不作,司寇之事也。

[**注释**]①抃急禁悍:制裁狡黠,打击凶悍。参见第 9 节注⑥。 ②五刑:指墨、劓、刵、宫、大辟。 ③变:转变。

本政教,正法则,兼听而时稽之①,度其功劳,论其庆赏,以时慎修,使百吏免尽②,而众庶不偷③,冢宰之事也。

[**注释**]①稽:考核。 ②免尽:勤勉尽职。免,同“勉”。 ③偷:苟且。

论礼乐,正身行,广教化,美风俗,兼覆而调一之①,辟公之事也。

[**注释**]①兼覆而调一之:广施天下而协调齐一。

全道德①,致隆高②,綦文理③,一天下,振毫末④,使天下莫不顺比从服⑤,天王之事也。

[**注释**]①全道德:使道德完美。 ②致隆高:尊崇礼义。 ③綦文理:完善礼法。綦,极。 ④振毫末:毫末必举。 ⑤顺比从服:顺从亲服。比,亲

近。

故政事乱，则冢宰之罪也；国家失俗①，则辟公之过也。天下不一，诸侯俗反②，则天王非其人也。

[注释]①失俗：风俗败坏。 ②俗反：欲求谋反。俗，通“欲”。

具具而王①，具具而霸，具具而存，具具而亡。用万乘之国者②，威强之所以立也，名声之所以美也，敌人之所以屈也，国之所以安危臧否也③，制与在此，亡乎人④。王、霸、安存、危殆、灭亡，制与在我，亡乎人。夫威强未足以殆邻敌也⑤，名声未足以县天下也⑥，则是国未能独立也，岂渠得免夫累乎⑦！天下胁于暴国⑧，而党为吾所不欲于是者⑨，日与桀同事同行，无害为尧⑩。是非功名之所就也，非存亡安危之所堕也⑪。功名之所就，存亡安危之所堕，必将于愉殷赤心之所⑫。诚以其国为王者之所亦王⑬，以其国为危殆灭亡之所亦危殆灭亡。

[注释]①具具：具备所应具备的条件。 ②用：治。 ③臧否：善恶得失。 ④制与在此，亡乎人：方法全在于自己，不在于别人。与，通“举”。亡，不在。 ⑤殆：危殆。 ⑥县(xuán)：悬系，引申为显耀。 ⑦岂渠得免夫累乎：怎么能够免除忧患呢。渠，通“讵”，岂。岂渠，怎么。 ⑧天下胁于暴国：天下为暴虐之国所威胁。 ⑨党为吾所不欲于是者：倘若是自己不想这样做的话。党，通“倘”。 ⑩无害为尧：也不妨碍成为尧。 ⑪堕：通“隋”，归。说从高诱。 ⑫愉殷赤心：劳于国家强盛的诚心。愉，劳。殷，盛。 ⑬诚：果真。表假设。

殷之日①，案以中立②，无有所偏而为纵横之事③，偃然案兵无动[4]，以观夫暴国之相卒也[5]。案平政教，审节奏[6]，砥砺百姓[7]，为是之日，而兵剸天下劲矣[8]。案然修仁义[9]，伉隆高[10]，正法则，选贤良，养百姓，为是之日，而名声剸天下之美矣。权者重之，兵者劲之，名声者美之。夫尧舜者一天下也，不能加毫末于是矣。权谋倾覆之人退，则贤良知圣之士案自进矣[11]。刑政平，百姓和，国俗节，则兵劲城固，敌国案自诎矣[12]。务本事[13]，积财物，而勿忘栖迟薛越也[14]，是使群臣百姓皆以制度行，则财物积，国家案自富矣。三者体此而天下服[15]，暴国之君案自不能用其兵矣。何则？彼无与至也[16]。彼其所与至者，必其民也。其民之亲我也欢若父母，好我芳若芝兰，反顾其上则若灼黥、若仇雠[17]。彼人之情性也，虽桀、跖，岂有肯为其所恶，贼其所好者哉！彼以夺矣[18]。故古之人有以一国取天下者，非往行之也[19]，修政其所莫不愿，如是而可以诛暴禁悍矣。故周公南征而北国怨，曰："何独不来也！"东征而西国怨，曰："何独后我也！"孰能有与是斗者与[20]？安以其国为是者王。

[**注释**]①殷之日：国家殷盛之日。 ②案以中立：保持中立。案，同"安"，表示顺接，无义。下同。 ③无有所偏而为纵横之事：不合纵联横而有所偏倚。 ④偃然案兵无动：偃然，止息的样子。"案"同"按"。 ⑤以观夫暴国之相卒也：静观暴虐之国的交战。卒，通"捽"，击。或曰，此句下脱"为是之日，而权剸天下之重矣"。 ⑥审节奏：明确礼义。 ⑦砥砺：磨炼。 ⑧兵剸天下劲矣：兵力就成为天下最强劲的了。剸，通"专"，独。"劲"上夺"之"字。 ⑨然：或衍字。 ⑩伉：举，尊崇。 ⑪知：同"智"。 ⑫诎：屈服。 ⑬务本事：致力于农业。 ⑭勿忘栖迟薛越：不要随意挥霍丢弃。忘，同"妄"。栖迟，犹弃置。薛，通"屑"。越，离，散。 ⑮体：践，行。 ⑯与：

即相与。 ⑰若灼黥:好像火烧刀刻一样的面目可憎。 ⑱以夺:已争取。以,通“已”。 ⑲往:劳。 ⑳与(后“与”字):同“欤”,语助词。

殷之日,安以静兵息民,慈爱百姓,辟田野,实仓廪,便备用,安谨募选阅材伎之士;然后渐赏庆以先之,严刑罚以防之,择士之知事者使相率贯也①,是以厌然畜积修饰②,而物用之足也。兵革器械者,彼将日日暴露毁折之中原③,我今将修饰之,拊循之④,掩盖之于府库。货财粟米者,彼将日日栖迟薛越之中野,我今将畜积并聚之于仓廪⑤。材技股肱健勇爪牙之士,彼将日日挫顿竭之于仇敌⑥,我今将来致之,并阅之⑦,砥砺之于朝廷。如是,则彼日积敝⑧,我日积完⑨;彼日积贫,我日积富;彼日积劳,我日积佚⑩。君臣上下之间者,彼将厉厉焉日日相离疾也⑪,我今将顿顿焉日日相亲爱也⑫,以是待其敝。安以其国为是者霸。

[**注释**]①择士之知事者使相率贯:选取儒士中明白事理的人去统率他们。知,明白。率贯,统率。 ②厌然:充足的样子。 ③中原:原野。 ④拊循:此指爱惜。 ⑤并:一并。 ⑥挫顿:折损。 ⑦阅:察看。 ⑧敝:衰败。 ⑨完:坚固。 ⑩佚:通“逸”,安逸。 ⑪厉厉焉日日相离疾:彼此憎恶,一天天地相互疏远。厉厉,疾恶的样子。离疾,疏离憎恨。 ⑫顿顿:诚厚的样子。顿,通“敦”。

立身则从佣俗①,事行则遵佣故,进退贵贱则举佣士,之所以接下之人百姓者,则庸宽惠②,如是者则安存。立身则轻楛③,事行则蠲疑④,进退贵贱则举佞侻⑤,之所以接下之人百姓者,则好取侵夺,如是者危殆。立身则憍暴⑥,事行则倾覆⑦,进退贵贱则举幽险诈故⑧,之所以接下之人百姓者,则好用其死力矣而慢其功劳⑨,好用其籍敛矣而忘其本务⑩,如是者灭亡。此五等者,不可不善择也,王、霸、安存、危殆、灭亡之具也。善择者制人,不善择者人制之。善择之者王,不善择之者亡。夫王者之与亡者,制人之与人制之也,是其为相县也亦远矣⑪。

[**注释**]①佣:同“庸”,平常。　②庸:用。　③轻楛:轻慢恶劣。　④蠲(juān)疑:犹疑不决。　⑤佞说:指谄佞之人。说,通“兑”,取悦。　⑥憍暴:骄恣残暴。憍,同“骄”。　⑦倾覆:反复无常。　⑧幽险诈故:阴险奸诈。故,诈。　⑨慢:轻视。　⑩籍敛:搜刮。　⑪县:同“悬”,悬殊。

富国篇第十

万物同宇而异体[①],无宜而有用为人[②],数也[③]。人伦并处[④],同求而异道[⑤],同欲而异知[⑥],生也[⑦]。皆有可也[⑧],知愚同;所可异也,知愚分。势同而知异[⑨],行私而无祸[⑩],纵欲而不穷[⑪],则民心奋而不可说也[⑫]。如是,则知者未得治也;知者未得治,则功名未成也;功名未成,则群众未县也[⑬];群众未县,则君臣未立也。无君以制臣,无上以制下,天下害生纵欲。欲恶同物,欲多而物寡,寡则必争矣。故百技所成,所以养一人也[⑭]。而能不能兼技[⑮],人不能兼官[⑯]。离居不相待则穷[⑰],群居而无分则争[⑱]。穷者,患也;争者,祸也。救患除祸,则莫若明分使群矣[⑲]。强胁弱也,知惧愚也,民下违上,少陵长[⑳],不以德为政[㉑]。如是,则老弱有失养之忧[㉒],而壮者有分争之祸矣。事业所恶也[㉓],功利所好也,职业无分[㉔]。如是,则人有树事之患[㉕],而有争功之祸矣。男女之合,夫妇之分,婚姻、娉内、送逆无礼[㉖]。如是,则人有失合之忧[㉗],而有争色之祸矣。故知者为之分也。

[**注释**]①万物同宇而异体：万物同处宇宙中而形体各异。　②宜：一定的方式。　③数：自然的道理。　④人伦并处：不同等类的人住在一起。伦，类。　⑤异道：不同的方式。　⑥知：同“智”，下同。　⑦生：读为“性”。　⑧可：认可。　⑨势：地位。　⑩行私而无祸：行事偏私而无祸患。　⑪穷：穷尽。　⑫民心奋而不可说：民心愤激而不可说服。奋，愤激。　⑬县：同“悬”，差等。　⑭故百技所成，所以养一人也：所以百工所制成的物品，用来满足个人的需要。技，工。　⑮能不能兼技：能者不能兼通各种技艺。　⑯官：职位。　⑰离居不相待则穷：离群索居不相扶持就会困顿。待，通“持”，扶持。　⑱分：等级名分。　⑲明分使群：明确等级职分，使人们群居互助。　⑳陵：欺凌。　㉑不以德为政：不用德化治理政事。　㉒失养：缺少给养。　㉓事业：指劳役之事。　㉔职业无分：职守、业务没有分工。　㉕树事：建立事业。树，立。　㉖婚姻、娉内、送逆无礼：婚姻，嫁娶。娉，通“聘”，订婚。内，同“纳”，纳彩礼。　㉗失合：丧失婚配。

足国之道[①]：节用裕民[②]，而善臧其余[③]。节用以礼，裕民以政。彼裕民，故多余。裕民则民富，民富则田肥以易[④]，田肥以易则出实百倍。上以法取焉，而下以礼节用之，余若丘山，不时焚烧，无所臧之。夫君子奚患乎无余[⑤]？故知节用裕民，则必有仁义圣良之名，而且有富厚丘山之积矣。此无他故焉，生于节用裕民也。不知节用裕民则民贫，民贫则田瘠以秽[⑥]，田瘠以秽则出实不半。上虽好取侵夺[⑦]，犹将寡获也。而或以无礼节用之，则必有贪利纠诱之名[⑧]，而且有空虚穷乏之实矣。此无他故焉，不知节用裕民也。《康诰》曰：“弘覆乎天，若德裕乃身[⑨]。”此之谓也。

[**注释**]①足：富足。　②裕民：使民众富裕。　③臧：同“藏”，储藏。下同。　④易：治理。　⑤奚：哪里。　⑥田瘠以秽：田地贫瘠荒芜。　⑦好取

侵夺:竭力敛取掠夺。 ⑧纠诱(jiǎo):收取。诱,读为"挢",取。 ⑨弘覆乎天,若德裕乃身:如上天普遍覆盖那样(惠顾百姓),也就是惠顾你自身。弘,大。德,恩惠。弘覆乎天,今本《尚书·康诰》作"弘于天"。

礼者,贵贱有等,长幼有差,贫富轻重皆有称者也①。故天子袾裷衣冕②,诸侯玄裷衣冕③,大夫裨冕④,士皮弁服⑤。德必称位,位必称禄,禄必称用⑥。由士以上则必以礼乐节之,众庶百姓则必以法数制之⑦。量地而立国⑧,计利而畜民⑨,度人力而授事,使民必胜事⑩,事必出利,利足以生民,皆使衣食百用出入相揜⑪,必时臧余,谓之称数⑫。故自天子通于庶人,事无大小多少,由是推之。故曰:"朝无幸位,民无幸生⑬。"此之谓也。轻田野之税,平关市之征⑭,省商贾之数⑮,罕兴力役⑯,无夺农时,如是则国富矣。夫是之谓以政裕民。

[**注释**]①称:相称。 ②袾(zhū)裷(gǔn)衣冕:穿红色的龙袍,戴着礼帽。袾,同"朱"。裷,同"衮",此指龙袍。衣,穿。 ③玄裷:黑色礼服。④裨(pí):祭祀时穿的礼服,诸侯以下服之。 ⑤皮弁:白鹿皮做的帽子。⑥用:服用。 ⑦法数:法度。 ⑧量地而立国:根据土地面积建立诸侯国。⑨计利:计算地利所出。 ⑩胜:胜任。 ⑪出入相揜:收支平衡。揜,通"掩"。 ⑫称数:合乎法度。 ⑬朝无幸位,民无幸生:朝廷不存在无德而禄,民间不存在不劳而生。幸,侥幸。 ⑭平关市之征:平抑关卡市场的赋税。 ⑮省商贾之数:缩减商人的数量。商,指运货贩卖者。贾,指囤积营利者。 ⑯罕兴力役:少兴劳役。

人之生不能无群,群而无分则争,争则乱,乱则穷矣。故无分者,人之大害也;有分者,天下之本利也①。而人君者，所以管分之枢要也[②]。故美之者[③]，是美天下之本也；安之者，是安天下之本也；贵之者，是贵天下之本也。古者先王分割而等异之也[④]，故使或美或恶[⑤]，或厚或薄[⑥]，或佚或乐，或劬或劳[⑦]，非特以为淫泰夸丽之声[⑧]，将以明仁之文[⑨]，通仁之顺也[⑩]。故为之雕琢刻镂、黼黻文章[⑪]，使足以辨贵贱而已，不求其观[⑫]；为之钟鼓管磬、琴瑟竽笙，使足以辨吉凶、合欢定和而已[⑬]，不求其余[⑭]；为之宫室、台榭，使足以避燥湿，养德、辨轻重而已[⑮]，不求其外[⑯]。《诗》曰："雕琢其章，金玉其相。亹亹我王，纲纪四方[⑰]。"此之谓也。

［**注释**］①本利：根本利益。　②管分之枢要：掌管等级职分的关键。　③美之：赞美人君。下文"安之"、"贵之"，"之"字皆指人君。　④分割而等异之：划分不同的等级差别。　⑤或美或恶：指宫室、衣食美恶不同。　⑥或厚或薄：指俸禄多寡不一。　⑦或佚或乐，或劬（qú）或劳：有的安逸快乐，有的劳累辛苦。佚，通"逸"。劬，劳苦。　⑧非特以为淫泰夸丽之声：不是追求奢华无度的声势。夸，奢侈。丽，华丽。声，声势。　⑨明仁之文：彰显仁道的礼文。　⑩通仁之顺：贯彻仁道的等级秩序。　⑪雕琢刻镂、黼黻文章：雕刻玉石金木之器，绘绣衣物服饰。治玉称为雕或琢，治木称为刻，治金称为镂。黼黻，分别指礼服上绣的黑白花纹和青黑花纹。青与赤称为文，赤与白称为章。　⑫观：美观。　⑬合欢定和：欢乐和谐。　⑭余：以外的。　⑮养德、辨轻重：怡养德性，分辨尊卑。　⑯外：外表。　⑰雕琢其章，金玉其相。亹（wěi）亹我王，纲纪四方：雕琢文章，金玉为质。勤勉文王，治理四方。章，花纹。相，质。亹亹，勤勉不倦的样子。今本《诗·大雅·棫朴》"雕"作"追"，"亹亹"作"勉勉"。

若夫重色而衣之[①]，重味而食之，重财物而制之[②]，合天下而君之[③]，非特以为淫泰也[④]，固以为王天下，治万变，材万物⑤，养万民，兼制天下者，为莫若仁人之善也夫⑥！故其知虑足以治之，其仁厚足以安之，其德音足以化之⑦，得之则治，失之则乱。百姓诚赖其知也⑧，故相率而为之劳苦以务佚之⑨，以养其知也；诚美其厚也，故为之出死断亡以覆救之⑩，以养其厚也；诚美其德也，故为之雕琢刻镂、黼黻文章以藩饰之⑪，以养其德也。故仁人在上，百姓贵之如帝⑫，亲之如父母，为之出死断亡而愉者，无它故焉，其所是焉诚美⑬，其所得焉诚大，其所利焉诚多。诗曰："我任我辇，我车我牛，我行既集，盖云归哉⑭！"此之谓也。

［**注释**］①重色而衣之：穿各种各样的衣服。重，多。 ②制：用。 ③君：统治天下。 ④淫泰：骄奢无度。 ⑤材：通"裁"，裁成。 ⑥为莫若仁人之善也夫：没有比仁人更好的了。为，是。 ⑦德音：美好的声誉。 ⑧诚：实。 ⑨佚：通"逸"，安逸。 ⑩出死断亡以覆救之：出生入死以庇护他。断亡，决死。 ⑪藩饰：盛饰。藩，通"繁"。 ⑫贵：尊崇。 ⑬所是焉：所认可的。 ⑭我任我辇，我车我牛，我行既集，盖云归哉：你背负来我拉车，你驾马来我牵牛。任务已经都完成，何不归去且修整。集，成。盖，通"盍"。云，语助词。语出《诗·小雅·黍苗》。

故曰：君子以德，小人以力。力者，德之役也。百姓之力，待之而后功①；百姓之群，待之而后和；百姓之财，待之而后聚；百姓之势②，待之而后安；百姓之寿，待之而后长。父子不得不亲③，兄弟不得不顺，男女不得不欢。少者以长④，老者以养。故曰："天地生之，圣人成之⑤。"此之谓也。

[**注释**]①待之而后功:依靠君子的德化而后成功。功,成。 ②势:趋向。 ③父子不得不亲:父子得不到君子的德化就不会相亲。 ④少者以长:少年依靠它(君子之德)成长。 ⑤天地生之,圣人成之:天地生养了人,圣人成就了人。

今之世而不然①:厚刀布之敛以夺之财②,重田野之税以夺之食,苛关市之征以难其事③。不然而已矣④,有掎挈伺诈⑤,权谋倾覆⑥,以相颠倒⑦,以靡敝之⑧。百姓晓然皆知其污漫暴乱而将大危亡也⑨。是以臣或弑其君,下或杀其上,粥其城⑩,倍其节⑪,而不死其事者⑫,无他故焉,人主自取之。诗曰:"无言不雠,无德不报⑬。"此之谓也。

[**注释**]①而:犹"则"。 ②厚刀布之敛:加重货币的征收。刀布,钱币。 ③苛:暴。 ④不然而已矣:不仅如此。 ⑤有掎挈伺诈:又故意挑剔,伺机欺诈。有,通"又"。掎挈,指摘。伺诈,窥测过错以罗织构陷。 ⑥权谋倾覆:玩弄权术,排挤倾轧。 ⑦颠倒:混淆是非。 ⑧靡敝:败坏。 ⑨污漫:卑污狡诈。 ⑩粥:同"鬻",出卖。 ⑪倍其节:违背节操。倍,同"背",违背。 ⑫不死其事:不为君上殉职。 ⑬无言不雠,无德不报:出言必答,施德必报。雠,对答,应对。语出《诗·大雅·抑》。

兼足天下之道在明分①:掩地表亩②,刺中殖谷③,多粪肥田,是农夫众庶之事也。守时力民④,进事长功⑤,和齐百姓⑥,使人不偷⑦,是将率之事也⑧。高者不旱,下者不水⑨,寒暑和节⑩,而五谷以时孰⑪,是天下之事也。若夫兼而覆之,兼而爱之,兼而制之,岁虽凶败水旱⑫,使百姓无冻馁之患⑬,则是圣君贤相之事也。

[**注释**]①兼足天下:使天下都富足。 ②掩地表亩:翻耕土地,标明田亩。 ③刺中殖谷:除草种谷。刺,铲除。屮,古“草”字。 ④守时力民:遵守农时,役使民力。 ⑤进事长功:促进农业生产,增加粮食产量。 ⑥和齐百姓:和睦统一百姓。 ⑦偷:苟且,得过且过。 ⑧将率:兼管军民的将帅。率,同“帅”。 ⑨下者不水:低洼地不涝。 ⑩和节:与节令相适合。 ⑪孰:同“熟”。 ⑫凶败:凶,饥荒。败,庄稼歉收。 ⑬倭:同“馁”,饥饿。

墨子之言,昭昭然为天下忧不足①。夫不足,非天下之公患也②,特墨子之私忧过计也③。今是土之生五谷也④,人善治之,则亩数盆⑤,一岁而再获之⑥。然后瓜桃枣李一本数以盆鼓⑦;然后荤菜百疏以泽量⑧;然后六畜禽兽,一而剸车⑨;鼋、鼍、鱼、鳖、鳅、鳣以时别⑩,一而成群;然后飞鸟、凫、雁若烟海;然后昆虫万物生其间。可以相食养者,不可胜数也⑪。夫天地之生万物也,固有余足以食人矣⑫;麻葛茧丝、鸟兽之羽毛齿革也,固有余足以衣人矣⑬。夫有余不足,非天下之公患也,特墨子之私忧过计也。

[**注释**]①昭昭:怅惘不满的样子。昭,通“怊”。 ②公患:犹“通患”,共同的忧患。 ③特墨子之私忧过计:只是墨子个人的过分担忧罢了。特,只。私忧,个人的担忧。过计,过虑。 ④今是:犹“今夫”。 ⑤盆:量器。六斗四升为鬴,二鬴为盆。 ⑥再获:收获两次。获,通“穫”,收成。 ⑦一本数以盆鼓:一株的收获用盆鼓来计算。一本,一株。鼓,量器。三十斤为钧,四钧为石,四石为鼓。 ⑧荤菜百疏以泽量:各种菜蔬满泽。荤,葱、韭一类的辛菜。疏,同“蔬”。以泽量,用池泽来量那么多,犹言“满泽”。 ⑨一而剸车:每一类就能装满一车。剸,通“专”。 ⑩鼋、鼍、鱼、鳖、鳅、鳣以时别:鼋,大鳖。鼍,扬子鳄。鳣,鳝鱼。别,孕育。 ⑪胜数:尽数。 ⑫食(sì)人:供人所食。 ⑬衣(yì):穿。

天下之公患，乱伤之也①。胡不尝试相与求乱之者谁也②？我以墨子之“非乐”也，则使天下乱；墨子之“节用”也，则使天下贫，非将堕之也③，说不免焉。墨子大有天下，小有一国④，将蹙然衣粗食恶⑤，忧戚而非乐，若是则瘠⑥，瘠则不足欲，不足欲则赏不行；墨子大有天下，小有一国，将少人徒⑦，省官职⑧，上功劳苦⑨，与百姓均事业，齐功劳，若是则不威，不威则赏罚不行⑩。赏不行，则贤者不可得而进也⑪；罚不行，则不肖者不可得而退也。贤者不可得而进也，不肖者不可得而退也，则能不能不可得而官也⑫。若是，则万物失宜，事变失应⑬，上失天时，下失地利，中失人和，天下敖然⑭，若烧若焦⑮，墨子虽为之衣褐带索⑯，嚽菽饮水⑰，恶能足之乎⑱？既以伐其本⑲，竭其原⑳，而焦天下矣！

［**注释**］①乱伤之：混乱造成的。伤，害。　②胡不：何不。　③堕：通“隳”，诋毁。　④墨子大有天下，小有一国：墨子如果大而拥有天下，小而拥有一个诸侯国。　⑤蹙然：局促不安的样子。　⑥瘠：奉养菲薄。　⑦少人徒：减少徒众。　⑧省：削减。　⑨上：通“尚”。　⑩赏罚：卢文弨以为“赏”字或衍。　⑪进：提拔。　⑫能不能不可得而官：有能力的和没能力的都不能量力而用。　⑬应：对策。　⑭敖然：煎熬的样子。敖，通“熬”。　⑮若烧若焦：好像被灼烧焦枯一般。　⑯衣褐带索：穿粗衣束草绳。　⑰嚽菽饮水：吃粗粮饮白水。嚽，同“啜”，吃。　⑱恶：怎么。　⑲以：同“已”。　⑳原：同“源”。

故先王圣人为之不然①，知夫为人主上者，不美不饰之不足以一民也②，不富不厚之不足以管下也③，不威不强之不足以禁暴胜悍也④。故必将撞大钟，击鸣鼓，吹笙竽，弹琴瑟，以塞其耳⑤；必将雕琢刻镂，黼黻文章，以塞其目；必将刍豢稻粱⑥，五味芬芳，以塞其口。然后众人徒⑦，备官职⑧，渐庆赏⑨，严刑罚，以戒其心。使天下生民之属，皆知己之所愿欲之举在是于也⑩，故其赏行；皆知己之所畏恐之举在是于也，故其罚威。赏行罚威，则贤者可得而进也，不肖者可得而退也，能不能可得而官也。若是，则万物得宜，事变得应，上得天时，下得地利，中得人和，则财货浑浑如泉源⑪，汸汸如河海⑫，暴暴如丘山⑬，不时焚烧，无所臧之⑭，夫天下何患乎不足也？故儒术诚行，则天下大而富⑮，使而功⑯，撞钟击鼓而和。诗曰："钟鼓喤喤，管磬玱玱，降福穰穰，降福简简，威仪反反。既醉既饱，福禄来反⑰。"此之谓也。故墨术诚行，则天下尚俭而弥贫⑱，非斗而日争，劳苦顿萃而愈无功⑲，愀然忧戚非乐而日不和⑳。诗曰："天方荐瘥，丧乱弘多，民言无嘉，憯莫惩嗟㉑。"此之谓也。

［**注释**］①为之：治理天下。　②一民：统一民众。　③管：管理。　④胜：制服。　⑤塞：填塞，引申为满足。　⑥刍豢：刍，指牛、羊等食草牲畜；豢，指狗、猪等食谷牲畜。　⑦众：增多，广设。　⑧备：完备。　⑨渐：加重。　⑩己之所愿欲之举在是于：自己所希望得到的东西都在这里了。举，皆。是于，犹"于是"。　⑪浑浑：水势盛大的样子。　⑫汸汸：水势滂沱。汸，通"滂"。　⑬暴（bó）暴：突起的样子。　⑭臧：同"藏"。　⑮大：通"泰"，安定。　⑯使而功：役使民力而有功效。　⑰钟鼓喤喤，管磬玱玱，降福穰穰，降福简简，威仪反反。既醉既饱，福禄来反：钟鼓铿锵，管磬悠扬，上天降福，纷纭绵长。威仪容止，慎重安详。酒足饭饱，福禄来享。喤喤、玱玱，皆指洪亮而和谐的声音。穰穰，众多的样子。简简，盛大的样子。反反，通"昄昄"，慎重和善的样子。来反，即"来返"。《诗·周颂·执竞》"管磬"作"磬管"。

⑱弥：更加。　⑲顿萃：困顿憔悴。萃，通"悴"，困病。　⑳愀然：容色变动的样子。　㉑天方荐瘥（cuó），丧乱弘多，民言无嘉，憯（cǎn）莫惩嗟：上天频频降灾殃，国多祸乱与丧亡。民怨沸腾无良言，还不认真去思量。荐，一再，频频。瘥，疫病。憯，犹"曾"。惩，儆戒。语出《诗·小雅·节南山》。

垂事养民①，拊循之②，呕呕之③，冬日则为之饘粥④，夏日则与之瓜麸⑤，以偷取少顷之誉焉，是偷道也⑥。可以少顷得奸民之誉⑦，然而非长久之道也。事必不就，功必不立，是奸治者也。傮然要时务民⑧，进事长功，轻非誉而恬失民⑨，事进矣，而百姓疾之⑩，是又不可偷偏者也⑪。徙坏堕落，必反无功⑫。故垂事养誉不可，以遂功而忘民亦不可⑬，皆奸道也。

［注释］①垂事养民：谓施小惠于民。垂，向下，俯。　②拊循：安抚慰问。拊，同"抚"。　③呕（wā）呕：婴儿语声，借指怜爱百姓。　④饘粥：稠粥。⑤麸（qǔ）：麦粥。　⑥偷：苟且。　⑦奸（gān）：求取。下文"奸治"之"奸"意谓干扰。　⑧傮然要时务民：鼓噪着强迫人民赶时间服从劳役。傮，通"嘈"，纷杂。要时，即约时。　⑨轻非誉而恬失民：不顾毁誉而安于失去民心。轻，轻视。恬，安。　⑩疾：憎恶。　⑪偷偏：极其刻薄。偷，刻薄。偏，不正。　⑫徙坏堕落，必反无功：这种毁坏堕落的做法，必然反而无功。⑬以：因。

故古人为之不然，使民夏不宛暍①，冬不冻寒，急不伤力，缓不后时②，事成功立，上下俱富；而百姓皆爱其上，人归之如流水，亲之欢如父母，为之出死断亡而愉者③，无它故焉，忠信、调和、均辨之至也④。故君国长民者⑤，欲趋时遂功⑥，则和调累解，速乎急疾⑦；忠信均辨，说乎赏庆矣[8];必先修正其在我者,然后徐责其在人者[9],威乎刑罚。三德者诚乎上,则下应之如景向[10],虽欲无明达[11],得乎哉?《书》曰:"乃大明服,惟民其力懋和而有疾[12]。"此之谓也。

[**注释**]①宛暍(yè):中暑。宛,郁结。暍,伤暑。 ②后时:耽误农时。 ③为之出死断亡而愉:甘愿为他出生入死。 ④均辨:公平一律。辨,平。 ⑤君国长民:治国养民。 ⑥趋时遂功:凭借时势完成事功。 ⑦和调累解,速乎急疾:调和宽缓比急于求成见效还快。解,缓。 ⑧说:通"悦"。 ⑨徐:缓。 ⑩景向:如影随形,如响留声。景,同"影"。向,通"响"。 ⑪明达:显赫通达。 ⑫乃大明服,惟民其力懋和而有疾:君上大明以服人,百姓就会勤勉和调而迅疾。懋,勉。有,助词。今本《尚书·康诰》作"乃大明服,惟民其敕懋和,若有疾"。

故不教而诛,则刑繁而邪不胜[1];教而不诛,则奸民不惩;诛而不赏,则勤属之民不劝[2];诛赏而不类[3],则下疑俗俭而百姓不一[4]。故先王明礼义以壹之,致忠信以爱之,尚贤使能以次之[5],爵服庆赏以申重之[6],时其事[7],轻其任[8],以调齐之[9],潢然兼覆之[10],养长之,如保赤子[11]。若是,故奸邪不作,盗贼不起,而化善者劝勉矣[12]。是何邪?则其道易[13],其塞固[14],其政令一,其防表明[15]。故曰:"上一则下一矣[16],上二则下二矣[17]。辟之若中木[18],枝叶必类本[19]。"此之谓也。

[**注释**]①胜:制服。 ②则勤属之民不劝:勤劳奋勉的人民就得不到鼓励。属当为"厉"(古作"厲")之误。勤厉,即"勤励"。劝,受到鼓励。 ③不类:不合法度。 ④下疑俗俭而百姓不一:臣下疑惑,意欲侥幸取赏苟且免罪,百姓不能团结一致。俗,通"欲",说参王天海。俭,通"险"。 ⑤次:排

等次。 ⑥爵服庆赏以申重之:用爵位服饰和奖赏再三强调(对人民的鼓励)。申重,再三强调。 ⑦时其事:因时任事。 ⑧轻其任:量力而用。 ⑨调齐:调和整治。 ⑩潢然兼覆之:潢然,深广的样子。兼覆,全部覆盖。 ⑪赤子:婴儿。 ⑫化善:改过向善。 ⑬易:平易。 ⑭塞:边塞。 ⑮防表:堤防标记,此指礼义准则。 ⑯一:专一。 ⑰二:不专一,离心。 ⑱辟之若屮木:譬如草木。辟,通“譬”。屮,古“草”字。 ⑲类:属。

不利而利之,不如利而后利之之利也①。不爱而用之,不如爱而后用之之功也②。利而后利之,不如利而不利者之利也③。爱而后用之,不如爱而不用者之功也。利而不利也,爱而不用也者,取天下矣。利而后利之,爱而后用之者,保社稷也。不利而利之,不爱而用之者,危国家也。

[**注释**]①不利而利之,不如利而后利之之利也:不给人民利益而向人民索取利益,不如先给人民利益再索取利益更为有利。 ②功:有功效。 ③不如利而不利者之利:不如给人民利益却不索取利益更为有利。

观国之治乱臧否,至于疆易而端已见矣①。其候徼支缭②,其竟关之政尽察③,是乱国已④。入其境,其田畴秽⑤,都邑露⑥,是贪主已。观其朝廷,则其贵者不贤;观其官职,则其治者不能;观其便嬖⑦,则其信者不悫⑧,是暗主已。凡主相臣下百吏之俗⑨,其于货财取与计数也⑩,须孰尽察⑪;其礼义节奏也⑫,芒轫僈楛⑬,是辱国已⑭。其耕者乐田,其战士安难⑮,其百吏好法,其朝廷隆礼,其卿相调议⑯,是治国已。观其朝廷,则其贵者贤;观其官职,则其治者能;观其便嬖,则其信者悫,是明主已。

凡主相臣下百吏之属，其于货财取与计数也，宽饶简易⑰；其于礼义节奏也，陵谨尽察⑱，是荣国已⑲。贤齐则其亲者先贵⑳，能齐则其故者先官㉑，其臣下百吏，污者皆化而修㉒，悍者皆化而愿㉓，躁者皆化而悫㉔，是明主之功已。

［**注释**］①至于疆易而端已见：到它的边境就能看出端绪。易，通“埸”，边界。端，端绪。见，同“现”。　②候徼支缭：哨兵来回巡察。候，哨兵。徼，巡察。支缭，分散来回巡逻。　③竟关之政尽察：边境关卡检查得详尽细致。竟，同“境”。关，关卡。　④已：同“矣”。　⑤田畴秽：耕田荒芜。　⑥露：破败。　⑦便嬖：左右亲信。　⑧悫：诚实。　⑨俗：当为“属”之误。　⑩取与：敛取和赐予。　⑪须孰：须，当为“顺”之误。顺孰，即“驯熟”，缜密熟练。⑫节奏：法度。　⑬芒轫僈楛：暗昧怠慢，懈怠马虎。芒，昧。轫，柔，引申为怠惰。僈，懈怠。楛，粗劣。　⑭辱国：受人凌辱之国。　⑮安难：不逃避困苦危难。　⑯调议：协调众议。　⑰宽饶简易：宽容简便。　⑱陵谨：严谨。⑲荣国：繁荣昌盛之国。　⑳贤齐则其亲者先贵：贤良相同，就优先尊贵亲戚。齐，同。　㉑能齐则其故者先官：能力相同，就优先任用故旧。　㉒污者皆化而修：奸邪之人都受到教化而变好。修，修洁。　㉓悍者皆化而愿：悍，凶悍。愿，谨善。　㉔躁：狡猾。

观国之强弱贫富有征①：上不隆礼则兵弱，上不爱民则兵弱，已诺不信则兵弱②，庆赏不渐则兵弱③，将率不能则兵弱。上好功则国贫，上好利则国贫，士大夫众则国贫，工商众则国贫，无制数度量则国贫④。下贫则上贫，下富则上富。故田野县鄙者，财之本也；垣窌仓廪者⑤，财之末也。百姓时和，事业得叙者⑥，货之源也；等赋府库者⑦，货之流也。故明主必谨养其和，节其流，开其源，而时斟酌焉⑧。潢然使天下必有余，而上不忧不足。如是，则上下俱富，交无所藏之[9]，是知国计之极也[10]。故禹十年水，汤七年旱，而天下无菜色者[11]，十年之后，年谷复孰[12]，而陈积有余[13]，是无它故焉，知本末源流之谓也。故田野荒而仓廪实，百姓虚而府库满，夫是之谓国蹶[14]。伐其本，竭其源，而并之其末[15]，然而主相不知恶也，则其倾覆灭亡可立而待也。以国持之[16]，而不足以容其身，夫是之谓至贪，是愚主之极也。将以求富而丧其国，将以求利而危其身，古有万国，今有十数焉[17]，是无它故焉，其所以失之一也[18]。君人者亦可以觉矣[19]，百里之国，足以独立矣。

［**注释**］①征：征验。　②已诺不信：许诺而不守信用。　③渐：厚重。　④制数度量：准则法度。　⑤垣窌仓廪：垣，筑墙以藏谷。窌，地窖。仓，谷仓。廪，米仓。　⑥百姓时和，事业得叙：时世安定，不违农时。时，时世。叙，次序。　⑦等赋：以差等制赋。　⑧时斟酌：时常谋虑。　⑨交无所藏之：上下都富足得没有可储藏的地方。交，并，一起。　⑩国计：国家的经济。　⑪菜色：饥馑之色。　⑫孰：同“熟”。　⑬陈积：旧有的积储。　⑭蹶：颠仆，引申为灭亡。　⑮并之其末：将财货聚敛到府库。并，聚。　⑯持：奉养。　⑰十数：十几个。　⑱一：（道理）相同。　⑲觉：觉悟。

凡攻人者，非以为名，则案以为利也[1]；不然，则忿之也[2]。仁人之用国[3]，将修志意，正身行，伉隆高[4]，致忠信，期文理[5]。布衣紃屦之士诚是[6]，则虽在穷阎漏屋[7]，而王公不能与之争名；以国载之[8]，则天下莫之能隐匿也。若是，则为名者不攻也。将辟田野，实仓廪，便备用，上下一心，三军同力，与之远举极战则不可[9]；境内之聚也[10]，保固视可[11]，午其军[12]，取其将，若拨麱[13]。彼得之，不足以药伤补败[14]。彼爱其爪牙，畏其仇敌。若是，则为利者不攻也。将修小大强弱之义以持慎之⑮，礼节将甚文⑯，圭璧将甚硕⑰，货赂将甚厚，所以说之者⑱，必将雅文辩慧之君子也⑲。彼苟有人意焉⑳，夫谁能忿之？若是，则忿之者不攻也。为名者否㉑，为利者否，为忿者否，则国安于盘石㉒，寿于旗翼㉓。人皆乱，我独治；人皆危，我独安；人皆失丧之，我按起而治之㉔。故仁人之用国，非特将持其有而已也㉕，又将兼人㉖。诗曰："淑人君子，其仪不忒。其仪不忒，正是四国㉗。"此之谓也。

[**注释**]①案：语助词。　②忿：愤恨。　③用：治理。　④伉：尊崇。　⑤期文理：守法度。　⑥布衣紃（xún）屦之士诚是：如果身穿布衣脚着麻草鞋的士人真能这样。紃，粗麻绳。诚是，果真如此，表假设。　⑦穷阎漏屋：穷巷陋室。阎，巷。漏，通"陋"。　⑧载：任。　⑨远举极战：远征苦战。⑩聚：屯聚。　⑪保固视可：凭险固守，观察时机。　⑫午：通"迕"，接触，相遇。　⑬若拨䔰（fēng）：好像拨开蒲草一样容易。䔰，蒲草。一说炒麦。⑭药伤补败：医治创伤，弥补损失。药，医。　⑮持慎：谨慎奉侍。　⑯文：美，善。　⑰圭璧将甚硕：圭璧，诸侯朝会、祭祀时用做符信的玉器。硕，大。⑱说：游说。　⑲雅文辩慧：文雅得体，聪慧善辩。　⑳苟有人意：假如通情达理。　㉑否：不攻。　㉒盘石：即"磐石"，扁厚的大石。　㉓寿于旗翼：如箕、翼星宿永不陨落那样长久。旗，读为"箕"。箕、翼，皆二十八星宿名。㉔按：于是。　㉕非特将持其有而已：不只是保存自己的国家就算了。非特，不只。将，助词。　㉖兼人：兼服他人。　㉗淑人君子，其仪不忒。其仪不忒，正是四国：善人君子，仪法无错。仪法无错，各国楷模。忒，差错。正，官长。语出《诗·曹风·鸤鸠》。

持国之难易：事强暴之国难，使强暴之国事我易。事之以货宝，则货宝单而交不结①；约信盟誓，则约定而畔无日②；割国之锱铢以赂之③，则割定而欲无厌④。事之弥烦[⑤]，其侵人愈甚，必至于资单国举然后已[⑥]，虽左尧而右舜，未有能以此道得免焉者也。譬之是犹使处女婴宝珠[⑦]，佩宝玉，负戴黄金，而遇中山之盗也[⑧]，虽为之逢蒙视[⑨]，诎要桡腘[⑩]，君卢屋妾[⑪]，由将不足以免也[⑫]。故非有一人之道也[⑬]，直将巧繁拜请而畏事之[⑭]，则不足以持国安身，故明君不道也[⑮]。必将修礼以齐朝[⑯]，正法以齐官，平政以齐民，然后节奏齐于朝[⑰]，百事齐于官，众庶齐于下。如是，则近者竞亲[⑱]，远方致愿[⑲]，上下一心，三军同力，名声足以暴炙之[⑳]，威强足以捶笞之[㉑]，拱揖指挥[㉒]，而强暴之国莫不趋使，譬之是犹乌获与焦侥搏也[㉓]。故曰："事强暴之国难，使强暴之国事我易。"此之谓也。

［**注释**］①单：通"殚"，竭尽。下同。　②约定而畔无日：盟约订立后不知哪天就背叛了。畔，通"叛"。无日，犹言"不久"、"随时"。　③锱铢：比喻极微小的数量。锱、铢，古代重量单位。二十四分之一两为一铢，六铢为锱，一说八两为锱。　④无厌：不满足。　⑤烦：繁多。　⑥资单国举：资财竭尽，国家攻陷。　⑦婴：缠绕。　⑧中山：即山中。　⑨逢蒙视：眇视，不敢正视。　⑩诎要桡腘（guó）：弯腰曲膝。诎，同"屈"。要，同"腰"。桡，弯曲。腘，膝部后面。　⑪君卢屋妾：如同家中的婢妾。君，当为"若"。　⑫由：同"犹"，仍然。　⑬一人：谓人君。　⑭直将巧繁拜请而畏事之：只是花言巧语屈膝请求，小心翼翼地侍奉他。直，仅。繁，读为"敏"。拜请，恭敬地请求。⑮道：行。　⑯齐：整顿。　⑰节奏：礼义节文。　⑱竞亲：争相亲近。⑲致愿：表达向慕之情。愿，慕。　⑳名声足以暴（pù）炙之：名声显赫足以威慑天下。暴炙，日晒火烤。　㉑捶笞：杖打鞭挞。　㉒拱揖指挥：从容安舒，指挥若定。拱揖，拱手。挥，一作"麾"，二者通。　㉓乌获与焦侥搏：乌获，战国时秦力士，以勇力事秦武王至大官，也为力士的通称。焦侥，或作"僬侥"，传说中的矮人，长三尺。搏，搏斗。

王霸篇第十一

国者，天下之制利用也[①]；人主者，天下之利埶也[②]。得道以持之，则大安也，大荣也，积美之源也[③]。不得道以持之，则大危也，大累也，有之不如无之。及其綦也[④]，索为匹夫不可得也，齐愍、宋献是也[⑤]。故人主，天下之利埶也，然而不能自安也，安之者必将道也[⑥]。故用国者，义立而王，信立而霸，权谋立而亡。三者，明主之所谨择也，仁人之所务白也[⑦]。挈国以呼礼义而无以害之[⑧]，行一不义、杀一无罪而得天下，仁者不为也，抳然扶持心、国，且若是其固也[⑨]。之所与为之者之人，则举义士也；之所以为布陈于国家刑法者[⑩]，则举义法也；主之所极然帅群臣而首乡之者，则举义志也。如是，则下仰上以义矣，是綦定也[⑪]；綦定而国定，国定而天下定。仲尼无置锥之地，诚义乎志意，加义乎身行，箸之言语，济之日[⑫]，不隐乎天下，名垂乎后世。今亦以天下之显诸侯诚义乎志意，加义乎法则度量，箸之以政事，案申重之以贵贱杀生[⑬]，使袭然终始犹一也。如是，则夫名声之部发于天地之间也[⑭]，岂不如日月雷霆然矣哉！故曰：以国齐义，一日而白⑮，汤、武是也。汤以亳⑯，武王以鄗⑰，皆百里之地也，天下为一，诸侯为臣，通达之属⑱莫不从服，无它故焉，以济义矣。是所谓义立而王也。

[**注释**]①天下之制利用也：制，衍字。利用，利器。　②利埶：最利于发号施令的地位。　③美：善。　④綦：穷极，到了极点。　⑤齐愍、宋献是也：齐愍(mǐn)，战国时齐国国君，名地，为燕国所败，死于莒，前300～前284年在位。宋献，战国时宋国国君，名偃，为齐闵王所灭，死于温，前329～前286年在位。　⑥将：行。　⑦白：明白。　⑧挈：提举，治理。　⑨行一不义、杀一无罪而得天下，仁者不为也，擽然扶持心、国，且若是其固也：仁义的人不行不义，不杀无罪的人，用礼义约束自身、治理国家，像盘石一样坚固执著。擽(luò)，如石头般坚固。　⑩布陈：颁布。　⑪綦：根基。　⑫济：成功。　⑬案申重之以贵贱杀生：申重，注重。贵贱杀生，赏罚。　⑭部发：分布发扬。　⑮以国齐义，一日而白：用礼义统率国家，称誉会迅速显赫天下。　⑯亳：商汤国都。　⑰鄗：同“镐”，周武王国都。　⑱通达之属：人迹能到的地方。

德虽未至也①，义虽未济也，然而天下之理略奏矣②，刑赏已、诺③，信乎天下矣，臣下晓然皆知其可要也④。政令已陈，虽睹利败，不欺其民；约结已定，虽睹利败，不欺其与⑤。如是，则兵劲城固，敌国畏之，国一綦明⑥，与国信之，虽在僻陋之国，威动天下，五伯是也⑦。非本政教也，非致隆高也⑧，非綦文理也，非服人之心也，乡方略⑨，审劳佚⑩，谨畜积⑪，修战备，齺然上下相信⑫，而天下莫之敢当。故齐桓、晋文、楚庄、吴阖闾、越勾践，是皆僻陋之国也，威动天下，强殆中国⑬，无它故焉，略信也⑭。是所谓信立而霸也。

[**注释**]①未至:没有到达完善的境界。 ②略奏:基本具备。 ③刑赏已、诺:已,不许。诺,许可。 ④要:约束。 ⑤与:相亲与的国家。 ⑥綦明:立国的根基明确。 ⑦五伯:五霸,指的是下文"齐桓、晋文、楚庄、吴阖闾、越勾践"。 ⑧非致隆高:不如尧舜禹汤般崇尚礼义。 ⑨乡:注重。 ⑩审:明察。 ⑪畜积:不妄耗费。 ⑫齺(zhuó):牙齿上下相向。 ⑬中国:中原各国。 ⑭略:取得。

挈国以呼功利,不务张其义①,齐其信,唯利之求,内则不惮诈其民而求小利焉②;外则不惮诈其与而求大利焉,内不修正其所以有,然常欲人之有③,如是,则臣下百姓莫不以诈心待其上矣。上诈其下,下诈其上,则是上下析也④,如是,则敌国轻之,与国疑之,权谋日行而国不免危削,綦之而亡,齐闵、薛公是也⑤。故用强齐,非以修礼义也,非以本政教也,非以一天下也,绵绵常以结引驰外为务⑥。故强,南足以破楚,西足以诎秦,北足以败燕,中足以举宋。及以燕、赵起而攻之,若振槁然⑦,而身死国亡,为天下大戮⑧,后世言恶则必稽焉⑨。是无它故焉,唯其不由礼义而由权谋也。三者,明主之所以谨择也,而仁人之所以务白也。善择者制人,不善择者人制之⑩。

[**注释**]①挈国以呼功利,不务张其义:治理国家只追求功利,不提倡礼义。张,施行。 ②惮:惧怕。 ③内不修正其所以有,然常欲人之有:不治理自己国内的土地财货,却总想掠夺别国的土地财富。有,土地财货。 ④析:背离。 ⑤薛公:孟尝君田文,齐闵王的相国。 ⑥绵绵常以结引驰外为务:经常遣使游说,以勾结别国为目标。 ⑦若振槁然:如同振击枯叶。 ⑧戮:羞辱。 ⑨稽:引以为戒。 ⑩善择者制人,不善择者人制之:善于选择的人治理别人,不善于选择的人被别人治理。

国者,天下之大器也,重任也,不可不善为择所而后错之[①],错险则危;不可不善为择道然后道之,涂蔹则塞[②],危塞则亡。彼国错者,非封焉之谓也,何法之道,谁子之与也[③]?故道王者之法与王者之人为之,则亦王[④];道霸者之法与霸者之人为之,则亦霸;道亡国之法与亡国之人为之,则亦亡。三者,明主之所以谨择也,而仁人之所以务白也。

[**注释**]①错:通"措",安置。 ②涂蔹则塞:道路荒秽,阻塞不通。蔹,同"秽"。塞,行不通。 ③彼国错者,非封焉之谓也,何法之道,谁子之与也:安置国家,重要的不是划定疆界,而是施行什么样的治国之道,与什么样的人一起治理国家。 ④故道王者之法与王者之人为之,则亦王:所以施行"王者之法"并且和"王者之人"一起治理国家,就能统治天下。道,施行。

故国者,重任也,不以积持之则不立。故国者,世所以新者也,是惮惮,非变也[①],改王改行也[②]。故一朝之日也,一日之人也,然而厌焉有千岁之固[③],何也?曰:援夫千岁之信法以持之也,安与夫千岁之信士为之也。人无百岁之寿,而有千岁之信士,何也?曰:以夫千岁之法自持者,是乃千岁之信士矣。故与积礼义之君子为之则王,与端诚信全之士为之则霸[④],与权谋倾覆之人为之则亡。三者,明主之所以谨择也,而仁人之所以务白也。善择之者制人,不善择之者人制之。彼持国者必不可以独也,然则强固荣辱在于取相矣[⑤]。身能相能,如是者王;身不能,知恐惧而求能者,如是者强;身不能,不知恐惧而求能者,安唯便僻左右亲比己者之用[⑥],如是者危削,綦之而亡。国者,巨用之则大,小用之则小,綦大而王,綦小而亡,小巨分流者存。巨用之者,先义而后利,安不恤亲疏,不恤贵贱,唯诚能之求,夫是之谓巨用之。小用之者,先利而后义,安不恤是非,不治曲直,唯便僻亲比己者之用,夫是之谓小用之。巨用之者若彼,小用之者若此,小巨分流者亦一若彼,一若此也⑦。故曰:"粹而王⑧,驳而霸⑨,无一焉而亡。"此之谓也。

[**注释**]①故国者,世所以新者也,是惮惮,非变也:国家随着时间发生的变化只是君主的更替,(根本的礼义制度)并不变化。惮,同"禅",禅让。②改王改行:改变佩玉,变换步伐。　③固:应为"国"。④端诚信全:正直、诚实、守信、才能全面。　⑤然则强固荣辱在于取相矣:固,破败。取相,选择国相。　⑥身不能,不知恐惧而求能者,安唯便僻左右亲比己者之用:君主无能,却不知恐惧而去求取贤人,只知任用阿谀逢迎、亲近依附自己的小人。⑦小巨分流者亦一若彼,一若此也:"小巨分流"的君主有时能够"巨用",有时能够"小用"。　⑧粹:全,纯粹。　⑨驳:驳杂。

国无礼则不正。礼之所以正国也,譬之犹衡之于轻重也①,犹绳墨之于曲直也,犹规矩之于方圆也,既错之而人莫之能诬也②。《诗》云:"如霜雪之将将,如日月之光明,为之则存,不为则亡③。"此之谓也。

[**注释**]①譬之犹衡之于轻重也:譬,譬如。衡,称。　②诬:欺枉。③如霜雪之将将,如日月之光明,为之则存,不为则亡:(礼义)好像霜雪广覆大地,如同日月光芒四射,施行礼义就能存在,不施行礼义就灭亡。将将,广覆大地。

国危则无乐君,国安则无忧民。乱则国危,治则国安。

今君人者急逐乐而缓治国,岂不过甚矣哉!譬之是由好声色而恬无耳目也①,岂不哀哉!夫人之情,目欲綦色,耳欲綦声,口欲綦味,鼻欲綦臭②,心欲綦佚③。此五綦者,人情之所必不免也。养五綦者有具④,无其具则五綦者不可得而致也。万乘之国,可谓广大、富厚矣,加有治辨、强固之道焉,若是则恬愉无患难矣,然后养五綦之具具也⑤。故百乐者生于治国者也,忧患者生于乱国者也。急逐乐而缓治国者,非知乐者也。故明君者必将先治其国,然后百乐得其中。暗君必将急逐乐而缓治国,故忧患不可胜校也⑥,必至于身死国亡然后止也,岂不哀哉!将以为乐,乃得忧焉;将以为安,乃得危焉;将以为福,乃得死亡焉。岂不哀哉!於乎⑦!君人者亦可以察若言矣⑧。故治国有道,人主有职。若夫贯日而治详,一日而曲列之⑨,是所使夫百吏官人为也,不足以是伤游玩安燕之乐。若夫论一相以兼率之⑩,使臣下百吏莫不宿道乡方而务⑪,是夫人主之职也。若是,则一天下,名配尧、禹。之主者,守至约而详⑫,事至佚而功,垂衣裳,不下簟席之上⑬,而海内之人莫不愿得以为帝王。夫是之谓至约,乐莫大焉。

[**注释**]①譬之是由好声色而恬无耳目也:如同喜欢声色,却安于无耳目。恬,安于,安然。 ②臭:香气。 ③佚:安乐。 ④具:广大、富厚、治辨、强固的治国之道。 ⑤具(后者):具备。 ⑥校:数计。 ⑦於乎:呜呼。 ⑧察若言:明察上面的话。 ⑨若夫贯日而治详,一日而曲列之:需要连续几天才能办完的事,在一天之内办理完备。曲列,完全陈列。贯日,连续几天。 ⑩论:讨论选择。 ⑪使臣下百吏莫不宿道乡方而务:让臣下百官沿着正确的道路和方向前进。宿道,遵循正道。乡方,沿着正确的方向。 ⑫约:简要。 ⑬簟(diàn)席:竹席。

人主者，以官人为能者也①；匹夫者，以自能为能者也。人主得使人为之，匹夫则无所移之。百亩一守，事业穷②，无所移之也③。今以一人兼听天下，日有馀而治不足者，使人为之也。大有天下，小有一国，必自为之然后可，则劳苦秏顇莫甚焉④，如是，则虽臧获不肯与天子易埶业⑤。以是县天下⑥，一四海，何故必自为之？为之者，役夫之道也，墨子之说也。论德使能而官施之者⑦，圣王之道也，儒之所谨守也。《传》曰："农分田而耕，贾分货而贩，百工分事而劝，士大夫分职而听⑧，建国诸侯之君分土而守，三公总方而议⑨，则天子共己而已⑩。"出若入若⑪，天下莫不平均，莫不治辨⑫，是百王之所同也，而礼法之大分也。

［**注释**］①官人：任用贤人。　②事业：耕种稼穑。　③无所移之：不能转移给别人。　④秏顇：精神憔悴。　⑤如是，则虽臧获不肯与天子易埶业：如果这样，即使是奴婢也不肯与天子更换势位。臧获，奴婢。　⑥县：维系。　⑦官施：任用他们为官。　⑧听：听政。　⑨总方而议：总合四方的事情，议论其统率的政事。　⑩共己而已：无为而治。共，通"恭"。　⑪出若入若：内外都一样。若，如此。　⑫治辨：治理。

百里之地，可以取天下，是不虚①，其难者在人主之知之也。取天下者，非负其土地而从之之谓也，道足以壹人而已矣②。彼其人苟壹，则其土地且奚去我而适它？故百里之地，其等位爵服足以容天下之贤士矣③，其官职事业足以容天下之能士矣④，循其旧法，择其善者而明用之，足以顺服好利之人矣。贤士一焉，能士官焉，好利之人服焉，三者具而天下尽,无有是其外矣。故百里之地足以竭埶矣⑤,致忠信,箸仁义,足以竭人矣⑥,两者合而天下取,诸侯后同者先危⑦。《诗》曰:“自西自东,自南自北,无思不服⑧。”一人之谓也。

[**注释**]①不虚:不是虚言。 ②壹人:统一人心。 ③其等位爵服足以容天下之贤士矣:等级职位、品禄服饰能够容纳天下的有德之士。等位爵服,等级职位,品禄服饰。贤士,有道德的人。 ④能士:有才能的人。 ⑤竭:竭尽。 ⑥致忠信,箸仁义,足以竭人矣:提倡忠信,实行仁义,就能使天下人民归附。竭人,使天下人民归附。 ⑦诸侯后同者先危:诸侯如果归附晚了,将被首先征讨。 ⑧自西自东,自南自北,无思不服:诗出于《诗·大雅·文王有声》。

羿、逢门者,善服射者也①;王良、造父者②,善服驭者也;聪明君子者,善服人者也。人服而埶从之,人不服而埶去之,故王者已于服人矣。故人主欲得善射,射远中微,则莫若羿、逢门矣;欲得善驭,及速致远,则莫若王良、造父矣;欲得调壹天下,制秦、楚,则莫若聪明君子矣。其用知甚简③,其为事不劳而功名致大,甚易处而綦可乐也④,故明君以为宝,而愚者以为难。夫贵为天子,富有天下,名为圣王,兼制人,人莫得而制也,是人情之所同欲也,而王者兼而有是者也。重色而衣之,重味而食之,重财物而制之,合天下而君之,饮食甚厚,声乐甚大,台榭甚高,园囿甚广,臣使诸侯,一天下,是又人情之所同欲也,而天子之礼制如是者也。制度以陈,政令以挟⑤,官人失要则死⑥,公侯失礼则幽⑦,四方之国有侈离之德则必灭⑧,名声若日月,功绩如天地,天下之人应之如景响,是又人情之所同欲也,而王者兼而有是者也。故人之情,口好味而臭味莫美焉,耳好声而声乐莫大焉,目好色而文章致繁妇女莫众焉,形体好佚而安重闲静莫愉焉⑨,心好利而谷禄莫厚焉,合天下之所同愿兼而有之,睾牢天下而制之若制子孙⑩,人苟不狂惑戆陋者⑪,其谁能睹是而不乐也哉!欲是之主并肩而存,能建是之士不世绝,千岁而不合,何也?曰:人主不公,人臣不忠也。人主则外贤而偏举⑫,人臣则争职而妒贤,是其所以不合之故也。人主胡不广焉无恤亲疏,无偏贵贱,惟诚能之求?若是,则人臣轻职业让贤而安随其后⑬。如是,则舜、禹还至⑭,王业还起。功壹天下,名配舜、禹,物由有可乐如是其美焉者乎?呜呼!君人者亦可以察若言矣。杨朱哭衢涂⑮,曰:"此夫过举蹞步而觉跌千里者夫⑯!"哀哭之。此亦荣辱安危存亡之衢已,此其为可哀甚于衢涂。呜呼哀哉!君人者千岁而不觉也。

[**注释**]①羿、逢门者,善服射者也:羿、逢门善于射箭,其他射箭的人很佩服他们两个。逢门即逢蒙。 ②王良、造父者:王良,为赵简子驾车的人。造父,为周穆王驾车的人。 ③知:同"智"。 ④甚易处而綦可乐也:处理各种事情很容易且轻松愉快。 ⑤挟(jiā):融洽。 ⑥要:约束官员的政令。 ⑦幽:囚禁。 ⑧侈离:奢侈乖离,不遵守法令。 ⑨目好色而文章致繁妇女莫众焉,形体好佚而安重闲静莫愉焉:眼睛喜好美色,却没有谁比君主看到的色彩更细密,见到的女色更多,身体喜好安逸,却没有谁比君主更安闲愉快。安重,安稳。 ⑩睾牢天下:笼络天下。 ⑪戆陋:愚蠢固陋。 ⑫外贤而偏举:疏远贤人,任用自己偏爱的人。 ⑬安:语助词。 ⑭还:立即。 ⑮杨朱哭衢涂:杨朱,战国时期诸子之一,他的学说核心是爱己。衢涂,歧路。 ⑯此夫过举蹞步而觉跌千里者夫:这不就是错走半步,等到发觉时已经相差千里的地方吗?蹞(kuǐ)步,半步。

无国而不有治法，无国而不有乱法；无国而不有贤士，无国而不有罢士[①]；无国而不有愿民[②]，无国而不有悍民；无国而不有美俗，无国而不有恶俗。两者并行而国在，上偏而国安[③]，在下偏而国危，上一而王，下一而亡。故其法治，其佐贤，其民愿，其俗美，而四者齐，夫是之谓上一。如是则不战而胜，不攻而得，甲兵不劳而天下服。故汤以亳，武王以鄗，皆百里之地也，天下为一，诸侯为臣，通达之属莫不从服，无它故焉，四者齐也[④]。桀、纣即序于有天下之埶，索为匹夫而不可得也[⑤]，是无它故焉，四者并亡也。故百王之法不同若是，所归者一也。

［**注释**］①罢士：品行不端的人。 ②愿民：老实的百姓。 ③上偏：指的是“治法多，乱法少；贤士多，罢士少；愿民多，悍民少”的情况。 ④四者：指的是“法治、佐贤、民愿、俗美”。 ⑤桀、纣即序于有天下之埶，索为匹夫而不可得也：桀、纣虽然拥有天下的“势”，但最后想做普通老百姓都不成。序，王念孙认为乃“厚”之讹。

上莫不致爱其下而制之以礼，上之于下，如保赤子。政令制度，所以接下之人百姓，有不理者如豪末，则虽孤独鳏寡必不加焉[①]。故下之亲上欢如父母，可杀而不可使不顺。君臣上下，贵贱长幼，至于庶人，莫不以是为隆正[②]。然后皆内自省以谨于分，是百王之所以同也，而礼法之枢要也。然后农分田而耕，贾分货而贩，百工分事而劝，士大夫分职而听，建国诸侯之君分土而守，三公总方而议，则天子共己而止矣。出若入若，天下莫不平均，莫不治辨，是百王之所同而礼法之大分也。若夫贯日而治平，权物而称用[3]，使衣服有制，宫室有度，人徒有数[4]，丧祭械用皆有等宜[5]，以是用挟于万物，尺寸寻丈莫得不循乎制度数量然后行[6]，则是官人使吏之事也，不足数于大君子之前[7]，故君人者立隆政本朝而当，所使要百事者诚仁人也，则身佚而国治，功大而名美，上可以王，下可以霸；立隆正本朝而不当，所使要百事者非仁人也，则身劳而国乱，功废而名辱，社稷必危：是人君者之枢机也。故能当一人而天下取[8]，失当一人而社稷危，不能当一人而能当千人百人者，说无之有也。既能当一人，则身有何劳而为，垂衣裳而天下定。故汤用伊尹，文王用吕尚，武王用召公，成王用周公旦。卑者五伯[9]，齐桓公闺门之内，县乐奢泰游抏之修，于天下不见谓修[10]，然九合诸侯，一匡天下，为五伯长，是亦无它故焉，知一政于管仲也，是君人者之要守也[11]。知者易为之兴力而功名綦大[12]，舍是而孰足为也？故古之人有大功名者，必道是者也；丧其国，危其身者，必反是者也。故孔子曰："知者之知，固以多矣，有以守少，能无察乎[13]！愚者之知，固以少矣，有以守多，能无狂乎！"此之谓也。

［**注释**］①孤独鳏寡：孤，幼而无父。独，老而丧子。鳏（guān），老而丧妻。寡，妇人丧夫。　②隆正：最高准则。　③若夫贯日而治平，权物而称用：持续地处理政事，权正事物，使他们合于使用。　④人徒：服役者。　⑤械用：器用。　⑥尺寸寻丈莫得不循乎制度数量然后行：莫得不，不得不。制度，指的是"衣服有制、宫室有度"。数量，指的是"人徒有数，丧祭械用皆有等宜"。　⑦不足数于大君子之前：数，详述。大君子，君主。　⑧当一人：恰当地任用有才能的相国。　⑨卑者：功业低于君主的诸侯。　⑩齐桓公闺门之内，县乐奢泰游抏之修，于天下不见谓修：齐桓公在宫门之内追求声乐，骄奢淫逸，游玩享乐，而天下的人却不说他是追求享乐的人。抏，同"玩"。

⑪要守：任用贤人。　⑫知者：贤君。　⑬知者之知，固以多矣，有以守少，能无察乎：聪敏的人知识丰富，治理的事又少，怎么能够不明察呢？知者之知，聪明人的知识。

治国者，分已定[①]，则主相、臣下、百吏各谨其所闻，不务听其所不闻；各谨其所见，不务视其所不见。所闻所见诚以齐矣[②]。则虽幽闲隐辟，百姓莫敢不敬分安制以化其上[③]，是治国之征也[④]。

［**注释**］①分：职分。　②齐：遵守各自的职分，不超越。　③百姓莫敢不敬分安制以化其上：安制，安守国家制度。化，顺服。　④征：征验。

主道治近不治远[①]，治明不治幽，治一不治二[②]。主能治近则远者理，主能治明则幽者化，主能当一则百事正。夫兼听天下，日有馀而治不足者如此也，是治之极也。既能治近，又务治远；既能治明，又务见幽；既能当一，又务正百：是过者也。过，犹不及也，辟之是犹立直木而求其景之枉也[③]。不能治近，又务治远；不能察明，又务见幽；不能当一，又务正百：是悖者也，辟之是犹立枉木而求其景之直也。故明主好要而暗主好详[④]。主好要则百事详，主好详则百事荒。君者，论一相，陈一法，明一指[⑤]，以兼覆之[⑥]，兼炤之[⑦]，以观其盛者也。相者，论列百官之长[⑧]，要百事之听，以饰朝廷臣下百吏之分[⑨]，度其功劳，论其庆赏，岁终奉其成功以效于君[⑩]。当则可，不当则废。故君人劳于索之，而休于使之[⑪]。

［**注释**］①主道：君主治理国家的方略。　②治一不治二：治理主要的事，

不治理繁杂的事。　③辟之是犹立直木而求其景之枉也:就好像树立一根直木却要求它的影子弯曲一样。景,通“影”。　④故明主好要而暗主好详:要,任用贤相。详,治理百事。　⑤指:主旨,原则。　⑥兼覆:统筹全局。⑦炤:通“照”。　⑧论列:官职位于。　⑨饰:通“饬”,整饬。　⑩效:呈报。⑪故君人劳于索之,而休于使之:所以君主选择贤相时劳累,使用他时就安逸。索之,求取贤相。

用国者,得百姓之力者富,得百姓之死者强,得百姓之誉者荣。三得者具而天下归之,三得者亡而天下去之;天下归之之谓王,天下去之之谓亡。汤、武者,循其道,行其义,兴天下同利,除天下同害,天下归之。故厚德音以先之[①],明礼义以道之,致忠信以爱之,赏贤使能以次之[②],爵服赏庆以申重之,时其事、轻其任以调齐之,潢然兼覆之[③],养长之,如保赤子。生民则致宽[④],使民则綦理,辩政令制度,所以接天下之人百姓,有非理者如豪末,则虽孤独鳏寡必不加焉。是故百姓贵之如帝,亲之如父母,为之出死断亡而不愉者[⑤],无它故焉,道德诚明,利泽诚厚也。乱世则不然:污漫、突盗以先之[⑥],权谋倾覆以示之,俳优、侏儒、妇女之请谒以悖之[⑦],使愚诏知,使不肖临贤[⑧],生民则致贫隘,使民则綦劳苦。是故百姓贱之如尪[⑨],恶之如鬼,日欲司间而相与投藉之[⑩],去逐之。卒有寇难之事[⑪],又望百姓之为己死,不可得也,说无以取之焉。孔子曰:“审吾所以适人,适人之所以来我也[⑫]。”此之谓也。

[**注释**]①故厚德音以先之:所以重视用善言引导百姓。德音,善言。②赏:通“尚”。　③潢(huáng):广大。　④生:养。　⑤愉:苟且。　⑥污漫、突盗以先之:污漫,肮脏散漫。突盗,欺骗偷盗。　⑦俳优、侏儒、妇女之

请谒以悖之：用唱戏的艺人、逗笑的矮子、女人私下请求以扰乱朝政。俳(pái)优，古代对艺人的贬称。悖，乱。 ⑧临：治理。 ⑨尪：同"尫"(wāng)，骨骼畸形的残疾人。 ⑩司间：伺机。 ⑪卒：通"猝"，突然。 ⑫审吾所以适人，适人之所以来我也：慎重地对待别人，因为别人也会用同样的方式对待我。(前)适，对待。(后)适，王念孙认为应删去。

伤国者何也？曰：以小人尚民而威①，以非所取于民而巧②，是伤国之大灾也。大国之主也，而好见小利，是伤国；其于声色、台榭、园囿也，愈厌而好新，是伤国③；不好循正其所以有，啖啖常欲人之有④，是伤国。三邪者在匈中⑤，而又好以权谋倾覆之人断事其外⑥，若是，则权轻名辱，社稷必危，是伤国者也。大国之主也，不隆本行⑦，不敬旧法，而好诈故，若是，则夫朝廷群臣亦从而成俗于不隆礼义而好倾覆也⑧。朝廷群臣之俗若是，则夫众庶百姓亦从而成俗于不隆礼义而好贪利矣⑨。君臣上下之俗莫不若是，则地虽广，权必轻；人虽众，兵必弱；刑罚虽繁，令不下通。夫是之谓危国，是伤国者也。

[**注释**]①尚民而威：小人居上位，作威作福。 ②以非所取于民而巧：不应该取于民，但巧立名目获取。 ③其于声色、台榭、园囿也，愈厌而好新，是伤国：对于歌舞美色、亭台楼阁、园林猎场得到越多越不满足，就会危害国家。厌，满足。好新，喜好新奇。 ④啖(dàn)啖：贪心。 ⑤匈：通"胸"。⑥断：专断处理。 ⑦本行：礼义。 ⑧倾覆：权谋倾轧。 ⑨朝廷群臣之俗若是，则夫众庶百姓亦从而成俗于不隆礼义而好贪利矣：如果朝廷君臣这样，那么百姓也会效法，养成不重视礼义却贪图财货的习俗。

儒者为之不然，必将曲辨①：朝廷必将隆礼义而审贵贱，若是，则士大夫莫不敬节死制者矣②。百官则将齐其制度，重其官秩③，若是，则百吏莫不畏法而遵绳矣④。关市几而不征，质律禁止而不偏⑤，如是，则商贾莫不敦悫而无诈矣⑥。百工将时斩伐，佻其期日而利其巧任⑦，如是，则百工莫不忠信而不楛矣⑧。县鄙将轻田野之税⑨，省刀布之敛⑩，罕举力役，无夺农时，如是，则农夫莫不朴力而寡能矣。士大夫务节死制，然而兵劲。百吏畏法循绳，然后国常不乱。商贾敦悫无诈则商旅安，货通财，而国求给矣。百工忠信而不楛，则器用巧便而财不匮矣。农夫朴力而寡能⑪，则上不失天时，下不失地利，中得人和，而百事不废。是之谓政令行，风俗美，以守则固，以征则强，居则有名，动则有功⑫。此儒之所谓曲辨也。

［**注释**］①曲辨：周到治理。　②朝廷必将隆礼义而审贵贱，若是，则士大夫莫不敬节死制者矣：朝廷一定会崇尚礼义，明确贵贱，如果这样，士大夫肯定会敬重忠义，殉于职守。敬节死制，敬重忠义，殉于职守。　③官秩：官职俸禄。　④遵绳：遵守法令。　⑤关市几而不征，质律禁止而不偏：关卡、市场只查问而不征税，法令禁止的事（包括物价不稳）都很公正。质律，平抑物价的法令。不偏，公正。　⑥悫：忠厚老实。　⑦佻：宽缓。　⑧楛（kǔ）：粗劣。　⑨县鄙：县。　⑩刀布：赋税。　⑪农夫朴力而寡能：农夫朴实而务于耕种。　⑫是之谓政令行，风俗美，以守则固，以征则强，居则有名，动则有功：这就是政令通达，风俗美好，守卫国家就能巩固，征讨敌国就强大有力，安处时声名远播，有所举动往往能成功。

君道篇第十二

有乱君，无乱国；有治人，无治法[①]。羿之法非亡也，而羿不世中；禹之法犹存，而夏不世王[②]。故法不能独立，类不能自行[③]，得其人则存，失其人则亡[④]。法者，治之端也；君子者，法之原也[⑤]。故有君子，则法虽省，足以遍矣[⑥]；无君子，则法虽具[⑦]，失先后之施，不能应事之变，足以乱矣。不知法之义而正法之数者[⑧]，虽博，临事必乱。故明主急得其人，而暗主急得其执[⑨]。急得其人，则身佚而国治[⑩]，功大而名美，上可以王，下可以霸；不急得其人而急得其执，则身劳而国乱，功废而名辱，社稷必危。故君人者劳于索之，而休于使之[⑪]。《书》曰："惟文王敬忌，一人以择[⑫]。"此之谓也。

［**注释**］①有乱君，无乱国；有治人，无治法：有造成国家混乱的君主，没有必定混乱的国家；有使国家安定的人，没有使国家自行安定的法制。　②羿之法非亡也，而羿不世中；禹之法犹存，而夏不世王：羿的射法没有失传，但不是每代都有像羿那样善射的人；禹的法度仍然存在，但不是每代都有像夏禹那样的圣王。　③类不能自行：指法律需要人来推行。类，律例。　④其人：指治人，贤人。　⑤原：同"源"。　⑥遍：通"辨"，治理。　⑦具：完备。

⑧不知法之义而正法之数者：知法之义，知道法律的制定应合于事变之宜。义，通“宜”。正法之数，决定法律的数量。　⑨执：权威。　⑩佚：通“逸”，安逸。　⑪故君人者劳于索之，而休于使之：君主在寻求人才时很劳累，但在使用人才的时候就安闲了。索，寻求。休，安闲。　⑫惟文王敬忌，一人以择：出自《尚书·康诰》。原作：“惟文王之敬忌……一人以怿。”

合符节、别契券者[①]，所以为信也；上好权谋，则臣下百吏诞诈之人乘是而后欺[②]。探筹、投钩者[③]，所以为公也；上好曲私[④]，则臣下百吏乘是而后偏。衡石、称县者[⑤]，所以为平也；上好倾覆，则臣下百吏乘是而后险[⑥]。斗、斛、敦、概者，所以为啧也[⑦]；上好贪利，则臣下百吏乘是而后丰取刻与[⑧]，以无度取于民。故械数者[⑨]，治之流也，非治之原也；君子者，治之原也。官人守数，君子养原[⑩]；原清则流清，原浊则流浊。故上好礼义，尚贤使能，无贪利之心，则下亦将綦辞让[⑪]、致忠信，而谨于臣子矣。如是则虽在小民，不待合符节、别契券而信，不待探筹投钩而公，不待衡石称县而平，不待斗斛敦概而啧。故赏不用而民劝[⑫]，罚不用而民服，有司不劳而事治，政令不烦而俗美，百姓莫敢不顺上之法，象上之志[⑬]，而劝上之事，而安乐之矣。故藉敛忘费[⑭]，事业忘劳，寇难忘死，城郭不待饰而固，兵刃不待陵而劲[⑮]。敌国不待服而诎[⑯]，四海之民不待令而一。夫是之谓至平。《诗》曰：“王犹允塞，徐方既来[⑰]。”此之谓也。

［**注释**］①合符节、别契券者：符节，古代朝廷用作凭证的信物。用竹木或金属制成，上写文字后剖为两半，持有者验证时相合为信。契券，古代契约凭证，双方各执一半以为凭据。别，分。　②诞诈：妄肆欺诈。　③探筹投钩：

探筹，犹今之抽签。投钩，犹今之抓阄。 ④曲私：刻意为私。 ⑤衡石称县：衡，称。石，一百二十斤为石。称县，秤锤。 ⑥险：居心险恶。 ⑦斗斛敦（dūn）概：敦，古代量粟稷的器皿。概，刮平斗斛的器具。啧：称量谷物。⑧丰取刻与：多取少给。 ⑨械数：械，器物。数，度量规定。 ⑩官人守数，君子养原：守数，拘守法律条规。养原，保养本源。 ⑪綦：非常，很。⑫劝：勤勉。 ⑬象上之志：象，仿效。志，意志。 ⑭藉敛忘费：百姓缴纳沉重的税赋也不觉得是负担。 ⑮城郭不待饰而固，兵刃不待陵而劲：饰，修缮。陵，磨砺。劲，锋利。 ⑯不待服而诎：服，征服。诎，通“屈”，屈从。⑰王犹允塞，徐方既来：出自《诗·大雅·常武》。周王崇尚信义，流布四方，不使用武力徐国已来归顺。犹，崇尚。允，信。塞，充塞。徐方，古徐国。

请问为人君？曰：以礼分施，均遍而不偏①。请问为人臣？曰：以礼待君②，忠顺而不懈。请问为人父？曰：宽惠而有礼③。请问为人子？曰：敬爱而致文。请问为人兄？曰：慈爱而见友④。请问为人弟？曰：敬诎而不苟⑤。请问为人夫？曰：致功而不流，致临而有辨⑥。请问为人妻？曰：夫有礼，则柔从听侍；夫无礼，则恐惧而自竦也⑦。此道也，偏立而乱⑧，俱立而治⑨，其足以稽矣⑩。请问兼能之奈何⑪？曰：审之礼也，古者先王审礼以方皇周浃于天下⑫，动无不当也。故君子恭而不难⑬，敬而不巩⑭，贫穷而不约⑮，富贵而不骄，并遇变态而不穷⑯，审之礼也。故君子之于礼，敬而安之；其于事也，径而不失⑰；其于人也，寡怨宽裕而无阿⑱；其所为身也，谨修饰而不危⑲；其应变故也，齐给便捷而不惑⑳；其于天地万物也，不务说其所以然而致善用其材㉑；其于百官之事、技艺之人也，不与之争能而致善用其功；其待上也，忠顺而不懈；其使下也，均遍而不偏；其交游也，缘义而有类㉒；其居乡里也，容而不乱㉓。是故穷则必有名，达则必有功，仁厚兼覆天下而不闵㉔，明达用天地、理万变而不疑㉕，血气和平，志意广大，行义塞于天地之间㉖，仁知之极也，夫是之谓圣人。审之礼也。

［**注释**］①以礼分施，均遍而不偏：用礼义治理国家，普遍实行礼义而不要偏失。　②待：侍奉。　③宽惠：宽厚仁慈。　④见：通“现”，表示。　⑤敬詘而不苟：恭敬顺从而不怠慢。詘，通“屈”。　⑥致功而不流，致临而有辨：致力于功业而不淫邪，非常亲近而又有分别界限。　⑦恐惧而自竦：诚惶诚恐，严肃恭敬。　⑧偏立而乱：只做到一方面国家就会混乱。　⑨俱立而治：各方面都做到就能使国家安定。　⑩稽：通“楷”，法则，准则。　⑪兼能之：全部做到。　⑫古者先王审礼以方皇周浃于天下：古代先王透彻地了解礼义并把它普遍地施行于天下。审，详细了解、弄清。方皇，广泛、普遍。周浃，周遍。　⑬难：畏怯。　⑭巩：固执。　⑮约：自卑屈从。　⑯并遇变态而不穷：指无论事情发生何种变化都能应付自如。　⑰径而不失：顺其理去做就不会有失误。　⑱寡怨宽裕而无阿：对于人要减少怨恨，待人宽厚而没有偏失。　⑲谨修饰而不危：谨慎地修养自身而不险诈。危，通“诡”，险诈。⑳齐给便捷：迅速敏捷。　㉑务：致力于。　㉒缘义而有类：循从道义并依据法度。　㉓容而不乱：待人宽容而不过分。　㉔仁厚兼覆天下而不闵：覆，充满。闵，费力。　㉕明达用天地、理万变而不疑：明智通达，能利用天地资源应对处理种种事情的变化而不迷惑。　㉖行义：德行道义。

请问为国①？曰：闻修身，未尝闻为国也。君者，仪也②，仪正而景正③；君者，盘也，盘圆而水圆；君者，盂也，盂方而水方。君射则臣决④。楚庄王好细腰⑤，故朝有饿人。故曰：闻修身，未尝闻为国也。

［**注释**］①为国：治理国家。　②仪：古代测日影的表柱，即日晷。

③景：通"影"。 ④君射臣决：君主射箭，臣子就会准备好扳指。决，射箭扣弦时护指用的扳指。 ⑤楚庄王：熊氏，名旅，春秋时楚国最有作为的国君。

君者，民之原也，原清则流清，原浊则流浊。故有社稷者而不能爱民，不能利民，而求民之亲爱己，不可得也。民不亲不爱，而求其为己用，为己死，不可得也。民不为己用，不为己死，而求兵之劲①，城之固，不可得也。兵不劲，城不固，而求敌之不至，不可得也。敌至而求无危削②，不灭亡，不可得也。危削灭亡之情举积此矣③，而求安乐，是狂生者也④。狂生者不胥时而落⑤。故人主欲强固安乐，则莫若反之民⑥；欲附下一民⑦，则莫若反之政⑧；欲修政美国⑨，则莫若求其人⑩。彼或蓄积而得之者不世绝⑪，彼其人者⑫，生乎今之世而志乎古之道。以天下之王公莫好之也⑬，然而于是独好之⑭；以天下之民莫欲之也，然而于是独为之。好之者贫，为之者穷⑮，然而于是独犹将为之也，不为少顷辍焉。晓然独明于先王之所以得之，所以失之⑯，知国之安危臧否若别白黑⑰。是其人者也⑱，大用之则天下为一，诸侯为臣；小用之则威行邻敌；纵不能用，使无去其疆域，则国终身无故⑲。故君人者爱民而安，好士而荣，两者无一焉而亡。《诗》曰："介人维藩，大师维垣⑳。"此之谓也。

[**注释**]①劲：强大。 ②危削：危险，削弱。 ③危削灭亡之情举积此：国家危险、削弱、灭亡的情势全都积聚在这里了。 ④狂生：无知妄为的人。 ⑤胥：同"须"，等待。 ⑥反之民：就民情而自反省。 ⑦欲附下一民：使臣下归附，使民众团结一心。 ⑧反之政：就政事而自反省。 ⑨修政美国：处

理好政事，使国家风俗淳美。 ⑩其人：指士中的贤人。 ⑪彼或蓄积而得之者不世绝：通过招揽贤人而得以修政美俗的君主不绝于世。彼，指君主。蓄积，招揽贤人。得之，得以修政美俗。 ⑫彼其人：那些贤人。 ⑬以天下之王公莫好之：以，虽然。之，指古之道。 ⑭是：指当今之世。下同。⑮穷：困顿。 ⑯晓然独明于先王之所以得之，所以失之：清楚地知道古代君主为什么成功、失败的原因。晓然，洞悉，知晓。得之、失之，得到与失去政权的原因。 ⑰臧否：臧，好，强大。否，坏，衰弱。 ⑱是其人者：这种善于治国的贤人。 ⑲终身无故：指终贤人一生国家没有忧患。 ⑳介人维藩，大师维垣：语出《诗·大雅·板》。今本《毛诗》作："价人维藩，大师维垣。"士君子是国家的藩屏，民众是国家的墙垣。介人，大德之人，指士中的贤人。大师，大众，民众。

道者何也？曰：君道也①。君者何也？曰：能群也②。能群也者何也？曰：善生养人者也③，善班治人者也④，善显设人者也⑤，善藩饰人者也⑥。善生养人者人亲之，善班治人者人安之，善显设人者人乐之，善藩饰人者人荣之。四统者俱而天下归之⑦，夫是之谓能群。不能生养人者人不亲也，不能班治人者人不安也，不能显设人者人不乐也，不能藩饰人者人不荣也。四统者亡而天下去之，夫是之谓匹夫。故曰：道存则国存，道亡则国亡。省工贾，众农夫⑧，禁盗贼，除奸邪，是所以生养之也。天子三公，诸侯一相，大夫擅官⑨，士保职，莫不法度而公⑩，是所以班治之也。论德而定次⑪，量能而授官，皆使其人载其事而各得其所宜⑫，上贤使之为三公，次贤使之为诸侯，下贤使之为士大夫，是所以显设之也。修冠弁、衣裳、黼黻⑬、文章，雕琢、刻镂皆有等差，是所以藩饰之也。故由天子至于庶人也，莫不骋其能，得其志，安乐其事，是所同也。衣暖而食充，居安而游乐，事时制明而用足[14]，是又所同也。若夫重色而成文章[15]，重味而成珍备[16]，是所衍也[17]。圣王财衍以明辨异[18]，上以饰贤良而明贵贱，下以饰长幼而明亲疏，上在王公之朝，下在百姓之家，天下晓然皆知其非以为异也[19]，将以明分达治而保万世也[20]。故天子诸侯无靡费之用，士大夫无流淫之行[21]，百吏官人无怠慢之事，众庶百姓无奸怪之俗，无盗贼之罪，其能以称义遍矣[22]。故曰："治则衍及百姓[23]，乱则不足及王公"。此之谓也。

［**注释**］①君道：即君之所道，君主所遵行的原则。　②群：把人组成社会群体。　③生养：兴其利，除其害，使民众能够丰衣足食。　④班治：分等级而治。　⑤显设：将人置于显要之位。显，高贵，显赫。设，设置，安排。⑥善藩饰人者也：根据等级不同而加文饰，以使上下有别。藩，通"繁"，多。⑦四统者俱：具备这四个要领。统，要领。俱，同"具"。　⑧省工贾，众农夫：省，减少。众，增加。　⑨擅：专职掌管。　⑩莫不法度而公：没有不依据法度，秉公办事。　⑪论德而定次：根据品德的高低排定等级。　⑫载：负责，承担。　⑬黼黻（fǔ fú）：古代礼服上绣的花纹。　⑭事时制明而用足：处事及时，制度明确而用度充足。　⑮文章：衣服上的花纹。　⑯重味而成珍备：汇集多种美味而成珍馐佳肴。　⑰衍：富足，余裕。　⑱圣王财衍以明辨异：圣王掌握着富余的财物用来表明人们的等级差别。财，通"裁"。辨异，区别不同等级。　⑲非以为异：不以之搞特殊。　⑳明分达治：明确等级名分，使国家达到至治之境。　㉑流淫：放荡不拘。　㉒其能以称义遍矣：这就能称得上道义普及于天下了。　㉓衍及百姓：百姓也能够富足。

至道大形[1]：隆礼至法则国有常[2]，尚贤使能则民知方[3]，纂论公察则民不疑[4]，赏克罚偷则民不怠[5]，兼听齐明则天下归之[6]。然后明分职[7]，序事业，材技官能[8]，莫不治理，则公道达而私门塞矣，公义明而私事息矣。如是，则德厚者进而佞说者止⑨，贪利者退而廉节者起。《书》曰："先时者杀无赦，不逮时者杀无赦⑩。"人习其事而固，人之百事如耳目鼻口之不可以相借官也⑪，故职分而民不探⑫，次定而序不乱⑬，兼听齐明而百事不留⑭。如是，则臣下百吏至于庶人莫不修己而后敢安正⑮，诚能而后敢受职，百姓易俗，小人变心，奸怪之属莫不反悫⑯。夫是之谓政教之极。故天子不视而见，不听而聪，不虑而知，不动而功⑰，块然独坐而天下从之如一体⑱，如四胑之从心⑲，夫是之谓大形。《诗》曰："温温恭人，维德之基⑳。"此之谓也。

[**注释**]①至道大形：最高的治国原则充分表现在。　②隆礼至法则国有常：推崇礼义，法制完备，国家就有秩序。隆，推崇。至，完备，完善。常，纲常，秩序。　③方：方向。　④篡论公察：集中民众的意见作出明确的察断。篡，收集。公察，明察。　⑤赏克罚偷：奖赏勤勉者，惩罚偷惰者。克，勤勉。⑥兼听齐明：同时听取各种意见，明察一切事物。　⑦分职：名分职责。⑧材技官能：妥善任用有技术有才能的人。材、官均指量才使用。　⑨佞说：巧言逢迎以取悦其上。说，通"悦"。　⑩先时者杀无赦，不逮时者杀无赦：语出《尚书·胤征》。原文"逮"作"及"。先时者，不待王命而私自行动者。不逮时者，王命之后行动不及时者。　⑪不可以相借官：耳鼻口目的官能不可假借。　⑫探：探求。　⑬次：班次，等级。　⑭兼听齐明而百事不留：全面听取，多方明察，各种事务就不会停滞。　⑮安正：安居正位。　⑯反悫：转变为谨慎诚实。反，同"返"。悫，诚实。　⑰功：成就功业。　⑱块然：形容独处。　⑲胑(zhī)：同"肢"。　⑳温温恭人，维德之基：出自《诗·大雅·抑》。温柔宽厚的人，道德是他的基础。

为人主者，莫不欲强而恶弱，欲安而恶危，欲荣而恶辱，是禹、桀之所同也。要此三欲①，辟此三恶②，果何道而便[3]？曰：在慎取相，道莫径是矣[4]。故知而不仁不可[5]，仁而不知不可，既知且仁，是人主之宝也，而王霸之佐也。不急得，不知；得而不用，不仁。无其人而幸有其功[6]，愚莫大焉。今人主有六患：使贤者为之，则与不肖者规之；使知者虑之，则与愚者论之[7]；使修士行之[8]，则与污邪之人疑之。虽欲成功，得乎哉[9]！譬之是犹立直木而恐其景之枉也[10]，惑莫大焉。语曰："好女之色，恶者之孽也[11]。公正之士，众人之痤也。循乎道之人，污邪之贼也。"今使污邪之人论其怨贼而求其无偏[12]，得乎哉！譬之是犹立枉木而求其景之直也，乱莫大焉。故古之人为之不然。其取人有道[13]，其用人有法。取人之道，参之以礼[14]；用人之法，禁之以等[15]。行义动静[16]，度之以礼；知虑取舍，稽之以成[17]；日月积久，校之以功[18]。故卑不得以临尊[19]，轻不得以县重[20]，愚不得以谋知，是以万举不过也。故校之以礼，而观其能安敬也；与之举错迁移[21]，而观其能应变也；与之安燕[22]，而观其能无流慆也[23]；接之以声色、权利、忿怒、患险[24]，而观其能无离守也。彼诚有之者与诚无之者，若白黑然，可诎邪哉[25]！故伯乐不可欺以马，而君子不可欺以人。此明王之道也。

【注释】①要：实现。 ②辟：通"避"。 ③果何道而便：果，究竟。便，便利。 ④道莫径是矣：没有比这条道路更便捷的了。径，便捷。 ⑤知：同"智"。 ⑥幸：希望。 ⑦论：评判。 ⑧修士：品德美好的人。 ⑨得乎哉：能办到吗。 ⑩景：通"影"。 ⑪好女之色，恶者之孽也：美女的姿色在丑陋的人看来是祸害。孽，祸害。 ⑫怨贼：(他们)所怨恨的人。 ⑬道：原则。 ⑭参：检验。 ⑮禁之以等：以等级约束人。禁，约束。 ⑯行义动静:品行,道义及行为举止。 ⑰稽之以成:稽,考察。成,成绩。 ⑱校:考核。 ⑲临尊:居于尊贵者之上。 ⑳轻不得以县重:县,同"悬",衡量。轻、重,指权利大小而言。 ㉑举错迁移:指官员职务的升降调动。 ㉒安燕:安逸悠闲。 ㉓流慆(tāo):放荡享乐。 ㉔接:对待。 ㉕詘邪:歪曲,枉曲。

人主欲得善射,射远中微者①,县贵爵重赏以招致之。内不可以阿子弟②,外不可以隐远人③,能中是者取之④,是岂不必得之之道也哉⑤!虽圣人不能易也。欲得善驭速致远者,一日而千里,县贵爵重赏以招致之。内不可以阿子弟,外不可以隐远人,能致是者取之,是岂不必得之之道也哉!虽圣人不能易也。欲治国驭民,调壹上下⑥,将内以固城,外以拒难⑦,治则制人,人不能制也,乱则危辱灭亡可立而待也。然而求卿相辅佐,则独不若是其公也⑧,案唯便嬖亲比己者之用也⑨,岂不过甚矣哉!故有社稷者莫不欲强⑩,俄则弱矣;莫不欲安,俄则危矣;莫不欲存,俄则亡矣。古有万国,今有数十焉,是无他故,莫不失之是也⑪。故明主有私人以金石珠玉⑫,无私人以官职事业,是何也?曰:本不利于所私也。彼不能而主使之,则是主暗也;臣不能而诬能⑬,则是臣诈也。主暗于上,臣诈于下,灭亡无日,俱害之道也⑭。夫文王非无贵戚也,非无子弟也,非无便嬖也,倜然乃举太公于州人而用之⑮,岂私之也哉!以为亲邪?则周姬姓也,而彼姜姓也。以为故邪?则未尝相识也。以为好丽邪?则夫人行年七十有二,齫然而齿堕矣⑯。然而用之者,夫文王欲立贵道,欲白贵名⑰,以惠天下,而不可以独也⑱,非于是子莫足以举之⑲,

故举是子而用之。于是乎贵道果立，贵名果明，兼制天下，立七十一国，姬姓独居五十三人，周之子孙苟不狂惑者⑳，莫不为天下之显诸侯。如是者，能爱人也。故举天下之大道，立天下之大功，然后隐其所怜所爱㉑，其下犹足以为天下之显诸侯。故曰："唯明主为能爱其所爱，暗主则必危其所爱。"此之谓也。

［注释］①中微：射中微小的目标。 ②阿：徇私，偏袒。 ③隐：埋没，疏远。 ④是：指达到"射远中微"的标准。 ⑤是岂不必得之之道也哉：这难道不是得到善于射箭的人才的方法吗。 ⑥调一：协调，统一。 ⑦将内以固城，外以拒难：对内巩固城防，对外抵御强敌。 ⑧独不若是其公也：却独独不像这样公正。 ⑨案唯便嬖亲比己者之用也：专门任用左右亲信和迎合自己的人。便嬖，受宠爱的人。亲比己者，亲近依附自己的人。 ⑩有社稷者：指君主。社指土神，稷指谷神，后用社稷代表国家。 ⑪是：指用人不公的情况。 ⑫私：私自送给。 ⑬诬能：自以为能。 ⑭俱害：使君主和臣子都受害。 ⑮倜然乃举太公于州人而用之：倜然，突出的。太公，周初功臣姜尚，又名吕望，俗称姜太公。州，古国名，姜姓，姜太公原为州国人。 ⑯齳（yǔn）然：光秃的样子，形容没有牙齿。 ⑰欲立贵道，欲白贵名：想建立良好的社会秩序，想显扬美好的名声。白，昭明。 ⑱独：独自一人做到。 ⑲是子：指姜太公。 ⑳苟不狂惑者：只要不是张狂迷惑的人。 ㉑隐：偏私，偏袒。

墙之外，目不见也；里之前①，耳不闻也；而人主之守司②，远者天下，近者境内，不可不略知也。天下之变，境内之事，有弛易齵差者矣③，而人主无由知之，则是拘胁蔽塞之端也④。耳目之明，如是其狭也；人主之守司，如是其广也；其中不可以不知也，如是其危也。然则人主将何以知之？曰：便嬖左右者，人主之所以窥远收众之门户牖响也[5],不可不早具也。故人主必将有便嬖左右足信者然后可,其知惠足使规物、其端诚足使定物然后可[6],夫是之谓国具[7]。人主不能不有游观安燕之时[8],则不得不有疾病物故之变焉[9]。如是国者,事物之至也如泉原,一物不应,乱之端也。故曰:人主不可以独也。卿相辅佐,人主之基杖也[10],不可不早具也。故人主必将有卿相辅佐足任者然后可,其德音足以填抚百姓[11]、其知虑足以应待万变然后可,夫是之谓国具。四邻诸侯之相与[12],不可以不相接也,然而不必相亲也。故人主必将有足使喻志决疑于远方者然后可[13]。其辩说足以解烦、其知虑足以决疑、其齐断足以距难[14],不还秩、不反君[15],然而应薄捍患足以持社稷然后可[16],夫是之谓国具。故人主无便嬖左右足信者谓之暗,无卿相辅佐足任者谓之独,所使于四邻诸侯者非其人谓之孤[17],孤独而晻谓之危[18]。国虽若存,古之人曰亡矣。《诗》曰:“济济多士,文王以宁[19]。”此之谓也。

[**注释**]①里:里门。　②守司:管辖,职掌。　③驰易齵差:弛慢参差不齐。弛易,弛慢,慢易。齵(óu),牙齿不正,喻事参差不齐。　④拘胁:控制与胁迫。　⑤牖响:响,同“向”,窗户。　⑥其知惠足使规物、其端诚足使定物:他们的智慧完全可以谋划事物,他们的正直忠诚完全能够制定事物然后实行。知惠,同“智慧”。　⑦国具:治国的人才。　⑧游观安燕:游玩观赏,安闲宴乐。　⑨物故:死亡。　⑩基杖:几杖。喻卿相如几杖一样为人主所倚重。基,通“几”。　⑪其德音足以填抚百姓:他们的道德声望完全能够安定百姓。德音,美好的声望。填抚,镇抚。填,通“镇”。　⑫相与:相互交往。⑬喻志决疑:传达意旨,解决疑难。　⑭其齐断足以距难:他的果断行事完全能够抵御灾祸。齐断,裁断。　⑮不还秩、不反君:不推卸职责,不必事事请命于君主后才行动。秩,职责。　⑯应薄捍患:应对紧急事变,抵御患难。

薄,同“迫”,紧急情况。 ⑰非其人:不是称职的人。 ⑱晻:通“暗”,不明。 ⑲济济多士,文王以宁:语出《诗·大雅·文王》。济济,众多的样子。

材人①:愿悫拘录②,计数纤啬而无敢遗丧③,是官人使吏之材也。修饬端正④,尊法敬分而无倾侧之心⑤,守职循业⑥,不敢损益,可传世也,而不可使侵夺,是士大夫官师之材也。知隆礼义之为尊君也,知好士之为美名也,知爱民之为安国也,知有常法之为一俗也⑦,知尚贤使能之为长功也⑧,知务本禁末之为多材也⑨,知无与下争小利之为便于事也,知明制度、权物称用之为不泥也⑩,是卿相辅佐之材也,未及君道也。能论官此三材者而无失其次⑪,是谓人主之道也。若是,则身佚而国治,功大而名美,上可以王,下可以霸,是人主之要守也。人主不能论此三材者,不知道此道⑫,安值将卑埶出劳⑬,并耳目之乐⑭,而亲自贯日而治详⑮,一内而曲辨之⑯,虑与臣下争小察而綦偏能⑰,自古及今,未有如此而不乱者也。是所谓“视乎不可见,听乎不可闻,为乎不可成”。此之谓也。

[**注释**]①材人:量才任用人。 ②愿悫拘录:诚实勤劳。拘(qú),勤劳。 ③计数纤啬而无敢遗丧:精心计算细微之处而不敢遗漏丢失。 ④修饬端正:修养身心,端正品行。 ⑤尊法敬分而无倾侧之心:崇尚礼法,尊重名分,没有偏斜不正的想法。 ⑥守职循业:恪守职责,遵循制度。 ⑦一俗:统一习俗。 ⑧长功:增长功业。 ⑨知务本禁末之为多材也:懂得重视农业限制工商业是为了增加财富。本,指农业。禁,限制。末,指工商。材,通“财”。 ⑩权物称用之为不泥:衡量事物使之符合实用而不拘泥。 ⑪能论官此三材者而无失其次:能够评定任用这三种人才并且安排得不出差错。论官,评定,任用。 ⑫不知道此道:不懂得遵循这个原则。道,通“导”,经由,遵行。

⑬安值将卑埶出劳：而是降低自己的身份，竭尽辛劳。安值将，而只是。 ⑭并：同“摒”，摒弃。 ⑮贯日而治详：整天亲自处理大小事务。 ⑯一内而曲辨之：政事全由自己包揽，周到细致地进行治理。内，通“纳”。 ⑰争小察而綦偏能：在细微之处较真，极力追求某一方面的才能。綦（qí），极尽。

臣道篇第十三

人臣之论[1]:有态臣者[2],有篡臣者,有功臣者,有圣臣者。内不足使一民[3],外不足使距难,百姓不亲,诸侯不信,然而巧敏佞说[4],善取宠乎上,是态臣者也。上不忠乎君,下善取誉乎民,不恤公道通义,朋党比周[5],以环主图私为务[6],是篡臣者也。内足使以一民,外足使以距难,民亲之,士信之,上忠乎君,下爱百姓而不倦,是功臣者也。上则能尊君,下则能爱民,政令教化,刑下如影[7],应卒遇变[8],齐给如响[9],推类接誉[10],以待无方[11],曲成制象[12],是圣臣者也。故用圣臣者王,用功臣者强,用篡臣者危,用态臣者亡。态臣用则必死,篡臣用则必危,功臣用则必荣,圣臣用则必尊。故齐之苏秦[13],楚之州侯[14],秦之张仪,可谓态臣者也。韩之张去疾[15],赵之奉阳[16],齐之孟尝[17],可谓篡臣也。齐之管仲[18],晋之咎犯[19],楚之孙叔敖[20],可谓功臣矣。殷之伊尹[21],周之太公,可谓圣臣矣。是人臣之论也,吉凶贤不肖之极也[22],必谨志之而慎自为择取焉,足以稽矣。

[**注释**]①论:伦的借字,类别。　②态臣:即慝臣,奸佞之臣。态,通“慝”。　③内不足使一民:对内不能够统一人民。　④巧敏佞说:巧言敏捷善于谄谀奉承。　⑤朋党比周:拉帮结派,朋比为奸。　⑥环主:惑乱其主。环,通“营”,迷惑。　⑦刑下如影:用政令教化规范百姓,百姓如影随形般发生改变。刑,通“型”,规范。　⑧应卒遇变:应对突然遭遇到的变故。卒,通“猝”。　⑨齐给如响:如同回声响应迅速作出反应。齐给,迅速敏捷。⑩推类接誉:推明法律的条文,接纳相类的案例。誉,通“与”,类别。　⑪以待无方:对待变化无常的情况。无方,无常。　⑫曲成制象:想尽办法推行国家法制。制象,法制。　⑬苏秦、张仪:皆为战国时的纵横家。　⑭州侯:楚襄王的宠臣。　⑮张去疾:汉张良的先祖,生平不详。　⑯奉阳:赵国公子成,曾为赵相。　⑰孟尝:齐国贵族田文,被封为孟尝君。　⑱管仲:名夷吾,字仲,春秋时齐国政治家。　⑲咎犯:即晋文公之舅狐偃,字犯。咎,同“舅”。⑳孙叔敖:楚国名相,名敖,字叔敖。　㉑伊尹:商代开国君汤的阿衡(即宰相),其名为伊,尹是官名。　㉒极:标准,指吉凶与贤不肖的标准。

从命而利君谓之顺,从命而不利君谓之谄;逆命而利君谓之忠,逆命而不利君谓之篡;不恤君之荣辱,不恤国之臧否①,偷合苟容,以持禄养交而已耳②,谓之国贼。君有过谋过事③,将危国家、殒社稷之惧也④,大臣父兄有能进言于君,用则可,不用则去,谓之谏;有能进言于君,用则可,不用则死,谓之争⑤;有能比知同力⑥,率群臣百吏而相与强君挢君⑦,君虽不安,不能不听,遂以解国之大患,除国之大害,成于尊君安国⑧,谓之辅;有能抗君之命,窃君之重⑨,反君之事⑩,以安国之危,除君之辱,功伐足以成国之大利⑪,谓之拂⑫。故谏、争、辅、拂之人,社稷之臣也,国君之宝也,明君所尊厚也,而暗主惑君以为己贼也⑬。故明君之所赏,暗君之所罚也;暗君之所赏,明君之所杀也。伊尹、箕子,可谓谏矣[14];比干[15]、子胥[16],可谓争矣;平原君之于赵[17],可谓辅矣;信陵君之于魏[18],可谓拂矣。传曰[19]:“从道不从君。”此之谓也。

[**注释**]①臧否:安危,得失。 ②偷合苟容,以持禄养交:苟且迎合君主以求保持自己的地位。养交,即养客,豢养私人党羽。 ③过谋过事:错误的谋划与错误的行为。 ④殒社稷之惧:殒,丧失。惧,忧患。 ⑤争:同“诤”,直言力争。 ⑥比知同力:联合有才智的人同心协力。比,联合。 ⑦挢:通“矫”,纠正,匡正。 ⑧成于尊君安国:终于尊崇了国君,安定了国家。成于,终于。 ⑨窃君之重:借助国君的权势。重,权势。 ⑩反君之事:矫正国君的错误行为。反,矫正。 ⑪成:维护。 ⑫拂(bì):通“弼”,辅助,扶持。 ⑬惑:糊涂。 ⑭箕子:名胥余,商纣王的叔父,官太师,因谏纣王被贬为奴。 ⑮比干:商纣王的叔父,因直谏纣王被剖心而死。 ⑯子胥:姓伍,名员,原为楚人,后仕于吴,因诤谏吴王夫差而被赐死。 ⑰平原君:赵国公子,名胜,曾为赵惠文王相。 ⑱信陵君:名无忌,是魏昭王少子,魏安釐王的异母弟。 ⑲传曰:古书上说。

故正义之臣设,则朝廷不颇[1];谏、争、辅、拂之人信,则君过不远[2];爪牙之士施[3],则仇雠不作[4];边境之臣处[5],则疆垂不丧[6]。故明主好同而暗主好独[7]。明主尚贤使能而飨其盛[8],暗主妒贤畏能而灭其功[9]。罚其忠,赏其贼,夫是之谓至暗。桀、纣所以灭也。

[**注释**]①朝廷不颇:朝廷的事情就不会偏邪。 ②不远:不久,指君主的过错很快得到纠正。 ③爪牙之士施:勇猛的武士得到任用。 ④仇雠(chóu):仇敌。 ⑤处:居,指官员居于其位。 ⑥垂:通“陲”。 ⑦故明主好同而暗主好独:所以明智的君主喜欢和各种人才共事,而昏庸的君主则喜爱独断专行。 ⑧尚贤使能而飨其盛:君主尊崇有贤德的人就可以享受到贤能之人所创立的功业。飨,通“享”。盛,通“成”,功业。 ⑨灭:埋没。

事圣君者，有听从，无谏争；事中君者，有谏争，无谄谀；事暴君者，有补削，无挢拂①。迫胁于乱时，穷居于暴国，而无所避之②，则崇其美，扬其善，违其恶③，隐其败，言其所长，不称其所短，以为成俗④。诗曰："国有大命⑤，不可以告人，妨其躬身⑥。"此之谓也。

［**注释**］①有补削，无挢拂(fú)：指臣子不敢直言劝谏，只好暗地里匡正补救，弥补缺陷。补，弥补。削，修治。　②无所避：无所逃避。　③违：通"讳"，避讳。　④成俗：约定，惯例。　⑤大命：国家重大决策。　⑥妨其躬身：妨害自身。

恭敬而逊，听从而敏，不敢有以私决择也①，不敢有以私取与也②，以顺上为志，是事圣君之义也③。忠信而不谀，谏争而不谄，挢然刚折④，端志而无倾侧之心⑤，是案曰是，非案曰非，是事中君之义也。调而不流⑥，柔而不屈，宽容而不乱，晓然以至道而无不调和也⑦，而能化易⑧，时关内之⑨，是事暴君之义也。若驭朴马⑩，若养赤子⑪，若食馁人，故因其惧也⑫，而改其过；因其忧也，而辨其故⑬；因其喜也，而入其道⑭；因其怒也，而除其怨⑮；曲得所谓焉⑯。《书》曰："从命而不拂⑰，微谏而不倦，为上则明，为下则逊。"此之谓也。

［**注释**］①以私决择：以私意决断选择。　②以私取与：以私意自决定取得或给予。　③义：原则，方法。　④挢然刚折：坚强果断，敢于当面指斥其过失。　⑤端志而无倾侧之心：意志端正，没有倾斜反覆的心念。　⑥调而不流：调和而不淫邪。　⑦调和：协调顺和。　⑧化易：感化改易。　⑨时关内之：指适时地以善道灌输开导君主。时，适时。内，同"纳"。　⑩朴马：未调教之马。　⑪赤子：婴儿。　⑫因：乘。　⑬辨其故：使其弃旧而从新。

辨,通“变”。　⑭入其道:使君主渐入善道。　⑮怨:怨恶之人。　⑯曲得所谓:迂回曲折的达到改造暴君性情的目的。谓,通“为”。　⑰拂:逆,违背。

事人而不顺者①,不疾者也②;疾而不顺者,不敬者也;敬而不顺者,不忠者也;忠而不顺者,无功者也;有功而不顺者,无德者也。故无德之为道也③,伤疾、堕功、灭苦④,故君子不为也。

[**注释**]①事人而不顺者:指侍奉君主不知道训诲其君。顺,通“训”,训诲。　②疾:尽力。　③无德之为道:把没有德行作为一种原则去施行。　④伤疾、堕功、灭苦:事君如无德,虽然办事敏捷、建有功业、勤恳劳苦,也将会毁坏、淹没掉。

有大忠者,有次忠者,有下忠者,有国贼者。以德复君而化之①,大忠也;以德调君而补之②,次忠也;以是谏非而怒之③,下忠也;不恤君之荣辱④,不恤国之臧否,偷合苟容,以之持禄养交而已耳⑤,国贼也。若周公之于成王也⑥,可谓大忠矣;若管仲之于桓公⑦,可谓次忠矣;若子胥之于夫差⑧,可谓下忠矣;若曹触龙之于纣者⑨,可谓国贼矣。

[**注释**]①以德复君而化之:用道德去哺育君主以感化他。复,通“覆”。　②以德调君而补之:调,调济。补,辅佐。　③怒之:使君怒之。　④恤:顾及。　⑤见第2节注②。　⑥若周公之于成王:周公,姓姬,名旦,西周初年的政治家、思想家。成王,名诵,周武王之子。　⑦桓公:即公子小白,他任用管仲改革,使齐国成为春秋首霸。　⑧夫差:春秋时吴国国君。　⑨若曹触龙之于纣者:曹触龙,生平不详。纣,即帝辛,殷商末代君主,历史上有名的暴君。

仁者必敬人。凡人非贤则案不肖也[1]。人贤而不敬，则是禽兽也；人不肖而不敬，则是狎虎也[2]。禽兽则乱，狎虎则危，灾及其身矣。《诗》曰："不敢暴虎，不敢冯河[3]。人知其一，莫知其它。战战兢兢[4]，如临深渊，如履薄冰。"此之谓也。故仁者必敬人。敬人有道[5]：贤者则贵而敬之，不肖者则畏而敬之；贤者则亲而敬之，不肖者则疏而敬之。其敬一也，其情二也[6]。若夫忠信端悫而不害伤[7]，则无接而不然[8]，是仁人之质也。忠信以为质，端悫以为统[9]，礼义以为文[10]，伦类以为理[11]，喘而言，臑而动，而一可以为法则[12]。《诗》曰："不僭不贼，鲜不为则[13]。"此之谓也。

［**注释**］①案：就是。　②狎：戏弄，轻侮。　③不敢暴（pù）虎，不敢冯（píng）河：出自《诗·小雅·小旻》。不敢赤手与虎搏斗，不敢涉水过河。　④战战兢兢：惊恐戒惧的样子。　⑤道：方法，法则。　⑥其敬一也，其情二也：同样是尊敬，实际情况却并不相同。一，相同。情，实际情况。　⑦端悫：正直诚实。　⑧无接而不然：凡所待人接物无不是这样。　⑨统：纲纪，规范。　⑩文：法度。　⑪伦类以为理：把伦理类别作为条理。　⑫喘而言，臑而动，而一可以为法则：言行的急切缓慢，都可以作为人们学习的法则。喘，急切地说。臑，通"蠕"，缓慢地行动。　⑬不僭（jiàn）不贼，鲜不为则：出自《诗·大雅·抑》。不超越本分，不伤害别人，很少有不成为准则的。僭，超越本分。

恭敬，礼也；调和，乐也；谨慎，利也；斗怒，害也。故君子安礼乐，利谨慎而无斗怒[1]，是以百举不过也[2]。小人反是[3]。

［**注释**］①利谨慎：以谨慎为利益。　②是以百举不过也：所以各种举措

都不会有过失。 ③小人反是:小人则与此相反。

通忠之顺[①],权险之平[②],祸乱之从声[③],三者,非明主莫之能知也[④]。争然后善[⑤],戾然后功[⑥],出死无私,致忠而公[⑦],夫是之谓通忠之顺[⑧],信陵君似之矣。夺然后义,杀然后仁,上下易位然后贞[⑨],功参天地[⑩],泽被生民,夫是之谓权险之平,汤、武是也。过而通情[⑪],和而无经[⑫],不恤是非,不论曲直,偷合苟容,迷乱狂生[⑬],夫是之谓祸乱之从声,飞廉、恶来是也[⑭]。传曰:"斩而齐,枉而顺,不同而一[⑮]。"《诗》曰:"受小球大球[⑯],为下国缀旒[⑰]。"此之谓也。

[**注释**]①通忠之顺:推行忠诚而达到顺从事理。 ②权险之平:衡定危险处境使归于治平。权,衡定。 ③祸乱之从声:国家出现祸乱乃是由于奸佞之徒随声附和暗主所致。从声,指唯唯诺诺地听从君主的命令。 ④莫之能知:否定句中宾语前置,即莫能知之。 ⑤争然后善:直言力争,使君主向善。争,通"诤", ⑥戾然后功:违背君主的意志然后才能为君主建立功勋。戾,违背。 ⑦致忠:极其忠诚。致,通"至"。 ⑧夫是之谓:这就称为。夫,发语词,无义。 ⑨夺然后义,杀然后仁,上下易位然后贞:通过夺取然后实现正义,通过杀伐成就仁德,君臣变换位置然后使天下安定。贞,安定。 ⑩功参天地:功业与天地并列。参,并列。 ⑪过而通情:指君主有过错却表示同情、理解。通,通"同"。 ⑫和而无经:一味地苟合而放弃原则。经,道义,原则。 ⑬迷乱狂生:君臣迷乱就像草木疯狂生长一样。 ⑭飞廉、恶来:商纣王之臣,皆邪佞之徒。 ⑮斩而齐,枉而顺,不同而一:斩断它使之整齐,弯曲它使之理顺,因为不同才使之统一。 ⑯受小球大球:接受属国所贡奉的大小珠玉珍宝。小球大球,指珠玉宝石。 ⑰为下国缀旒:出自《诗·商颂·长发》。指接受下国的朝拜。缀,连缀。旒,王冠前后所悬垂的玉串。

致士篇第十四

衡听、显幽、重明、退奸、进良之术①。朋党比周之誉②，君子不听；残贼加累之谮③，君子不用；隐忌雍蔽之人④，君子不近；货财禽犊之请⑤，君子不许。凡流言、流说、流事、流谋、流誉、流愬⑥，不官而衡至者⑦，君子慎之。闻听而明誉之⑧，定其当而当，然后士其刑赏而还与之⑨。如是，则奸言、奸说、奸事、奸谋、奸誉、奸愬莫之试也⑩，忠言、忠说、忠事、忠谋、忠誉、忠愬莫不明通⑪，方起以尚尽矣⑫。夫是之谓衡听、显幽、重明、退奸、进良之术。

［**注释**］①衡听、显幽、重明、退奸、进良之术：端正视听、洞察隐微、明辨是非、黜退奸邪、进用贤良的方术。衡，平、正。幽，幽隐。重明，即明明，指明辨是非。退，黜退、罢免。奸，指下文的“奸言、奸说、奸事、奸谋、奸誉、奸愬”。进，举进、任用。良，指下文的“忠言、忠说、忠事、忠谋、忠誉、忠愬”。　②朋党比周之誉：宗派集团相互勾结的吹捧。比，勾结。誉，称誉、赞誉，这里是吹捧的意思。　③残贼加累之谮（zèn）：残害贤良，横加罪名的诬陷。残贼，残害。加累，以罪恶加害于人。谮，诬陷别人的不实之词。　④隐忌雍蔽之人：猜忌、埋没贤才的人。隐，私。忌，妒贤。雍，同“壅”。雍蔽，堵塞、阻塞。⑤货财禽犊之请：用钱财礼物进行贿赂的请求。禽，家禽。犊，小牛。禽犊，泛指送人的礼物。　⑥凡流言、流说、流事、流谋、流誉、流愬：一切邪僻的言

语、邪僻的说辞、邪僻的事情、邪僻的计谋、邪僻的赞誉、邪僻的诉说。流，不正当、邪僻。愬，同“诉”，诉说。　⑦不官而衡至者：没通过公开或正当途径横逆而来的传播。官，公开或正当的途径。衡至，横逆而至。　⑧明誉：明举。誉，通“举”。　⑨士其刑赏而还与之：确定刑赏并立即付诸实施。士，通“事”。还，立即。　⑩莫之试：无处试用。　⑪明通：明晓通达。　⑫方起以尚尽：全部都奉送在君主的面前。方起，并起。尚，同“上”，指君主。

川渊深而鱼鳖归之①，山林茂而禽兽归之，刑政平而百姓归之②，礼义备而君子归之。故礼及身而行修，义及国而政明，能以礼挟而贵名白③，天下愿④，令行禁止，王者之事毕矣。《诗》曰：“惠此中国，以绥四方⑤。”此之谓也。川渊者，龙鱼之居也；山林者，鸟兽之居也；国家者，士民之居也。川渊枯则龙鱼去之，山林险则鸟兽去之⑥，国家失政则士民去之。

[**注释**]①川渊：江河湖泊。　②刑政平而百姓归之：刑法政令公正，老百姓就会归聚在一起。刑政，法令政治。　③能以礼挟而贵名白：能够把礼义深入人心，而美名自然显扬。挟，通“浃”，周遍、普遍。贵名白，美名显扬。④愿：仰慕、羡慕。　⑤惠此中国，以绥四方：语出《诗·大雅·民劳》。意思是，施惠于京师，以此来安抚天下。中国，京师，周天子直接统治的区域。绥，安抚。四方，京师以外的各诸侯国，泛指天下。　⑥险：同“俭”，林木不生。

无土则人不安居①，无人则土不守②，无道法则人不至③，无君子则道不举。故土之与人也，道之与法也者，国家之本作也④；君子也者，道法之总要也⑤，不可少顷旷也⑥。得之则治，失之则乱；得之则安，失之则危；得之则存，失之则亡。故有良法而乱者有之矣，有君子而乱者，自古及今，未尝闻也。传曰："治生乎君子，乱生乎小人。"此之谓也。

［注释］①土：国土。 ②守：守卫，保持。 ③道法：礼义法度。道，礼义。法，以礼义为指导原则而制定的法规，有时指礼数、礼文。道、法在荀子看来是两个相对概念。君子能深明并揭示礼义而常人不知，只能谨遵礼法。④本作：根本，本源。 ⑤总要：总管，总理。 ⑥旷：废缺，空缺。

得众动天①。美意延年②。诚信如神③，夸诞逐魂④。

［注释］①动：感动。 ②美意延年：快乐的心境，可以益寿延年。美意，心旷神怡，精神愉快。 ③神：神明。 ④夸诞逐魂：浮夸欺诈，就会落魄丧魂。夸诞，矜夸狂妄。逐魂，失神，即落魄丧魂。

人主之患，不在乎不言用贤，而在乎诚必用贤①。夫言用贤者，口也；却贤者②，行也；口行相反③，而欲贤者之至、不肖者之退也，不亦难乎！夫耀蝉者务在明其火、振其树而已④，火不明，虽振其树，无益也。今人主有能明其德，则天下归之，若蝉之归明火也。

［注释］①诚：真正、确实。"诚"字前脱"不"字，应据《群书治要》卷三十八引文补。 ②却：却退。 ③口行相反：言行不一。 ④耀蝉：一种捕蝉方法，即在夜晚用灯火照蝉，蝉扑向火光，便可捕捉。耀，照。

临事接民①，而以义变应②，宽裕而多容③，恭敬以先之，政之始也；然后中和察断以辅之④，政之隆也⑤；然后进退诛赏之⑥，政之终也。故一年与之始，三年与之终⑦。用其终为始⑧，则政令不行而上下怨疾，乱所以自作也。

《书》曰："义刑义杀，勿庸以即，女惟曰：'未有顺事'[9]。"言先教也[10]。

[**注释**]①临事接民：处理政事，治理人民。 ②以义变应：根据礼义变通地处理。义，礼义。变，机变。应，应付处理。 ③多容：广泛地容纳民众。④中和察断以辅之：中正平和地审察决断去辅助他们。中和，中正平和。察断，明察果断。 ⑤隆：中。 ⑥然后进退诛赏之：然后进用、黜退、惩罚、奖赏他们。进，选拔贤良。退，斥退奸臣。诛，惩处罪犯。赏，奖赏功臣。⑦一年与之始，三年与之终：以一年的时间作为开端，以三年的时间作为终结。 ⑧用其终为始：倒转过来以终为始。 ⑨义刑义杀，勿庸以即，女惟曰："未有顺事"：语出《尚书·康诰》，但与今本《尚书》文字又不尽同。意思是，即使是合宜的刑罚、合理的杀戮，也不要用来立即执行，你只能说："我还没有理顺政事。"义刑，刑罚都很恰当。庸，用。女，同"汝"，你。未有顺事，指没有把政事治理好，以至于人民犯了法。这句是自谦之语。 ⑩先教：先教后刑。

程者[1]，物之准也[2]；礼者，节之准也[3]。程以立数，礼以定伦，德以叙位[4]，能以授官。凡节奏欲陵[5]，而生民欲宽。节奏陵而文，生民宽而安。上文下安[6]，功名之极也，不可以加矣。

[**注释**]①程：度量总称。 ②准：标准。 ③节：法度。 ④叙位：排序等级地位。 ⑤节奏欲陵：礼义法度的细目严密。陵，严密。 ⑥上文下安：上面文明开化，下面安泰稳定。安，安泰、安定。

君者，国之隆也[1]；父者，家之隆也。隆一而治，二而乱。自古及今，未有二隆争重而能长久者[2]。

[**注释**]①隆：犹"尊"，高贵。 ②争重：争夺权力。

师术有四[①]，而博习不与焉[②]。尊严而惮[③]，可以为师；耆艾而信[④]，可以为师；诵说而不陵不犯[⑤]，可以为师；知微而论[⑥]，可以为师。故师术有四，而博习不与焉。水深而回[⑦]，树落则粪本[⑧]，弟子通利则思师[⑨]。《诗》曰："无言不雠，无德不报[⑩]。"此之谓也。

[**注释**]①术：方法。　②而博习不与焉：而博学不包括在内。博习，博学。　③惮：畏敬、惧怕。　④耆艾而信：年高而有威信。耆，六十岁的老年人。艾，五十岁的老年人。　⑤诵说而不陵不犯：诵读、解说而不触犯师说。犯，违迕。不陵不犯，谨守师说。　⑥知微而论：懂得精微的道理而又能加以阐释。微，精微的道理。　⑦回：流旋、打旋。　⑧粪本：作树根的肥料。⑨通利：通达顺利。　⑩无言不雠，无德不报：语出《诗·大雅·抑》。意思是，说话总会有应答，施恩总会有报答。雠，同"酬"，回答。报，报答。

赏不欲僭[①]，刑不欲滥，赏僭则利及小人，刑滥则害及君子。若不幸而过，宁僭无滥[②]；与其害善，不若利淫[③]。

[**注释**]①赏不欲僭：奖赏不要过分。僭，差失、过分。　②若不幸而过，宁僭勿滥：如果不幸发生失误，那就宁可过分奖赏小人也不要滥用刑罚于君子。　③与其害善，不若利淫：与其伤害君子，不如让小人得利。利淫：对小人有利。这一段文字同见于《左传·襄公二十六年》。

议兵篇第十五

临武君与孙卿子议兵于赵孝成王前[①]。王曰:“请问兵要[②]。”临武君对曰:“上得天时,下得地利,观敌之变动,后之发,先之至,此用兵之要术也。”孙卿子曰:“不然。臣所闻古之道,凡用兵攻战之本在乎壹民。弓矢不调,则羿不能以中微;六马不和,则造父不能以致远;士民不亲附,则汤、武不能以必胜也。故善附民者[③],是乃善用兵者也。故兵要在乎善附民而已。”临武君曰:“不然。兵之所贵者埶利也[④],所行者变诈也[⑤]。善用兵者,感忽悠暗[⑥],莫知其所从出,孙、吴用之,无敌于天下,岂必待附民哉!”孙卿子曰:“不然。臣之所道,仁人之兵,王者之志也。君之所贵,权谋埶利也;所行,攻夺变诈也,诸侯之事也。仁人之兵,不可诈也。彼可诈者,怠慢者也,路亶者也[⑦],君臣上下之间滑然有离德者也[⑧]。故以桀诈桀,犹巧拙有幸焉[⑨],以桀诈尧,譬之若以卵投石,以指挠沸[⑩],若赴水火,入焉焦没耳。故仁人上下,百将一心,三军同力,臣之于君也,下之于上也,若子之事父,弟之事兄,若手臂之扞头目而覆胸腹也⑪，诈而袭之，与先惊而后击之，一也⑫。且仁人之用十里之国，则将有百里之听⑬；用百里之国，则将有千里之听；用千里之国，则将有四海之听。必将聪明警戒，和传而一⑭。故仁人之兵聚则成卒⑮，散则成列⑯，延则若莫邪之长刃⑰，婴之者断⑱；兑则若莫邪之利锋，当之者溃；圜居而方止，则若盘石然，触之者角摧，案角鹿埵、陇种、东笼而退耳⑲。且夫暴国之君，将谁与至哉？彼其所与至者，必其民也。而其民之亲我欢若父母，其好我芬若椒兰；彼反顾其上则若灼黥⑳，若仇雠㉑。人之情，虽桀、跖，岂又肯为其所恶贼其所好者哉！是犹使人之子孙自贼其父母也，彼必将来告之，夫又何可诈也？故仁人用，国日明㉒，诸侯先顺者安，后顺者危，虑敌之者削㉓，反之者亡。《诗》曰：'武王载发，有虔秉钺，如火烈烈，则莫我敢遏㉔。'此之谓也。"

［**注释**］①临武君与孙卿子议兵于赵孝成王前：临武君，楚将，姓名不详。赵孝成王，赵惠文王的儿子，名丹，前265年～前245年在位。　②要：要术。③附民：使人民归附。　④埶利：利用有利形势或地利。　⑤变诈：计谋。⑥感忽悠暗：感忽，恍惚，变化倏忽无常。悠暗，远视不能分辨，此处指用兵神秘莫测。　⑦路亶（dàn）：疲惫，疲劳衰落。　⑧君臣上下之间滑然有离德者也：滑，乱。离德，离心离德。　⑨巧拙有幸：以巧胜拙，有侥幸得胜的机会。　⑩以指挠沸：用手指搅动开水，肯定会被烫伤。　⑪若手臂之扞头目而覆胸腹也：就好像手臂保护头、眼、胸、腹一样。　⑫诈而袭之，与先惊而后击之，一也：欺诈偷袭与惊动后打击，两者效果一样。　⑬听：耳目。　⑭和传而一：亲密团结，没有二心。　⑮卒：队伍。　⑯列：行列。　⑰延则若莫邪之长刃：延，同下文兑、圜、方一样，古代军队的阵形。莫邪，古代一种锋利的宝剑。　⑱婴：通"撄"，碰，触。　⑲案角鹿埵、陇种、东笼而退耳：摧败披

靡，逃窜败退。案角鹿埵、陇种、东笼，古代的方言俗语，含义不详。　⑳灼黥：灼，用火烧烤。黥，古代的酷刑，在脸上刺字，然后涂上墨。　㉑雠（chóu）：仇人。　㉒明：昌盛。　㉓虑敌之者削：谋虑和他为敌的国家，土地必被削减。　㉔引诗见《诗·商颂·长发》：“武王载旆，有虔秉钺，如火烈烈，则莫我敢曷。”虔，敬。遏，阻止。

孝成王、临武君曰：“善！请问王者之兵设何道何行而可①？”孙卿子曰：“凡在大王，将率末事也②。臣请遂道王者诸侯强弱存亡之效③，安危之埶；君贤者其国治，君不能者其国乱；隆礼贵义者其国治，简礼贱义者其国乱。治者强，乱者弱，是强弱之本也。上足卬④，则下可用也，上不卬，则下不可用也。下可用则强，下不可用则弱，是强弱之常也。隆礼效功⑤，上也；重禄贵节⑥，次也；上功贱节，下也：是强弱之凡也⑦。好士者强，不好士者弱；爱民者强，不爱民者弱；政令信者强，政令不信者弱；民齐者强⑧，民不齐者弱；赏重者强，赏轻者弱；刑威者强⑨，刑侮者弱；械用兵革攻完便利者强⑩，械用兵革窳楛不便利者弱⑪；重用兵者强⑫，轻用兵者弱；权出一者强，权出二者弱⑬：是强弱之常也。齐人隆技击⑭，其技也，得一首者则赐赎锱金⑮，无本赏矣⑯。是事小敌毳则偷可用也，事大敌坚则焉涣离耳⑰。若飞鸟然，倾侧反复无日⑱，是亡国之兵也，兵莫弱是矣。是其去赁市、佣而战之几矣⑲。

［注释］①设：用。　②率：同“帅”。　③臣请遂道王者诸侯强弱存亡之效：遂道，尽说。效，效验。　④卬：古“仰”字，君主贤明，能够教化和长养百姓，为人民所仰望。　⑤效功：检验战功，论功行赏。　⑥重禄贵节：重禄，厚禄。节，忠义。　⑦凡：要领。　⑧齐：同心协力。　⑨刑威：刑罚与罪行相

当,使人民畏惧。　⑩攻完:精良坚固。　⑪窳(yǔ)楛(kǔ):粗劣,不坚固。　⑫重:慎重。　⑬权出一者强,权出二者弱:兵权集中就强大,政令多门就弱小。　⑭技击:士兵凭借勇力杀敌的技巧。　⑮锱:八两。　⑯无本赏矣:不管战争胜败,斩获敌人一个头就赏赐八两金。　⑰是事小敌毳(cuì)则偷可用也,事大敌坚则焉涣离耳:对付弱小的国家尚可使用,对付强大的敌人就离散败退。毳,通"脆",弱小。　⑱无日:不到一天,形容变化快。　⑲是其去赁市、佣而战之几矣:这和雇佣市场上作佣工的人去打仗相差无几。

魏氏之武卒[①],以度取之[②],衣三属之甲[③],操十二石之弩[④],负服矢五十个[⑤],置戈其上,冠軸带剑[⑥],赢三日之粮[⑦],日中而趋百里[⑧],中试则复其户,利其田宅,是数年而衰而未可夺也,改造则不易周也[⑨]。是故地虽大,其税必寡,是危国之兵也。

[**注释**]①武卒:勇武的士兵。　②度:符合标准。　③三属之甲:古代的一种甲衣,分披膊、胸铠、腿裙三部分。　④操十二石之弩:拉开拉力是十二石的强弓。　⑤服:通"箙",盛箭器具。　⑥軸(zhòu):同"胄",头盔。　⑦赢:负担。　⑧日中:一天。　⑨中试则复其户,利其田宅,是数年而衰而未可夺也,改造则不易周也:符合标准的人就减免徭役,田宅也不征税。几年以后人虽然衰老,但他享有的这些权利却不能立即剥夺。重新选择士兵人选,也不改变选择的办法。改造,重新选择。

秦人,其生民也陿阨[①],其使民也酷烈[②],劫之以埶,隐之以阨,忸之以庆赏[③],鳅之以刑罚[④],使天下之民所以要利于上者,非斗无由也。阨而用之,得而后功之,功赏相长也,五甲首而隶五家[⑤],是最为众强长久,多地以正[⑥]。故四世有胜[⑦],非幸也,数也。故齐之技击不可以遇魏氏之武卒,魏氏之武卒不可以遇秦之锐士,秦之锐士不可以当桓、文之节制[8]，桓、文之节制不可以敌汤、武之仁义，有遇之者，若以焦熬投石焉[9]。兼是数国者，皆干赏蹈利之兵也[10]，佣徒鬻卖之道也[11]，未有贵上、安制、綦节之理也[12]；诸侯有能微妙之以节，则作而兼殆之耳[13]。故招近募选[14]，隆埶诈，尚功利，是渐之也[15]；礼义教化，是齐之也[16]。故以诈遇诈，犹有巧拙焉；以诈遇齐，辟之犹以锥刀堕太山也[17]，非天下之愚人莫敢试。故王者之兵不试。汤、武之诛桀、纣也，拱挹指麾而强暴之国莫不趋使[18]，诛桀、纣若诛独夫。故《泰誓》曰：'独夫纣。'此之谓也。故兵大齐则制天下[19]，小齐则治邻敌。若夫招近募选，隆埶诈，尚功利之兵，则胜不胜无常，代翕代张，代存代亡，相为雌雄耳矣。夫是之谓盗兵，君子不由也。故齐之田单[20]，楚之庄跻[21]，秦之卫鞅，燕之缪虮[22]，是皆世俗之所谓善用兵者也；是其巧拙强弱则未有以相君也[23]，若其道一也，未及和齐也，掎契司诈[24]，权谋倾覆，未免盗兵也。齐桓、晋文、楚庄、吴阖闾、越勾践，是皆和齐之兵也，可谓入其域矣，然而未有本统也[25]，故可以霸而不可以王。是强弱之效也。"

[**注释**]①陿(xiá)阸(è)：人民生活窘迫。 ②酷烈：役使人民残暴。③忸(niǔ)之以庆赏：战胜则赏赐，是人民习惯于作战。忸：同"狃"，驯服。④鰌(qiū)：通"遒"，逼迫。 ⑤五甲首而隶五家：俘获五个甲首就可以役使乡里五家。 ⑥正：通"征"，征税。 ⑦四世：孝公、惠王、武王、昭王四代。⑧节制：纪律严明。 ⑨焦熬：焦脆的食物。 ⑩干：求。 ⑪鬻(yù)：买。⑫未有贵上、安制、綦节之理也：安制，安于制度。綦节，极为忠义。 ⑬诸侯有能微妙之以节，则作而兼殆之耳：诸侯如果能够尽施仁义，就能够崛起而危及这些国家。节，仁义。 ⑭近：当作"延"，引。 ⑮渐：欺骗人民，而他们并

不心悦诚服。 ⑯齐之：使他们心服。 ⑰辟之犹以锥刀堕（huī）太山也：就好像用锥刀砍毁泰山一样。辟，通“譬”，譬如。堕：毁。 ⑱拱挹指麾：从容指挥。拱挹，拱手。 ⑲大齐：完全能施行礼乐教化。 ⑳田单：齐襄王的将，曾败燕复齐。 ㉑庄跻：楚顷襄王的将，曾夺取巴蜀黔中西致滇池方圆三百里的土地。 ㉒缪（miào）虮（jǐ）：可能为燕将乐毅。 ㉓相君：相长。 ㉔掎（jǐ）契（qiè）司诈：抓住弱点，伺机欺诈。 ㉕本统：根本，指礼乐教化。

孝成王、临武君曰：“善！请问为将。”孙卿子曰：“知莫大乎弃疑①，行莫大乎无过，事莫大乎无悔。事至无悔而止矣，成不可必也②。故制号政令欲严以威；庆赏刑罚欲必以信；处舍收藏欲周以固③；徙举进退欲安以重④，欲疾以速；窥敌观变欲潜以深⑤，欲伍以参⑥；遇敌决战必道吾所明⑦，无道吾所疑：夫是之谓六术。无欲将而恶废⑧，无急胜而忘败，无威内而轻外，无见其利而不顾其害，凡虑事欲孰而用财欲泰⑨，夫是之谓五权⑩。所以不受命于主有三：可杀而不可使处不完⑪，可杀而不可使击不胜，可杀而不可使欺百姓，夫是之谓三至。凡受命于主而行三军，三军既定，百官得序⑫，群物皆正，则主不能喜，敌不能怒⑬，夫是之谓至臣。虑必先事而申之以敬，慎终如始，终始如一，夫是之谓大吉。凡百事之成也必在敬之，其败也必在慢之。故敬胜怠则吉，怠胜敬则灭；计胜欲则从，欲胜计则凶。战如守，行如战，有功如幸⑭。敬谋无圹⑮，敬事无圹，敬吏无圹，敬众无圹，敬敌无圹：夫是之谓五无圹。慎行此六术、五权、三至而处之以恭敬无圹，夫是之谓天下之将，则通于神明矣。”临武君曰：“善！请问王者之军制。”

[**注释**]①弃疑：不用疑谋。 ②成：成功。 ③处舍收藏欲周以固：处舍，营垒。收藏，财物。 ④徙举：转移。 ⑤欲潜以深：隐蔽深入。 ⑥欲伍以参：反复核查敌情。 ⑦道：行。 ⑧欲将而恶废：只知进不知退。 ⑨凡虑事欲孰而用财欲泰：孰，精审，透彻。泰，不吝惜赏赐。 ⑩权：权衡。 ⑪不完：不安全的地方。 ⑫百官得序：军中官吏各当其任。 ⑬敌不能怒：不用变诈，所以敌人不能激怒他。 ⑭幸：侥幸。 ⑮圹：同“旷”，疏忽，荒废。

孙卿子曰：“将死鼓[①]，御死辔，百吏死职，士大夫死行列。闻鼓声而进，闻金声而退，顺命为上，有功次之。令不进而进[②]，犹令不退而退也，其罪惟均[③]。不杀老弱，不猎禾稼[④]，服者不禽，格者不舍，奔命者不获[⑤]。凡诛，非诛其百姓也，诛其乱百姓者也。百姓有扞其贼[⑥]，则是亦贼也。以故顺刃者生[⑦]，苏刃者死[⑧]，奔命者贡[⑨]。微子开封于宋[⑩]，曹触龙断于军[⑪]，殷之服民，所以养生之者也，无异周人。故近者歌讴而乐之，远者竭蹶而趋之[⑫]，无幽闲辟陋之国莫不趋使而安乐之，四海之内若一家，通达之属莫不从服，夫是之谓人师。《诗》曰：“自西自东，自南自北，无思不服。”此之谓也。王者有诛而无战，城守不攻，兵格不击。上下相喜则庆之[⑬]。不屠城，不潜军，不留众[⑭]，师不越时。故乱者乐其政，不安其上，欲其至也。”临武君曰：“善！”

[**注释**]①将死鼓：主将在作战中不丢弃战鼓而逃命。 ②令：命令。 ③均：相同。 ④猎：同“躐”，践踏。 ⑤服者不禽，格者不舍，奔命者不获：敌人不战而退的就不再擒获，顽强抵抗的就不放过，来归顺的不俘获。 ⑥扞：卫护隐藏。 ⑦顺刃：不战而走。 ⑧苏刃：相向格斗。 ⑨贡：赏赐。

⑩微子开:微子启,商纣王的哥哥,因避汉景帝讳,改“启”为“开”。 ⑪断于军:在军中被诛杀。 ⑫竭蹶:匍匐。 ⑬上下相喜则庆之:敌人上下团结就庆贺他们。 ⑭不屠城,不潜军,不留众:不毁城,不屠杀人民,不偷袭敌人,不留大量军队在外面(不安全的地方)。潜,偷袭。

陈嚣问孙卿子曰[①]:“先生议兵,常以仁义为本。仁者爱人,义者循理[②],然则又何以兵为?凡所为有兵者,为争夺也。”孙卿子曰:“非女所知也。彼仁者爱人,爱人,故恶人之害之也;义者循理,循理,故恶人之乱之也。彼兵者,所以禁暴除害也,非争夺也。故仁人之兵,所存者神[③],所过者化[④],若时雨之降,莫不说喜。是以尧伐驩兜[⑤],舜伐有苗[⑥],禹伐共工,汤伐有夏[⑦],文王伐崇[⑧],武王伐纣,此四帝两王,皆以仁义之兵行于天下也。故近者亲其善,远方慕其德,兵不血刃,远迩来服[⑨],德盛于此,施及四极。《诗》曰:‘淑人君子,其仪不忒[⑩]。’此之谓也。”

[**注释**]①陈嚣:荀卿弟子。 ②循理:遵循正理。 ③所存者神:神,敬畏如神。所在之处无不畏之如神。 ④所过者化:所到之处无不归化。化,归化。 ⑤驩(huān)兜:古代人名。 ⑥有苗:古代部落名称。 ⑦有夏:夏朝。 ⑧崇:商代诸侯国 ⑨迩:近。 ⑩淑人君子,其仪不忒:见《诗·曹风·鸤鸠》。忒(tè),差错。

李斯问孙卿子曰[①]:“秦四世有胜,兵强海内,威行诸侯,非以仁义为之也,以便从事而已[②]。”孙卿子曰:“非女所知也。女所谓便者,不便之便也;吾所谓仁义者,大便之便也[③]。彼仁义者,所以修政者也,政修则民亲其上,乐其君,而轻为之死。故曰:‘凡在于军,将率末事也。’秦四世有胜，諰諰然常恐天下之一合而轧己也[④]，此所谓末世之兵，未有本统也。故汤之放桀也，非其逐之鸣条之时也[⑤]，武王之诛纣也，非以甲子之朝而后胜之也[⑥]，皆前行素修也[⑦]，此所谓仁义之兵也。今女不求之于本而索之于末[⑧]，此世之所以乱也。"

［**注释**］①李斯：秦朝丞相，荀卿弟子。　②便：便利，便于。　③大便之便：最大的便利。　④諰(xǐ)諰然常恐天下之一合而轧己也：諰，惧怕。轧，倾覆，攻打。　⑤鸣条：古地名，在今山西省运城县安邑镇。　⑥甲子之朝：武王灭商的日子，按干支计时为甲子日。　⑦前行素修：长期实行仁义。　⑧今女不求之于本而索之于末：本，仁义。末，变诈。

礼者，治辨之极也[①]，强国之本也，威行之道也，功名之总也[②]。王公由之[③]，所以得天下也；不由，所以陨社稷也。故坚甲利兵不足以为胜，高城深池不足以为固，严令繁刑不足以为威，由其道则行，不由其道则废。楚人鲛革犀兕以为甲，鞈如金石，宛钜铁钝，惨如蜂虿，轻利僄遬，卒如飘风[④]，然而兵殆于垂沙[⑤]，唐蔑死[⑥]，庄𫊸起，楚分而为三四[⑦]。是岂无坚甲利兵也哉！其所以统之者非其道故也。汝、颍以为险，江、汉以为池，限之以邓林[⑧]，缘之以方城[⑨]，然而秦师至而鄢、郢举[⑩]，若振槁然。是岂无固塞隘阻也哉？其所以统之者非其道故也。纣刳比干[⑪]，囚箕子，为炮烙刑，杀戮无时，臣下懔然莫必其命[⑫]，然而周师至而令不行乎下，不能用其民。是岂令不严，刑不繁也哉？其所以统之者非其道故也。古之兵，戈矛弓矢而已矣，然而敌国不待试而诎[⑬]；城郭不辨，沟池不扫[⑭]，固塞不树[⑮]，机变不张，然而国晏然不畏外而明内者⑯，无它故焉，明道而分钧之⑰，时使而诚爱之，下之和上也如影响，有不由令者然后诛之以刑。故刑一人而天下服，罪人不邮其上⑱，知罪之在己也。是故刑罚省而威流⑲，无它故焉，由其道故也。古者帝尧之治天下也，盖杀一人、刑二人而天下治。传曰："威厉而不试，刑错而不用⑳。"此之谓也。

［注释］①治辨：治理。　②总：要，关键。　③由：用。　④楚人鲛革犀兕以为甲，鞈如金石，宛钜铁釶（shī），惨如蜂虿（chài），轻利僄遬，卒如飘风：楚国人用鲛鱼皮、犀兕做成甲衣，如金石般坚固，用宛城的铁做成长矛，惨毒如蜂蝎，（楚军）骁勇轻快，迅速如风。鞈，坚固。釶，长矛。虿，蝎子。僄，骁勇。遬，同"速"，迅速。卒，通"猝"，突发。　⑤垂沙：地名，不知所在。有人说在河南泌阳河及其下游唐河一带。　⑥唐蔑：战国时楚将，公元前301年在垂沙兵败。　⑦庄蹻起，楚分而为三四：庄蹻起义，楚国被分成三四块。⑧限：界限。　⑨缘：围绕。　⑩举：被攻下。　⑪刳（kū）：剖割。　⑫懔（lǐn）：恐惧。　⑬诎（qū）：屈服。　⑭扫：通"掘"，挖掘。　⑮树：立。⑯然而国晏（yàn）然不畏外而明内者：晏，安然。明内，国内强盛。　⑰分钧：分，名分。钧，同"均"，均衡。　⑱邮：怨恨。　⑲流：流布，流行。⑳错：设置。

凡人之动也，为赏庆为之则见害伤焉止矣。故赏庆、刑罚、埶诈不足以尽人之力，致人之死。为人主上者也，其所以接下之百姓者无礼义忠信，焉虑率用赏庆、刑罚、埶诈除阸其下①，获其功用而已矣。大寇则至②，使之持危城则必畔③，遇敌处战则必北，劳苦烦辱则必奔，霍焉离耳，下反制其上。故赏庆、刑罚、埶诈之为道者，佣徒粥卖之道也，不足以合大众，美国家，故古之人羞而不道也。故厚德音以先之,明礼义以道之,致忠信以爱之,尚贤使能以次之,爵服庆赏以申之,时其事、轻其任以调齐之④,长养之,如保赤子。政令以定,风俗以一,有离俗不顺其上,则百姓莫不敦恶⑤,莫不毒孽⑥,若祓不祥⑦,然后刑于是起矣。是大刑之所加也,辱孰大焉?将以为利邪?则大刑加焉,身苟不狂惑戆陋,谁睹是而不改也哉!然后百姓晓然皆知修上之法⑧,像上之志而安乐之。于是有能化善、修身、正行、积礼义、尊道德,百姓莫不贵敬,莫不亲誉⑨,然后赏于是起矣。是高爵丰禄之所加也,荣孰大焉?将以为害邪?则高爵丰禄以持养之,生民之属,孰不愿也?雕雕焉县贵爵重赏于其前⑩,县明刑大辱于其后⑪,虽欲无化,能乎哉!故民归之如流水,所存者神,所为者化而顺,暴悍勇力之属为之化而愿⑫,旁辟曲私之属为之化而公⑬,矜纠收缭之属为之化而调⑭,夫是之谓大化至一。《诗》曰:"王犹允塞,徐方既来⑮。"此之谓也。

[**注释**]①焉虑率用赏庆、刑罚、埶诈除阨其下:焉虑,大凡。除,驱逐。阨,逼迫。　②则:如果。　③畔:通"叛",背叛。　④任:力役。　⑤敦恶:厌恶。　⑥毒孽:痛恨。　⑦祓(fú):除掉。　⑧修:服从。　⑨亲誉:亲近赞美。　⑩雕雕:显明,犹"昭昭"。　⑪县:通"悬"。　⑫愿:和善拘谨。⑬旁辟曲私之属为之化而公:旁辟曲私,偏颇,私心重。公,公正。　⑭矜纠收缭:急躁纠缠。　⑮调:调和,平和。　⑯王犹允塞,徐方既来:王道流行天下,徐方已经归附。语出《诗·大雅·常武》。

凡兼人者有三术:有以德兼人者,有以力兼人者,有以富兼人者。彼贵我名声,美我德行,欲为我民,故辟门除涂以迎吾人①,因其民,袭其处②,而百姓皆安,立法施令莫不顺比[3]。是故得地而权弥重，兼人而兵俞强，是以德兼人者也。非贵我名声也，非美我德行也，彼畏我威，劫我埶[4]，故民虽有离心，不敢有畔虑，若是，则戎甲俞众，奉养必费[5]，是故得地而权弥轻，兼人而兵俞弱，是以力兼人者也。非贵我名声也，非美我德行也，用贫求富，用饥求饱，虚腹张口来归我食，若是，则必发夫掌窌之粟以食之[6]，委之财货以富之，立良有司以接之[7]，已期三年[8]，然后民可信也，是故得地而权弥轻，兼人而国俞贫，是以富兼人者也。故曰：以德兼人者王，以力兼人者弱，以富兼人者贫。古今一也。

[**注释**]①辟门除涂：打开门户，扫清道路。　②袭其处：使百姓沿袭原先的居处。　③比：亲附。　④劫我埶：被我方势力威迫。　⑤奉养必费：供养花费多。　⑥掌窌（jiào）：掌，王引之认为是"廪"，米仓。窌，地窖。　⑦接：接待。　⑧已期三年：需要三年时间。已，经过。期，满。

兼并易能也，唯坚凝之难焉[1]。齐能并宋而不能凝也[2]，故魏夺之；燕能并齐而不能凝也[3]，故田单夺之[4]；韩之上地[5]，方数百里，完全富足而趋赵[6]，赵不能凝也，故秦夺之[7]。故能并之而不能凝，则必夺；不能并之又不能凝其有，则必亡。能凝之，则必能并之矣。得之则凝，兼并无强[8]。古者汤以薄[9]，武王以滈[10]，皆百里之地也，天下为一，诸侯为臣，无它故焉，能凝之也。故凝士以礼，凝民以政，礼修而士服，政平而民安。士服民安，夫是之谓大凝，以守则固，以征则强，令行禁止，王者之事毕矣。

[**注释**]①凝：保持，巩固。　②齐能并宋：齐湣王十五年伐宋。　③燕能

并齐:燕昭王二十八年派乐毅伐齐。　④田单夺之:齐襄王五年,田单大败燕国,收复七十余城。　⑤上地:上党,今山西长治市。　⑥完全富足:城邑完整,府库富足。　⑦秦夺之:秦昭襄王四十八年秦国攻占上党地区。　⑧兼并无强:没有哪一个强国不能不被兼并。　⑨薄:同"亳",商初都城。⑩滈:同"镐",周初都城。

强国篇第十六

刑范正，金锡美，工冶巧，火齐得，剖刑而莫邪已[①]。然而不剥脱[②]，不砥厉，则不可以断绳；剥脱之，砥厉之，则劙盘盂、刎牛马忽然耳[③]。彼国者，亦强国之剖刑已。然而不教诲，不调一[④]，则入不可以守，出不可以战；教诲之，调一之，则兵劲城固，敌国不敢婴也[⑤]。彼国者亦有砥厉，礼义节奏是也。故人之命在天，国之命在礼。人君者隆礼尊贤而王[⑥]，重法爱民而霸，好利多诈而危，权谋、倾覆、幽险而亡。

［**注释**］①刑范正，金锡美，工冶巧，火齐得，剖刑而莫邪已：模型周正，原料精良，冶炼技术高明，火候与原料的比例配合均得当，这样铸成的宝剑就如同莫邪一样了。刑，通“型”，刑范，铸金的模具。金，古之金多谓铜。齐，同“剂”，火齐，指火候和原料的调配。剖，分开。而，同“则”。莫邪，古之良剑。已，犹“矣”。 ②剥脱：指剥刮锤锻淬火等整个加工过程。 ③劙（lí）盘盂、刎（wěn）牛马忽然耳：用来砍割盘盂，宰杀牛马就锋利无比。劙，斩、分割。刎，割。忽然，轻快，此言剑锋利无比。据史料载，劙盘盂刎牛马为古代试剑的方法。 ④调一：协调一致。 ⑤婴：入侵、触犯。 ⑥隆：尊崇。

威有三:有道德之威者,有暴察之威者①,有狂妄之威者。此三威者,不可不孰察也②。礼乐则修③,分义则明④,举错则时⑤,爱利则形⑥,如是,百姓贵之如帝,高之如天,亲之如父母,畏之如神明。故赏不用而民劝,罚不用而威行。夫是之谓道德之威。礼乐则不修,分义则不明,举错则不时,爱利则不形;然而其禁暴也察,其诛不服也审⑦,其刑罚重而信,其诛杀猛而必⑧,黭然而雷击之⑨,如墙厌之⑩。如是,百姓劫则致畏,嬴则敖上,执拘则最,得间则散,敌中则夺⑪,非劫之以形势,非振之以诛杀,则无以有其下。夫是之谓暴察之威。无爱人之心,无利人之事,而日为乱人之道,百姓欢敖,则从而执缚之,刑灼之,不和人心。如是,下比周贲溃以离上矣⑫,倾覆灭亡可立而待也。夫是之谓狂妄之威。此三威者,不可不孰察也。道德之威成乎安强⑬,暴察之威成乎危弱,狂妄之威成乎灭亡也。

[**注释**]①暴察:暴虐苛刻。 ②孰察:周密地审查。 ③礼乐则修:礼乐整饬。修,修饰、整饬。 ④分义则明:职分、等级明确。分,名分、职位。义,各得其宜。 ⑤举错则时:兴利除害不违农时。举,兴办。错,通“措”,废弃。 ⑥爱利则形:爱民、利民之心表现在行动上。形,表现、表露。 ⑦审:周密,详细。 ⑧必:决断,果断。 ⑨黭(yǎn)然而雷击之:突如其来,如同雷击一样。黭,通“奄”,突然。而,犹“如”,如同。 ⑩厌(yā):压住,倒压。 ⑪如是,百姓劫则致畏,嬴则敖上,执拘则最,得间则散,敌中则夺:这样,百姓不是被威势所迫而心怀畏惧,就是因放纵宽容而傲慢,抓得紧还可以聚集起来,稍有放纵就会离散,敌人如果乘虚而入就会跟随敌人而跑。嬴,宽缓。敖,同“傲”,傲慢、轻视。最,聚合。 ⑫下比周贲(bēn)溃:百姓成群结队奔走溃散而去。下,百姓。比周,成群结队。贲,奔走。溃,溃散、散乱。 ⑬成

乎:以……为结局,终于。

公孙子曰[①]:"子发将西伐蔡[②],克蔡,获蔡侯,归致命曰[③]:'蔡侯奉其社稷而归之楚[④],舍属二三子而治其地[⑤]。'既[⑥],楚发其赏,子发辞曰:'发诫布令而敌退,是主威也;徙举相攻而敌退,是将威也;合战用力而敌退,是众威也。臣舍不宜以众威受赏。'"讥之曰:"子发之致命也恭,其辞赏也固[⑦]。夫尚贤使能,赏有功,罚有罪,非独一人为之也,彼先王之道也,一人之本也,善善、恶恶之应也,治必由之,古今一也[⑧]。古者明王之举大事,立大功也,大事已博[⑨],大功已立,则君享其成,群臣享其功,士大夫益爵,官人益秩,庶人益禄[⑩]。是以为善者劝[⑪],为不善者沮[⑫],上下一心,三军同力,是以百事成而功名大也。今子发独不然,反先王之道,乱楚国之法,堕兴功之臣[⑬],耻受赏之属,无戮乎族党而抑卑其后世[⑭],案独以为私廉[⑮],岂不过甚矣哉!故曰:子发之致命也恭,其辞赏也固。"

[**注释**]①公孙子:齐国之相,未知其姓名。或曰:公孙,名忌。　②子发将西伐蔡:楚相子发率领军队西征攻打蔡国。子发,楚令尹,未知其姓。蔡,古国名。周武王弟叔度所封之国,后被楚国所灭。　③归致命:回到楚国,向楚王回复军命。　④社稷:国家。社,土地神。稷,谷神。　⑤舍属(zhǔ)二三子:我(子发)嘱托了同行的几人。舍,子发之名。属,同"嘱",嘱托、托付。⑥既:论功之后。　⑦固:顽固、固执。　⑧夫尚贤使能……古今一也:尊重贤人,任用能者,奖赏有功劳的人,惩罚有罪恶的人,这并不是单独针对哪个人的,那是先王之道,是统一人民的根本,是成善劝恶的措施,治理国家,必须如此,古今没有例外。善善,前一个"善"为动词,鼓励;后一个"善"为名词,好人好事。恶恶,厌恶坏人坏事等不良行为。　⑨大事已博:大事已经办通。

博，大通、通顺。　⑩庶人：士兵。　⑪为善者劝：为善的人更加勉励。劝，勉励、鼓励。　⑫为不善者沮：作恶的人受到抑制。沮，阻止、停止。　⑬堕(huī)兴功之臣：挫伤了立功的臣下。堕，挫伤、毁坏。　⑭无戮(lù)乎族党而抑卑其后世：不但侮辱了他的宗族，而且也抑损了他的子孙。无，借为"侮"，侮辱。戮，羞辱、耻辱。　⑮案：反而。

荀卿子说齐相曰①："处胜人之势②，行胜人之道，天下莫忿③，汤、武是也；处胜人之势，不以胜人之道，厚于有天下之势，索为匹夫不可得也，桀、纣是也。然则得胜人之势者，其不如胜人之道远矣。夫主相者，胜人以势也，是为是，非为非，能为能，不能为不能，并己之私欲④，必以道夫公道、通义之可以相兼容者⑤，是胜人之道也。今相国，上则得专主，下则得专国，相国之于胜人之势，亶有之矣⑥。然则胡不驱此胜人之势赴胜人之道⑦，求仁厚明通之君子而托王焉⑧，与之参国政，正是非？如是，则国孰敢不为义矣！君臣、上下、贵贱、长少，至于庶人，莫不为义，则天下孰不欲合义矣？贤士愿相国之朝⑨，能士愿相国之官，好利之民莫不愿以齐为归，是一天下也⑩。相国舍是而不为，案直为是世俗之所以为⑪，则女主乱之宫⑫，诈臣乱之朝，贪吏乱之官，众庶百姓皆以贪利争夺为俗，曷若是而可以持国乎⑬？今巨楚县吾前，大燕鰌吾后，劲魏钩吾右，西壤之不绝若绳，楚人则乃有襄贲、开阳以临吾左⑭。是一国作谋，则三国必起而乘我⑮。如是，则齐必断而为四三⑯，国若假城然耳⑰，必为天下大笑。曷若？两者孰足为也⑱？

[**注释**]①说(shuì):劝说,说服。　②胜:克制,制服。　③忿:怨恨。　④并(bǐng):通“摒”,抛弃、摒除。　⑤必以道夫公道、通义之可以相兼容者:必定要施行公道,明通正义,从而相互包容。　⑥亶(dǎn):真正、诚实。　⑦驱:驾驭。　⑧托王:求贤而托之以王,使之辅佐王。　⑨愿:思慕。　⑩一天下:一统天下。　⑪案直为是世俗之所以为:只是仅仅做些世俗人所做的事务。案直,只是、仅仅。　⑫女主:后妃。　⑬曷若是而可以持国乎:难道像这样就可以保守国家吗?　⑭今巨楚县吾前,大燕鳝吾后,劲魏钩吾右,西壤之不绝若绳,楚人则乃有襄贲、开阳以临吾左:如今强大的楚国摆在我们的前面,大燕国跟在我们的后面,强劲的魏国在我们右面,西面的国脉微细如绳,而且楚国的襄贲、开阳两县靠近我们的左面。鳝,钩,牵制。　⑮乘:欺压、制服。　⑯四三:谓国家分裂。　⑰国若假城然耳:国家如同借来的一样,是要归还的。此引申为国家很快就要灭亡。假,借。　⑱两者:胜人之势与胜人之道。

夫桀、纣,圣王之后子孙也,有天下者之世也[①],势籍之所存[②],天下之宗室也,土地之大,封内千里[③],人之众,数以亿万,俄而天下倜然举去桀、纣而奔汤、武,反然举恶桀、纣而贵汤、武[④]。是何也?夫桀、纣何失,而汤、武何得也?曰:是无它故焉,桀、纣者,善为人所恶也;而汤、武者,善为人所好也。人之所恶何也?曰:污漫、争夺、贪利是也。人之所好者何也?曰:礼义、辞让、忠信是也。今君人者,辟称比方则欲自并乎汤、武,若其所以统之,则无以异于桀、纣,而求有汤、武之功名,可乎?故凡得胜者,必与人也;凡得人者,必与道也。道也者何也?曰:礼让忠信是也。故自四五万而往者强胜[⑤],非众之力也,隆在信矣。自数百里而往者安固,非大之力也,隆在修政矣。今已有数万之众者也,陶诞比周以争与[⑥];已有数百里之国者也,污漫突盗以争地[⑦]；然则是弃己之所安强，而争己之所以危弱也；损己之所不足，以重己之所有余。若是其悖缪也，而求有汤、武之功名，可乎？辟之是犹伏而咶天，救经而引其足也，说必不行矣，愈务而愈远[⑧]。为人臣者，不恤己行之不行，苟得利而已矣，是渠冲入穴而求利也[⑨]，是仁人之所羞而不为也。故人莫贵乎生，莫乐乎安，所以养生安乐者，莫大乎礼义。人知贵生乐安而弃礼义，辟之是犹欲寿而歾颈也[⑩]，愚莫大焉。故君人者，爱民而安，好士而荣，两者无一焉而亡。《诗》曰："价人维藩，大师维垣。[⑪]"此之谓也。

［**注释**］①世：继世。　②势籍：权势和地位。籍，地位，个人的身份。③封：界域。　④俄而天下倜（tì）然举去桀、纣而奔汤、武，反然举恶桀、纣而贵汤、武：时间不长，天下的人全都厌恶并远离了桀、纣，而投奔了品德高尚的汤、武。俄而，一会儿，不多时。倜然，远离的样子。举，全。反然，改变的样子。　⑤故自四五万而往者强胜：所以有四五万以上官兵国家的强盛。而往，以上。　⑥陶（chán）诞比周以争与：诡诈勾结来争取同盟。陶，同"谄"，谄诞、诡诈。与，盟国。　⑦污漫突盗以争地：欺诳偷袭而去获得土地。突，欺诈。　⑧务：追求。　⑨是渠冲入穴而求利也：比喻苟求富利者，犹大车陷入坑中而求通利也。渠冲，大车。入，陷入。穴，坑。　⑩歾：同"刎"，割断。⑪价人维藩，大师维垣：语出《诗经·大雅·板》。善人是国家的藩篱，人民群众是国家的围墙。

力术止，义术行，曷谓也[①]？曰：秦之谓也。威强乎汤、武，广大乎舜、禹，然而忧患不可胜校也[②]，諰諰然常恐天下之一合而轧己也[③]，此所谓力术止也。曷谓乎威强乎汤、武？汤、武也者，乃能使说己者使耳[④]。今楚父死焉，国举焉，负三王之庙而辟于陈、蔡之间，视可[5]，司间[6]，案欲剡其胫而以蹈秦之腹[7]。然而秦使左案左，使右案右，是乃使仇人役也。此所谓威强乎汤、武也。曷谓广大乎舜、禹也？曰：古者，百王之一天下、臣诸侯也，未有过封内千里者也[8]。今秦南乃有沙羡与俱[9]，是乃江南也；北与胡貉为邻[10]；西有巴、戎；东在楚者乃界于齐，在韩者逾常山乃有临虑[11]，在魏者乃据圉津，即去大梁百有二十里耳[12]，其在赵者剡然有苓而据松柏之塞[13]，负西海而固常山；是地遍天下也。此所谓广大乎舜、禹也[14]。威动海内，强殆中国，然而忧患不可胜校也，諰諰然常恐天下之一合而轧己也。然则奈何？曰：节威反文[15]，案用夫端诚信全之君子治天下焉[16]，因与之参国政，正是非，治曲直，听咸阳，顺者错之，不顺者而后诛之。若是，则兵不复出於塞外而令行于天下矣；若是，则虽为之筑明堂于塞外而朝诸侯[17]，殆可矣。假今之世，益地不如益信之务也[18]！

［**注释**］①力术止，义术行，曷谓也：威力的道术有时行不通，正义的道术却畅通无阻，这是就何而言呢？　②校（jiào）：计算、计数。　③諰（xǐ）諰然常恐天下之一合而轧（yà）己也：常常恐惧天下的诸侯联合起来颠覆自己。諰諰，恐惧、畏惧。轧，倾轧、颠覆。　④汤、武也者，乃能使说（yuè）己者使耳：商汤、武王只能使喜悦自己的顺从自己罢了。说，通“悦”，喜欢、高兴。　⑤视可：观察机会。　⑥司间：等候空隙。司，通“伺”。　⑦剡（yǎn）：举起。　⑧古者句：在古代，帝王一统天下，臣役诸侯，疆域没有超过方圆一千里的。臣，此作动词用，臣服、臣役。　⑨沙羡（yí）：属江南郡，秦之地。　⑩胡貉（mò）：古代北方的少数民族，即后来所言的匈奴。　⑪临虑（lú）：地名，今属河南彰德。　⑫去：距离。　⑬剡（yǎn）然：侵削的样子。　⑭此所谓广大乎舜、禹也：此句原在下句“諰諰然常恐天下之一合而轧己也”之后，据王念孙

注改。 ⑮节威反文:减少武治,恢复文治。 ⑯案用夫端诚信全之君子治天下焉:使用正直、诚信的君子来治理天下。 ⑰明堂:古代天子布政之宫。 ⑱假今之世句:当今之世,扩张疆土不如增加诚信显得重要和紧迫。假今,当今。务,紧迫、迫切。

应侯问孙卿子曰①:"入秦何见?"孙卿子曰:"其固塞险,形势便,山林川谷美,天材之利多,是形胜也②。入境,观其风俗,其百姓朴,其声乐不流污③,其服不挑④,甚畏有司而顺⑤,古之民也。及都邑官府,其百吏肃然,莫不恭俭、敦敬、忠信而不楛⑥,古之吏也。入其国,观其士大夫,出于其门,入于公门,出于公门,归于其家,无有私事也,不比周⑦,不朋党⑧,倜然莫不明通而公也⑨,古之士大夫也。观其朝廷,其闲听决,百事不留,恬然如无治者,古之朝也⑩。故四世有胜,非幸也,数也⑪。是所见也。故曰:佚而治,约而详,不烦而功,治之至也⑫。秦类之矣。虽然,则有其諰矣。兼是数具者而尽有之,然而县之以王者之功名⑬,则倜倜然其不及远矣。是何也?则其殆无儒邪!故曰:粹而王,驳而霸,无一焉而亡⑭。此亦秦之所短也。

[**注释**]①应侯:秦相范雎,因受封于应,所以称之"应侯"。 ②形胜:地理条件优越。 ③流污:淫荡污秽。 ④挑:同"佻",轻佻,不庄重。 ⑤有司:古代执法的官吏。 ⑥楛(kǔ):态度恶劣,滥恶。 ⑦比周:互相勾结。 ⑧朋党:结党营私。 ⑨倜然:远离的样子,引申为超然、超脱。 ⑩观其朝廷句:观察它的朝廷,那里所接受处理的案件,都能不停留积压,安闲地好像没有事情可做一样,这保持了古代朝廷的特色。恬然,安闲、舒适的样子。 ⑪故四世有胜,非幸也,数也:秦国四代都能取胜于人,并不是侥幸,而是有其原因的。数,规律,必然性。 ⑫故曰:佚而治,约而详,不烦而功,治之至也:

所以说，安逸但又能做好工作，简约而又能掌握各方面的情况，并不怎么烦累却又有很高的功效，这是治理国家的最高境界。　⑬然而县之以王者之功名：但是用王者的功名来衡量。县，衡量、比较。　⑭粹而王，驳而霸，无一焉而亡：全用儒术能成就王业，部分运用儒术能成就霸业，丝毫不用儒术来治理国家，国家就会灭亡。粹，纯粹、单一。驳，驳杂、不纯，此指部分运用儒术。

积微：月不胜日，时不胜月，岁不胜时①。凡人好敖慢小事，大事至然后兴之务之，如是，则常不胜夫敦比于小事者矣②。是何也？则小事之至也数③，其县日也博④，其为积也大。大事之至也希⑤，其县日也浅，其为积也小。故善日者王⑥，善时者霸，补漏者危⑦，大荒者亡⑧。故王者敬日⑨，霸者敬时，仅存之国危而后戚之⑩，亡国至亡而后知亡，至死而后知死，亡国之祸败不可胜悔也。霸者之善著焉，可以时托也，王者之功名不可胜日志也⑪。财物货宝以大为重，政教功名反是，能积微者速成。《诗》曰："德輶如毛，民鲜克举之。⑫"此谓之也。

[**注释**]①积微：月不胜日，时不胜月，岁不胜时：积累微小，一个月不如一天，一季不如一个月，一年不如一季。时，即今天"季度"之意。　②敦比：办理。　③数（shuò）：频繁，屡次。　④其县日也博：它（小事）延续的日期也多。县，同"悬"，系、挂，引申为延续。博，多、大。　⑤希：同"稀"，少、不多。⑥善：爱惜，不怠弃。　⑦补漏：不能积功累业，有了敝漏然后再弥补。⑧大荒：荒废一切。　⑨敬：爱惜，不敢怠慢。　⑩戚：忧虑。　⑪霸者之善著焉句：霸者的善政显明，可以时为单位对其记载。至于王者的功名，即使天天记载，但是还有记载不到的。托，寄托、依靠。志，记述。　⑫德輶（yóu）如毛，民鲜克举之：语出《诗经·大雅·烝民》。德业虽轻如毛发，但很少有人将它举起来。此语强调积微至著之功。輶，轻。鲜，少。克，能够。

凡奸人之所以起者，以上之不贵义①、不敬义也。夫义者，所以限禁人之为恶与奸者也。今上不贵义、不敬义，如是，则下之人百姓，皆有弃义之志而有趋奸之心矣。此奸人之所以起也②。且上者，下之师也③。夫下之和上，譬之犹响之应声，影之像形也④。故为人上者，不可不顺也⑤。夫义者，内节于人而外节于万物者也⑥，上安于主而下调于民者也⑦。内外上下节者，义之情也⑧。然则凡为天下之要⑨，义为本而信次之。古者禹、汤本义务信而天下治，桀、纣弃义倍⑩信而天下乱。故为人上者，必将慎礼义，务忠信然后可⑪。此君人者之大本也⑫。

［**注释**］①上：高高在上的君主。　②起：产生，兴起。　③师：表率。　④譬之犹响之应声，影之像形也：就好像回声应和本声，影子成像于物体原型一样。　⑤顺：通“慎”，谨慎。　⑥节：限制、节制。　⑦调：调和，使之协调。　⑧情：实。此言内外上下得以节制、调和。　⑨要：关键。　⑩倍：同“背”，背弃。　⑪故为人上者句：所以领导人民的人，必定谨守礼义，务求忠信，然后才可以平定天下。　⑫君：名词作动词用，引申为“统治”。

堂上不粪，则郊草不瞻旷芸；白刃扞乎胸，则目不见流矢；拔戟加乎首，则十指不辞断①。非不以此为务也，疾养缓急之有相先者也②。

［**注释**］①堂上不粪句：堂屋如果都不能打扫，就不可能铲除郊外的野草；当白刃刺到胸口，眼睛就不会顾及飞箭；当利戟加到头上，十个指头就不惜被斩断。粪，扫除，除去秽土。瞻，环顾。旷，郊野。芸，同“耘”，除草。扞，通“干”，冒犯、冲犯。拔，疾。　②非不以此句：并不是说郊草、流矢、十指并不重要，而是痛痒缓急程度不同，有要求我们必须先做的。务，急。疾，痛。养，同“痒”。

天论篇第十七

天行有常[①]，不为尧存，不为桀亡。应之以治则吉[②]，应之以乱则凶。强本而节用[③]，则天不能贫[④]；养备而动时[⑤]，则天不能病；修道而不贰[⑥]，则天不能祸。故水旱不能使之饥渴[⑦]，寒暑不能使之疾，袄怪不能使之凶[⑧]。本荒而用侈，则天不能使之富；养略而动罕[⑨]，则天不能使之全[⑩]；倍道而妄行[⑪]，则天不能使之吉。故水旱未至而饥，寒暑未薄而疾[⑫]，袄怪未至而凶。受时与治世同[⑬]，而殃祸与治世异，不可以怨天，其道然也[⑭]。故明于天人之分[⑮]，则可谓至人矣[⑯]。

[**注释**]①天行有常：自然的运行有一定的规律。　②应：顺应，适应。　③强本而节用：加强农业生产而节约用度。　④贫：使人贫。　⑤养备而动时：给养充裕而动作适时。　⑥贰：背离。　⑦渴：或为衍文。　⑧袄：同"妖"。　⑨罕：稀少。一说借为"干"，犯。　⑩全：犹"顺"。　⑪倍：通"背"。　⑫薄：迫近。　⑬受：遭遇。　⑭道：指乱世所行之道。　⑮天人之分：天人之间不同的职分。　⑯至人：圣人。

不为而成，不求而得，夫是之谓天职。如是者，虽深①,其人不加虑焉;虽大,不加能焉②;虽精,不加察焉。夫是之谓不与天争职。天有其时,地有其财,人有其治③,夫是之谓能参④。舍其所以参而愿其所参⑤,则惑矣。列星随旋⑥,日月递照⑦,四时代御⑧,阴阳大化⑨,风雨博施⑩,万物各得其和以生⑪,各得其养以成⑫,不见其事而见其功⑬,夫是之谓神。皆知其所以成,莫知其无形,夫是之谓天。唯圣人为不求知天。

[**注释**]①深:谓天道深邃。　②不加能:不去作为。　③治:治道。　④参:相参。　⑤舍其所以参而愿其所参:舍弃对社会的治理而向往天地所具有的职分。　⑥列星随旋:众星相随而旋。　⑦日月递照:日月顺次照耀。　⑧四时代御:四时交替行进。　⑨阴阳大化:阴阳施化。　⑩风雨博施:风雨广泛布施。　⑪万物各得其和以生:万物得到和气而滋生。　⑫养:滋养。　⑬不见其事而见其功:人们看不到它的行动,却看得到它的功效。

天职既立,天功既成,形具而神生,好恶、喜怒、哀乐臧焉①,夫是之谓天情;耳目鼻口形能各有接②,而不相能也③,夫是之谓天官④;心居中虚以治五官⑤,夫是之谓天君;财非其类以养其类⑥,夫是之谓天养;顺其类者谓之福⑦,逆其类者谓之祸,夫是之谓天政。暗其天君⑧,乱其天官⑨,弃其天养⑩,逆其天政⑪,背其天情⑫,以丧天功⑬,夫是之谓大凶。圣人清其天君,正其天官,备其天养,顺其天政,养其天情,以全其天功。如是,则知其所为,知其所不为矣,则天地官而万物役矣⑭。其行曲治⑮,其养曲适⑯,其生不伤⑰,夫是之谓知天。

[**注释**]①臧:通“藏”。　②耳目鼻口形能各有接:人的耳、目、鼻、口、形

体各有感触外物的功能。 ③不相能：不能相互替代。 ④天官：天赋的感官。 ⑤中虚：中空。 ⑥财非其类以养其类：用人类以外的万物来养育人类。 ⑦顺其类：顺应人类的需要（来养育）。 ⑧暗其天君：心志昏暗。 ⑨乱其天官：官能紊乱。 ⑩弃其天养：不务本节用。 ⑪逆其天政：违反天令而行。 ⑫背其天情：纵情无度。 ⑬天功：天赋之功。 ⑭天地官而万物役：天地各尽其事而万物各得其用。 ⑮其行曲治：他的行事极尽周备。 ⑯其养曲适：调养极尽适宜。 ⑰其生不伤：性情不受戕害。生，性。

故大巧在所不为，大智在所不虑。所志于天者①，已其见象之可以期者矣②；所志于地者，已其见宜之可以息者矣③；所志于四时者，已其见数之可以事者矣④；所志于阴阳者，已其见知之可以治者矣⑤。官人守天，而自为守道也⑥。

［**注释**］①志：记识。 ②已其见象之可以期者矣：只是以其显现的现象去预测变化罢了。已，通“以”。下同。 ③见宜之可以息者：根据显现的适宜万物的生长条件安排它们的生长繁殖。宜，适宜生长的条件。 ④见数之可以事者：根据显现的节气历数安排农事。数，历数。事，农事。 ⑤知：当作“和”。 ⑥官人守天，而自为守道也：任用专人观察天道，而自己掌握利用规律的原则。官，任。

治乱天邪？曰：日月星辰瑞历①，是禹、桀之所同也，禹以治，桀以乱，治乱非天也。时邪？曰：繁启蕃长于春夏②，畜积收臧于秋冬③，是又禹、桀之所同也，禹以治，桀以乱，治乱非时也。地邪？曰：得地则生，失地则死，是又禹、桀之所同也，禹以治，桀以乱，治乱非地也。《诗》曰：“天作高山，大王荒之。彼作矣，文王康之④。”此之谓也。

[**注释**]①瑞历:历象。 ②繁启蕃长:蓬勃地萌生,茂盛地生长。繁,多。③臧:或作“藏”。 ④天作高山,大王荒之。彼作矣,文王康之:上天生成岐山,太王垦治拓宽。岐山既已垦治,文王安定周邦。语出《诗·周颂·天作》。

天不为人之恶寒也辍冬①,地不为人之恶辽远也辍广,君子不为小人匈匈也辍行②。天有常道矣,地有常数矣,君子有常体矣③。君子道其常,而小人计其功④。《诗》曰:“礼义之不愆,何恤人之言兮⑤!”此之谓也。

[**注释**]①辍:废止。 ②小人匈匈:小人喧哗的样子。宋台州本及《群书治要》皆作“小人之匈匈”,据上下文例,当是。匈,同“讻”。 ③常体:一定的行为标准。 ④君子道其常,而小人计其功:君子遵循一定的行为标准,而小人计较眼前的利益。 ⑤礼义之不愆,何恤人之言兮:礼义没有过失,又何必担忧别人的议论呢?愆,过失。恤,担忧。此为逸诗,又见于《正名》篇。

楚王后车千乘①,非知也②;君子啜菽饮水③,非愚也,是节然也④。若夫心意修⑤,德行厚,知虑明,生于今而志乎古⑥,则是其在我者也⑦。故君子敬其在己者,而不慕其在天者⑧;小人错其在己者⑨,而慕其在天者。君子敬其在己者而不慕其在天者,是以日进也⑩;小人错其在己者而慕其天者,是以日退也。故君子之所以日进,与小人之所以日退,一也⑪。君子小人之所以相县者⑫,在此耳。

[**注释**]①后车:随侍的车子。 ②知:通“智”。 ③啜菽:吃粗粮。菽,豆类的总称。 ④节:节遇,时遇。 ⑤心意修:据王念孙,“心”当为“志”。修,美好。 ⑥志:向慕。 ⑦则是其在我者:这就在于他自身的努力了。⑧故君子敬其在己者,而不慕其在天者:所以君子重视自身的努力,而不指望上天的恩赐。敬,慎重。 ⑨错,通“措”,舍弃。 ⑩日进:每日进步。

⑪一:(道理)相同。 ⑫县:同“悬”,悬殊。

星队木鸣[①],国人皆恐。曰:是何也?曰:无何也!是天地之变,阴阳之化,物之罕至者也[②]。怪之可也,而畏之非也。夫日月之有蚀[③],风雨之不时[④],怪星之党见[⑤],是无世而不常有之。上明而政平,则是虽并世起[⑥],无伤也;上暗而政险,则是虽无一至者,无益也。夫星之队,木之鸣,是天地之变,阴阳之化,物之罕至者也。怪之可也,而畏之非也。物之已至者,人祆则可畏也[⑦]。楛耕伤稼[⑧],耘耨失荟[⑨],政险失民;田荟稼恶[⑩],籴贵民饥[⑪],道路有死人,夫是之谓人祆。政令不明,举错不时[⑫],本事不理[⑬],夫是之谓人祆。勉力不时,则牛马相生,六畜作祆[⑭];礼义不修,内外无别,男女淫乱,则父子相疑,上下乖离,寇难并至[⑮],夫是之谓人祆。祆是生于乱,三者错[⑯],无安国。其说甚尔[⑰],其灾甚惨。可怪也,而不可畏也[⑱]。传曰:“万物之怪,书不说[⑲]。”无用之辩,不急之察[⑳],弃而不治。若夫君臣之义,父子之亲,夫妇之别,则日切瑳而不舍也[㉑]。

[**注释**]①星队木鸣:流星坠落,树木发声。队,同“坠”。一说“木”为祭神的社树。 ②罕至:很少出现。 ③蚀:一作“食”。 ④不时:失时。 ⑤党见:偶然出现。党,通“倘”,偶然。 ⑥并世起:同时发生。 ⑦人祆:人为的怪现象。 ⑧楛耕:耕作粗劣。 ⑨耘耨(nòu)失荟(huì):除草马虎,田地荒芜。荟,同“秽”。 ⑩田荟稼恶:一作“田稼荟恶”。 ⑪籴:此指谷价。 ⑫错:通“措”,措施。 ⑬本事:农桑。 ⑭勉力不时,则牛马相生,六畜作祆:一本在“其灾甚惨”句下。勉力,力役。 ⑮寇难:内忧外患。寇,外患。 ⑯错:交错。 ⑰尔:一作“迩”,近。 ⑱可怪也,而不可畏也:或曰,当作“可畏也,而不可怪也”。 ⑲万物之怪,书不说:万物中的怪现象,记载

而不宣扬。书,记载。 ⑳察:详审。 ㉑切瑳:共同研讨。瑳,通"磋"。

雩而雨[1],何也?曰:无何也,犹不雩而雨也。日月食而救之,天旱而雩,卜筮然后决大事,非以为得求也,以文之也[2]。故君子以为文,而百姓以为神。以为文则吉,以为神则凶也。

[**注释**]①雩(yú)而雨(yù):祭祀求雨而下雨。 ②非以为得求也,以文之也:不是为了求得什么,而是为了文饰政事。

在天者莫明于日月,在地者莫明于水火,在物者莫明于珠玉,在人者莫明于礼义。故日月不高,则光晖不赫[1];水火不积,则晖润不博[2];珠玉不睹乎外[3],则王公不以为宝;礼义不加于国家[4],则功名不白[5]。故人之命在天[6],国之命在礼。君人者,隆礼尊贤而王,重法爱民而霸,好利多诈而危,权谋倾覆幽险而尽亡矣[7]。大天而思之,孰与物畜而制之[8]!从天而颂之,孰与制天命而用之[9]!望时而待之,孰与应时而使之[10]!因物而多之,孰与骋能而化之[11]!思物而物之,孰与理物而勿失之也[12]!愿于物之所以生,孰与有物之所以成[13]!故错人而思天,则失万物之情[14]。

[**注释**]①光晖不赫:光辉不显。晖,同"辉"。下同。 ②晖润不博:光泽不广。润,润泽。 ③睹:见。 ④加:施行。 ⑤白:显著。 ⑥人之命在天:人的命运在于如何对待自然。 ⑦权谋倾覆幽险而尽亡:玩弄权术计策,倾轧颠覆,深沉阴险,就会彻底灭亡。《富国篇》无"尽"字。 ⑧大天而思之,孰与物畜而制之:推崇天而思慕它,哪比得上蓄养物品来制裁它!

⑨从天而颂之,孰与制天命而用之:顺从天而颂扬它,哪比得上掌握规律来利用它! ⑩望时而待之,孰与应时而使之:盼望时机而等待它,哪比得上因时制宜来使用它! ⑪因物而多之,孰与骋能而化之:凭借事物而重视它,哪比得上施展才能来变革它!多,重视。 ⑫思物而物之,孰与理物而勿失之:考虑事物而物色它,哪比得上治理事物而不丧失它! ⑬愿于物之所以生,孰与有物之所以成:仰慕事物的生长之理,哪比得上辅助它更好地成长!有,通“佑”,辅助。 ⑭错人而思天,则失万物之情:舍弃人事而指望天道,就会失去万物的真实。错,通“措”,舍弃。情,实。

百王之无变,足以为道贯①。一废一起,应之以贯,理贯不乱②。不知贯,不知应变。贯之大体未尝亡也③。乱生其差,治尽其详④。故道之所善,中则可从⑤,畸则不可为⑥,匿则大惑⑦。水行者表深⑧,表不明则陷⑨。治民者表道,表不明则乱。礼者,表也。非礼,昏世也;昏世,大乱也。故道无不明⑩,外内异表⑪,隐显有常⑫,民陷乃去⑬。

[**注释**]①贯:纲纪。 ②一废一起,应之以贯,理贯不乱:朝代有兴衰更替,要用纲纪来对付,整治纲纪就不会发生动乱。 ③大体:根本。 ④乱生其差,治尽其详:纲纪差谬就会发生动乱,完备恰当就会出现平治。 ⑤中:适中。 ⑥畸:偏邪。 ⑦匿:隐匿。 ⑧表深:以深度为标准。 ⑨陷:沉没。 ⑩明:显著。 ⑪外内异表:内外标准有别。外内,外朝内廷。一说外交内政。 ⑫隐显有常:隐蔽、显明之事有常规。 ⑬民陷乃去:民众就会免于过失。陷,过失。

万物为道一偏①,一物为万物一偏。愚者为一物一偏,而自以为知道,无知也。慎子有见于后,无见于先②。老子有见于诎③,无见于信④。墨子有见于齐,无见于畸⑤。宋子有见于少,无见于多⑥。有后而无先,则群众无门⑦。有诎而无信，则贵贱不分。有齐而无畸，则政令不施。有少而无多，则群众不化⑧。《书》曰："无有作好，遵王之道。无有作恶，遵王之路⑨。"此之谓也。

［**注释**］①偏：方面。　②慎子有见于后，无见于先：慎子只看到人道被动的方面，看不到主动的方面。慎子，即慎到，详参《非十二子篇第六》第 5 节注⑦。　③诎：屈缩。　④信：通"伸"，伸展。　⑤畸：差别。　⑥宋子有见于少，无见于多：宋子只看到人寡欲的方面，看不到多欲的方面。宋子，名钘，主张"情欲寡浅"，《汉书·艺文志》有《宋子》十八篇，参见《非十二子篇第六》第 4 节注⑥。　⑦门：门径。　⑧化：教化。　⑨无有作好，遵王之道。无有作恶，遵王之路：不要有所偏好，遵循先王之道。不要有所偏恶，遵循先王之路。语出《尚书·洪范》。

正论篇第十八

世俗之为说者曰："主道利周[①]。"是不然。主者，民之唱也[②]；上者，下之仪也[③]。彼将听唱而应，视仪而动。唱默则民无应也，仪隐则下无动也；不应不动，则上下无以相有也[④]。若是，则与无上同也，不祥莫大焉。故上者，下之本也。上宣明[⑤]，则下治辨矣[⑥]；上端诚，则下愿悫矣[⑦]；上公正，则下易直矣[⑧]。治辨则易一[⑨]，愿悫则易使，易直则易知。易一则强，易使则功，易知则明，是治之所由生也。上周密，则下疑玄矣[⑩]；上幽险[⑪]，则下渐诈矣[⑫]；上偏曲[⑬]，则下比周矣[⑭]。疑玄则难一，渐诈则难使，比周则难知。难一则不强，难使则不功，难知则不明，是乱之所由作也。故主道利明不利幽，利宣不利周。故主道明则下安，主道幽则下危。故下安则贵上[⑮]，下危则贱上。故上易知则下亲上矣，上难知则下畏上矣。下亲上则上安，下畏上则上危。故主道莫恶乎难知[⑯]，莫危乎使下畏己。传曰："恶之者众则危。"《书》曰："克明明德[⑰]。"《诗》曰："明明在下[⑱]。"故先王明之，岂特玄之耳哉[⑲]！

［**注释**］①主道利周：君主治国之道以隐秘为好。周，密。　②唱：同“倡”，倡导。　③仪：准则。　④有：亲。　⑤宣明：通明。　⑥治辨：治平。　⑦愿悫：恭谨。　⑧易直：平易正直。　⑨易一：容易齐一。　⑩玄：同“眩”，惑。下同。　⑪幽险：阴沉。　⑫渐诈：欺诈。　⑬偏曲：偏私。　⑭比周：勾结。　⑮贵：尊崇。　⑯恶：恶劣。　⑰克明明德：能彰明美好的德行。《尚书·尧典》作“克明俊德”，《康诰》篇作“克明德慎罚”。　⑱明明在下：施明德于天下。语出《诗·大雅·大明》。　⑲特：只。

世俗之为说者曰：“桀、纣有天下，汤、武篡而夺之。”是不然。以桀、纣为常有天下之籍则然[①]，亲有天下之籍则不然[②]，天下谓在桀、纣则不然。古者天子千官，诸侯百官。以是千官也，令行于诸夏之国[③]，谓之王。以是百官也，令行于境内，国虽不安，不至于废易遂亡[④]，谓之君。圣王之子也[⑤]，有天下之后也，势籍之所在也，天下之宗室也，然而不材不中[⑥]，内则百姓疾之[⑦]，外则诸侯叛之，近者境内不一[⑧]，遥者诸侯不听，令不行于境内，甚者诸侯侵削之，攻伐之。若是，则虽未亡，吾谓之无天下矣。圣王没，有势籍者罢不足以县天下[⑨]，天下无君，诸侯有能德明威积，海内之民莫不愿得以为君师[⑩]。然而暴国独侈[⑪]，安能诛之[⑫]，必不伤害无罪之民，诛暴国之君若诛独夫[⑬]。若是，则可谓能用天下矣[⑭]。能用天下之谓王。汤、武非取天下也，修其道，行其义，兴天下之同利，除天下之同害，而天下归之也；桀、纣非去天下也[⑮]，反禹、汤之德，乱礼义之分，禽兽之行，积其凶，全其恶，而天下去之也。天下归之之谓王，天下去之之谓亡。故桀、纣无天下，汤、武不弑君，由此效之也[⑯]。汤、武者，民之父母也；桀、纣者，民之怨贼也。今世俗之为说者,以桀、纣为君,而以汤、武为弑,然则是诛民之父母,而师民之怨贼也[17],不祥莫大焉。以天下之合为君[18],则天下未尝合于桀、纣也,然则以汤、武为弑,则天下未尝有说也,直堕之耳[19]!

[**注释**]①常有天下之籍:曾经拥有天下的王位。常,通“尝”,曾经。籍,位。　②亲:亲有。　③诸夏:中原。　④废易遂亡:废弛坠亡。遂,通“坠”。⑤子:子孙。　⑥不材不中:无才能,不中正。材,通“才”。　⑦疾:憎恨。⑧一:统一。　⑨罢不足以县天下:没有才能不足以维系天下。罢,通“疲”,无能。县,同“悬”,维系。　⑩君师:君长。　⑪侈:放纵。　⑫安能:于是。⑬独夫:指残暴无道之君。　⑭用:治理。　⑮去:丢掉。　⑯效:验。⑰师民之怨贼:效法民众的仇敌。师,效法。　⑱合:合德。　⑲堕:诋毁。

故天子唯其人[①]。天下者,至重也,非至强莫之能任;至大也,非至辨莫之能分[②];至众也,非至明莫之能和[③]。此三至者,非圣人莫之能尽。故非圣人莫之能王。圣人备道全美者也[④],是县天下之权称也[⑤]。桀、纣者,其知虑至险也[⑥],其至意至暗也[⑦],其行之为至乱也[⑧];亲者疏之,贤者贱之,生民怨之;禹、汤之后也,而不得一人之与[⑨];刳比干[⑩],囚箕子,身死国亡,为天下之大僇[⑪],后世之言恶者必稽焉[⑫],是不容妻子之数也[⑬]。故至贤畴四海[⑭],汤、武是也;至罢不容妻子,桀、纣是也。今世俗之为说者,以桀、纣为有天下而臣汤、武,岂不过甚矣哉!譬之是犹伛巫跛匡大自以为有知也[⑮]。故可以有夺人国,不可以有夺人天下;可以有窃国,不可以有窃天下也。可以夺之者可以有国,而不可以有天下;窃可以得国,而不可以得天下。是何也?曰:国,小具也[⑯],可以小人有也,可以小道得也,可以小力持也；天下者，大具也，不可以小人有也，不可以小道得也，不可以小力持也。国者，小人可以有之，然而未必不亡也；天下者，至大也，非圣人莫之能有也。

［注释］①唯其人：只取决于他本人。 ②辨：察辨。 ③和：和合。 ④备道全美：德行完备，尽善尽美。 ⑤县：权衡。 ⑥知：同“智”。 ⑦至：当为“志”。 ⑧之：或衍。 ⑨与：帮助。 ⑩刳：剖开。 ⑪僇：同“戮”，辱。 ⑫稽：稽考，议论。 ⑬是不容妻子之数也：这是连妻子儿女也不能庇护的道理。容，庇护。数，道。 ⑭畴：通“俦”，保有。 ⑮伛巫跛匡：驼背瘸腿的巫师。伛，驼背。匡，借为“尪”，巫尪多连用。 ⑯具：器具。

世俗之为说者曰：“治古无肉刑而有象刑[①]：墨黥[②]，慅婴[③]，共艾毕[④]，菲对屦[⑤]，杀赭衣而不纯[⑥]。治古如是。”是不然。以为治邪？则人固莫触罪[⑦]，非独不用肉刑，亦不用象刑矣。以为人或触罪矣，而直轻其刑，然则是杀人者不死，伤人者不刑也。罪至重而刑至轻，庸人不知恶矣[⑧]，乱莫大焉。凡刑人之本，禁暴恶恶，且征其未也[⑨]。杀人者不死，而伤人者不刑，是谓惠暴而宽贼也，非恶恶也。故象刑殆非生于治古[⑩]，并起于乱今也[⑪]。治古不然，凡爵列、官职、赏庆、刑罚，皆报也[⑫]，以类相从者也。一物失称[⑬]，乱之端也[⑭]。夫德不称位[⑮]，能不称官，赏不当功，罚不当罪，不祥莫大焉。昔者武王伐有商，诛纣，断其首，县之赤旆[⑯]。夫征暴诛悍，治之盛也[⑰]。杀人者死，伤人者刑，是百王之所同也，未有知其所由来者也。刑称罪则治，不称罪则乱。故治则刑重，乱则刑轻。犯治之罪固重[⑱]，犯乱之罪固轻也。《书》曰：“刑罚世轻世重[⑲]。”

此之谓也。

[**注释**]①治古无肉刑而有象刑:古代治世没有肉刑只有象征性的刑罚。②墨黥:用墨涂面代替黥刑。黥,用刀刻面并涂以墨。 ③慅婴:用草缨代替劓刑。慅婴,即"草缨"。 ④共艾毕:用割去衣服的蔽膝部分代替宫刑。共,借为"宫"。艾,同"刈",割。毕,同"韠",蔽膝。 ⑤菲对屦:用穿麻鞋代替刖刑。菲,通"剕",断足之刑,又称"刖刑"。对,借为"蒯"。对屦,草鞋。⑥杀赭(zhǔn)衣而不纯:用去掉领子的赤褐色衣服代替大辟。纯,衣服鞋帽的镶边。 ⑦固:本来。 ⑧庸人:常人。 ⑨征其未:警戒未然之患。征,同"惩"。 ⑩殆:恐怕。下同。 ⑪并:犹"乃"。 ⑫报:应。 ⑬失称:失当。 ⑭端:端绪。 ⑮称:相称。 ⑯县之赤旆(pèi):悬挂在红色旌旗上。县,同"悬"。 ⑰盛:极。 ⑱固:必定。 ⑲刑罚世轻世重:刑罚随社会治乱而时轻时重。语出《尚书·吕刑》。

世俗之为说者曰:"汤武不能禁令。是何也?曰:楚越不受制①。"是不然。汤武者,至天下之善禁令者也②。汤居亳,武王居鄗,皆百里之地也,天下为一,诸侯为臣,通达之属莫不振动从服以化顺之③,曷为楚越独不受制也④!彼王者之制也,视形势而制械用,称远迩而等贡献⑤,岂必齐哉⑥!故鲁人以榶⑦,卫人用柯⑧,齐人用一革⑨,土地刑制不同者,械用、备饰不可不异也。故诸夏之国同服同仪⑩,蛮夷戎狄之国同服不同制。封内甸服,封外侯服,侯卫宾服,蛮夷要服,戎狄荒服⑪。甸服者祭,侯服者祀,宾服者享,要服者贡,荒服者终王⑫。日祭、月祀、时享、岁贡,夫是之谓视形势而制械用,称远近而等贡献,是王者之至也⑬。彼楚越者,且时享、岁贡、终王之属也,必齐之日祭、月祀之属然后曰受制邪?是规磨之说也⑭。

沟中之瘠也⑮，则未足与及王者之制也。语曰："浅不足与测深，愚不足与谋知，坎井之蛙不可与语东海之乐⑯。"此之谓也。

［**注释**］①制：君命。 ②至：极。 ③通达之属莫不振动从服以化顺之：人迹所至之处无不被震动感化而归顺。通达之属，舟车所至之处。振，同"震"。 ④为：同"谓"。 ⑤称远迩而等贡献：衡量距离的远近而决定贡物的等次。称，衡量。等，分等次。 ⑥齐：整齐划一。 ⑦樵：碗。 ⑧柯：盂。 ⑨一革：或曰，用鸱夷子皮所制酒器。 ⑩同服同仪：服事相同，制度相同。 ⑪封内甸服，封外侯服，侯卫宾服，蛮夷要服，戎狄荒服：王畿以内五百里为天子服治田，王畿以外五百里服斥候（即侦察、候望），从侯圻到卫圻两千五百里的区域以贡献宾服于王，蛮夷之服是接受文教的约束，戎狄之服是不定期进贡。蛮服，卫服之外五百里。夷服，蛮服之外五百里。 ⑫甸服者祭，侯服者祀，宾服者享，要服者贡，荒服者终王：句谓甸服者、侯服者、宾服者、要服者、荒服者分别提供日祭、月祀、时享、岁贡及崇王。古制日祭祖考，月祀曾祖，时享远祖，岁贡坛埤。终王，即崇王。一说谓世终，朝嗣王。 ⑬至：当为"制"。 ⑭规磨之说：偏差之说。或曰，揣测之说。 ⑮瘠：腐肉。喻鄙陋。 ⑯坎井：废井。

世俗之为说者曰："尧舜擅让①。"是不然。天子者，势位至尊，无敌于天下，夫有谁与让矣②？道德纯备③，智惠甚明④，南面而听天下，生民之属莫不振动从服以化顺之。天下无隐士，无遗善，同焉者是也，异焉者非也，夫有恶擅天下矣⑤？

［**注释**］①擅让：擅，同"禅"，禅让。 ②夫有谁与让矣：又让给谁呢？有，读为"又"。下同。 ③纯：美，善。 ④惠：通"慧"。 ⑤恶：同"乌"，哪里。

曰:"死而擅之。"是又不然。圣王在上,图德而定次①,量能而授官,皆使民载其事而各得其宜②。不能以义制利,不能以伪饰性③,则兼以为民④。圣王已没⑤,天下无圣,则固莫足以擅天下矣。天下有圣而在后者⑥,则天下不离,朝不易位,国不更制,天下厌然与乡无以异也⑦,以尧继尧,夫又何变之有矣?圣不在后子而在三公,则天下如归,犹复而振之矣⑧,天下厌然与乡无以异也,以尧继尧,夫又何变之有矣?唯其徙朝改制为难⑨。故天子生,则天下一隆⑩,致顺而治⑪,论德而定次;死,则能任天下者⑫,必有之矣。夫礼义之分尽矣,擅让恶用矣哉!

[**注释**]①图:考虑,依据。　②载:行,任。　③以伪饰性:用作为整饬本性。伪,同"为",作为,行为。饰,通"饬"。　④兼:皆。　⑤没:殁。　⑥后:或脱"子"。后子,嗣子。　⑦厌然与乡无以异:顺从服帖与从前没有什么不同。厌然,顺服的样子。乡,同"向",从前。　⑧振:振兴。　⑨徙:迁改。　⑩一隆:一尊。　⑪致:极。　⑫任:担负。

曰:"老衰而擅。"是又不然。血气筋力则有衰,若夫智虑取舍则无衰。曰:"老者不堪其劳而休也①。"是又畏事者之议也。天子者,势至重而形至佚②,心至愉而志无所诎③,而形不为劳,尊无上矣。衣被则服五采,杂间色④,重文绣,加饰之以珠玉;食饮则重大牢而备珍怪⑤,期臭味⑥,曼而馈⑦,代睾而食⑧,《雍》而彻乎五祀⑨,执荐者百人侍西房⑩;居则设张容,负依而坐⑪,诸侯趋走乎堂下⑫;出户而巫觋有事⑬,出门而宗祀有事⑭;乘大路趋越席以养安⑮,侧载睪芷以养鼻⑯,前有错衡以养目⑰,和鸾之声，步中《武》、《象》，驺中《韶》、《护》以养耳⑱；三公奉軶、持纳⑲，诸侯持轮、挟舆、先马⑳，大侯编后㉑，大夫次之，小侯、元士次之㉒，庶士介而夹道㉓，庶人隐窜，莫敢视望。居如大神，动如天帝，持老养衰㉔，犹有善于是者与不㉕？老者休也㉖，休犹有安乐恬愉如是者乎？故曰：诸侯有老，天子无老。有擅国，无擅天下，古今一也。夫曰"尧、舜擅让"，是虚言也，是浅者之传、陋者之说也，不知逆顺之理，小大、至不至之变者也，未可与及天下之大理者也。

［**注释**］①休：休息。　②佚：同"逸"。　③诎：同"屈"。　④衣被则服五采，杂间色：衣着则穿青、黄、赤、白、黑五色之服，下裳配以他色。　⑤重大牢而备珍怪：多牛、猪、羊三牲而齐备奇珍异味。　⑥期臭（xiù）味：香味浓郁。期，极。臭，香味。　⑦曼而馈：鱼贯而入进膳。曼，长。　⑧代睪而食：击鼓而食。代，当为"伐"。睪，通"皋"，"鼛"之借字，大鼓。　⑨《雍》而彻乎五祀：（用膳完毕撤酒食）奏《雍》乐而祭祀灶神。《雍》，《诗·周颂》乐章名，撤酒食时奏此乐是天子之礼。彻，通"撤"。五祀，这里指造（灶）神。《淮南子·主术训》曰："尧舜汤武皆坦然南面而王天下焉。当此之时，伐而食，奏《雍》而彻，已饭而祭造"，可以为之注解，说参刘台拱。　⑩执荐者百人侍西房：进奉祭品的百余人侍立于西厢。百人，此举整数。说详刘台拱。　⑪居则设张容，负依而坐：听朝则置帷帐，背依屏风而立。张，同"帐"。容，帷。一说羽卫。依，同"扆"，屏风。坐，或为立。　⑫趋走：疾走。　⑬出户而巫觋（xí）有事：出内门要由巫觋祓除不祥。巫，女巫。觋，男巫。　⑭出门而宗祀有事：出国门由宗祝先祭行神。　⑮乘大路趋越席以养安：乘大辂踩蒲席以养身。大路，即"大辂"。趋，借为"蹴"，踩。　⑯侧载睪芷：旁置泽兰香草。睪芷，即"泽芷"。　⑰错衡：彩饰车轭。错，涂金文饰。　⑱和鸾之声，步中《武》、《象》，驺中《韶》、《护》以养耳：铃声叮当，缓行与《武》、《象》合拍，速行与《韶》、《护》合拍，用以养耳。和鸾，皆车铃。中，合。驺，通"趋"，速行。

⑲奉𨊠、持纳：扶轭执缰。𨊠，同“轭”。纳，同“軜”，骖马内侧的缰绳。⑳持轮、挟舆、先马：扶轮、护舆、导马。　㉑编后：列后。　㉒小侯、元士：小侯，僻远小国之侯。元士，上士。　㉓庶士介而夹道：军士披甲夹道护卫。㉔持：养。　㉕犹有善于是者与不：还有比这更好的吗？不，读为“否”。㉖休：休息。

世俗之为说者曰：“尧、舜不能教化。是何也？曰：朱、象不化①。”是不然也。尧、舜，至天下之善教化者也。南面而听天下，生民之属莫不振动从服以化顺之。然而朱、象独不化，是非尧、舜之过，朱、象之罪也。尧、舜者，天下之英也②；朱、象者，天下之嵬③，一时之琐也④。今世俗之为说者，不怪朱、象而非尧、舜，岂不过甚矣哉？夫是之谓嵬说。羿、逢门者，天下之善射者也，不能以拨弓曲矢中⑤；王梁、造父者，天下之善驭者也，不能以辟马毁舆致远⑥。尧、舜者，天下之善教化者也，不能使嵬琐化。何世而无嵬，何时而无琐？自太皞、燧人莫不有也。故作者不祥⑦，学者受其殃，非者有庆。《诗》曰：“下民之孽，匪降自天。噂沓背憎，职竞由人⑧。”此之谓也。

［**注释**］①朱、象：指尧子丹朱和舜异母弟象，都是不肖之徒。　②英：英杰。　③嵬：怪诞。　④琐：卑琐。　⑤以拨弓曲矢中：用坏弓弯箭射中细微的目标。拨，弓枉戾。“中”下或脱“微”字。　⑥辟马毁舆：躄马坏车。辟，同“躄”。　⑦作者：作世俗之说者。　⑧下民之孽，匪降自天。噂沓背憎，职竞由人：百姓遭祸，非从天降。当面谈笑，背后憎恨，只因坏人。孽，灾祸。匪，非。噂沓，语声杂沓。职，主要。竞，争逐。语出《诗·小雅·十月之交》。

世俗之为说者曰：“太古薄葬，棺厚三寸，衣衾三领①，葬田不妨田[②]，故不掘也；乱今厚葬饰棺，故抇也[③]。”是不及知治道，而不察于抇不抇者之所言也[④]。凡人之盗也，必以有为[⑤]，不以备不足，则以重有余也[⑥]。而圣王之生民也，使皆当厚优犹不知足[⑦]，而不得以有余过度。故盗不窃，贼不刺[⑧]，狗豕吐菽粟[⑨]，而农贾皆能以货财让。风俗之美，男女自不取于涂[⑩]，而百姓羞拾遗[⑪]。故孔子曰："天下有道，盗其先变乎！"虽珠玉满体，文绣充棺，黄金充椁，加之以丹矸[⑫]，重之以曾青[⑬]，犀象以为树[⑭]，琅玕、龙兹、华觐以为实[⑮]，人犹且莫之抇也。是何也？则求利之诡缓[⑯]，而犯分之羞大也。

［**注释**］①衣衾三领：衣被三件。衾，覆盖尸体的单被。　②不妨田：不妨碍农耕。　③抇：掘。　④不察：不明。　⑤为：原因。　⑥重：增加。　⑦使皆当厚优犹不知足：使他们都富裕优厚而知足。当厚，盖"富厚"之误。犹，借为"裕"，"不"字疑衍。　⑧刺：杀。　⑨狗豕吐菽粟：粮食太多，狗猪都吃不了。菽，豆类的总称。粟，禾、黍的子粒。菽粟，泛指粮食。吐，弃。　⑩不取于涂：不聚于路，即异路而行。取，通"聚"。涂，通"途"。　⑪羞：耻。　⑫丹矸：丹砂。　⑬曾青：铜精。　⑭犀象：犀角象牙。　⑮琅玕，龙兹、华觐：皆珠玉类。　⑯诡：欲求。

夫乱今然后反是，上以无法使[①]，下以无度行，知者不得虑，能者不得治，贤者不得使。若是，则上失天性，下失地利，中失人和。故百事废，财物诎[②]，而祸乱起。王公则病不足于上[③]，庶人则冻馁羸瘠于下[④]。于是焉桀、纣群居，而盗贼击夺以危上矣。安禽兽行[⑤]，虎狼贪，故脯巨人而炙婴儿矣[⑥]。若是，则有何尤抇人之墓[⑦]，抉人之口而求利矣哉[⑧]？虽此倮而薶之[⑨]，犹且必抇也，安得葬薶哉？

彼乃将食其肉而龁其骨也⑩。夫曰：太古薄葬，故不扣也；乱今厚葬，故扫也。是特奸人之误于乱说以欺愚者⑪，而潮陷之⑫，以偷取利焉，夫是之谓大奸。传曰：“危人而自安，害人而自利。”此之谓也。

[**注释**]①无法使：不依法制行使权力。　②诎：通“屈”，尽。　③病：担忧。　④冻馁羸瘠：饥寒瘦弱。　⑤安：一作“必”。　⑥脯巨人：杀人吃肉。巨人，大人。　⑦尤：指责。　⑧抉：挖取。　⑨虽此倮而薶之：即使这样赤身露体地埋葬。倮，同“裸”。薶，同“埋”。　⑩龁：咬，啃。　⑪误：谬。⑫潮陷：溺陷，陷害。潮，当为“淖”，溺。

子宋子曰：“明见侮之不辱①，使人不斗。人皆以见侮为辱，故斗也；知见侮之为不辱，则不斗矣。”应之曰：然则亦以人之情为不恶侮乎？曰：“恶而不辱也。”曰：若是，则必不得所求焉。凡人之斗也，必以其恶之为说②，非以其辱之为故也。今俳优、侏儒、狎徒詈侮而不斗者③，是岂钜知见侮之为不辱哉④？然而不斗者，不恶故也。今人或入其央渎⑤，窃其猪彘⑥，则援剑戟而逐之⑦，不避死伤。是岂以丧猪为辱也哉？然而不惮斗者⑧，恶之故也。虽以见侮为辱也，不恶则不斗；虽知见侮为不辱，恶之则必斗。然则斗与不斗邪，亡于辱之与不辱也⑨，乃在于恶之与不恶也。夫今子宋子不能解人之恶侮⑩，而务说人以勿辱也⑪，岂不过甚矣哉？金舌弊口，犹将无益也⑫。不知其无益，则不知⑬；知其无益也，直以欺人，则不仁。不仁不知，辱莫大焉。将以为有益于人，则与无益于人也⑭，则得大辱而退耳！说莫病是矣⑮。

[**注释**]①见:被。 ②说:说辞。 ③今俳优、侏儒、狎徒詈侮而不斗者:比如俳优、侏儒、狎徒相与责骂侮辱而不争斗。今,若。狎,亲狎。詈,骂。④是岂钜知见侮之为不辱哉:这难道是他们懂得被侮辱并不是耻辱的道理吗?钜,通“讵”,岂。 ⑤央渎:洞穴。央,通“缺”。渎,通“窦”。 ⑥彘:大猪。 ⑦援:拉,拽。 ⑧惮:怕。 ⑨亡于:不在于。亡,通“无”。 ⑩解:消除。 ⑪说:劝说。 ⑫金舌弊口,犹将无益:即使能言善辩,说到唇焦舌燥也没有用。弊,破。一作“蔽”。 ⑬知:同“智”。 ⑭与:通“举”,皆。⑮病:害。

子宋子曰:“见侮不辱。”应之曰:凡议必将立隆正[①],然后可也。无隆正则是非不分,而辨讼不决,故所闻曰:“天下之大隆,是非之封界[②],分职名象之所起[③],王制是也。”故凡言议期命是非[④],以圣王为师。而圣王之分[⑤],荣辱是也。是有两端矣[⑥],有义荣者[⑦],有势荣者;有义辱者,有势辱者。志意修[⑧],德行厚,知虑明,是荣之由中出者也[⑨],夫是之谓义荣。爵列尊,贡禄厚[⑩],形势胜[⑪],上为天子诸侯,下为卿相士大夫,是荣之从外至者也,夫是之谓势荣。流淫污僈[⑫],犯分乱理,骄暴贪利,是辱之由中出者也,夫是之谓义辱。詈侮捽搏[⑬],捶笞膑脚[⑭],斩断枯磔[⑮],藉靡舌[⑯],是辱之由外至者也,夫是之谓势辱。是荣辱之两端也。故君子可以有势辱,而不可以有义辱;小人可以有势荣,而不可以有义荣。有势辱无害为尧,有势荣无害为桀。义荣势荣,唯君子然后兼有之;义辱势辱,唯小人然后兼有之。是荣辱之分也。圣王以为法,士大夫以为道,官人以为守,百姓以为成俗,万世不能易也。今子宋子案不然[⑰],独诎容为己[⑱],虑一朝而改之[⑲],说必不行矣。譬之是犹以塼涂塞江海也⑳，以焦侥而戴太山也㉑，蹎跌碎折，不待顷矣㉒。二三子之善于子宋子者，殆不若止之，将恐得伤其体也㉓。

[**注释**]①隆正：最高准则。②封界：界限。③分职名象：职分名制。象，法。④期命：期约命令。⑤分：大分。⑥端：方面。⑦义荣：以义为荣。⑧修：美好。⑨中：心。⑩贡禄：贡奉俸禄。⑪形势胜：势位显赫。⑫污優：卑污狡诈。優，当为“漫”。⑬詈侮捽搏：责骂侮辱，揪抓拍打。⑭捶笞膑脚：杖打鞭挞，剔膝砍脚。⑮斩断枯磔（zhé）：砍头断尸，车裂肢体。枯，作“辜”，分裂肢体。磔，车裂。⑯藉靡舌：用绳索捆系，反手绑缚。藉靡，系缚。舌，据孙诒让，或为“后缚”，反缚。⑰案：乃，则。表转折。⑱詘容：即“屈容”，忍受屈辱。⑲一朝：一天。⑳以塼（tuán）涂塞江海：堆泥填塞江海。塼，通“抟”，堆聚。涂，泥。㉑以焦侥而戴太山：用矮人顶负泰山。焦侥，古代传说中的矮人，长一尺五寸，一说长三尺。戴，头顶。太山，即“泰山”。㉒蹎跌碎折，不待顷矣：顷刻之间就会颠仆跌倒，摔得粉身碎骨。蹎，跌倒。㉓得：犹“能”。

子宋子曰：“人之情，欲寡①，而皆以己之情为欲多②，是过也③。”故率其群徒，辨其谈说，明其譬称④，将使人知情欲之寡也⑤。应之曰：然则亦以人之情为欲。目不欲綦色⑥，耳不欲綦声，口不欲綦味，鼻不欲綦臭，形不欲綦佚。此五綦者，亦以人之情为不欲乎？曰：“人之情，欲是已⑦。”曰：若是，则说必不行矣。以人之情为欲，此五綦者而不欲多，譬之是犹以人之情为欲富贵而不欲货也⑧，好美而恶西施也。古之人为之不然。以人之情为欲多而不欲寡，故赏以富厚而罚以杀损也⑨，是百王之所同也。故上贤禄天下⑩，次贤禄一国，下贤禄田邑，愿悫之民完衣食⑪。今子宋子以是之情为欲寡而不欲多也，然则先王以人之所不欲者赏，而以人之所欲者罚邪？乱莫大焉。今子宋子严然而好说⑫，聚人徒，立师学，成文曲⑬，然而说不免于以至治为至乱也，岂不过甚矣哉！

［**注释**］①人之情，欲寡：人的情性本来是少欲的。 ②以己之情为欲多：认为自己的情性是多欲的。 ③过：错误。 ④譬称：譬喻。 ⑤情欲之寡：或本作“情之欲寡”。 ⑥綦色：绝色，美色。綦，极，绝佳。下皆同。 ⑦已：犹“矣”。 ⑧货：财货。 ⑨杀损：降减。 ⑩禄：享俸禄。 ⑪完：保全。 ⑫严然：庄矜的样子。严，同“俨”。 ⑬文曲：文章。

礼论篇第十九

礼起于何也？曰：人生而有欲，欲而不得，则不能无求；求而无度量分界①，则不能不争。争则乱，乱则穷②。先王恶其乱也，故制礼义以分之，以养人之欲，给人之求③。使欲必不穷于物，物必不屈于欲④，两者相持而长⑤，是礼之所起也。故礼者，养也⑥。刍豢稻粱，五味调香，所以养口也⑦；椒兰芬苾⑧，所以养鼻也；雕琢刻镂，黼黻文章⑨，所以养目也；钟鼓管磬，琴瑟竽笙，所以养耳也；疏房、檖貌，越席、床笫、几筵⑩，所以养体也。故礼者，养也。

［**注释**］①度量：限度。　②穷：困厄。　③给：供给。　④屈：尽。　⑤持：制约。　⑥养：治养。　⑦刍豢稻粱，五味调香，所以养口也：肉食细粮，调和五味，是用来满足人们口欲的。刍，指牛、羊等食草牲畜；豢，指狗、猪等食谷牲畜。香，当为"盉"，调味器。　⑧苾（bì）：芳香。　⑨黼黻文章：礼服上绣着华美花纹。　⑩疏房、檖貌，越席、床笫、几筵：宽房、深室，蒲草席、竹床席、靠几、竹垫。一说"檖貌"为旁注之文，"檖"通"邃"。说参李中生。

君子既得其养，又好其别①。曷谓别？曰：贵贱有等，长幼有差，贫富轻重皆有称者也[②]。故天子大路越席，所以养体也[③]；侧载睪芷[④]，所以养鼻也；前有错衡[⑤]，所以养目也；和鸾之声，步中《武》、《象》，趋中《韶》、《护》[⑥]，所以养耳也；龙旗九斿[⑦]，所以养信也；寝兕持虎[⑧]，蛟韅、丝末、弥龙[⑨]，所以养威也；故大路之马必倍至教顺然后乘之[⑩]，所以养安也。孰知夫出死要节之所以养生也[⑪]！孰知夫出费用之所以养财也[⑫]！孰知夫恭敬辞让之所以养安也！孰知夫礼义文理之所以养情也！故人苟生之为见，若者必死[⑬]；苟利之为见，若者必害；苟怠惰偷懦之为安[⑭]，若者必危；苟情说之为乐[⑮]，若者必灭。故人一之于礼义[⑯]，则两得之矣；一之于情性，则两丧之矣。故儒者将使人两得之者也，墨者将使人两丧之者也，是儒墨之分也。

［**注释**］①别：辨别，差别。　②称：各得其宜。　③故天子大路越席，所以养体也：所以天子乘大辂踩蒲席，是用来养身的。大路，即“大辂”。　④侧载睪芷：旁置泽兰香草。睪，通“泽”。　⑤错衡：涂金文饰的车前横木。错，涂金文饰。衡，车轭。　⑥和鸾之声，步中《武》、《象》，趋中《韶》、《护》：铃声叮当，缓行与《武》、《象》合拍，速行与《韶》、《护》合拍。和鸾，皆车铃。中，合。　⑦龙旗九斿（liú）：龙旗练斿飘扬。斿，飘带一类的饰物。　⑧寝兕持虎：伏犀踞虎装饰车轮。持，通“跱”，踞。　⑨蛟韅（xiǎn）、丝末、弥龙：蛟形皮带系于马腹，丝制篾布覆于车轼，雕龙刻于车耳。韅，马腋之革。末，借为“篾”。弥，车耳。　⑩倍至教顺：极为驯良。　⑪孰知夫出死要节之所以养生也：要深知舍生守节是为了保养生命。孰，审慎。要，约。　⑫出：指所当出，引申为节制。　⑬故人苟生之为见，若者必死：所以人如果只想着贪生，这样的人必定灭亡。　⑭偷懦：苟且懦弱。　⑮说：同“悦”。　⑯一：专一。

礼有三本：天地者，生之本也；先祖者，类之本也[①]；君师者，治之本也。无天地，恶生②？无先祖，恶出？无君师，恶治？三者偏亡，焉无安人③。故礼，上事天，下事地，尊先祖而隆君师，是礼之三本也。故王者天太祖，诸侯不敢坏，大夫士有常宗，所以别贵始④。贵始，得之本也⑤。郊止乎天子⑥，而社止于诸侯⑦，道及士大夫⑧，所以别尊者事尊，卑者事卑，宜大者巨，宜小者小也。故有天下者事七世⑨，有一国者事五世，有五乘之地者事三世⑩，有三乘之地者事二世，持手而食者不得立宗庙⑪，所以别积厚⑫。积厚者流泽广，积薄者流泽狭也。大飨⑬，尚玄尊⑭，俎生鱼⑮，先大羹⑯，贵食饮之本也。飨，尚玄尊而用酒醴⑰，先黍稷而饭稻粱。祭，齐大羹而饱庶羞⑱，贵本而亲用也⑲。贵本之谓文⑳，亲用之谓理㉑，两者合而成文㉒，以归大一㉓，夫是之谓大隆㉔。

［**注释**］①类：族类。　②恶：同“乌”，怎么。　③三者偏亡，焉无安人：三者缺一，就会无法安定百姓。焉，则。　④故王者天太祖，诸侯不敢坏，大夫士有常宗，所以别贵始：所以王者以太祖配天，诸侯不敢毁坏始祖的庙，大夫士有百世不迁的大宗，这是为了区别各自所尊的始祖。　⑤得：通“德”。⑥郊：即郊祭。古制天子每年冬至在南郊祭天。　⑦社：此指祭祀土地神的社祭，自天子至于诸侯享之。　⑧道：指为求平安，出行前于国城之外对路神的祭祀。自天子至于适士享之。　⑨事七世：立七代宗庙以祀之。　⑩乘：古代十里为成，出革车一乘。　⑪持手而食者：指农工等自食其力者。持，通“恃”，依靠。　⑫积：同“绩”，功业。　⑬大飨：合祭先祖。　⑭尚玄尊：酒樽盛上清水。尚，上。玄，玄酒，即清水。尊，通“樽”。　⑮俎生鱼：俎中盛着生鱼。　⑯先大羹：先奉上未经调味的肉汁。　⑰醴：甜酒。　⑱祭，齐大羹而饱庶羞：月祭，献上未经调味的肉汁而饱用各种美味。齐，通“跻”，升。羞，通“馐”。　⑲贵本而亲用：尊尚本原而近于用食。　⑳贵本之谓文：尊尚本原而礼极周备叫做文。　㉑亲用之谓理：近于用食而曲尽人情叫做理。

㉒文：礼文。 ㉓以归大一：归于太一。大一，即太一。 ㉔大隆：礼之至盛。

故尊之尚玄酒也，俎之尚生鱼也，俎之先大羹也，一也。利爵之不醮也①，成事之俎不尝也②，三臭之不食也③，一也。大昏之未发齐也④，大庙之未入尸也⑤，始卒之未小敛也⑥，一也⑦。大路之素未集也⑧，郊之麻绕也⑨，丧服之先散麻也⑩，一也。三年之丧，哭之不文也⑪；《清庙》之歌，一倡而三叹也⑫；县一钟⑬，尚拊之膈⑭，朱弦而通越也⑮，一也。

［注释］①利爵之不醮（jiào）：佐食者以爵献“尸”（祭祀时代表死者受祭的人）的酒不被饮尽。醮，尽。 ②成事之俎不尝：卒哭之祭而不尝俎中的生肉。 ③三臭之不食：三次劝食而自己不吃。臭，读为“侑”，劝食。 ④大昏之未发齐：大婚还未开始斋戒（的时候）。发齐，即“废斋”。 ⑤大庙之未入尸：太庙还未迎入“尸”（的时候）。大，即“太”。 ⑥始卒之未小敛：人刚死还未穿寿衣（的时候）。 ⑦一也：都处于礼之初始，质而未备的状况。⑧素未集：据俞樾，当作“素末”，即“素幦”，素色车帘。 ⑨绕：同“冕”。⑩散麻：束丧服的麻带。 ⑪哭之不文：哭声直号，好像往而不反。文，当为“反”。 ⑫《清庙》之歌，一倡而三叹也：歌唱《清庙》，一人唱而三人和。《清庙》，即《诗·周颂·清庙》，祭祀文王之乐。倡，同“唱”。 ⑬县一钟：悬钟奏乐。县，同“悬”。 ⑭尚拊之膈：上击以膈。尚，上。拊，拍击。之，王先谦以为衍字。膈，乐器名。或曰，乃“鬲”之形误。 ⑮朱弦而通越：练朱弦而通瑟底之孔（使音色深沉）。

凡礼，始乎棁①，成乎文②，终乎悦校③。故至备，情文俱尽④；其次，情文代胜⑤；其下，复情以归大一也⑥。天地以合，日月以明，四时以序，星辰以行，江河以流，万物以昌，好恶以节⑦，喜怒以当，以为下则顺，以为上则明，万物变而不乱，贰之则丧也⑧。礼岂不至矣哉！立隆以为极⑨，而天下莫之能损益也。本末相顺⑩，终始相应，至文以有别⑪，至察以有说。天下从之者治，不从者乱；从之者安，不从者危；从之者存，不从者亡。小人不能测也⑫。

[**注释**]①始乎棁：始于疏略。棁，通“脱”，疏略。　②成乎文：成于文饰。　③终乎悦校：归结于和悦情性。校，通“恔”。　④情文俱尽：感情和仪节都充分表达。　⑤代胜：交相超越。　⑥复情：返情归本。　⑦节：节制。　⑧贰：违背。　⑨极：极准。　⑩顺：循。　⑪以：犹“而”。　⑫测：洞察。

礼之理诚深矣①，“坚白”、“同异”之察②，入焉而溺③；其理诚大矣，擅作典制辟陋之说④，入焉而丧；其理诚高矣，暴慢恣睢轻俗以为高之属⑤，入焉而队⑥。故绳墨诚陈矣⑦，则不可欺以曲直；衡诚县矣⑧，则不可欺以轻重；规矩诚设矣，则不可欺以方圆；君子审于礼⑨，则不可欺以诈伪。故绳者，直之至⑩；衡者，平之至；规矩者，方圆之至；礼者，人道之极也。然而不法礼，不足礼⑪，谓之无方之民⑫；法礼，足礼，谓之有方之士。礼之中焉能思索⑬，谓之能虑；礼之中焉能勿易⑭，谓之能固。能虑、能固，加好者焉⑮，斯圣人矣。故天者，高之极也；地者，下之极也；无穷者，广之极也；圣人者，道之极也。故学者固学为圣人也⑯，非特学为无方之民也⑰。

[**注释**]①诚深：确实深奥。　②“坚白”、“同异”之察：“坚白”指“离坚白”，“同异”指“合同异”。二者分别是战国名家公孙龙和惠施提出的命题（详情参见《修身篇第二》第7节注⑨）。　③入焉而溺：一纳入礼的轨道就沉溺了。　④辟陋：邪僻鄙陋。辟，通“僻”。　⑤暴慢恣睢轻俗以为高之属：

暴戾傲慢、任意胡为、浅薄流俗而自视甚高的人。"以为高"，一本无。⑥队，同"坠"。⑦陈：设。⑧衡诚县：真正把称重的秤悬挂上。衡，秤。县，同"悬"。⑨审：详察。⑩至：极。⑪足：重视。⑫方：法度。⑬中：符合。⑭易：改变。⑮者：犹"之"。⑯固：本来。⑰非特：不是。

礼者，以财物为用①，以贵贱为文②，以多少为异③，以隆杀为要④。文理繁⑤，情用省⑥，是礼之隆也。文理省，情用繁，是礼之杀也。文理情用相为内外表里，并行而杂⑦，是礼之中流也⑧。故君子上致其隆，下尽其杀，而中处其中。步骤驰骋厉骛不外是矣⑨，是君子之坛宇宫廷也⑩。人有是，士君子也；外是，民也；于是其中焉，方皇周挟⑪，曲得其次序⑫，是圣人也。故厚者，礼之积也；大者，礼之广也；高者，礼之隆也；明者，礼之尽也。诗曰："礼仪卒度，笑语卒获⑬。"此之谓也。

［注释］①以财物为用：以贡献馈赠作为资财。②以贵贱为文：以车服旗章作为区分贵贱的文饰。③以多少为异：以数量的多少以区别上下。④以隆杀为要：以厚薄适当作为要领。隆，丰厚。杀，减降。⑤文理：威仪。⑥情用：实用。⑦杂：聚集。⑧中流：中道。⑨步骤驰骋厉骛不外是矣：缓急、快慢、奔竞、疾驰不会超出这个范围。步，缓行。骤，疾走。驰骋，奔竞。厉，疾飞，跃起。骛，奔驰。外，超出。⑩坛宇宫廷：庭院屋宅，此喻君子言行有度，合于礼法规范。⑪方皇周挟：广大周全。挟，通"浃"，周全。⑫曲：尽。⑬礼仪卒度，笑语卒获：礼仪完全合乎法度，言笑全都适得其宜。卒，尽。度，法度。获，得其宜。语出《诗・小雅・楚茨》。

礼者，谨于治生死者也①。生，人之始也；死，人之终也。终始俱善，人道毕矣②。故君子敬始而慎终。终始如一，是君子之道，礼义之文也。夫厚其生而薄其死，是敬其有知而慢其无知也③，是奸人之道而倍叛之心也④。君子以倍叛之心接臧谷⑤，犹且羞之，而况以事其所隆亲乎⑥！故死之为道也，一而不可得再复也，臣之所以致重其君⑦，子之所以致重其亲，于是尽矣。故事生不忠厚、不敬文，谓之野⑧；送死不忠厚、不敬文，谓之瘠⑨。君子贱野而羞瘠，故天子棺椁十重⑩，诸侯五重，大夫三重，士再重。然后皆有衣衾多少厚薄之数⑪，皆有翣菨文章之等⑫，以敬饰之，使生死终始若一，一足以为人愿⑬，是先王之道，忠臣孝子之极也。天子之丧动四海⑭，属诸侯⑮；诸侯之丧动通国⑯，属大夫；大夫之丧动一国，属修士⑰；修士之丧动一乡，属朋友；庶人之丧合族党⑱，动州里；刑余罪人之丧⑲，不得合族党，独属妻子，棺椁三寸，衣衾三领，不得饰棺，不得昼行，以昬殣⑳，凡缘而往埋之㉑，反无哭泣之节㉒，无衰麻之服㉓，无亲疏月数之等㉔，各反其平㉕，各复其始，已葬埋，若无丧者而止，夫是之谓至辱。

[**注释**]①谨：严。　②毕：完备。　③慢：怠慢。　④倍：通“背”。　⑤臧谷：奴仆和小孩。　⑥所隆亲：指君主和父母。　⑦致：极。　⑧野：粗鄙。　⑨瘠：浇薄。　⑩十：或为“七”之形误。　⑪衾：覆尸的被子。　⑫翣（shà）菨（jiē）文章：棺饰花纹。翣，扇形棺饰。菨，棺的羽饰。　⑬愿：心愿。　⑭动：通“恸”，哀恸。　⑮属：聚合。　⑯通国：通好之国。　⑰修士：上士。　⑱族党：宗族乡党。　⑲刑余：受过肉刑的人。　⑳以昬殣：黄昏时埋葬。昬，即“昏”。殣，掩埋。　㉑凡缘而往埋之：谓其妻子穿常日的衣服送葬。凡，常。缘，因。　㉒反：同“返”。　㉓衰（cuī）麻：衰，通“缞”，丧服。　㉔等：等差。　㉕各反其平：各自回复平常状态。

礼者，谨于吉凶不相厌者也①。纩听息之时②，则夫忠臣孝子亦知其闵已③，然而殡敛之具，未有求也④；垂涕恐惧，然而幸生之心未已⑤，持生之事未辍也⑥；卒矣，然后作具之⑦。故虽备家必逾日然后能殡⑧，三日而成服⑨。然后告远者出矣⑩，备物者作矣。故殡久不过七十日，速不损五十日。是何也？曰：远者可以至矣，百求可以得矣，百事可以成矣；其忠至矣⑪，其节大矣⑫，其文备矣⑬。然后月朝卜日，月夕卜宅⑭，然后葬也。当是时也，其义止⑮，谁得行之？其义行，谁得止之？故三月之葬，其貌以生设饰死者也⑯，殆非直留死者以安生也⑰，是致隆思慕之义也⑱。

［**注释**］①厌：侵掩。　②纩（zhù）纩（kuàng）听息：置新丝绵于将死者之口鼻，以观其有无呼吸。纩纩，即“属纩”。　③闵：病危。　④求：准备。　⑤幸：希望。　⑥持：维持。　⑦作具：开始置办。　⑧备家：有所预备之家。　⑨成服：古制丧礼大殓后，死者亲属按关系亲疏，穿上应持的丧服，谓之成服。　⑩告远者：到外地报丧者。　⑪忠：诚。　⑫节：孝节。　⑬文：器用仪制。　⑭月朝卜日，月夕卜宅：谓白天卜卦选择葬期，夜间卜卦选择墓地。月朝，当为“日朝”，说详刘师培。　⑮义：宜。　⑯貌：象。　⑰安生：安慰生者。　⑱致隆思慕之义：表达对死者的尊重和怀念之情。

丧礼之凡①：变而饰②，动而远③，久而平。故死之为道也，不饰则恶④，恶则不哀；尔则玩⑤，玩则厌，厌则忘，忘则不敬。一朝而丧其严亲⑥，而所以送葬之者，不哀不敬，则嫌于禽兽矣⑦，君子耻之。故变而饰，所以灭恶也；动而远，所以遂敬也⑧；久而平，所以优生也⑨。

[**注释**]①凡:概要。　②变:死丧。　③动而远:自入殓至殡葬,逐渐远移。　④恶:丑。　⑤尔则玩:距离近了就会轻慢。尔,同“迩”。玩,轻慢。⑥严亲:指君主和父母。　⑦嫌:近。　⑧遂:成,达到。　⑨优:厚,重视。

礼者,断长续短,损有余,益不足,达爱敬之文,而滋成行义之美者也[①]。故文饰粗恶,声乐哭泣,恬愉忧戚,是反也;然而礼兼而用之,时举而代御[②]。故文饰、声乐、恬愉,所以持平奉吉也[③];粗衰、哭泣、忧戚[④],所以持险奉凶也。故其立文饰也,不至于窕冶[⑤];其立粗衰也,不至于瘠弃[⑥];其立声乐、恬愉也,不至于流淫惰慢;其立哭泣、哀戚也,不至于隘慑伤生[⑦],是礼之中流也。故情貌之变,足以别吉凶,明贵贱亲疏之节,期止矣[⑧]。外是,奸也。虽难[⑨],君子贱之。

[**注释**]①滋成行义之美:养成施行礼义的美德。　②时举而代御:因时而更替使用。　③持平奉吉:对待平安吉庆的事。　④粗衰:当作“粗恶”,粗略。下同。　⑤窕冶:窕,通“姚”,妖美。　⑥瘠弃:浇薄,刻薄。　⑦隘慑:当为“嗌塞”,喉咙梗塞,形容过度悲伤。说参朱起凤。　⑧期:通“其”,犹“则”,就。　⑨难:通“戁”,恭敬。

故量食而食之[①],量要而带之[②],相高以毁瘠[③],是奸人之道也,非礼义之文也,非孝子之情也,将以有为者也。故说豫、娩泽、忧戚、萃恶[④],是吉凶忧愉之情发于颜色者也;歌谣、謸笑、哭泣、谛号[⑤],是吉凶忧愉之情发于声音者也;刍豢、稻粱、酒醴,餰鬻、鱼肉、菽藿、酒浆[⑥],是吉凶忧愉之情发于食饮者也;卑绕、黼黻、文织[⑦],资粗、衰绖、菲繐、菅屦[⑧],是吉凶忧愉之情发于衣服者也;疏房、檖貌、越席、床笫、几筵，属茨、倚庐、席薪、枕块[⑨]，是吉凶忧愉之情发于居处者也。两情者，人生固有端焉[⑩]。若夫断之继之，博之浅之，益之损之，类之尽之[⑪]，盛之美之，使本末终始，莫不顺比[⑫]，足以为万世则[⑬]，则是礼也。非顺孰修为之君子[⑭]，莫之能知也。

［**注释**］①量食：限食。 ②要：同“腰”。 ③相高以毁瘠：竞相以瘦弱为高行。 ④说豫、娩（wǎn）泽、忧戚、萃恶：说，同“悦”，喜悦。豫，快乐。娩泽，颜色润泽。萃恶，面色憔悴。 ⑤谳笑：戏谑。 ⑥馀鬻：稠粥。 ⑦卑绕、黼黻、文织：卑绕，同“裨冕”，衣裨衣而冠冕。文织，有花纹的丝织品。⑧资（zī）粗、衰（cuī）绖（dié）、菲缌、菅屦：资，同“齊”。衰，同“缞”，用麻布制成的丧服，披于胸前。绖，丧期系在腰上或头上的麻带。菲，薄。缌，即缌衰，用细而疏的麻布制成的丧服。菅屦，草鞋。 ⑨属茨、倚庐、席薪、枕块：草编屋顶，倚木为庐，以草为席，以土为枕。茨，用茅草、芦苇盖的屋顶。 ⑩端：方面。 ⑪类之尽之：同类的事情按照惯例尽量做好。 ⑫比：从，和顺。⑬则：法则。 ⑭顺孰修为：精熟修习。孰，精。

故曰：性者，本始材朴也；伪者[①]，文理隆盛也。无性则伪之无所加，无伪则性不能自美[②]。性伪合，然后圣人之名一[③]，天下之功于是就也[④]。故曰：天地合而万物生，阴阳接而变化起，性伪合而天下治。天能生物，不能辨物也[⑤]；地能载人，不能治人也；宇中万物、生人之属，待圣人然后分也。《诗》曰：“怀柔百神，及河乔岳[⑥]。”此之谓也。

［**注释**］①伪：作为。 ②美：完美。 ③一：齐，成全。 ④就：成就。⑤辨：治理。 ⑥怀柔百神，及河乔岳：祭祀以悦众神，遍及大河高山。怀，来。柔，安。乔，高。语出《诗・周颂・时迈》。

丧礼者，以生者饰死者也，大象其生以送其死也①。故如死如生②，如亡如存，终始一也。始卒，沐浴、鬠体、饭唅③，象生执也④。不沐则濡栉三律而止⑤，不浴则濡巾三式而止⑥。充耳而设瑱⑦，饭以生稻，唅以槁骨⑧，反生术矣⑨。说亵衣⑩，袭三称⑪，缙绅而无钩带矣⑫。设掩面儇目⑬，鬠而不冠笄矣⑭。书其名⑮，置于其重⑯，则名不见而柩独明矣。荐器则冠有鍪而毋縰⑰，瓮庑虚而不实⑱，有簟席而无床笫⑲，木器不成斫，陶器不成物，薄器不成内⑳，笙竽具而不和㉑，琴瑟张而不均㉒，舆藏而马反㉓，告不用也㉔。具生器以适墓㉕，象徙道也㉖。略而不尽㉗，貌而不功㉘，趋舆而藏之㉙，金革辔靷而不入㉚，明不用也。象徙道，又明不用也，是皆所以重哀也。故生器文而不功，明器貌而不用㉛。

[**注释**]①象：模仿，效法。　②如死如生：上"如"犹"于"，下句"如亡"之"如"同。于死如生，即视死如生。　③鬠(kuò)体、饭唅：鬠，束发。体(體)，当为"鬠"之误，束发的骨器，说参高亨。饭唅，古丧礼，以珠、玉、贝、米等物纳于死者口中。　④执：当为"势"。　⑤濡栉三律：用湿梳篦理顺发三次。律，理发。　⑥式：同"拭"，擦拭。　⑦充耳：又叫瑱，多以玉、石、丝绵等为之，用来塞耳避听。　⑧槁骨：当作"皜贝"，白色的贝。　⑨术：做法。　⑩说亵衣：说，当作"设"，陈设。亵衣，内衣。　⑪袭三称：加衣三重。　⑫缙绅而无钩带：插笏于腰带而不设带钩。缙，同"搢"，插。　⑬设掩面儇(xuān)目：用练帛裹首覆面。儇，环绕。　⑭不冠笄：男子不戴帽，女子不插笄。　⑮书其名：书死者之名于铭旌。　⑯重：古代丧礼暂时代替主牌用以依神的木制牌位。　⑰荐器则冠有鍪(móu)而毋縰(shǐ)：荐陈明器则有像兜鍪的帽子而无裹头的缁帛。毋，同"无"。　⑱瓮庑：皆陶器。　⑲簟席：竹席。　⑳薄器不成内：薄器，竹苇之器。内，同"纳"，入。　㉑和：应和。　㉒均：通"韵"，和韵。　㉓舆藏而马反：载柩之车埋葬而驾马返回。反，同"返"。　㉔告：表

示。 ㉕具生器以适墓：备办生前用器送往坟墓。 ㉖徙道：迁道。 ㉗略而不尽：简略而不尽备。 ㉘貌而不功：形似而不精善。 ㉙趋舆：赶车。 ㉚金革辔靷：铜辔头，皮车带。 ㉛明器：鬼器，多以竹、木、瓦等制成。

凡礼，事生，饰欢也；送死，饰哀也；祭祀，饰敬也；师旅，饰威也。是百王之所同，古今之所一也，未有知其所由来者也。故圹垅①，其貌象室屋也；棺椁，其貌象版盖斯象拂也②；无帾丝歶缕翣③，其貌以象菲帷帱尉也④；抗折⑤，其貌以象槾茨番阏也⑥。故丧礼者，无它焉，明死生之义，送以哀敬，而终周藏也⑦。故葬埋，敬藏其形也；祭祀，敬事其神也；其铭诔系世⑧，敬传其名也。事生，饰始也；送死，饰终也；终始具而孝子之事毕，圣人之道备矣。刻死而附生谓之墨⑨，刻生而附死谓之惑⑩，杀生而送死谓之贼⑪。大象其生以送其死，使死生终始莫不称宜而好善，是礼义之法式也，儒者是矣。

［**注释**］①圹垅：圹，墓穴。垅，坟冢。 ②其貌象版盖斯象拂：它的外貌仿照车辆的厢板车盖套上皮革。版，车辐。盖，车盖。斯，当作“靳”，套在辕马胸前的皮革。拂，即“茀”。车后皮革。下“象”字疑衍。 ③无帾丝歶（yú）缕翣：棺上覆盖着各种装饰。无，读为“幠”。帾，同“褚”，覆棺的红色布。丝歶，丧车之饰。缕翣，缕，当为“蒌”，通“柳”。蒌翣，棺木的装饰。④菲帷帱尉：门帘帷帐。菲，读为“扉”，户扇。帱，帐。尉，或“幄”之误。⑤抗折：抗木和折木。棺入墓后，上加折木，再加抗席、抗木，用来承抗防土。⑥槾茨番阏：在屋顶上涂泥，用藩篱遮蔽风尘。槾茨，涂泥于屋顶。番，通“藩”，藩篱。阏，遮壅风尘。 ⑦终周藏：最终周密地安葬。 ⑧铭诔系世：铭文、悼词、谱牒世系。 ⑨刻死而附生谓之墨：减损殡葬的仪制而增益生前的给养叫做昏昧。墨，昏昧。 ⑩惑：惑乱。 ⑪贼：狠毒。

三年之丧,何也?曰:称情而立文①,因以饰群,别亲疏、贵贱之节,而不可益损也。故曰:无适不易之术也②。创巨者其日久③,痛甚者其愈迟④,三年之丧,称情而立文,所以为至痛极也。齐衰苴杖⑤,居庐食粥⑥,席薪枕块,所以为至痛饰也。三年之丧,二十五月而毕,哀痛未尽,思慕未忘,然而礼以是断之者⑦,岂不以送死有已⑧,复生有节也哉⑨!凡生乎天地之间者,有血气之属必有知⑩,有知之属莫不爱其类。今夫大鸟兽则失亡其群匹⑪,越月逾时,则必反铅⑫;过故乡,则必徘徊焉,鸣号焉,踯躅焉⑬,踟蹰焉⑭,然后能去之也⑮。小者是燕爵⑯,犹有啁噍之顷焉⑰,然后能去之。故有血气之属莫知于人,故人之于其亲也,至死无穷。将由夫愚陋淫邪之人与?则彼朝死而夕忘之,然而纵之,则是曾鸟兽之不若也⑱,彼安能相与群居而无乱乎?将由夫修饰之君子与⑲?则三年之丧,二十五月而毕,若驷之过隙⑳,然而遂之㉑,则是无穷也。故先王圣人安为之立中制节㉒,一使足以成文理㉓,则舍之矣㉔。

[**注释**]①称情而立文:合乎哀情的要求而制定丧制。　②无适不易:无论何时何地都不改易。适,往。　③创:创伤。　④愈:痊愈。一作"瘉"。⑤齐(zī)衰(cuī)苴杖:齐衰,古代丧服,用熟麻布制成,缉边缝齐,齐衰又有齐衰三年、齐衰期、齐衰五月、齐衰三月之分,此处当指"斩衰"。斩衰是最重的丧服,子对父、臣对君服斩衰三年。苴杖,居丧用的竹杖。　⑥居庐:居倚庐,住在守丧的小屋。　⑦断:戒除。　⑧已:止,尽头。　⑨复生有节:复生,除丧后恢复平时生活。节,限度。　⑩属:种类。　⑪今夫大鸟兽则失亡其群匹:则,犹"若"。群匹,同伴或配偶。　⑫铅:通"沿",循。　⑬踯(zhí)躅(chú):驻足不前。　⑭踟(chí)蹰:来回走动。　⑮能:乃,才。　⑯燕爵:

即"燕雀"。　⑰啁噍(jiào):鸟悲鸣声。　⑱曾鸟兽之不若:连鸟兽都不如。⑲修饰:品德美好。　⑳驷之过隙:快马穿越壁孔(那么快),比喻时光飞逝。隙,壁孔。　㉑遂:遂心所欲。　㉒安为之立中制节:就为人们制定适当的服丧年月加以节制。安,犹"乃"。　㉓一:一经。　㉔舍:除去。

然则何以分之?曰:至亲以期断①。是何也?曰:天地则已易矣,四时则已遍矣②,其在宇中者莫不更始矣③,故先王案以此象之也④。然则三年何也?曰:加隆焉⑤,案使倍之,故再期也⑥。由九月以下何也⑦?曰:案使不及也⑧。故三年以为隆,缌、小功以为杀⑨,期、九月以为间⑩。上取象于天,下取象于地,中取则于人,人所以群居和一之理尽矣⑪。故三年之丧,人道之至文者也⑫,夫是之谓至隆。是百王之所同,古今之所一也。

[**注释**]①期(jī):一年。　②遍:轮回。　③宇中者:谓万物。　④案以此象之:就用周年来取法(规定父母的丧期)。案,同"安",犹"乃"。下同。象,取法。　⑤隆:重。　⑥再期:又加两年。　⑦由:从。　⑧案使不及:使它表示不如父母之恩那样深重。　⑨缌(sī)、小功以为杀:缌,即缌麻,五服中最轻的丧服。用疏织细麻布制成,凡为高祖父母、曾伯叔祖父母、族伯叔父母、外祖父母、岳父母、族昆弟、婿、甥等远亲或亲戚服缌麻三月。小功,五服之一,略重于缌麻,用较粗的熟布制成,为祖之兄弟、父之从父兄弟、身之再从兄弟服小功五月。杀,减,降等。　⑩期、九月以为间:九月,指代大功,五服之一,用熟麻布制成,略粗于小功,堂兄弟、未婚堂姊妹、已婚姑、姊妹等服大功;已婚女为叔、伯父、兄弟、侄、未婚姑、姊妹等也服大功。间,中间,中等。⑪和一:和谐合一。　⑫至文:最重要的礼文。

君之丧,所以取三年,何也?曰:君者,治辨之主也①,文理之原也②,情貌之尽也③,相率而致隆之④,不亦可乎?

诗曰:“恺悌君子,民之父母⑤。”彼君子者,固有为民父母之说焉。父能生之,不能养之;母能食之⑥,不能教诲之;君者,已能食之矣,又善教诲之者也,三年毕矣哉⑦!乳母,饮食之者也,而三月;慈母⑧,衣被之者也,而九月;君,曲备之者也⑨,三年毕乎哉!得之则治,失之则乱,文之至也;得之则安,失之则危,情之至也。两至者俱积焉,以三年事之,犹未足也,直无由进之耳⑩。故社,祭社也⑪;稷,祭稷也⑫;郊者,并百王于上天而祭祀之也。

[**注释**]①治辨之主:治理天下的主宰。　②文理之原:礼义的根本。③情貌之尽:忠诚和恭敬的终极。　④相率而致隆之:相循而极尊崇他。⑤恺悌君子,民之父母:和乐平易君子,如同百姓父母。语出《诗・大雅・泂酌》。恺悌,今本《毛诗》作“岂弟”,二者同。　⑥食(sì):哺育。下“食”字指提供禄廪。　⑦毕:尽。　⑧慈母:妾所生之子在其母死后,由别的妾抚育,此别妾就是此子的慈母。这里指抚养其子的庶母或保姆。　⑨曲备:周备,尽备。　⑩直无由进之耳:只是无从再增加丧期了。　⑪故社,祭社也:所以社祭只是祭祀土地神。　⑫稷,祭稷也:稷祭只是祭祀谷神。

三月之殡①,何也?曰:大之也,重之也,所致隆也,所致亲也,将举措之②,迁徙之,离宫室而归丘陵也,先王恐其不文也,是以繇其期③,足之日也。故天子七月,诸侯五月,大夫三月,皆使其须足以容事④,事足以容成,成足以容文,文足以容备⑤,曲容备物之谓道矣⑥。

[**注释**]①三月之殡:人殓后停柩三个月。　②举措:置办。　③繇其期:延长葬期。繇,通“遥”,远。　④皆使其须足以容事:都是使待葬期限足以置办丧事。须,等待。容,可以。　⑤备:完备。　⑥曲容备物:丧葬事宜周遍完备。

祭者，志意思慕之情也。愅诡唈僾而不能无时至焉[①]。故人之欢欣和合之时，则夫忠臣孝子亦愅诡而有所至矣。彼其所至者，甚大动也[②]；案屈然已[③]，则其于志意之情者惆然不嗛[④]，其于礼节者阙然不具[⑤]。故先王案为之立文[⑥]，尊尊亲亲之义至矣。故曰：祭者，志意思慕之情也，忠信爱敬之至矣，礼节文貌之盛矣，苟非圣人，莫之能知也。

［注释］①愅（gé）诡唈（yì）僾（ài）而不能无时至焉：心情变化悲哀气塞，却不能不在一定的时刻发生。愅，变更。诡，异。唈僾，气不顺畅。无时至，不在一定的时刻发生。 ②大动：此指所至之情极为悲痛。动，通“恸”。 ③案屈然已：只是空想而已。案，犹“若”。屈然，空然。已，语气词。 ④惆然不嗛：怅然不快。嗛，满足，快意。 ⑤阙然：缺失的样子。 ⑥文：祭祀礼文。

圣人明知之，士君子安行之，官人以为守[①]，百姓以成俗[②]。其在君子，以为人道也；其在百姓，以为鬼事也[③]。故钟鼓管磬，琴瑟竽笙，《韶》、《夏》、《护》、《武》、《汋》、《桓》、《箾》、《简》、《象》[④]，是君子之所以为愅诡其所喜乐之文也；齐衰苴杖，居庐食粥，席薪枕块，是君子之所以为愅诡其所哀痛之文也。师旅有制，刑法有等，莫不称罪[⑤]，是君子之所以为愅诡其所敦恶之文也[⑥]。卜筮视日，斋戒修涂[⑦]，几筵、馈荐、告祝[⑧]，如或飨之[⑨]；物取而皆祭之[⑩]，如或尝之；毋利举爵[⑪]，主人有尊[⑫]，如或觞之[⑬]；宾出，主人拜送，反易服[⑭]，即位而哭，如或去之。哀夫！敬夫！事死如事生，事亡如事存，状乎无形影[⑮]，然而成文⑯。

[**注释**]①守:职守。 ②成俗:习俗。 ③其在君子,以为人道也;其在百姓,以为鬼事也:君子将它看做人道,因此安然施行;百姓将它看做鬼事,因此敬畏地遵奉。 ④《韶》、《夏》、《护》、《武》、《汋》、《桓》、《箾》、《简》、《象》:《韶》,舜时之乐。《夏》,禹时之乐。《护》,汤时之乐。《武》、《汋》、《桓》,皆《周颂》篇名,“汋”一作“酌”。据《毛诗序》,《武》颂武王克殷之功,《汋》颂武王酌取先祖之道以养民,《桓》为周成王祀武王于明堂而作。《箾》、《象》,文王之乐。或曰,《箾》为舜乐,《象》为武王伐纣之乐。 ⑤称:相称。 ⑥敦恶:憎恶。敦,通“憝”,怨恨。 ⑦修涂:即“修除”,修整。 ⑧几筵、馈荐、告祝:陈列祭席,进献牲畜和黍稷,向鬼神告祝祈福。几筵,指几席,祭祀的席位,后泛称灵座为几筵。馈,献牺牲。荐,供黍稷。告祝,以言告神祈福。 ⑨飨:通“享”,鬼神享用祭品。 ⑩取:通“聚”,聚集。 ⑪毋利举爵:不使助尸享食的利代主人劝酒。利,助尸享食的人。 ⑫主人有尊:主人劝酒。有,通“侑”,劝饮。 ⑬觞:酒器,引申为进酒。 ⑭反易服:反,同“返”,返回。易服,脱去祭服换上丧服。 ⑮状:类似。 ⑯文:礼义节文。

乐论篇第二十

夫乐者，乐也[①]，人情之所必不免也[②]，故人不能无乐。乐则必发于声音，形于动静[③]，而人之道[④]。声音、动静，性术之变尽是矣[⑤]。故人不能不乐，乐则不能无形，形而不为道[⑥]，则不能无乱。先王恶其乱也，故制《雅》、《颂》之声以道之[⑦]，使其声足以乐而不流[⑧]，使其文足以辨而不諰[⑨]，使其曲直[⑩]、繁省[⑪]、廉肉[⑫]、节奏足以感动人之善心，使夫邪污之气无由得接焉。是先王立乐之方也，而墨子非之[⑬]，奈何！

［**注释**］①夫乐(yuè)者，乐(lè)也：乐歌、乐舞这些音乐形式，是人们用来表达喜乐情感的。 ②免：缺少。 ③形于动静：通过人们的一举一动表现出来。 ④而人之道：这是人的自然常道。而，乃也。 ⑤性术：性情和它的表现形式。 ⑥形而不为道：有了表现形式而不加以正确引导。道，通"导"，引导。 ⑦《雅》、《颂》之声：配合《诗经》中的《雅》诗和《颂》诗演唱的音乐。 ⑧流：淫放。 ⑨使其文足以辨而不諰(xǐ)：使乐章能够辞意通达而不邪辟。文，乐章、歌词。辨，明了。諰，音，通"息"，销尽。 ⑩曲直：指乐曲的婉转与平缓。 ⑪繁省：指乐曲的复杂与简约。 ⑫廉肉：指乐曲的激亢与圆润。 ⑬墨子非之：墨子批判音乐。墨子，名翟，战国初期鲁国人，著有《非乐》一篇，主张全部取消音乐。

故乐在宗庙之中，君臣上下同听之，则莫不和敬；闺门之内[①]，父子兄弟同听之，则莫不和亲；乡里族长之中[②]，长少同听之，则莫不和顺。故乐者，审一以定和者也[③]，比物以饰节者也[④]，合奏以成文者也，足以率一道[⑤]，足以治万变。是先王立乐之术也[⑥]，而墨子非之，奈何！

［**注释**］①闺门：垣内之门，在此借指家庭。　②族长：盖指家族。　③一：音律。　④比物以饰节者也：配合乐器来调整节奏。比，配合。物，指各种乐器。饰，通“饬”，整治。　⑤率一道：遵循和一之道。率，遵循。一道，指和一之道。　⑥术：道，理。

故听其《雅》、《颂》之声，而志意得广焉；执其干戚，习其俯仰屈伸，而容貌得庄焉[①]；行其缀兆[②]，要其节奏[③]，而行列得正焉，进退得齐焉。故乐者，出所以征诛也，入所以揖让也。征诛、揖让，其义一也[④]。出所以征诛，则莫不听从；入所以揖让，则莫不从服。故乐者，天下之大齐也[⑤]，中和之纪也[⑥]，人情之所必不免也。是先王立乐之术也，而墨子非之，奈何！

［**注释**］①习其俯仰屈伸，而容貌得庄焉：练习俯仰、弯曲、伸展等舞蹈动作，容貌就会显得庄重了。　②缀兆：乐舞之位。缀，舞蹈表演的行列。兆，指舞者活动的界域。　③要（yāo）：把握。　④义：意义。　⑤齐：同。　⑥中和之纪：是万物和谐的纲纪。纪，纲纪。

且乐者，先王之所以饰喜也；军旅铁钺者[①]，先王之所以饰怒也。先王喜怒皆得其齐焉[②]。是故喜而天下和之，怒而暴乱畏之。先王之道，礼乐正其盛者也[③]，而墨子非之。故曰:墨子之于道也,犹瞽之于白黑也,犹聋之于清浊也,犹欲之楚而北求之也。

[注释]①铁钺(yuè):本为两种兵器,也泛指刑罚、杀戮。铁,通"斧",斧头。钺,古兵器,用于斩杀,状如大斧。 ②齐(jì):通"剂",调剂、调和。③礼乐正其盛者也:先王之道,礼乐正是其中最为重要、隆盛的。

夫声乐之入人也深,其化人也速,故先王谨为之文。乐中平则民和而不流①,乐肃庄则民齐而不乱②。民和齐则兵劲城固,敌国不敢婴也③。如是,则百姓莫不安其处,乐其乡,以至足其上矣④。然后名声于是白,光辉于是大,四海之民莫不愿得以为师⑤,是王者之始也。乐姚冶以险,则民流僈鄙贱矣⑥。流僈则乱,鄙贱则争;乱争则兵弱城犯⑦,敌国危之⑧。如是,则百姓不安其处,不乐其乡,不足其上矣。故礼乐废而邪音起者,危削侮辱之本也。故先王贵礼乐而贱邪音。其在序官也⑨,曰:"修宪命⑩,审诛赏⑪,禁淫声,以时顺修,使夷俗邪音不敢乱雅,太师之事也。"

[注释]①乐中平则民和而不流:声乐中正和平,人民就会和顺而不放荡。流,移动无定,放荡。 ②齐:齐整、团结统一。 ②婴:通"撄",触犯。④足:满足。 ⑤师:君师、君长。 ⑥乐姚冶以险,则民流僈鄙贱矣:如果音乐妖美邪辟,那么民众就会放荡轻慢、粗陋卑贱。姚冶,妖美。险,邪。⑦犯:被……侵犯。 ⑧危:危害。 ⑨序官:排列论说官职。 ⑩修宪命:修订法令文告。 ⑪审诛赏:审查诗章。案审诛赏不属于太师的职责,根据《王制篇》记载,"诛赏"应为"诗商"。商,通"章",乐章。太师掌教六诗,"审诗章"应是其职责所在。

墨子曰:“乐者,圣王之所非也,而儒者为之,过也。”君子以为不然。乐者,圣人之所乐也,而可以善民心,其感人深,其移风易俗[①]。故先王导之以礼乐而民和睦。夫民有好恶之情而无喜怒之应[②],则乱。先王恶其乱也,故修其行,正其乐,而天下顺焉。故齐衰之服[③],哭泣之声,使人之心悲;带甲婴軸[④],歌于行伍,使人之心伤[⑤];姚冶之容,郑卫之音,使人之心淫;绅端章甫[⑥],舞《韶》歌《武》[⑦],使人之心庄[⑧]。故君子耳不听淫声,目不视女色,口不出恶言。此三者,君子慎之。

[**注释**]①其移风易俗:按《汉书·礼乐志》为“其移风易俗易”,根据文意应以《汉书》为是。 ②应:反应、相应。 ③齐(zī)衰(cuī):丧礼五服的一种,用粗麻布制成,因其缉边缝齐,故称齐衰。 ④婴軸:系带着头盔。婴,系、带。軸,头盔。 ⑤伤:壮,振作。 ⑥绅端章甫:腰束大带,身穿礼服,头戴礼帽。绅,古代束于衣外的大带子。端,指玄端,古代礼服。章甫,商代的一种礼帽。 ⑦舞《韶》歌《武》:奏着《韶》、《舞》的乐曲跳舞唱歌。《韶》,舜时的乐曲名。《武》,又称《大武》,周代乐曲名,相传是周公为歌颂周武王克商之功而作。 ⑧庄:庄重、庄敬。

凡奸声感人而逆气应之[①],逆气成象而乱生焉[②];正声感人而顺气应之,顺气成象而治生焉。唱和有应,善恶相象[③],故君子慎其所去就也。

[**注释**]①凡奸声感人而逆气应之:大凡奸邪的音乐能感动人,就必定会产生歪风邪气与它相呼应。 ②成象:形成气象。 ③唱和(hè)有应,善恶相象:案声感人,倡也;气应之,和也。善倡则善和,恶倡则恶和,因此倡和各有所应,善恶各有所象。唱,通“倡”,导也。有应,有所相应。相象,各有所象。

君子以钟鼓道志，以琴瑟乐心①；动以干戚，饰以羽旄，从以磬管②。故其清明象天③，其广大象地④，其俯仰周旋有似于四时⑤。故乐行而志清⑥，礼修而行成⑦，耳目聪明，血气和平，移风易俗，天下皆宁，美善相乐。故曰：乐者，乐也。君子乐得其道⑧，小人乐得其欲。以道制欲，则乐而不乱；以欲忘道，则惑而不乐。故乐者，所以道乐也，金石丝竹，所以道德也。乐行而民乡方矣⑨。故乐者，治人之盛者也，而墨子非之。

［**注释**］①君子以钟鼓道志，以琴瑟乐心：君子用钟鼓来引导自己的志向，用琴瑟来陶冶自己的性情。道，同“导”，引导。　②动以干戚，饰以羽旄，从以磬管：操起盾牌和斧头来跳舞，手执雉羽和旄牛尾作为装饰，用箫和管来配乐。　③故其清明象天：所以君子的志意像天一样清明。　④其广大象地：君子的心胸像地一样宽广。　⑤其俯仰周旋有似于四时：君子的舞姿反复变化有如四季。　⑥清：高洁。　⑦行：德行。　⑧道：礼法。　⑨乐行而民乡方矣：音乐流行民众就会遵循着一定的礼法而行了。乡，同“向”，向往，遵循。方，道，礼法。

且乐也者，和之不可变者也；礼也者，理之不可易者也。乐合同，礼别异①。礼乐之统，管乎人心矣②。穷本极变，乐之情也③；著诚去伪，礼之经也④。墨子非之，几遇刑也⑤。明王已没，莫之正也⑥。愚者学之，危其身也。君子明乐，乃其德也。乱世恶善，不此听也⑦。於乎哀哉⑧！不得成也⑨。弟子勉学，无所营也⑩。

［**注释**］①乐合同，礼别异：音乐使人们和合统一，礼制使人们区别等级差异。　②礼乐之统，管乎人心：礼乐相互为用，可以管束人的思想感情。统，合。　③穷本极变，乐之情也：穷究人的本心并了解其情感变化，这是乐的实

际功能。 ④著诚去伪,礼之经也:标著人的真诚而去除虚伪,这是礼的常道。著,标举、标著。经,常道、常规。 ⑤几(jī)遇刑也:近乎犯罪。几,接近,几乎。 ⑥正:匡正。 ⑦乱世恶善,不此听也:混乱的社会厌恶德善之举,人们并不听从君子对音乐的倡导。 ⑧於(wū)乎:同“呜呼”。 ⑨成:成效。 ⑩弟子勉学,无所营也:学生们应当努力学习,没有什么值得疑惑的。营,通“荧”,惑。

声乐之象①:鼓大丽②,钟统实③,磬廉制④,竽、笙、箫、和⑤、筦、籥发猛⑥,埙、篪翁博⑦,瑟易良⑧,琴妇好⑨,歌清尽⑩,舞意天道兼⑪。鼓,其乐之君邪!故鼓似天,钟似地,磬似水,竽、笙、箫、和、筦、籥似星辰日月,鞉、柷、拊、鞷、椌、楬似万物⑫。曷以知舞之意?曰:目不自见,耳不自闻也,然而治俯仰、诎信⑬、进退、迟速莫不廉制,尽筋骨之力以要钟鼓俯会之节⑭,而靡有悖逆者,众积意谔谔乎⑮!

[**注释**]①象:象征。 ②鼓大丽:鼓声大且猛烈激昂。丽,通“厉”,猛烈激昂。 ③统实:充实,洪亮。 ④磬廉制:磬声清越而明晰。磬,古代一种石制的敲击乐器,形似曲尺。廉,有棱角。制,折也。 ⑤和(hè):小笙。⑥发猛:声音激昂振奋。 ⑦埙(xūn)、篪(chí)翁博:埙、篪两种乐器的声音低沉厚重。埙,陶制吹奏乐器。篪,竹制横吹乐器。 ⑧瑟易良:瑟声轻松平和。 ⑨琴妇好:琴声温柔婉转。妇好,同“女好”,柔婉。 ⑩歌清尽:歌声清明完美。尽,达到顶点,完美。 ⑪舞意天道兼:舞蹈俯仰进退回旋,与天象相合。天道,天象。兼,合,相似。 ⑫鞉(táo)、柷(zhù)、拊(fǔ)、鞷(gé)、椌(qiāng)、楬(qià)似万物:鞉、柷、拊、鞷、椌、楬各种乐器似世间万物。鞉,有柄小鼓,如今之拨浪鼓。柷,一种漆桶似的木制乐器,奏乐时先击之。拊,一种打击乐器,由熟皮制的皮囊塞满谷糠而成,形如鼓,用手拍打出音,声音沉闷。鞷,通“膈”,是一种与拊类似的乐器。椌,是一种与柷类似的

乐器。楬,又名“敔”,是一种伏虎状的木制打击乐器,奏乐将要结束时击之。 ⑬然而治俯仰、诎信(shēn)、进退、迟速莫不廉制:然而舞蹈的俯、仰、屈、伸、进、退、快、慢等动作,莫不清快明晰。诎,通“屈”,弯腰。信,通“伸”,伸展。 ⑭尽筋骨之力以要(yāo)钟鼓俯会之节:竭尽全身的力量以迎合钟、鼓抑扬的节拍。要,迎合、符合。 ⑮众积意谔(chí)谔乎:这大概是众舞者习舞时非常的认真谨慎吧! 积,习也。谔谔,谆谆,认真谨慎的样子。

吾观于乡①,而知王道之易易也②。主人亲速宾及介③,而众宾皆从之④;至于门外,主人拜宾及介,而众宾皆入;贵贱之义别矣⑤。三揖至于阶⑥,三让以宾升⑦,拜至,献酬⑧,辞让之节繁;及介,省矣;至于众宾,升受⑨,坐祭⑩,立饮⑪,不酢而降;隆杀之义辨矣⑫。工入⑬,升歌三终⑭,主人献之;笙入⑮,三终,主人献之;间歌三终⑯,合乐三终⑰,工告乐备,遂出。二人扬觯,乃立司正⑱。焉知其能和乐而不流也⑲。宾酬主人,主人酬介,介酬众宾,少长以齿,终于沃洗者⑳。焉知其能弟长而无遗也㉑。降,说屦㉒,升坐,修爵无数㉓。饮酒之节,朝不废朝,莫不废夕㉔。宾出,主人拜送,节文终遂㉕。焉知其能安燕而不乱也㉖。贵贱明,隆杀辨,和乐而不流,弟长而无遗,安燕而不乱,此五行者,是足以正身安国矣。彼国安而天下安。故曰:吾观于乡,而知王道之易易也。

[**注释**]①乡:乡饮酒礼。 ②而知王道之易易也:便知道王道的实现是非常容易的。 ③主人亲速宾及介:主人亲自迎接主宾和主要陪同者“介”。速,召请。宾,主宾,正宾,是乡饮酒礼中最贤能也是地位最高的人。介,宾的副手,德行与地位稍次于宾。 ④众宾:从宾,德行次于介,地位在众宾客中最低。 ⑤别:明,明显。 ⑥揖:拱手作揖,古代宾主相见的礼节。 ⑦让:

谦让。 ⑧献酬:古代主客之间相互敬酒,主人向宾客敬酒,叫做献;次由宾客向主人还敬,叫做酢;再由主人把酒自饮,劝宾客随饮,叫做酬。 ⑨升受:众宾登上厅堂接受主人献酒。 ⑩坐祭:众宾坐着以酒祭神。 ⑪立饮:站着饮酒。 ⑫隆杀(shài)之义辨矣:礼仪的隆重与简单便分辨的很清楚了。隆,隆重。杀,减省、降低。辨,分辨,清楚。 ⑬工:乐工。 ⑭升歌三终:升堂演奏歌曲三遍。终,将一首歌曲或乐曲歌唱或演奏一遍叫一终。歌三终,指把《诗·小雅》中的诗歌《鹿鸣》、《四牡》、《皇皇者华》各演唱一遍。⑮笙:吹笙者。 ⑯间歌三终:乐工和吹笙的交替演奏三曲。间,代,交替。间歌,歌一曲则吹一曲,歌、笙交替而作。乐工歌唱《诗·小雅》中的《鱼丽》,接着笙吹《小雅》中的《由庚》;歌唱《南有嘉鱼》,笙吹《崇丘》;歌唱《南山有台》,笙吹《由仪》。 ⑰合乐三终:歌唱与乐器演奏同时而作,乐工歌唱《诗·周南》中的《关雎》、《葛覃》、《卷耳》,笙吹《诗·召南》中的《鹊巢》、《采蘩》、《采蘋》。 ⑱二人扬觯(zhì),乃立司正:主人命两个侍从举觯向主宾和"介"敬酒,并设立司正来监督宾主宴饮的礼节。觯,古代饮酒用的器具。司正,专门负责监督饮酒礼顺利进行的人。 ⑲流:放肆失礼。 ⑳沃洗者:负责浇水供主人和宾客盥手洗觯的人。 ㉑焉知其能弟长而无遗也:于是知道他们能尊敬长者友爱少者而没有遗漏。弟,指年轻人。长,年长者。 ㉒说(tuō)屦(jù):脱掉鞋子。说,通"脱"。屦,鞋子。 ㉓修爵:相互敬酒。㉔朝(zhāo)不废朝(chāo),莫不废夕:指乡饮酒礼举行的时间限度,应该是早上不至耽误早朝,晚上不至耽误晚朝。在古代,人臣见于君,朝见谓之朝,暮见谓之夕。莫,通"暮"。 ㉕节文终遂:礼节仪式最终完成。遂,完成。㉖焉知其能安燕而不乱:由此可以知道人们在安闲饮酒时也不失礼。安,安闲。燕,通"宴",安逸,安闲。

乱世之征①:其服组②,其容妇③,其俗淫④,其志利⑤,其行杂⑥,其声乐险⑦,其文章匿而采⑧,其养生无度⑨,其送死瘠墨⑩,贱礼义而贵勇力,贫则为盗,富则为贼。治世反是也⑪。

［**注释**］①征：迹象、预兆。 ②其服组：服饰华丽。 ③其容妇：容貌妖媚。妇，通"媚"，妖媚。 ④其俗淫：风俗淫乱。 ⑤其志利：人们的志意唯利是图。 ⑥其行杂：行为杂乱不纯。 ⑦其声乐险：那里的音乐邪恶怪僻。险，邪恶。 ⑧其文章匿（tè）而采：所写的文章思想邪恶，辞藻华丽。匿，通"慝"，邪恶。采，辞藻华丽。 ⑨养生无度：生活享受毫无限度。 ⑩其送死瘠墨：葬送死者不恭敬。 ⑪治世反是也：安定清明的社会与此相反。

解蔽篇第二十一

凡人之患①，蔽于一曲而暗于大理②。治则复经③，两疑则惑矣④。天下无二道，圣人无两心⑤。今诸侯异政，百家异说，则必惑是惑非⑥，惑治惑乱⑦。乱国之君，乱家之人⑧，此其诚心莫不求正而以自为也⑨，妒缪于道而人诱其所迨也⑩。私其所积⑪，唯恐闻其恶也；倚其所私以观异术⑫，唯恐闻其美也。是以与治虽走⑬，而是己不辍也⑭。岂不蔽于一曲而失正求也哉？心不使焉⑮，则白黑在前而目不见，雷鼓在侧而耳不闻，况于使者乎⑯！德道之人⑰，乱国之君非之上⑱，乱家之人非之下，岂不哀哉！

[**注释**]①凡人之患：人们认识的通病。凡，总括之词。患，通病。　②蔽于一曲而暗于大理：蒙蔽于局部认识而不明白全面道理。　③治则复经：加以整治就回复常道。　④两疑则惑：犹疑不决就会迷惑。　⑤两心：三心二意。　⑥惑：一作“或”。　⑦治：一作“理”。　⑧乱家之人：背离正道的各家学者。　⑨此其诚心莫不求正而以自为：没有不真心想求得正道而自以为如此的。　⑩妒缪于道而人诱其所迨：憎忌违于正道而别人就会诱其所好。妒，憎忌。缪，违。迨，借为“怡”。　⑪私其所积：偏爱自己积累的东西。⑫倚：倚仗。　⑬虽走：当作“离走”，背离正道而行。　⑭是己不辍：自以为

是而无休止。　⑮使：用。　⑯使者：被蒙蔽之人。　⑰德：通“得”。⑱非：非难。

故为蔽[1]？欲为蔽，恶为蔽，始为蔽，终为蔽，远为蔽，近为蔽，博为蔽，浅为蔽，古为蔽，今为蔽。凡万物异则莫不相为蔽，此心术之公患也[2]。

［**注释**］①故：犹“胡”，哪些。一说句首发语词。　②心术之公患：思想方法的通病。

昔人君之蔽者，夏桀、殷纣是也。桀蔽于末喜、斯观[1]，而不知关龙逢[2]，以惑其心而乱其行；纣蔽于妲己、飞廉[3]，而不知微子启[4]，以惑其心而乱其行。故群臣去忠而事私，百姓怨非而不用[5]，贤良退处而隐逃[6]，此其所以丧九牧之地[7]，而虚宗庙之国也。桀死于亭山[8]，纣县于赤旆[9]，身不先知[10]，人又莫之谏，此蔽塞之祸也。成汤监于夏桀[11]，故主其心而慎治之[12]，是以能长用伊尹而身不失道，此其所以代夏王而受九有也[13]。文王监于殷纣，故主其心而慎治之，是以能长用吕望而身不失道，此其所以代殷王而受九牧也。远方莫不致其珍，故目视备色[14]，耳听备声，口食备味，形居备宫，名受备号，生则天下歌，死则四海哭[15]，夫是之谓至盛[16]。《诗》曰：“凤凰秋秋，其翼若干，其声若箫。有凤有凰，乐帝之心[17]。”此不蔽之福也。

［**注释**］①末喜、斯观：末喜，一作“妺喜”、“末嬉”、“妺嬉”，桀妃。斯观，或为“斟观”，未详。　②关龙逢：一作“关龙逄”，夏桀贤臣，因力谏而被杀。③妲己、飞廉：妲己，纣妃。飞廉，纣佞臣。　④微子启：纣庶兄，微国子爵，名

启，屡次谏纣不听。后向周称臣，被封于宋。 ⑤非：同“诽”。 ⑥退处：退居不仕。 ⑦九牧：九州。 ⑧亭山：或作“鬲山”。 ⑨县于赤旆：（首级）悬挂在红旗杆上。县，即“悬”。 ⑩身：自身。 ⑪监：鉴戒。 ⑫主：守。 ⑬九有：九域。有，借为或，即域。 ⑭备：全。 ⑮四海：一作“天下”。 ⑯盛：一作“威”。 ⑰凤凰秋秋，其翼若干，其声若箫。有凤有凰，乐帝之心：凤凰昂首飞翔，翼如盾牌雄壮，声如洞箫悠扬。又有凤又有凰，帝王心中欢畅。秋秋，犹“跄跄”，飞舞的样子。一说鸣叫声。此为逸诗。

昔人臣之蔽者，唐鞅、奚齐是也①。唐鞅蔽于欲权而逐载子②，奚齐蔽于欲国而罪申生③。唐鞅戮于宋，奚齐戮于晋。逐贤相而罪孝兄，身为刑戮，然而不知，此蔽塞之祸也。故以贪鄙、背叛、争权而不危辱灭亡者，自古及今未尝有之也。鲍叔、宁戚、隰朋仁知且不蔽④，故能持管仲⑤，而名利福禄与管仲齐；召公、吕望仁知且不蔽⑥，故能持周公而名利福禄与周公齐。传曰：“知贤之为明，辅贤之谓能⑦。勉之强之⑧，其福必长。”此之谓也。此不蔽之福也。

［**注释**］①唐鞅、奚齐：唐鞅，宋康王之臣。奚齐，晋献公骊姬之子。 ②载子：载子即戴驩，宋国太宰。载，同“戴”。 ③申生：晋太子，奚齐之兄。为骊姬所谮，自缢而死。 ④鲍叔、宁戚、隰（xí）朋仁知且不蔽：鲍叔、宁戚、隰朋，都是齐桓公的臣子，帮助管仲辅佐桓公。知，一作“智”。下同。 ⑤持：扶持。 ⑥召公、吕望：召公，名奭，姬姓，周武王之臣。受封于召，故称召公或召伯。吕望，即吕尚，姜姓，号太公望。 ⑦能：一作“强”。 ⑧勉之强之：勉力自强。

昔宾孟之蔽者①，乱家是也。墨子蔽于用而不知文②，宋子蔽于欲而不知得③，慎子蔽于法而不知贤④，申子蔽于势而不知知⑤，惠子蔽于辞而不知实⑥，庄子蔽于天而不知人⑦。故由用谓之，道尽利矣；由俗谓之⑧，道尽嗛矣⑨；由法谓之，道尽数矣⑩；由势谓之，道尽便矣⑪；由辞谓之，道尽论矣；由天谓之，道尽因矣⑫。此数具者⑬，皆道之一隅也。夫道者，体常而尽变⑭，一隅不足以举之⑮。曲知之人⑯，观于道之一隅，而未之能识也，故以为足而饰之，内以自乱，外以惑人，上以蔽下，下以蔽上，此蔽塞之祸也。

[**注释**]①宾孟：即宾氓（méng），往来于诸侯国之间的游士。 ②蔽于用而不知文：尚功用而不知礼乐文饰的重要。 ③宋子蔽于欲而不知得：宋钘强调情欲寡浅而不知人贪得的一面。宋子，即宋钘，与下文慎子、申子、惠子皆可参见《非十二子篇第六》注解。蔽，受蒙蔽。 ④慎子蔽于法而不知贤：慎到片面强调法治而不知尚贤使能。 ⑤申子蔽于势而不知知：申不害推崇权势而不知才智的重要。 ⑥惠子蔽于辞而不知实：惠施善于玩弄辩辞而无视事实。 ⑦蔽于天而不知人：讲求天道而忽略人事的作用。 ⑧俗：当为“欲”。 ⑨嗛（qiè）：满足。 ⑩数：术数。 ⑪便：利益。 ⑫因：因循。 ⑬此数具：这几种观点。一作“此而数具”。 ⑭体常而尽变：本体稳定而极尽变化。 ⑮举：总括。 ⑯曲知：认识片面。

孔子仁知且不蔽，故学乱术足以为先王者也①。一家得周道②，举而用之，不蔽于成积也③。故德与周公齐，名与三王并，此不蔽之福也。

[**注释**]①乱术：治术。 ②一家得周道：以一家学说而得大道。周，至，大。 ③成积：积习。

圣人知心术之患，见蔽塞之祸，故无欲无恶，无始无终，无近无远，无博无浅，无古无今，兼陈万物而中县衡焉[①]。是故众异不得相蔽以乱其伦也[②]。何谓衡？曰：道。故心不可以不知道，心不知道，则不可道而可非道[③]。人孰欲得恣而守其所不可，以禁其所可[④]？以其不可道之心取人，则必合于不道人而不知合于道人[⑤]。以其不可道之心与不道人论道人[⑥]，乱之本也。夫何以知？曰：心知道然后可道，可道然后能守道以禁非道。以其可道之心取人，则合于道人而不合于不道之人矣。以其可道之心与道人论非道，治之要也。何患不知？故治之要在于知道[⑦]。

[**注释**]①中县衡：心中设立标准。中，谓心。县，一作“悬”，二者同。衡，秤，引申为标准。　②伦：条理。　③可：认同。　④人孰欲得恣而守其所不可，以禁其所可：人在放纵时，谁愿谨守不合己意的事情，而禁止合己意的事情呢？　⑤不道人：不守正道之人。　⑥论：评议。　⑦在：一作“存”。

人何以知道？曰：心。心何以知？曰：虚壹而静[①]。心未尝不臧也[②]，然而有所谓虚；心未尝不满也[③]，然而有所谓一；心未尝不动也，然而有所谓静。人生而有知[④]，知而有志[⑤]。志也者，臧也，然而有所谓虚，不以已所臧害所将受谓之虚[⑥]。心生而有知，知而有异。异也者，同时兼知之，同时兼知之，两也，然而有所谓一，不以夫一害此一谓之壹[⑦]。心，卧则梦，偷则自行[⑧]，使之则谋[⑨]。故心未尝不动也，然而有所谓静，不以梦剧乱知谓之静[⑩]。未得道而求道者，谓之虚壹而静。作之[⑪]，则将须道者之虚则人[⑫]，将事道者之壹则尽[⑬]，尽将思道者静则察[⑭]。知道察[⑮]，知道行[⑯]，体道者也[⑰]。虚壹而静，谓之大清明[⑱]。

［注释］①虚壹而静：空无、专一而安定正静。虚，空无，指排除既有认知或杂念。 ②臧：通“藏”，包藏，储藏。下同。 ③满：当作“两”，同时认识不同的事物。 ④知：认识能力。 ⑤志：记忆。 ⑥不以己所臧害所将受：不因已有的认识妨碍将要接受的新知识。己所臧，一作“所已臧”。所将受，将要接受的新知识。 ⑦夫：彼。 ⑧偷则自行：苟且就会放纵。 ⑨使之则谋：运用它就会谋虑。 ⑩剧：繁杂。 ⑪作之：实行它。 ⑫将须道者之虚则人：求道者空无就会认识道。将，语气词。下同。须，求。据王引之，“人”当为“入”，认识。 ⑬将事道者之壹则尽：学道者专一就会全面了解道。事，行。尽，全面了解。 ⑭尽将思道者静则察：研究道的人安定正静就会体察道。察，体察，体悟。“尽”字疑为衍文，“静”上似夺一“之”字。 ⑮知道察：认识道而明察。 ⑯行：实行。 ⑰体道：悟道。 ⑱大清明：神志的极端清静明朗。

万物莫形而不见①，莫见而不论②，莫论而失位③。坐于室而见四海，处于今而论久远④。疏观万物而知其情⑤，参稽治乱而通其度⑥，经纬天地而材官万物⑦，制割大理而宇宙里矣⑧。恢恢广广⑨，孰知其极⑩？睪睪广广⑪，孰知其德？涫涫纷纷⑫，孰知其形？明参日月⑬，大满八极⑭，夫是之谓大人。夫恶有蔽矣哉⑮！

［注释］①形而不见：显现而不被察见。 ②论：评议。 ③失位：失其宜。 ④论：一作“闻”。 ⑤疏观万物而知其情：通观万物而了解它们的情实。疏观，通观。情，实际情况。 ⑥参稽治乱而通其度：考察治乱而通晓法度。 ⑦经纬天地而材官万物：治理天地而因材利用万物。经纬，治理。官，任用，利用。 ⑧制割大理而宇宙里矣：掌握规律而宇宙得以治理。里，通“理”，治理。 ⑨恢恢广广：恢弘广大。 ⑩极：边际。 ⑪睪（hào）睪广广：浩瀚无涯。睪睪，即“皞皞”，广大的样子。广，通“旷”。 ⑫涫（guàn）涫纷纷：沸腾纷繁。 ⑬明参日月：与日月同辉。参，同。 ⑭大满八极：伟大充塞八方。 ⑮恶：哪里，怎么。

心者,形之君也①,而神明之主也②,出令而无所受令③。自禁也,自使也,自夺也④,自取也,自行也,自止也。故口可劫而使墨云⑤,形可劫而使诎申⑥,心不可劫而使易意⑦,是之则受,非之则辞⑧。故曰:心容⑨,其择也无禁⑩,必自见⑪;其物也杂博⑫,其情之至也不贰⑬。《诗》云:"采采卷耳,不盈顷筐。嗟我怀人,寘彼周行⑭。"顷筐易满也,卷耳易得也,然而不可以贰周行⑮。故曰:心枝则无知⑯,倾则不精⑰,贰则疑惑。以赞稽之⑱,万物可兼知也。身尽其故则美⑲,类不可两也⑳,故知者择一而壹焉㉑。

[**注释**]①形之君:形体的统帅。 ②神明之主:精神的主宰。 ③出令而无所受令:发号施令而不接受命令。 ④自夺:自我放弃。 ⑤口可劫而使墨云:口可以被强迫而沉默或言语。劫,胁迫。墨,同"默"。墨云,沉默或言语。 ⑥诎申:即屈伸。 ⑦易意:改变意志。 ⑧是之则受,非之则辞:认为对的就接受,认为错的就拒绝。辞,拒绝。 ⑨容:状态。 ⑩无禁:没有限制。 ⑪自见:自主地表现。 ⑫杂博:繁杂广博。 ⑬其情之至也不贰:专一至极就不会疑惑不定。情,通"精"。 ⑭采采卷耳,不盈顷筐。嗟我怀人,寘彼周行:采呀采卷耳,不满一浅筐。思念远方人,筐丢大路旁。嗟,语助词。寘,同"置"。周行,大路。语出《诗·周南·卷耳》。 ⑮贰周行:不专一地站在大路旁。 ⑯心枝则无知:思想分散就不能获得认知。枝,通"歧",分歧,分散。 ⑰倾则不精:思想动摇,(认识)就不能专精。倾,倾斜,动摇。 ⑱以赞稽之:用(专一于道)来帮助考察万物。 ⑲身尽其故则美:自身穷究其理最好了。 ⑳类不可两:类,事理。两,同时兼存或兼知。 ㉑知者择一而壹:智者选择其一而专一地研究。知,通"智"。壹,专一地研究。

农精于田,而不可以为田师;贾精于市,而不可以为贾师[①];工精于器,而不可以为器师。有人也,不能此三技,而可使治三官,曰:精于道者也,精于物者也[②]。精于物者以物物[③],精于道者兼物物[④],故君子壹于道而以赞稽物。壹于道则正,以赞稽物则察,以正志行察论[⑤],则万物官矣[⑥]。

[**注释**]①贾:一作"市"。　②精于物者也:据俞樾,"精"上当有"非"字。或曰,此句当在"不可以为器师"句下。　③精于物者以物物:精通具体事物的人能掌握某一事物。上"物"字,谓治物。　④精于道者兼物物:精通于道的人能兼治一切事物。　⑤以正志行察论:用平正的心志进行详审的论断。正志,平正的心志。察论,详审的论断。　⑥官:各当其任。

昔者舜之治天下也,不以事诏而万物成[①]。处一危之,其荣满侧[②];养一之微,荣矣而未知[③]。故《道经》曰:"人心之危,道心之微[④]。"危微之几[⑤],惟明君子而后能知之。故人心譬如槃水[⑥],正错而勿动[⑦],则湛浊在下而清明在上[⑧],则足以见须眉而察理矣[⑨]。微风过之,湛浊动乎下,清明乱于上,则不可以得大形之正也[⑩]。心亦如是矣。故导之以理,养之以清[⑪],物莫之倾,则足以定是非,决嫌疑矣。小物引之[⑫],则其正外易[⑬],其心内倾,则不足以决粗理矣[⑭]。故好书者众矣,而仓颉独传者[⑮],壹也;好稼者众矣,而后稷独传者[⑯],壹也;好乐者众矣,而夔独传者[⑰],壹也;好义者众矣,而舜独传者,壹也。倕作弓[⑱],浮游作矢[⑲],而羿精于射;奚仲作车[⑳],乘杜作乘马[㉑],而造父精于御[㉒]。自古及今,未尝有两而能精者也。曾子曰:"是其庭可以搏鼠,恶能与我歌矣[㉓]!"

[**注释**]①诏:教导。　②处一危之,其荣满侧:处心专一而知戒惧,美誉充溢周围。　③养一之微,荣矣而未知:涵养专一而极于精微,虽有美誉而不自知。　④人心之危,道心之微:《尚书·大禹谟》作“人心惟危,道心惟微”。⑤几:萌兆。　⑥槃:木盘。　⑦正错:平置。　⑧湛浊:泥滓。湛,通“沉”。下同。　⑨理:纹理。　⑩大形:形体。　⑪清:清明。　⑫引:引诱。⑬其正外易:它的常态在外部改变。　⑭粗:一作“庶”。　⑮仓颉独传:惟独仓颉得以流传后世。仓颉,黄帝史官。　⑯后稷:此指弃,尧时农官,舜时受封于邰,号曰“后稷”,后世继任者以此为号,到不窋时才开始失去此官。⑰夔:舜时乐官。　⑱倕(chuí):舜时工师。　⑲浮游:即“牟夷”,黄帝之臣。⑳奚仲:亦称“任仲”,夏禹时车正。　㉑乘杜:或为《世本》所云“相土”。㉒造父:周穆王时人,善驾车。　㉓是其庭可以搏鼠,恶能与我歌矣:看到草茎想到可以捕鼠,又哪里能和我击节而歌呢?说参高亨。是,通“视”。庭,借为“茎”。

空石之中有人焉①,其名曰觙②,其为人也,善射以好思③。耳目之欲接,则败其思;蚊虻之声闻,则挫其精④。是以辟耳目之欲,而远蚊虻之声,闲居静思则通。思仁若是,可谓微乎⑤?孟子恶败而出妻,可谓能自强矣⑥;有子恶卧而焠掌⑦,可谓能自忍矣,未及好也⑧。辟耳目之欲,可谓能自强矣,未及思也;蚊虻之声闻则挫其精,可谓危矣,未可谓微也⑨。夫微者,至人也⑩。至人也,何强、何忍、何危?故浊明外景,清明内景⑪。圣人纵其欲⑫,兼其情⑬,而制焉者理矣,夫何强、何忍、何危?故仁者之行道也,无为也⑭;圣人之行道也,无强也⑮。仁者之思也恭⑯,圣人之思也乐⑰,此治心之道也。

[**注释**]①空石:石洞。或曰,当为“穷石”之借字。　②觙:据朱骏声,“觙”即“伋”。疑假托之以影射子思。　③射:猜度。　④挫其精:妨碍他的

专诚。 ⑤微:精微。 ⑥孟子恶败而出妻,可谓能自强矣:据郝懿行、郭嵩焘,当作“孟子恶败而出妻,可谓能自强矣,未及思也”。恶败而出妻,厌恶败坏自己的德操而要休妻。据《韩诗外传》卷九,孟子进门时看到妻子“踞坐”(即伸开腿坐着,不合古礼),就告诉母亲想要休掉妻子,孟母斥责他进门时没有出声提醒他人,自己违反礼制不应当休掉妻子,于是孟子自责而没有休妻。⑦有子恶卧而焠掌:有子嫌弃自己看书时瞌睡而用火烧手掌。有子,即有若,孔子弟子。卧,此指瞌睡。焠,烧。 ⑧好:喜好。 ⑨辟耳目之欲,可谓能自强矣,未及思也;蚊虻之声闻则挫其精,可谓危矣,未可谓微也:据郝懿行、郭嵩焘,当作“辟耳目之欲,远蚊虻之声,可谓能自危矣,未可谓微也”,意思是避开听觉视觉的欲望,远离蚊虫的声音,可以说是能自我警惕了,但还不可以说是认识了道的精微。 ⑩人:同“仁”。 ⑪浊明外景,清明内景:未真正精通道的人就像火、日之明,将事物的影子照在外面;真正精通道的人就像金、水之明,将事物的影子照在内部。浊明,火、日之明。清明,金、水之明。景,同“影”。 ⑫纵其欲:从心所欲。纵,从。 ⑬兼:尽。 ⑭无为:不刻意而为。 ⑮无强:不勉强而行。 ⑯恭:恭谨。 ⑰乐:愉悦。

凡观物有疑[①],中心不定[②],则外物不清;吾虑不清[③],则未可定然否也。冥冥而行者[④],见寝石以为伏虎也[⑤],见植林以为后人也[⑥],冥冥蔽其明也。醉者越百步之沟,以为跬步之浍也[⑦];俯而出城门,以为小之闺也[⑧],酒乱其神也。厌目而视者[⑨],视一以为两;掩耳而听者,听漠漠而以为哅哅[⑩],势乱其官也[⑪]。故从山上望牛者若羊,而求羊者不下牵也,远蔽其大也。从山下望木者,十仞之木若箸[⑫],而求箸者不上折也,高蔽其长也。水动而景摇[⑬],人不以定美恶,水势玄也[⑭]。瞽者仰视而不见星,人不以定有无,用精惑也[⑮]。有人焉以此时定物[⑯],则世之愚者也。彼愚者之定物,以疑决疑,决必不当。夫苟不当,安能无过乎？

［**注释**］①疑：惑而不决。　②中心：内心。　③吾：自身。　④冥冥：暮夜。　⑤寝石：横卧之石。　⑥后：通“厚”，多。　⑦跬步之浍（kuài）：半步宽的小沟。　⑧闺：上圆下方的小门。　⑨厌（yā）：按压。　⑩听漠漠而以为哅哅：明明寂静无声却听到喧闹声响。漠漠，寂静无声。哅哅，喧闹之声。⑪势乱其官：外力扰乱了他的感官。势，力量的趋向。　⑫十仞之木若箸：仞，古代七尺或八尺为一仞。箸，筷子。　⑬景：同“影”。　⑭玄：读为“眩”，惑乱。　⑮用精惑：由于眼睛昏惑。用，由于。精，通“睛”。　⑯焉：乃，就。

夏首之南有人焉[①]，曰涓蜀梁，其为人也，愚而善畏[②]。明月而宵行[③]，俯见其影，以为伏鬼也；卬视其发[④]，以为立魅也。背而走[⑤]，比至其家[⑥]，失气而死[⑦]，岂不哀哉！凡人之有鬼也，必以其感忽之间、疑玄之时正之[⑧]。此人之所以无有而有无之时也[⑨]，而己以正事。故伤于湿而击鼓鼓痹，则必有敝鼓丧豚之费矣，而未有俞疾之福也[⑩]。故虽不在夏首之南，则无以异矣。

［**注释**］①夏首：夏水口，今汉水入长江之口。　②善：容易。　③宵行：夜行。　④卬：同“仰”。　⑤背：反向。　⑥比：及，等到。　⑦失气：断气。⑧必以其感忽之间、疑玄之时正之：一定是在他精神恍惚、惊恐疑惑的时候做出的判断。感忽，恍惚。疑玄，即“疑眩”，恐惑。正，定。一说证。　⑨无有：以有为无。　⑩故伤于湿而击鼓鼓痹，则必有敝鼓丧豚之费矣，而未有俞疾之福也：疑有脱文，似当作“故伤于湿痹而击鼓烹豚，则必有敝鼓丧豚之费矣，而未有俞疾之福也”。意思是湿气入侵而患风湿，敲鼓杀猪以祷告，必有打破鼓、白送猪的耗损，而没有疾病痊愈的福气。敝，一作“蔽”，坏。俞，通“愈”。

凡以知人之性也，可以知物之理也。以可以知人之性,求可以知物之理,而无所疑止之①,则没世穷年不能遍也②。其所以贯理焉③,虽亿万已不足以浃万物之变④,与愚者若一。学,老身长子而与愚者若一⑤,犹不知错⑥,夫是之谓妄人。故学也者,固学止之也⑦。恶乎止之⑧?曰:止诸至足。曷谓至足⑨?曰:圣也⑩。圣也者,尽伦者也⑪;王也者,尽制者也⑫;两尽者,足以为天下极矣⑬。故学者以圣王为师,案以圣王之制为法⑭,法其法以求其统类⑮,类以务象效其人⑯。向是而务⑰,士也;类是而几⑱,君子也;知之⑲,圣人也。

[**注释**]①疑(níng)止:休止。疑,定。 ②遍:穷尽。 ③贯:学习。 ④虽亿万已不足以浃(jiā)万物之变:即使多达亿万也不足以穷尽对事物变化的认识。已,通"矣"。浃,周遍。 ⑤老身长子:即人老子长,谓终其一生。 ⑥错:通"措",舍弃(无益之学)。 ⑦固:本来。 ⑧恶(wū)乎:在哪里。 ⑨曷:何。 ⑩圣也:当为"圣王"。 ⑪尽伦:精通人伦物理。 ⑫制:礼法制度。 ⑬极:标准。 ⑭案:而。连接"以圣王为师"与"以圣王之制为法",表示并列。 ⑮法其法以求其统类:效法圣王之法,以寻求他的纲纪。法其法,一作"治其法"。 ⑯类以务象效其人:致力于仿效他的为人。据它本,"类"字衍。 ⑰向是而务:朝着这个方向努力。 ⑱类是而几:与此类似而几近做到。 ⑲知:通晓。

故有知非以虑是①,则谓之惧②;有勇非以持是③,则谓之贼④;察孰非以分是⑤,则谓之篡⑥;多能非以修荡是⑦,则谓之知⑧;辩利非以言是⑨,则谓之詍⑩。传曰:"天下有二:非察是,是察非⑪。"谓合王制与不合王制也。天下有不以是为隆正也⑫,然而犹有能分是非、治曲直者邪?若夫非分是非,非治曲直,非辨治乱,非治人道,虽能之无益于人[13],不能无损于人。案直将治怪说[14],玩奇辞,以相挠滑也[15];案强钳而利口[16],厚颜而忍诟[17],无正而恣睢[18],妄辨而几利[19];不好辞让,不敬礼节,而好相推挤,此乱世奸人之说也,则天下之治说者方多然矣[20]。传曰:“析辞而为察[21],言物而为辨[22],君子贱之;博闻强志[23],不合王制,君子贱之。”此之谓也。

[**注释**]①有知非以虑是:有智慧而不用来考虑圣王之制。 ②惧:疑为“攫”之误,攫取。 ③有勇非以持是:有胆量而不用来坚持圣王之制。勇,胆量。持,坚持。 ④贼:贼害。 ⑤察孰非以分是:考虑详审而不用来辨明圣王之制。察,考虑。孰,同“熟”,详审。分,辨明。 ⑥篡:逆乱。 ⑦修荡:治理涤除。 ⑧知:同“智”,巧诈。 ⑨辩利:能言善辩。 ⑩谜:多言。 ⑪天下有二:非察是,是察非:天下的事理有两个方面:通过非分辨是,通过是分辨非。 ⑫隆正:准的。隆,崇。 ⑬能:能做到。 ⑭直将:仅仅。将,语气词。 ⑮挠滑(gǔ):扰乱。 ⑯强钳而利口:强制于人而言辞锋利。 ⑰厚颜而忍诟:厚颜无耻而忍受辱骂。 ⑱无正而恣睢:没有准则而任意胡为。正,准则。恣睢,任意胡为。 ⑲妄辨而几利:妄加辩说而冀求私利。辨,一作“辩”。几,冀求。下同。 ⑳方:正、恰。 ㉑析辞:玩弄辞藻。 ㉒言物:空谈名物。 ㉓志:记。

为之无益于成也,求之无益于得也,忧戚之无益于几也[①],则广焉能弃之矣[②]。不以自妨也[③],不少顷干之胸中[④]。不慕往,不闵来[⑤],无邑怜之心[⑥],当时则动,物至而应,事起而辨,治乱可否,昭然明矣。

[**注释**]①忧虑之无益于几也:即使忧虑也对危机的解决没有益处。几,危机。 ②广焉能弃之:就应当远远地把它抛掉。广,同“旷”,远。能,而。 ③自妨:妨碍自己。 ④不少顷干之胸中:一会儿也不让它干扰内心。干,犯。 ⑤闵:忧虑。 ⑥邑怜:愁闷怜惜。邑,同“悒”。

周而成[①]，泄而败，明君无之有也。宣而成，隐而败，暗君无之有也。故君人者周则谗言至矣，直言反矣[②]，小人迩而君子远矣[③]。《诗》云："墨以为明，狐狸而苍[④]。"此言上幽而下险也[⑤]。君人者宣则直言至矣，而谗言反矣，君子迩而小人远矣。《诗》曰："明明在下，赫赫在上[⑥]。"此言上明而下化也。

［**注释**］①周：周密。　②反：还。　③迩：近。　④墨以为明，狐狸而苍：把黑暗说成光明，把黄色狐狸说成青色。此为逸诗。　⑤上幽而下险：君主昏暗而人臣阴险。　⑥明明在下，赫赫在上：明德遍及天下，光辉显赫其上。语出《诗·大雅·大明》。

正名篇第二十二

后王之成名[①]:刑名从商,爵名从周,文名从《礼》[②]。散名之加于万物者[③],则从诸夏之成俗曲期[④]。远方异俗之乡,则因之而为通[⑤]。散名之在人者:生之所以然者谓之性。性之和所生[⑥],精合感应[⑦],不事而自然谓之性[⑧]。性之好、恶、喜、怒、哀、乐谓之情。情然而心为之择谓之虑。心虑而能为之动谓之伪[⑨]。虑积焉、能习焉而后成谓之伪[⑩]。正利而为谓之事[⑪],正义而为谓之行[⑫]。所以知之在人者谓之知[⑬],知有所合谓之智[⑭]。智所以能之在人者谓之能[⑮],能有所合谓之能[⑯]。性伤谓之病,节遇谓之命[⑰]。是散名之在人者也,是后王之成名也。

[**注释**]①后王之成名:后王,谓近世君王。成名,给事物定名。 ②刑名从商,爵名从周,文名从《礼》:刑法的名称遵从商朝,爵位的名称遵从周朝,礼仪节文的名称遵从《礼经》。 ③散名:各种名称。 ④成俗曲期:既有习俗和普遍约定。期,约。 ⑤通:通用。 ⑥性之和所生:性的阴阳和气相生。⑦精合感应:精气与外物遇合而相感应。 ⑧不事而自然:不依人为而自然如此。 ⑨心虑而能为之动谓之伪:思想考虑后感官照着行动叫做作为。能,感官,器官。伪:作为。 ⑩伪:一作“为”。 ⑪正利而为谓之事:依利益

而做的叫做事业。　⑫正义而为谓之行：依道义而做的叫做德行。　⑬所以知之在人者谓之知：人所能感知事物的能力叫做感知能力。　⑭知有所合谓之智：感知能力与事物相合叫做智慧。　⑮智所以能之在人者谓之能：人所具有的了解事物的能力叫做智能。智，一作“知”。　⑯能有所合谓之能：智能与事物相合叫做才能。　⑰节遇：偶然的遭遇。

故王者之制名，名定而实辨，道行而志通①，则慎率民而一焉②。故析辞擅作名以乱正名③，使民疑惑，人多辨讼，则谓之大奸，其罪犹为符节、度量之罪也④。故其民莫敢托为奇辞以乱正名，故其民悫⑤，悫则易使，易使则公⑥。其民莫敢托为奇辞以乱正名，故壹于道法而谨于循令矣⑦。如是，则其迹长矣⑧。迹长功成，治之极也，是谨于守名约之功也⑨。今圣王没，名守慢⑩，奇辞起，名实乱，是非之形不明⑪，则虽守法之吏、诵数之儒⑫，亦皆乱也。若有王者起，必将有循于旧名⑬，有作于新名。然则所为有名，与所缘有同异⑭，与制名之枢要⑮，不可不察也。

［**注释**］①道行而志通：制名的原则实行了，思想意识就彼此沟通。②一：一致遵守。　③析辞：支离言辞。　④符节、度量之罪：指伪造符契凭证，私设度量器具的行为。　⑤悫：诚实。　⑥公：通“功”，功绩。　⑦壹于道法：专一于奉行法度。道，奉行。　⑧迹：功业。　⑨名约：约定名称的原则。　⑩慢：懈怠。一说同“漫”，无边际。　⑪形：法度。一作“刑”。⑫数：此指礼义典章。　⑬循：一作“修”。　⑭所缘有同异：制定事物名称同异的依据。缘，依据。有，据它本及下文，当作“以”。　⑮枢要：关键。

异形离心交喻①，异物名实玄纽②，贵贱不明，同异不别。如是,则志必有不喻之患,而事必有困废之祸③。故知者为之分别制名以指实④,上以明贵贱,下以辨同异。贵贱明,同异别,如是,则志无不喻之患,事无困废之祸,此所为有名也。

[**注释**]①异形离心交喻:不同形状相互晓谕时彼此违离。喻,明晓。下同。 ②名实玄纽:名称和实际淆乱纽结。 ③困废:困顿废弃。 ④知者为之分别制名以指实:知,同"智"。指,示。一说应读作"稽",核。

然则何缘而以同异①?曰:缘天官②。凡同类、同情者③,其天官之意物也同④,故比方之疑似而通⑤,是所以共其约名以相期也⑥。形体、色理以目异⑦,声音、清浊、调竽、奇声以耳异⑧,甘、苦、咸、淡、辛、酸、奇味以口异,香臭芬郁、腥臊洒酸奇臭以鼻异⑨,疾、养、凔、热、滑、铍、轻、重以形体异⑩,说、故、喜、怒、哀、乐、爱、恶、欲以心异⑪。心有征知,征知则缘耳而知声可也,缘目而知形可也,然而征知必将待天官之当簿其类⑫,然后可也。五官簿之而不知,心征之而无说,则人莫不然谓之不知。此所缘而以同异也。

[**注释**]①以:犹"有"。 ②天官:指耳、目、鼻、口、形体。 ③同类、同情:类,种类。情,性质。 ④意:意度。 ⑤比方之疑似而通:将拟似的事物归类而通晓。疑似,拟似。 ⑥共其约名以相期:共同认定名称以相互交流。期,期会。 ⑦色理:颜色纹理。 ⑧调竽:调和笙竽之声。 ⑨香臭芬郁、腥臊洒酸奇臭(xiù):臭,香气。芬郁,香气浓烈。洒,犹"辛"。 ⑩疾、养、凔(cāng)、热、滑、铍(pī)、轻、重:养,同"痒"。凔,寒。铍,同"披",裂。一说当为"钑",同"涩"。 ⑪说、故:即悦、苦。说,通"悦"。故,借为"苦"。或曰,"说"同"脱",舒。"故",读为"锢"。 ⑫征知必将待天官之当簿其类:征验

感知一定要等待感官接触到外物。征知,征验感知。簿,通"薄",接触。

然后随而命之①,同则同之,异则异之,单足以喻则单,单不足以喻则兼②,单与兼无所相避则共③,虽共不为害矣④。知异实者之异名也,故使异实者莫不异名也,不可乱也,犹使异实者莫不同名也⑤。故万物虽众,有时而欲遍举之,故谓之物。物也者,大共名也。推而共之,共则有共⑥,至于无共然后止。有时而欲遍举之⑦,故谓之鸟兽。鸟兽也者,大别名也。推而别之,别则有别,至于无别然后止。名无固宜⑧,约之以命,约定俗成谓之宜,异于约则谓之不宜。名无固实⑨,约之以命实,约定俗成谓之实名。名有固善,径易而不拂谓之善名⑩。物有同状而异所者⑪,有异状而同所者,可别也。状同而为异所者,虽可合,谓之二实。状变而实无别而为异者,谓之化,有化而无别⑫,谓之一实。此事之所以稽实定数也⑬,此制名之枢要也。后王之成名,不可不察也。

[**注释**]①命:命名。　②单不足以喻则兼:单名不足以说明就用复名。兼,复名。　③无所相避则共:避,违离。共,共名。　④害:妨害。　⑤异实:当为"同实"。　⑥共则有共:共名之上又有共名。　⑦遍:当为"偏"。遍,古作"徧",与"偏"形近而讹。　⑧固宜:本来的合宜。　⑨实:情实。⑩径易而不拂:直接平易而不违戾。　⑪所:居处,分属。　⑫化:变化。⑬稽实定数:核查实质,确定制名的法度。

"见侮不辱"、"圣人不爱己"、"杀盗非杀人也"①,此惑于用名以乱名者也。验之所以为有名而观其孰行②,则能禁之矣。"山渊平"、"情欲寡"、"刍豢不加甘,大钟不加乐"[③]，此惑于用实以乱名者也。验之所缘无以同异而观其孰调[④]，则能禁之矣。"非而谒"、"楹有牛"、"马非马也"[⑤]，此惑于用名以乱实者也。验之名约，以其所受悖其所辞[⑥]，则能禁之矣。凡邪说辟言之离正道而擅作者[⑦]，无不类于三惑者矣[⑧]。故明君知其分而不与辨也[⑨]。

[**注释**]①"见侮不辱"、"圣人不爱己"、"杀盗非杀人也"：见，被。"见侮不辱"为宋钘之说。又见于《荀子·正论》、《庄子·天下》、《韩非子·显学》等篇。《墨子·大取》曰："圣人不外己，己在所爱之中。""圣人不爱己"或本于此。"杀盗非杀人"见于《墨子·小取》篇。　②孰：如何。一作"熟"，误。下同。　③"山渊平"、"情欲寡"、"刍豢不加甘，大钟不加乐"：高山与渊泽相平，人的情欲寡浅，吃到肉食并不更加甘美，听到大钟声并不更加欢乐。刍，指牛羊等食草家畜。豢，指猪狗等食谷家畜。"山渊平"为惠施之说，又见于《荀子·不苟》篇，《庄子·天下》作"山与泽平"。"情欲寡"为宋钘观点，《荀子·非十二子》、《庄子·天下》亦有记载。"刍豢不加甘，大钟不加乐"为墨子之说。　④验之所缘无以同异而观其孰调：考察一下这些说法有同有异的原因，看看哪种说法合乎实际。无，或为衍字。调，协调，合乎实际。　⑤"非而谒"、"楹有牛"、"马非马也"：此句争议甚大，据王绍兰引《墨子·兼爱中》、《经说上》篇，三者为墨子之说，谒为"易"之误。李中生谓"马非马"乃荀子改窜公孙龙之说。或曰，当读为"非而谒楹，有牛马非马也"，"非"训"排"，"谒"作"谓"，"楹"作"盈"。待考。　⑥以其所受悖其所辞：用他所接受的反驳他反对的。悖，反驳。辞，辞却，不接受。　⑦辟：同"僻"，邪僻。　⑧类：类似。⑨知其分而不与辨：分，区别，界限。辨，一作"辩"，辩驳。

夫民易一以道[①]，而不可与共故[②]。故明君临之以势[③]，道之以道[④]，申之以命[⑤]，章之以论[⑥]，禁之以刑，故其民之化道也如神，辨势恶用矣哉[⑦]！今圣王没，天下乱，奸言起，君子无势以临之，无刑以禁之，故辨说也。实不喻然后命,命不喻然后期⑧,期不喻然后说⑨,说不喻然后辨。故期、命、辨、说也者,用之大文也⑩,而王业之始也。名闻而实喻,名之用也⑪;累而成文,名之丽也⑫。用、丽俱得,谓之知名。名也者,所以期累实也⑬。辞也者,兼异实之名以论一意也⑭。辨说也者,不异实名以喻动静之道也⑮。期命也者,辨说之用也。辨说也者,心之象道也⑯。心也者,道之工宰也⑰。道也者,治之经理也⑱。心合于道,说合于心,辞合于说。正名而期,质请而喻⑲,辨异而不过,推类而不悖⑳,听则合文,辨则尽故㉑。以正道而辨奸,犹引绳以持曲直㉒,是故邪说不能乱,百家无所窜㉓。有兼听之明而无奋矜之容㉔,有兼覆之厚而无伐德之色㉕。说行则天下正,说不行则白道而不冥穷㉖,是圣人之辨说也。《诗》曰:"颙颙卬卬,如珪如璋,令闻令望。岂弟君子,四方为纲㉗。"此之谓也。

[**注释**]①易一以道:容易用正道齐一。 ②故:事,缘由。 ③临之以势:用权势驾驭他们。 ④道之以道:用礼义引导他们。上"道"字,引导。下"道"字,正道,此指礼义。 ⑤申之以命:用名称来晓谕他们。申,晓谕。命,通"名"。下同。 ⑥章之以论:章,同"彰",彰明。论,言论,事理。 ⑦辨势恶用矣哉:辨说哪里用得着呢!辨,一作"辩"。势,当为"说"。 ⑧期:约定。 ⑨说:解说,说明。 ⑩大文:重要形式。文,文饰。 ⑪用:功用。⑫累而成文,名之丽也:积累而成文辞,这是名称的修饰。累,积。文,文辞。丽,修饰。 ⑬期累实:期,约定。累实,指各种事物。 ⑭兼异实之名以论一意:并用不同事物名称来论说一个意思。 ⑮不异实名以喻动静之道:用同类事物概念来明晓是非之道。 ⑯心之象道:心对道的表达。或曰,"象道"通"向导"。 ⑰工宰:主宰。 ⑱经理:常法。经,常。 ⑲正名而期,质请而喻:辨正名称而符合所约定的,本于情实而晓谕。质,本。请,通"情",

实。　⑳推类而不悖：推论事类而不违背事理。　㉑听则合文，辨则尽故：处理事情合乎礼法，辨明事理遍尽情由。听，治理。合文，合乎礼法。尽故，遍尽情由。　㉒持：握，引申为裁制。　㉓窜：隐匿。　㉔奋矜：骄恣。　㉕有兼覆之厚而无伐德之色：有包容万物的宽厚度量，却没有夸耀其德的得意神色。兼覆，包容万物。伐德，夸耀其德。　㉖白道而不冥穷：据它本及文意，“不”字当衍，句谓讲明正道然后幽隐其身。白，讲明。冥穷，幽隐其身。穷，读为“躬”。　㉗颙颙卬卬，如珪如璋，令闻令望。岂弟君子，四方为纲：体貌严肃恭敬，气宇轩昂高朗。德如珪璋纯洁，美好声望传扬。和乐平易君子，四方以为纪纲。令，美好。闻，一作“问”。岂弟，一作“恺悌”。语出《诗·大雅·卷阿》。

辞让之节得矣，长少之理顺矣，忌讳不称[①]，祆辞不出[②]。以仁心说，以学心听，以公心辨。不动乎众人之非誉[③]，不治观者之耳目[④]，不赂贵者之权势[⑤]，不利传辟者之辞[⑥]，故能处道而不贰，吐而不夺[⑦]，利而不流[⑧]，贵公正而贱鄙争，是士君子之辨说也。《诗》曰：“长夜漫兮，永思骞兮。大古之不慢兮，礼义之不愆兮，何恤人之言兮[⑨]！”此之谓也。

［**注释**］①称：说。　②祆辞：怪异之辞。祆，同“妖”。　③非：通“诽”，诽谤。　④治：装饰，引申为迷惑。一说当为“冶”，通“蛊”。　⑤不赂：不为之所收买。　⑥传辟：传说邪僻。　⑦吐而不夺：吐辞而不失误。　⑧利而不流：捷利而不流漫。　⑨长夜漫兮，永思骞兮。大古之不慢兮，礼义之不愆兮，何恤人之言兮：漫漫长夜啊，长久地思考自己的过失。对太古之道不怠慢呵，对礼义不违反呵，又何必顾虑别人的流言呢？骞，过失。大古，即太古。此为逸诗。

君子之言，涉然而精[①]，俛然而类[②]，差差然而齐[③]。

彼正其名，当其辞[④]，以务白其志义者也[⑤]。彼名辞也者，志义之使也[⑥]，足以相通[⑦]，则舍之矣[⑧]；苟之，奸也[⑨]。故名足以指实，辞足以见极[⑩]，则舍之矣。外是者谓之讱[⑪]，是君子之所弃，而愚者拾以为己宝。故愚者之言，芴然而粗[⑫]，啧然而不类[⑬]，諮諮然而沸[⑭]。彼诱其名[⑮]，眩其辞[⑯]，而无深于其志义者也[⑰]。故穷藉而无极[⑱]，甚劳而无功，贪而无名。故知者之言也[⑲]，虑之易知也，行之易安也，持之易立也，成则必得其所好而不遇其所恶焉[⑳]。而愚者反是。《诗》曰："为鬼为蜮，则不可得，有靦面目，视人罔极。作此好歌，以极反侧[㉑]。"此之谓也。

［注释］①涉然而精：浅显而精当。 ②俛然而类：俛，通"俯"，切近。类，条理。 ③差差然而齐：错落有致而又齐一。差差然，错落有致的样子。 ④当：使恰当。 ⑤白其志义：表明他的思想。 ⑥志义之使：思想的使者。 ⑦通：通达其意。 ⑧则舍之矣：就足够了。舍，停止。 ⑨苟之，奸也：如果任意曲解，就是邪说。一本无。 ⑩见(xiàn)极：表达主旨。见，表达。极，中，引申为主旨。下同。 ⑪外是者谓之讱：离开这个标准就叫做故意让人费解了。外，远，弃。讱，难。 ⑫芴然而粗：肤浅而粗俗。芴，同"忽"。 ⑬啧然而不类：争吵不休而无条理。 ⑭諮(tà)諮然而沸：多言多语而喧嚷嘈杂。 ⑮诱：惑乱。 ⑯眩：眩惑。 ⑰深：深明。 ⑱穷藉：穷极探究。 ⑲知：同"智"。 ⑳成：成就。 ㉑为鬼为蜮，则不可得，有靦面目，视人罔极。作此好歌，以极反侧：是鬼还是蜮，不可以识得。靦然是人面，效人无法则。作此善意歌，揭穿无常者。语出《诗·小雅·何人斯》。

凡语治而待去欲者[①]，无以道欲而困于有欲者也[②]。凡语治而待寡欲者，无以节欲而困于多欲者也。有欲无欲，异类也[③]，生死也[④]，非治乱也。欲之多寡，异类也，情之数也[⑤],非治乱也。欲不待可得,而求者从所可[⑥]。欲不待可得,所受乎天也;求者从所可,受乎心也[⑦]。所受乎天之一欲[⑧],制于所受乎心之多[⑨],固难类所受乎天也[⑩]。人之所欲生甚矣,人之所恶死甚矣,然而人有从生成死者[⑪],非不欲生而欲死也,不可以生而可以死也。故欲过之而动不及[⑫],心止之也。心之所可中理[⑬],则欲虽多,奚伤于治[⑭]? 欲不及而动过之,心使之也。心之所可失理,则欲虽寡,奚止于乱? 故治乱在于心之所可,亡于情之所欲[⑮]。不求之其所在,而求之其所亡,虽曰我得之,失之矣。

[**注释**]①语治:谈论治道。 ②道欲:正确引导欲望。道,同“导”。③异类:不同类。 ④生死:谓生则有欲,死则无欲。 ⑤数:数量多少。⑥欲不待可得,而求者从所可:欲望不是等到得以满足才具有,而营求欲望的人遵从心的许可。 ⑦受乎心也:据俞樾,“受”上当有“所”字。 ⑧所受乎天之一欲:受,禀受。一欲,谓性。 ⑨制于所受乎心之多:受制于心的诸多欲求。 ⑩固难类所受乎天:固,本来。类,相类似。 ⑪从生成死:弃生就死。从,通“纵”,放弃。成,就。 ⑫欲过之而动不及:过,超过。及,赶得上。⑬中:合。 ⑭奚:何。 ⑮亡:通“无”。

性者,天之就也[①];情者,性之质也[②];欲者,情之应也[③]。以所欲为可得而求之,情之所必不免也;以为可而道之[④],知所必出也[⑤]。故虽为守门,欲不可去,性之具也[⑥]。虽为天子,欲不可尽[⑦]。欲虽不可尽,可以近尽也;欲虽不可去,求可节也[⑧]。所欲虽不可尽,求者犹近尽;欲虽不可去,所求不得,虑者欲节求也。道者,进则近尽[⑨],退则节求[⑩],天下莫之若也[⑪]。

[注释]①就:成就。　②质:质体。　③应:感应。　④道:同"导"。⑤知:同"智",智虑。　⑥具:具备。　⑦尽:穷尽。　⑧节:节制。　⑨进则近尽:在条件允许时就使欲望近于满足。　⑩退则节求:在条件不允许时就节制欲求。　⑪莫之若:没有比这更好的了。

凡人莫不从其所可,而去其所不可。知道之莫之若也,而不从道者,无之有也。假之有人而欲南无多[①],而恶北无寡[②],岂为夫南者之不可尽也[③],离南行而北走也哉?今人所欲无多,所恶无寡,岂为夫所欲之不可尽也,离得欲之道而取所恶也哉?故可道而从之[④],奚以损之而乱[⑤]?不可道而离之[⑥],奚以益之而治[⑦]?故知者论道而已矣[⑧],小家珍说之所愿皆衰矣[⑨]。

[注释]①欲南无多:想南行而不管路途多么遥远。　②恶北无寡:讨厌向北走而不管路途多么接近。　③南者之不可尽:南行的路程走不完。④可道:合于道。　⑤奚以损之而乱:哪里会因为增多欲望而混乱呢?损,当为"益"。　⑥离:摒弃。　⑦益:当为"损"。　⑧知者论道而已矣:智者只是谈论是否合乎道。　⑨小家珍说之所愿:小家,指宋钘、墨翟之流派。珍说,异说。愿,主张。

凡人之取也,所欲未尝粹而来也[①];其去也,所恶未尝粹而往也。故人无动而不可以不与权俱[②]。衡不正,则重县于仰[③],而人以为轻;轻县于俛,而人以为重,此人所以惑于轻重也。权不正,则祸托于欲,而人以为福;福托于恶,而人以为祸,此亦人所以惑于祸福也。道者,古今之正权也,离道而内自择[④],则不知祸福之所托。

[注释]①粹:通"萃",集聚。　②人无动而不可以不与权俱:人没有任

何举动是可以离开衡量欲恶之道的。动,举动。权,秤锤,此指衡量欲恶的道。俱,同在。 ③重县于仰:重物悬挂在仰起的一端。 ④内:心。

易者①,以一易一,人曰无得亦无丧也②;以一易两,人曰无丧而有得也;以两易一,人曰无得而有丧也。计者取所多,谋者从所可。以两易一,人莫之为,明其数也。从道而出③,犹以一易两也,奚丧!离道而内自择,是犹以两易一也,奚得!其累百年之欲④,易一时之嫌⑤,然且为之,不明其数也。

[注释]①易:交换。 ②丧:失。 ③出:行。 ④累:累积。 ⑤嫌:通"慊",满足。

有尝试深观其隐而难其察者①,志轻理而不重物者②,无之有也;外重物而不内忧者,无之有也;行离理而不外危者,无之有也;外危而不内恐者,无之有也。心忧恐,则口衔刍豢而不知其味,耳听钟鼓而不知其声,目视黼黻而不知其状③,轻煖平簟而体不知其安④。故向万物之美而不能嗛也⑤,假而得问而嗛之⑥,则不能离也⑦。故向万物之美而盛忧⑧,兼万物之利而盛害。如此者,其求物也,养生也⑨,粥寿也⑩?故欲养其欲而纵其情,欲养其性而危其形,欲养其乐而攻其心,欲养其名而乱其行。如此者,虽封侯称君,其与夫盗无以异;乘轩戴绕⑪,其与无足无以异⑫。夫是之谓以己为物役矣。

[注释]①有:通"又"。 ②志轻理:内心轻视理。理,道之精微。③黼黻:古代礼服绘绣的黑白花纹,借指华丽的衣服。 ④轻煖平簟:轻煖,

借指衣裘。煖,同“暖”。平,蒲草席。簟,竹席。 ⑤向万物之美而不能嗛(qiè):享受万物的美妙却不能满足。向,通“享”。嗛,满足。 ⑥问:或为“间”之误。 ⑦离:去除(忧恐)。 ⑧盛:大。 ⑨也:同“邪”,表诘问。下同。 ⑩粥寿:卖命。粥,同“鬻”,卖。一说通“育”,养。 ⑪乘轩戴绕:乘轩车戴官帽。绕,同“冕”。 ⑫无足:指衣食不足者。一说指刖者。

心平愉,则色不及佣而可以养目①,声不及佣而可以养耳,蔬食菜羹而可以养口,粗布之衣、粗紃之履而可以养体②,屋室、庐庾、葭稾蓐、尚机筵而可以养形③。故无万物之美而可以养乐,无势列之位而可以养名④。如是而加天下焉⑤,其为天下多,其和乐少矣⑥,夫是之谓重己役物。无稽之言,不见之行,不闻之谋,君子慎之。

[注释]①佣:通“庸”,平常。 ②粗紃(xún)之履:粗麻鞋。 ③屋室、庐庾、葭稾(gǎo)蓐、尚机筵:窄房舍,露天棚,草席蓐,破几桌。屋,据王念孙,或为“局”之误。庾,露天的谷仓。葭,芦苇。稾,禾秆。蓐,席蓐。尚,据高亨,当为“敝”。 ④势列:权势班列。 ⑤加:施诸,施加。 ⑥和:据王念孙,当为“私”。

性恶篇第二十三

人之性恶，其善者伪也[①]。今人之性[②]，生而有好利焉，顺是[③]，故争夺生而辞让亡焉[④]；生而有疾恶焉[⑤]，顺是，故残贼生而忠信亡焉[⑥]；生而有耳目之欲，有好声色焉，顺是，故淫乱生而礼义文理亡焉[⑦]。然则从人之性[⑧]，顺人之情，必出于争夺，合于犯分乱理[⑨]，而归于暴。故必将有师法之化[⑩]，礼义之道[⑪]，然后出于辞让，合于文理，而归于治。用此观之，然则人之性恶明矣，其善者伪也。

［**注释**］①伪：人为，作为。 ②今：发语词。 ③顺是：顺着这种本性。是，此指好利之性。 ④亡：同“无”。 ⑤疾恶：憎恶。 ⑥残贼：残害。 ⑦文理：泛指法度、规范。 ⑧从：读为“纵”。下同。或曰，读如字，遵从。 ⑨犯分乱理：违反等级名分，破坏礼义秩序。 ⑩师法之化：君师、礼法的教化。 ⑪道：同“导”。

故枸木必将待檃栝烝矫然后直[①]，钝金必将待砻厉然后利[②]；今人之性恶，必将待师法然后正，得礼义然后治。今人无师法，则偏险而不正[③]；无礼义，则悖乱而不治[④]。古者圣王以人之性恶[⑤]，以为偏险而不正，悖乱而不治，是以为之起礼义、制法度，以矫饰人之情性而正之[6]，以扰化人之情性而导之也[7]，始皆出于治、合于道者也。今之人化师法、积文学、道礼义者为君子[8]，纵性情、安恣睢而违礼义者为小人。用此观之，然则人之性恶明矣，其善者伪也。

[**注释**]①枸木必将待檃(yǐn)栝烝矫然后直：弯曲的木头一定要等矫正工具蒸烤矫揉以后才能够变直。枸，一作"构"，弯曲。檃栝，矫正曲木的器具。烝，同"蒸"。烝矫，蒸烤矫揉。 ②钝金必将待砻(lóng)厉然后利：钝金，金属制的钝器。砻厉，砥砺。 ③偏险：偏邪。 ④悖乱：违反礼法。 ⑤圣王：一作"圣人"。 ⑥矫饰：矫揉整治。饰，通"饬"。 ⑦扰化人之情性而导之：驯化人的性情来引导他们。扰化，驯化。导，一作"道"。二者通。 ⑧化师法、积文学、道礼义：遵从师法，学习典文，实行礼义。化，从。积，习。道，行。

孟子曰："人之学者，其性善[1]。"曰：是不然！是不及知人之性，而不察乎人之性伪之分者也[2]。凡性者，天之就也[3]，不可学，不可事[4]。礼义者，圣人之所生也，人之所学而能，所事而成者也。不可学、不可事而在人者谓之性，可学而能、可事而成之在人者谓之伪，是性、伪之分也。今人之性，目可以见，耳可以听。夫可以见之明不离目[5]，可以听之聪不离耳；目明而耳聪，不可学明矣。

[**注释**]①人之学者，其性善：人所以能够学习，是因为本性善良。②察：详审。 ③就：生就。 ④事：治。 ⑤可以见之明不离目：能够看得清楚离不开眼睛。

孟子曰："今人之性善，将皆失丧其性故也[1]。"曰：若是则过矣[2]。今人之性，生而离其朴、离其资[3]，必失而丧之。用此观之，然则人之性恶明矣。所谓性善者，不离其朴而美之，不离其资而利之也[4]。使夫资朴之于美，心意之于善，若夫可以见之明不离目，可以听之聪不离耳，故曰目明而耳聪也。今人之性，饥而欲饱，寒而欲暖，劳而欲休，此人之情性也。今人饥，见长而不敢先食者[5]，将有所让也；劳而不敢求息者，将有所代也[6]。夫子之让乎父、弟之让乎兄，子之代乎父、弟之代乎兄，此二行者皆反于性而悖于情也[7]。然而孝子之道，礼义之文理也。故顺情性则不辞让矣，辞让则悖于情性矣。用此观之，然则人之性恶明矣，其善者伪也。

［**注释**］①将皆失丧其性故也：据杨注，“故”下或夺一“恶”字。　②过：错。　③生而离其朴、离其资：生来就脱离了人性本来的质地和资材。朴，质。资，材。　④利：善，好。　⑤长：尊长。　⑥代：替代（父兄）。　⑦二行：谓谦让、替代两种行为。

问者曰：“人之性恶，则礼义恶生[1]？”应之曰：凡礼义者，是生于圣人之伪，非故生于人之性也[2]。故陶人埏埴而为器[3]，然则器生于工人之伪，非故生于人之性也。故工人斫木而成器[4]，然则器生于工人之伪，非故生于人之性也。圣人积思虑、习伪故[5]，以生礼义而起法度，然则礼义法度者，是生于圣人之伪，非故生于人之性也。若夫目好色，耳好声，口好味，心好利，骨体肤理好愉佚[6]，是皆生于人之情性者也；感而自然[7]，不待事而后生之者也。夫感而不能然，必且待事而后然者，谓之生于伪。是性、伪之所生,其不同之征也[8]。故圣人化性而起伪[9],伪起而生礼义,礼义生而制法度。然则礼义法度者,是圣人之所生也。故圣人之所以同于众,其不异于众者[10],性也;所以异而过众者[11],伪也。夫好利而欲得者,此人之情性也。假之人有弟兄资财而分者[12],且顺情性好利而欲得[13],若是则兄弟相拂夺矣[14];且化礼义之文理[15],若是则让乎国人矣[16]。故顺情性则弟兄争矣,化礼义则让乎国人矣。凡人之欲为善者,为性恶也[17]。夫薄愿厚[18],恶愿美,狭愿广,贫愿富,贱愿贵,苟无之中者[19],必求于外。故富而不愿财,贵而不愿势,苟有之中者,必不及于外。用此观之,人之欲为善者,为性恶也。今人之性固无礼义,故强学而求有之也;性不知礼义,故思虑而求知之也。然则生而已[20],则人无礼义,不知礼义。人无礼义则乱,不知礼义则悖。然则生而已,则悖乱在己。用此观之,然则人之性恶明矣,其善者伪也。

[**注释**]①恶(wū):安,如何。 ②故:通“固”,本来。 ③埏(shān)埴(zhí):和土制器。埏,抑土为器。埴,黏土。 ④斫:砍削雕饰。 ⑤伪故:人为事情。 ⑥骨体肤理好愉佚:骨体肤理,身体皮肤。佚,同“逸”。 ⑦感而自然:有所感应而自然如此。 ⑧征:征验。 ⑨化性而起伪:变化本性而兴起人为。 ⑩其:犹“而”。 ⑪过:超过。 ⑫假之:假若。 ⑬且:如果。 ⑭拂:搏。一作“佛”。 ⑮化:化行。 ⑯国人:泛指不相识的人。 ⑰凡人之欲为善者,为性恶也:人所以想要为善,是因为他的本性恶。 ⑱愿:希望。 ⑲中:内,指自身。 ⑳生:一作“性”。

孟子曰:“人之性善。”曰:是不然。凡古今天下之所谓善者,正理平治也[1];所谓恶者,偏险悖乱也。是善恶之分也已。今诚以人之性固正理平治邪②，则有恶用圣王③，恶用礼义矣哉？虽有圣王礼义，将曷加于正理平治也哉④？今不然，人之性恶。故古者圣人以人之性恶，以为偏险而不正，悖乱而不治，故为之立君上之势以临之，明礼义以化之，起法正以治之⑤，重刑罚以禁之，使天下皆出于治、合于善也。是圣王之治而礼义之化也。今当试去君上之势⑥，无礼义之化，去法正之治，无刑罚之禁，倚而观天下民人之相与也⑦。若是，则夫强者害弱而夺之，众者暴寡而哗之⑧，天下之悖乱而相亡，不待顷矣⑨。用此观之，然则人之性恶明矣，其善者伪也。

[**注释**]①正理平治：方正合理，安定有序。　②诚：实。　③有：读为"又"。　④曷：何。　⑤法正：法令。　⑥当：通"尝"。　⑦倚而观天下民人之相与：站着旁观天下的民众相互交往。倚，立，站着。与，亲与，交往。⑧暴：凌暴。　⑨顷：片刻。

故善言古者，必有节于今①；善言天者，必有征于人。凡论者贵其有辨合②，有符验。故坐而言之，起而可设③，张而可施行④。今孟子曰："人之性善。"无辨合符验，坐而言之，起而不可设，张而不可施行，岂不过甚矣哉！故性善则去圣王、息礼义矣，性恶则与圣王、贵礼义矣⑤。故檃栝之生，为枸木也；绳墨之起，为不直也；立君上、明礼义，为性恶也。用此观之，然则人之性恶明矣，其善者伪也。直木不待檃栝而直者，其性直也；枸木必将待檃栝烝矫然后直者，以其性不直也。今人之性恶，必将待圣王之治、礼义之化，然后皆出于治、合于善也。用此观之，然则人之性恶明矣,其善者伪也。

[**注释**]①节:验证。 ②辨:分辨。 ③设:布置,安排。 ④张:公布。 ⑤与:遵从。

问者曰:"礼义积伪者[①],是人之性,故圣人能生之也。"应之曰:是不然。夫陶人埏埴而生瓦,然则瓦埴岂陶人之性也哉?工人斫木而生器,然则器木岂工人之性也哉?夫圣人之于礼义也,辟则陶埏而生之也[②],然则礼义积伪者,岂人之本性也哉?凡人之性者,尧、舜之与桀、跖,其性一也;君子之与小人,其性一也。今将以礼义积伪为人之性邪,然则有曷贵尧、禹,曷贵君子矣哉?凡所贵尧、禹、君子者,能化性,能起伪,伪起而生礼义。然则圣人之于礼义积伪也,亦犹陶埏而生之也。用此观之,然则礼义积伪者,岂人之性也哉?所贱于桀、跖、小人者,从其性,顺其情,安恣睢,以出乎贪利争夺[③]。故人之性恶明矣,其善者伪也。天非私曾、骞、孝己而外众人也[④],然而曾、骞、孝己独厚于孝之实[⑤],而全于孝之名者,何也?以綦于礼义故也[⑥]。天非私齐、鲁之民而外秦人也,然而于父子之义、夫妇之别,不如齐、鲁之孝具敬父者[⑦],何也?以秦人之从情性、安恣睢、慢于礼义故也,岂其性异矣哉!

[**注释**]①积伪:积习,积累人为的习惯。 ②辟则陶埏而生之:就如同陶工和泥生产瓦。辟,通"譬"。埏,一作"埴"。下同。 ③以:而。 ④天非私曾、骞、孝己而外众人:上天不是偏爱曾子、闵子骞、孝己而嫌弃其他人。私,偏爱。曾、骞、孝己,指曾参、闵子骞、殷高宗的太子孝己。外,嫌弃。 ⑤厚:注重。 ⑥綦(qí)于礼义:竭力合乎礼义。綦,极,这里是动词竭力遵

从的意思。 ⑦孝具敬父:据杨倞,“父”或为“文”。谓具备孝道,恭敬有礼。一说“具”乃“慎”之脱文,慎者,顺也。

“涂之人可以为禹”①,曷谓也?曰:凡禹之所以为禹者,以其为仁义法正也。然则仁义法正有可知可能之理②。然而涂之人也,皆有可以知仁义法正之质③,皆有可以能仁义法正之具④,然则其可以为禹明矣。今以仁义法正为固无可知可能之理邪?然则唯禹不知仁义法正⑤,不能仁义法正也。将使涂之人固无可以知仁义法正之质,而固无可以能仁义法正之具邪?然则涂之人也,且内不可以知父子之义,外不可以知君臣之正。不然,今涂之人者,皆内可以知父子之义,外可以知君臣之正,然则其可以知之质、可以能之具,其在涂之人明矣。今使涂之人者,以其可以知之质,可以能之具,本夫仁义之可知之理、可能之具⑥,然则其可以为禹明矣。今使涂之人伏术为学⑦,专心一志⑧,思索孰察⑨,加日县久⑩,积善而不息⑪,则通于神明,参于天地矣。故圣人者,人之所积而致矣。

[**注释**]①涂之人:普通人。涂,道路。 ②仁义法正有可知可能之理:仁义法制有可以明白可以实行的道理。 ③质:资质。 ④具:条件。 ⑤唯:同“虽”,即使。 ⑥本:按照,依据。 ⑦伏术为学:以实行仁义法制为学习内容。 ⑧专心一志:专心一意。 ⑨思索孰察:深思熟虑。孰,精熟。 ⑩加日县久:日积月累。加,积。县久,即“悬久”,谓时间久远。 ⑪积善而不息:行善不已。积,习。息,止。

曰:“圣可积而致,然而皆不可积,何也?”曰:可以而不可使也①。故小人可以为君子而不肯为君子,君子可以为小人而不肯为小人。小人、君子者,未尝不可以相为也[2],然而不相为者,可以而不可使也。故涂之人可以为禹则然,涂之人能为禹未必然也。虽不能为禹,无害可以为禹[3]。足可以遍行天下,然而未尝有能遍行天下者也。夫工匠农贾,未尝不可以相为事也[4],然而未尝能相为事也。用此观之,然则可以为,未必能也;虽不能,无害可以为。然则能不能之与可不可,其不同远矣,其不可以相为明矣。

[注释]①可以而不可使:可以为而不可以使之为。　②相为:互相为之。③无害:不妨害。　④事:业。

尧问于舜曰:“人情何如?”舜对曰:“人情甚不美,又何问焉?妻子具而孝衰于亲,嗜欲得而信衰于友,爵禄盈而忠衰于君。人之情乎!人之情乎!甚不美,又何问焉?唯贤者为不然。”有圣人之知者[1],有士君子之知者,有小人之知者,有役夫之知者[2]。多言则文而类[3],终日议其所以,言之千举万变,其统类一也[4],是圣人之知也。少言则径而省[5],论而法[6],若佚之以绳[7],是士君子之知也。其言也谄[8],其行也悖,其举事多悔[9],是小人之知也。齐给便敏而无类[10],杂能旁魄而无用[11],析速粹孰而不急[12],不恤是非[13],不论曲直,以期胜人为意[14],是役夫之知也。

[注释]①知:同“智”。下同。　②役夫:贩夫走卒。　③文而类:文雅而有条理。　④统类一:纲领一致。　⑤径而省:直截了当。径,直。省,简明。　⑥论而法:有条理而合法度。论,通“伦”。　⑦佚之以绳:用绳墨校正。佚,据俞樾,读为“秩”,次,序。　⑧谄:佞。一作“谞”。　⑨悔:咎,过

错。 ⑩齐给便敏而无类：口齿流利敏捷而无条理。齐给，流利。 ⑪杂能旁魄而无用：才能驳杂而不切实用。旁魄，广博。 ⑫析速粹孰而不急：析辞迅捷精熟而不合急需。粹，精。 ⑬恤：顾及。 ⑭期：希望。

有上勇者，有中勇者，有下勇者。天下有中①，敢直其身②，先王有道，敢行其意；上不循于乱世之君③，下不俗于乱世之民④；仁之所在无贫穷，仁之所亡无富贵⑤；天下知之，则欲与天下同苦乐之；天下不知之，则傀然独立天地之间而不畏⑥，是上勇也。礼恭而意俭⑦，大齐信焉而轻货财⑧；贤者敢推而尚之⑨，不肖者敢援而废之⑩，是中勇也。轻身而重货，恬祸而广解⑪，苟免⑫，不恤是非、然不然之情⑬，以期胜人为意，是下勇也。

[**注释**]①中：正道。 ②敢直其身：敢于挺身而出。 ③循：遵从。 ④俗：流俗，追随。 ⑤亡：同“无”。 ⑥傀(kuài)然：孑然独处的样子。傀，同“块”。 ⑦礼恭而意俭：体貌恭敬而心意谦逊。礼，读为“体”。俭，谦。 ⑧大齐信：重视忠信。大，重视。齐信，忠信。 ⑨推：推举，举荐。 ⑩援：拉。 ⑪恬祸而广解：安于祸患而多方解脱。恬，安。 ⑫苟免：侥幸免祸。 ⑬情：实，情况。

繁弱、钜黍①，古之良弓也，然而不得排檠②，则不能自正。桓公之葱，大公之阙，文王之录，庄君之曶③，阖闾之干将、莫邪、钜阙、辟闾④，此皆古之良剑也，然而不加砥厉则不能利⑤，不得人力则不能断。骅骝、骐骥、纤离、绿耳⑥，此皆古之良马也，然而前必有衔辔之制⑦，后有鞭策之威，加之以造父之驭，然后一日而致千里也。夫人虽有性质美而心辩知⑧，必将求贤师而事之，择良友而友之。

得贤师而事之，则所闻者尧、舜、禹、汤之道也；得良友而友之，则所见者忠、信、敬、让之行也。身日进于仁义而不自知也者，靡使然也⑨。今与不善人处，则所闻者欺诬诈伪也，所见者污漫淫邪贪利之行也⑩。身且加于刑戮而不自知者⑪，靡使然也。传曰："不知其子，视其友；不知其君，视其左右。"靡而已矣！靡而已矣！

［**注释**］①繁弱、钜黍：繁弱，封父之弓。钜，或作"距"，二者通。　②排檠（jǐng）：辅正弓弩的器具。檠，一作"擏"。　③桓公之葱，大公之阙，文王之録，庄君之曶（hū）：葱、阙、録、曶，分别为齐桓公、姜太公、周文王、楚庄王之剑名。　④莫邪：一作"莫耶"。　⑤砥厉：一作"砥砺"。　⑥骅骝、骥骥、纤离、绿耳：皆周穆王之骏马名。骥，一作"骐"。　⑦前必有：当为"必前有"。　⑧辩知：敏慧。辩，慧。知，同"智"。　⑨靡：习染。　⑩污漫：卑污狡诈。　⑪加：施。

君子篇第二十四

天子无妻①，告人无匹也②。四海之内无客礼③，告无适也④。足能行，待相者然后进⑤；口能言，待官人然后诏⑥。不视而见，不听而聪，不言而信，不虑而知，不动而功，告至备也⑦。天子也者，埶至重⑧，形至佚⑨，心至愈⑩，志无所诎⑪，形无所劳⑫，尊无上矣。《诗》曰："普天之下，莫非王土；率土之滨，莫非王臣⑬。"此之谓也。

［**注释**］①天子无妻：天子没有妻子。"妻"是"夫"的配偶，从声训的角度来说，"妻"就是"齐"，即与丈夫齐等。由于天子至尊，不能有人与他齐等，故天子之妻称"后"而不称"妻"。从这个意义上来说，也就是"天子无妻"，而并非真的没有配偶。《礼记·曲礼下》："天子之妃曰后，诸侯曰夫人，大夫曰孺人，士曰妇人，庶人曰妻。" ②告人无匹：说的是无人可以与之相比。告，说。匹，匹对、匹敌。 ③客礼：接待宾客之礼。《礼记·郊特牲》："天子无客礼，莫敢为主焉。"天子是天下的主人，所以四海之内没有人敢做他的主人，而把他当客人。又《吕氏春秋·下贤》"帝也者，天下之适也"义同。 ④适：到，这里是外出的意思。天下尽归天子所有，天子巡视天下不能称为外出。 ⑤足能行，待相者然后进：天子自己能走路，但必依靠礼宾官的导引才能前行。待，等待，依赖。相者，傧相、礼宾官。 ⑥口能言，待官人然后诏：天子能说话，但必依靠使令官传令来诏告天下。官人，使令官。诏，帝王的命令。

⑦至备：(天子的臣属)极其完备。因为天子的臣属完备，各种事情可以全部委托群臣去干，所以能"不视而见，不听而聪，不言而信，不虑而知，不动而功"。 ⑧埶至重：权势极其尊贵。埶，同"势"，权势、权位。 ⑨形至佚：身体极其安逸。形，形体、身体。佚，通"逸"，安逸、舒适。 ⑩心至愈：心境极其愉悦。愈，通"愉"，愉快。 ⑪志无所诎：志向没有什么不能实现的。诎：同"屈"，受挫折，不能实现。 ⑫形无所劳：身体没有什么可劳累的。 ⑬普天之下，莫非王土；率土之滨，莫非王臣：语出《诗·小雅·北山》。意思是，天下所有的地域，没有不是天子的土地；四海之内所居住的人，没有不是天子的臣民。普，通"溥"，遍。率土之滨，循着土地的水涯，即海内的国土。

圣王在上，分义行乎下①，则士大夫无流淫之行②，百吏官人无怠慢之事，众庶百姓无奸怪之俗③，无盗贼之罪，莫敢犯大上之禁④。天下晓然皆知夫盗窃之人不可以为富也⑤，皆知夫贼害之人不可以为寿也⑥，皆知夫犯上之禁不可以为安也。由其道，则人得其所好焉⑦；不由其道，则必遇其所恶焉。是故刑罚綦省而威行如流⑧，世晓然皆知夫为奸则，虽隐窜逃亡之，由不足以免也⑨，故莫不服罪而请⑩。《书》曰："凡人自得罪⑪。"此之谓也。

［**注释**］①分义行乎下：名分、礼义施行在臣民之中。 ②无流淫之行：没有放荡荒淫的行径。 ③奸怪之俗：奸诈荒诞的风俗。 ④禁：禁令。 ⑤晓然：十分清楚、明白的样子。 ⑥"盗窃之"和"贼害之"后皆衍"人"字，应据《群书治要》卷三十八引文删。 ⑦由其道：遵循圣王之道。 ⑧刑罚綦省而威行如流：刑罚极少，而威望德行像流水一样畅行天下。綦，极。省，俭省。 ⑨由不足以免：还是无法避免惩罚的。由，同"犹"，还、仍然。 ⑩莫不服罪而请：没有不伏法认罪而自请制裁的。 ⑪凡人自得罪：语出《尚书·康诰》。意思是，所有的人都自愿得到惩处。

故刑当罪则威①,不当罪则侮②;爵当贤则贵,不当贤则贱③。古者刑不过罪,爵不逾德④。故杀其父而臣其子,杀其兄而臣其弟⑤。刑罚不怒罪⑥,爵赏不逾德,分然各以其诚通⑦。是以为善者劝⑧,为不善者沮⑨;刑罚綦省而威行如流,政令致明而化易如神⑩。《传》曰:"一人有庆,兆民赖之⑪。"此之谓也。

[**注释**]①刑当罪则威:刑罚与罪行适当就会发挥威力。当,恰当、合适。②侮:轻侮、轻慢。③爵当贤则贵,不当贤则贱:官爵与自己的德才恰当,就会受人尊重;官爵与自己的德才不适当,就会受到人们的鄙视。爵,官爵、官职。贤,品德、才能。贵,尊重。贱,轻视、鄙视。④不过、不逾:都指不超过的意思,即赏罚得当。⑤臣:指使其为臣。这里指刑罚得当而不株连子、弟。⑥怒:超过。⑦分然各以其诚通:刑、赏界限分明,能根据各自的实际情况来执行。诚,实情。通,上行下达、贯彻实行。⑧劝:劝勉,鼓励。⑨沮:阻止。⑩政令致明而化易如神:政策法令细致严明,教化改变人心的作用就愈加显明。致,同"至",极。易,通"施",蔓延。与上句"行"近义。⑪一人有庆,兆民赖之:语出《尚书·吕刑》。意思是,天子有了美好的德行,亿万民众就能受惠。一人,天子、君王。庆,善。兆,百万为兆,此极言其多。赖,利。

乱世则不然:刑罚怒罪,爵赏逾德;以族论罪,以世举贤①。故一人有罪而三族皆夷②,德虽如舜,不免刑均③,是以族论罪也。先祖当贤④,后子孙必显,行虽如桀、纣,列从必尊⑤,此以世举贤也。以族论罪,以世举贤,虽欲无乱,得乎哉⑥?《诗》曰:"百川沸腾,山冢崒崩,高岸为谷,深谷为陵。哀今之人,胡憯莫惩⑦!"此之谓也。

[**注释**]①以世举贤:按照等级门第来推举选用官员。②一人有罪而三

族皆夷：一个人犯了罪，其父、母、妻三族就都会被诛灭。三族，指父族、母族、妻族。夷，灭。　③刑均：一样受刑罚。均，同。　④当：通“尝”，曾经。　⑤列从：等级位次。　⑥得乎哉：能做得到吗？　⑦百川沸腾，山冢（zhǒng）崒崩，高岸为谷，深谷为陵。哀今之人，胡憯（cǎn）莫惩：语出《诗·小雅·十月之交》。意思是，很多河流汹涌奔腾，山峰碎裂下崩，高岸崩陷成深谷，深谷隆起成山岭。当今的执政者怎么不制止恶政！这前四句暗喻民怨沸腾，统治阶级分崩离析，上下等级地位发生了变易；而后两句则进一步说明社会之所以发生地震式的大变动是在于恶政。沸腾，汹涌奔腾。冢，山顶。崒，通“碎”，碎裂。憯，曾、怎。惩，止。

论法圣王①，则知所贵矣②；以义制事③，则知所利矣④。论知所贵，则知所养矣⑤；事知所利，则动知所出矣⑥。二者⑦，是非之本，得失之原也。故成王之于周公也⑧，无所往而不听⑨，知所贵也。桓公之于管仲也⑩，国事无所往而不用，知所利也。吴有伍子胥而不能用⑪，国至于亡，倍道失贤也⑫。故尊圣者王，贵贤者霸，敬贤者存，慢贤者亡⑬，古今一也。故尚贤使能，等贵贱，分亲疏，序长幼，此先王之道也。故尚贤使能，则主尊下安；贵贱有等，则令行而不流⑭；亲疏有分，则施行而不悖⑮；长幼有序，则事业捷成而有所休⑯。故仁者，仁此者也⑰；义者，分此者也⑱；节者，死生此者也⑲；忠者，惇慎此者也⑳；兼此而能之，备矣㉑。备而不矜，一自善也㉒，谓之圣。不矜矣，夫故天下不与争能而致善用其功㉓。有而不有也㉔，夫故为天下贵矣。《诗》曰：“淑人君子，其仪不忒；其仪不忒，正是四国㉕。”此之谓也。

［**注释**］①论法：论议法效。　②知所贵：知晓什么尊贵。　③以义制事：

根据礼义裁断政事。 ④知所利:懂得什么是有利于平治天下的。 ⑤知所养:知道什么可取。 ⑥动知所出:行动起来就知道应该怎么去做。动,行动。所出,所从,什么地方开始。 ⑦二者:指“论法圣王”和“以义制事”这两个方面。 ⑧成王之于周公:指周公辅佐成王之事。 ⑨无所往而不听:没有一件事情不听从周公的。 ⑩桓公之于管仲:指桓公任用管仲之事。 ⑪吴有伍子胥而不能用:春秋时吴国国君夫差不听大夫伍子胥的劝阻,而与越王勾践媾和,并逼迫伍子胥自杀之事。 ⑫倍道:违背圣王之道。倍,同“背”,违背。 ⑬慢:怠慢。 ⑭流:通“留”,停滞。 ⑮悖:悖乱,混乱。 ⑯休:休整。 ⑰此:指“尚贤使能、等贵贱、分亲疏、序长幼”这四个方面。 ⑱分:明确区分。 ⑲死生此者:以“尚贤使能、等贵贱、分亲疏、序长幼”这四方面内容为求生赴死的根本。 ⑳惇(dūn)慎:坚定信守。惇,同“敦”,敦厚、忠实。慎,真诚、坚定。 ㉑兼此而能之,备矣:兼有仁、义、节、忠这几种品德而全能做到,德行就完备了。 ㉒一自善:一切都为了己身的自我完善。 ㉓致善用其功:极能善用民众的力量。 ㉔有而不有:拥有(仁德)而不自以为能。 ㉕淑人君子,其仪不忒;其仪不忒,正是四国:语出《诗·曹风·鸤鸠》。意思是,善人君子,他的威望是不会变更的;他的威望是不会变更的,所以能够安抚四方。仪,威仪。忒,偏差。正,领导。四国,各国。

成相篇第二十五

请成相[①]:世之殃,愚暗愚暗堕贤良[②]! 人主无贤,如瞽无相何伥伥[③]! 请布基[④],慎圣人,愚而自专事不治[⑤]。主忌苟胜[⑥],群臣莫谏必逢灾。论臣过,反其施[⑦],尊主安国尚贤义。拒谏饰非,愚而上同国必祸[⑧]。

[**注释**]①请成相:论成功的治国方法。请,说、论。 ②愚闇(àn)愚闇堕贤良:愚昧无知,陷害贤良。堕,陷害。 ③如瞽(gǔ)无相何伥(chāng)伥:如同盲人没有引路人而茫然不知所措。瞽,盲人。相,助。这里指给盲人引路的人。伥伥,不知所措的样子。 ④请布基:论施政的根本。布,实施。基,根本。 ⑤慎圣人,愚而自专事不治:慎圣人,改为"慎听之","圣"为听之误,人不入韵,故改为慎听之。自专,独断专行。 ⑥苟胜:务求胜人,引申为自以为是。苟,务求。 ⑦反其施:反,违背,施,施行,这里指应做之事。⑧愚而上同:愚蠢的阿谀奉承君上。上同,阿谀奉承,附和君上。

曷谓罢[①]? 国多私,比周还主党与施[②]。远贤近谗,忠臣蔽塞主势移[③]。曷谓贤? 明君臣,上能尊主下爱民。主诚听之,天下为一海内宾。主之孽,谗人达,贤能遁逃国乃蹶[④]。愚以重愚,暗以重暗成为桀[⑤]。世之灾,妒贤能,飞廉知政任恶来[⑥]。卑其志意，大其园囿高其台。武王怒，师牧野，纣卒易乡启乃下[⑦]。武王善之，封之于宋立其祖[⑧]。世之衰，谗人归，比干见刳箕子累[⑨]。武王诛之，吕尚招麾殷民怀[⑩]。世之祸，恶贤士，子胥见杀百里徙[⑪]。穆公任之，强配五伯六卿施[⑫]。世之愚，恶大儒，逆斥不通孔子拘[⑬]。展禽三绌[⑭]，春申道缀基毕输[⑮]。

[**注释**]①曷(hé)谓罢：什么是无能？罢读为“疲”，无能。　②比周还主党与施：拉帮结派，结党营私，惑乱主上，扶植党羽。比周，拉帮结派，结党营私。还主，惑乱主上，“还”通“营”，惑乱。党与施，扶植党羽。　③主势移：主上的权威就会动摇。势，权威。　④蹶(jué)：颠覆也。　⑤愚以重愚，暗以重暗：(久之)愈来愈愚蠢昏庸。　⑥飞廉知政任恶来：飞廉当政任用恶来。飞廉，商纣王的大臣，恶来之父。飞廉、恶来都是商纣王的恶臣。　⑦武王怒，师牧野，纣卒易乡启乃下：武王，周朝的第一个君主。师，进军。纣卒易乡启乃下，纣王的士兵倒戈，微子启投降。卒，士兵。易乡，倒戈。乡，向。启，微子的名，纣的兄长。下，投降。　⑧祖：宗庙。　⑨比干见刳(kū)箕子累：比干被剖胸挖心，箕子受到囚禁。刳，挖，剖开。箕子，箕子，纣的大臣。⑩招麾：指挥。　⑪子胥见杀百里徙：伍子胥被杀，百里奚逃走。子胥，伍员字。吴国的大夫，被夫差所杀。百里，百里奚，春秋时虞国的大夫，晋灭虞以后被秦国用五张羊皮换去并帮助秦国完成霸业。　⑫强配五伯六卿施：国家得以强盛，穆公列为五霸，并设置了六卿。　⑬拘：围困。　⑭展禽三绌：展禽，无骇之后，字子禽，谥号惠。绌，罢免。　⑮春申道缀基毕输：春申君的主张行不通，国基完全败坏。春申，楚国的丞相黄歇，封为春申君。缀，同“辍”，止。基，基础。输，败坏。

请牧基[①]，贤者思，尧在万世如见之[②]。谗人罔极，险陂倾侧此之疑[③]。基必施，辨贤罢，文武之道同伏戏[④]，由之者治，不由者乱何疑为[⑤]？凡成相，辨法方，至治之极复后王[⑥]。复慎墨季惠，百家之说诚不详[⑦]。治复一，修之吉，君子执之心如结[⑧]。众人贰之，谗夫弃之形是诘[⑨]。水至平，端不倾，心术如此象圣人。而有势，直而用抴必参天[⑩]。世无王，穷贤良，暴人刍豢，仁人糟糠[⑪]。礼乐灭息，圣人隐伏墨术行[⑫]。

[**注释**]①请牧基，贤者思：谈到治理国家的根本，贤者应认真思考。牧，治理。　②尧在万世如见之：尧的治国之道虽然久远，却好像在眼前一样。③谗人罔极，险陂倾侧此之疑：谗臣无恶不作，阴险邪恶对此(尧的治国之道)怀疑。罔极，无恶不作。险陂倾侧，阴险邪恶。疑，怀疑。　④文武之道同伏戏：文武，周文王和周武王。伏戏，古代三皇，太昊氏。“戏”同“羲”。⑤由：遵循。　⑥至治之极复后王：治理国家的上策是走后王的道路。复，效法。　⑦复慎墨季惠，百家之说诚不详：慎到、墨翟、季真、惠施等百家之说实在不甚完美。慎，慎到，战国时期法家的代表人之一。墨，墨翟，墨家的创始人。季，季真，战国初期的人。惠，惠施，名家的代表人。详，通“祥”，好。⑧治复一，修之吉，君子执之心如结：治理国家恢复统一，走这条吉祥之道，君子要意志坚定，心如绳结(一样牢固)。　⑨形是诘：用刑罚来惩罚他们。“形”通“刑”。诘，问罪。　⑩抴(yè)：短桨，船工用以接引乘客登舟。⑪暴人刍豢(huàn)，仁人糟糠：刍豢，鱼肉，名词动用，吃鱼肉。糟糠的用法与之相同。　⑫墨术行：墨家的学说得到应用。

治之经[①]，礼与刑，君子以修百姓宁[②]。明德慎罚[③]，国家既治四海平。治之志，后势富[④]，君子诚之好以待。处之敦固，有深藏之能远思[⑤]。思乃精，志之荣[⑥]，好而壹之神以成[⑦]。精神相反[⑧]，一而不贰为圣人。治之道，美不老[⑨]，君子由之佼以好[⑩]。下以教诲子弟，上以事祖考[⑪]。成相竭，辞不蹶，君子道之顺以达[⑫]。宗其贤良，辨其殃孽□□□[⑬]。

[**注释**]①经:根本的原则。 ②修:修身。 ③明德:表扬好的品德。 ④治之志,后势富:治国的标志,把权势和富有放在后期。志,标志。势,权势。 ⑤有:读为“又”。 ⑥荣:广大。 ⑦好而壹之神以成:壹,专一。成,化成。 ⑧相反:反复不离散。引申为守一。 ⑨美不老:美丽但不腐朽。老,腐朽。 ⑩君子由之佼以好:君子遵循这种治国之道就会更好。由,遵循。佼,美好。 ⑪祖考:祖宗。祖,先人。考,父亲死后尊称为考。 ⑫成相竭,辞不蹷(jué),君子道之顺以达:成功的治国之道得以承载,没有颠倒的言辞,君子尊道而行(治国)就会顺利而成功。竭,承载。蹷,颠倒。 ⑬宗其贤良,辨其殃孽□□□:宗,遵奉。殃孽,奸人。□□□,此处丢失了三个字,故空三格。

请成相,道圣王,尧、舜尚贤身辞让①。许由、善卷,重义轻利行显明②。尧让贤,以为民,泛利兼爱德施均③。辨治上下,贵贱有等明君臣④。尧授能⑤,舜遇时,尚贤推德天下治⑥。虽有圣贤,适不遇世孰知之⑦?尧不德⑧,舜不辞,妻以二女任以事⑨。大人哉舜,南面而立万物备⑩。舜授禹,以天下,尚得推贤不失序⑪。外不避仇,内不阿亲贤者予⑫。

[**注释**]①尧、舜尚贤身辞让:尧、舜,原始社会的两个部落首领。尧和舜推崇贤人,把帝位让给贤能的人。 ②许由、善卷,重义轻利行显明:许由、善卷,尧舜时的贤人,尧让位给许由,许由不受。舜让位给善卷,善卷不受。行显明,德行光明正大。 ③泛利兼爱德施均:广泛地给予利益和爱护,恩德的布施公正。泛,广泛。 ④辨治上下:辨别确定上下等级。 ⑤授能:受位于贤能的人。 ⑥推德:推崇有德行的人。 ⑦适:恰巧。 ⑧不德:退位。德,升。 ⑨妻以二女任以事:尧把自己的两个女儿嫁给舜,并把国家大事委任给舜。 ⑩南面而立:古代的君主坐北向南。 ⑪得:同“德”,德行。 ⑫外不避仇,内不阿亲,贤者予:避,排斥。阿,私。予,授予,给。

禹劳心力①，尧有德，干戈不用三苗服②。举舜甽亩③，任之天下身休息。得后稷④，五谷殖，夔为乐正鸟兽服⑤。契为司徒⑥，民知孝弟尊有德⑦。禹有功，抑下鸿，辟除民害逐共工⑧。北决九河，通十二渚疏三江⑨。禹傅土⑩，平天下，躬亲为民行劳苦。得益、皋陶、横革、直成为辅⑪。契玄王，生昭明⑫，居于砥石迁于商⑬。十有四世，乃有天乙是成汤⑭。天乙汤，论举当，身让卞随与牟光⑮。□□□□，道古贤圣基必张⑯。

[**注释**]①劳心力：因辛勤劳作而费尽心力。　②三苗：古代的少数民族。在今广西、湖南、湖北一带。　③甽（quán）：同"畎"，田间。　④后稷：名弃，舜时管理农业的官。　⑤夔（kuí）为乐正鸟兽服：夔，人名，舜时的乐官。乐正，官名。主管音乐。　⑥契为司徒：契，人名。舜的大臣，管教化的官。司徒，官职的名称，主管教化。　⑦弟：通"悌"，孝敬哥哥。　⑧抑下鸿，辟除民害逐共工：鸿通"洪"，洪水。抑下鸿，治理洪水。共工，古代神话中的人物，被大禹驱逐到偏远的地区。　⑨北决九河，通十二渚疏三江："决"同"掘"，挖掘。渚，州。通十二渚，疏通十二州的水道。　⑩傅：敷，平整土地。　⑪益、皋陶、横革、直成：为四个人名。　⑫契玄王，生昭明：契为玄鸟所生，传说中商朝的祖先契的母亲在洗浴时生吞了一颗玄鸟的蛋后，就怀孕后生契。昭明是契的儿子。　⑬砥石：古代的地名，不知今在何处。　⑭天乙：成汤的祭名。商代的第一个君主。　⑮论举当，身让卞随与牟光：卞随与牟光，商朝的两个人，传说成汤曾经把帝位让给这两个人，他们都不接受。选举得当，他把天下让给卞随和牟光。　⑯道古贤圣基必张：走古代贤人圣王的道路，国家的基业就得到扩张。

愿陈辞①，□□□，世乱恶善不此治②。隐讳疾贤，良由奸诈鲜无灾③。患难哉，阪为先，圣知不用愚者谋④。前车已覆，后未知更何觉时⑤？不觉悟，不知苦，迷惑失指易上下⑥。中不上达⑦,蒙揜耳目塞门户⑧。门户塞,大迷惑,悖乱昏莫不终极⑨。是非反易,比周欺上恶正直。正直恶,心无度⑩,邪枉辟回失道途⑪。己无邮人⑫,我独自美岂独无故⑬?不知戒,后必有,恨后遂过不肯悔⑭。

[**注释**]①愿陈辞:我愿把我的观点陈述出来。 ②世乱恶善不此治:世道混乱,厌恶贤良,这种情况得不到治理。不此治,即"不治此"。释为不治理这些。 ③良由奸诈鲜无灾:总是使用奸诈之人,很少没有灾祸的。良由,总是使用。"良"应为"长",经常。由,用。鲜,很少。 ④阪为先,圣知不用愚者谋:先施邪术,有道德有知识的人得不到重用,却用愚蠢的人谋划国家大事。阪,邪术。 ⑤后未知更何觉时:后面的车不知更改,何时觉醒。后,代指后面的车。更,更改。何觉时,"何时觉"的倒装,这里是何时觉醒。 ⑥迷惑失指易上下:指,方向。易,颠倒。 ⑦中:通"忠",忠诚。 ⑧蒙揜(yǎn):揜,同"掩",掩蔽。 ⑨悖乱昏莫不终极:错乱昏暗永不停止。悖,错乱。莫,即"暮",释为昏暗。不终及,不停止。 ⑩度:法度。 ⑪邪枉辟回:奸邪乖违。邪枉,奸邪。辟,同"僻"。回,违。 ⑫己无邮人:自己不要责备别人。邮,通尤,责备。 ⑬岂独无故:难道自己就好得很,而没有一点过错吗?故,过错。 ⑭恨后遂过:刚愎自用。恨,同"很"。后,繁体作後,与愎形近而错。遂,坚持。

谗夫多进①,反复言语生诈态②。人之态,不如备③,争宠嫉贤相恶忌。妒功毁贤,下敛党与上蔽匿④。上壅蔽,失辅势⑤,任用谗夫不能制。郭公、长父之难,厉王流于彘⑥。周幽、厉,所以败,不听规谏忠是害⑦。嗟我何人⑧,独不遇时当乱世!欲衷对⑨,言不从,恐为子胥身离凶⑩。进谏不听,刭而独鹿弃之江⑪。观往事,以自戒,治乱是非亦可识。□□□□,托于成相以喻意。

［注释］①多进：多被任用。　②态：通“慝”，奸诈。　③不如备：如果不戒备。　④下敛党与上蔽匿：在下收敛党羽，对上隐蔽罪恶。　⑤辅势：辅助和权势。　⑥郭公、长父之难，厉王流于彘：因虢公、长父之难，厉王被流放到彘。郭，同“虢”，长父，人名。　⑦忠是害：忠良被杀害。　⑧嗟我何人：可叹我这个人。　⑨衷对：以诚相待。　⑩离凶：遭遇杀害。　⑪刭（jǐng）而独鹿弃之江：拔剑自刎而尸体被抛到江中。刭，自刎。独鹿，同“属镂”，古代的一种剑的名字，为吴王夫差赐给伍子胥的剑。

请成相，言治方①，君论有五约以明②。君谨守之，下皆平正国乃昌③。臣下职，莫游食④，务本节用财无极。事业听上，莫得相使一民力⑤。守其职，足衣食，厚薄有等明爵服⑥。利往卬上，莫得擅与孰私得⑦？君法明，论有常⑧，表仪既设民知方⑨。进退有律⑩，莫得贵贱孰私王⑪？君法仪⑫，禁不为，莫不说教名不移⑬。修之者荣⑭，离之者辱孰它师⑮？刑称陈，守其银，下不得用轻私门⑯。罪祸有律，莫得轻重威不分⑰。

［注释］①治方：治国的方法。　②君论有五约以明：君主必须遵守的五条简约明了的原则。约以明，简约明了。　③平正：正气。　④臣下职，莫游食：游食，不勤于政事，白拿俸禄。官吏和百姓坚守职责，不白拿俸禄。⑤事业听上，莫得相使一民力：事业取决于主上，不要擅自指使，民力就会统一。　⑥爵服：爵位。　⑦利往卬上，莫得擅与孰私得：财利仰仗主上，不擅自给别人东西，谁还敢图谋私利呢？卬，同“仰”。　⑧常：常规。　⑨表仪：准则。　⑩进退：指官吏的升降。　⑪孰私王：谁还私下讨好大王呢？⑫法仪：树立威德。　⑬说：同“悦”。　⑭修：做。　⑮孰它师：孰师它，谁还学习其他的呢？　⑯刑称陈，守其银，下不得用轻私门：刑法使用得当，又能注意刑法的使用范围，在下不培植私人的势力。银，同“垠”，边。私门，私人势力。　⑰罪祸有律，莫得轻重威不分：按照法律的规定去断案，不能随意减

轻或加重,这样君主的权威就不会分散。律,按照法律。

请牧基,明有祺①,主好论议必善谋。五听修领,莫不理续主势持②。听之经,明其请③,参伍明谨施赏刑④。显者必得,隐者复显民反诚⑤。言有节,稽其实,信诞以分赏罚必⑥。下不欺上,皆以情言明若日⑦。上通利,隐远至,观法不法见不视⑧。耳目既显⑨,吏敬法令莫敢恣⑩。君教出,行有律,吏谨将之无铍滑⑪。下不私请,各以宜舍巧拙⑫。臣谨修⑬,君制变,公察善思论不乱⑭。以治天下,后世法之成律贯⑮。

[**注释**]①明有祺:明察就会得到吉祥。祺,祥,好处。　②五听修领,莫不理续主势持:君主掌握了五种治理国家的方法,统治相续主的权势就会稳固。五听,五种处理事情的原则。修,修治,治理。莫不理续,无不各尽其责。续,据文义应为"绩"。理绩:理事。持,稳固。　③请:同"情",实情。④参伍明谨施赏刑:反复地明察之后,谨慎地实施赏罚。参,同"三"。三五,反复。　⑤反诚:归于诚实。　⑥言有节,稽其实,信诞以分赏罚必:节,法度。稽,考核。赏刑必,赏罚严明。　⑦情言:说实话。　⑧上通利,隐远至,观法不法见不视:君主明白事理,隐蔽的和远处的,都能了解清楚;合法的不合法的事情别人看不见,君主能看见。利,事理。　⑨显:明。　⑩恣:任意行事。　⑪吏谨将之无铍(pī)滑:官吏无不谨守法度,所以事情无不顺利进行。将,持守。无铍滑,顺利。　⑫各以宜舍巧拙:各尽所能无巧拙(之别)。⑬谨修:谨慎地遵守法令。　⑭公察:公正地考察。　⑮后世法之成律贯:法,效法。律贯,律例和条贯。

赋篇第二十六

爰有大物[①],非丝非帛,文理成章[②]。非日非月,为天下明[③]。生者以寿,死者以葬,城郭以固,三军以强。粹而王,驳而伯,无一焉而亡[④]。臣愚不识,敢请之王。王曰:此夫文而不采者与[⑤]?简然易知而致有理者与[⑥]?君子所敬而小人所不者与?性不得则若禽兽,性得之则甚雅似者与[⑦]?匹夫隆之则为圣人[⑧],诸侯隆之则一四海者与[⑨]?致明而约[⑩],甚顺而体[⑪],请归之礼。——礼。

[**注释**]①爰:语首助词,于此,在这里。 ②文理成章:花纹构成一定规则。 ③为天下明:给天下带来光明。 ④粹而王,驳而伯,无一焉而亡:若纯而全地使用它,则能够称王;(退一步讲)若做不到纯而全地使用它也可以称霸诸侯;若一点也不使用它,那只能灭亡。 ⑤文而不采:文,装饰。采,华丽。 ⑥简然易知而致有理:简然,简明。致,极。理,条理。 ⑦雅似(zhì):雅,正。似,修治。 ⑧隆:尊崇。 ⑨一:使统一。 ⑩致明而约:极其简明而简约。 ⑪甚顺而体:顺,顺畅、易行。体,体例。

皇天隆物[①],以示下民[②],或厚或薄,帝不齐均[③]。桀、纣以乱,汤、武以贤。涽涽淑淑,皇皇穆穆,周流四海,曾不崇日④。君子以修，跖以穿室⑤。大参乎天，精微而无形。行义以正⑥，事业以成。可以禁暴足穷⑦，百姓待之而后宁泰。臣愚不识，愿问其名。曰：此夫安宽平而危险隘者邪⑧？修洁之为亲而杂污之为狄者邪⑨？甚深藏而外胜敌者邪？法禹、舜而能弇迹者邪⑩？行为动静，待之而后适者邪？血气之精也，志意之荣也。百姓待之而后宁也，天下待之而后平也。明达纯粹而无疵也，夫是之谓君子之知⑪。——知。

［**注释**］①隆：降。　②示：施。　③帝：常。　④涽涽淑淑，皇皇穆穆，周流四海，曾不崇日：涽，昏乱的样子。淑，清澈，美丽。皇皇穆穆，庄重盛美的样子。崇，充。　⑤跖（zhí）以穿室：跖，盗跖，相传为春秋末期人，柳下惠之弟。穿室，偷东西。　⑥行义：道义。　⑦足穷：使穷者富足。　⑧隘：阻止，远离。　⑨修洁句：修洁，有修养的人。亲，亲近。杂污，杂污之人。狄，剪除，远离。　⑩弇（yǎn）：承袭。　⑪知：通“智”。

有物于此，居则周静致下，动则綦高以钜。圆者中规，方者中矩。大参天地，德厚尧、禹。精微乎毫毛，而大盈乎大宇①。忽兮其极之远也②，攭兮其相逐而反也③，卬卬兮天下之咸蹇也④。德厚而不捐⑤，五采备而成文。往来惛憊，通于大神⑥，出入甚极，莫知其门。天下失之则灭，得之则存。弟子不敏，此之愿陈，君子设辞，请测意之。曰：此夫大而不塞者与？充盈大宇而不窕⑦，入郄穴而不偪者与⑧？行远疾速而不可讬讯者与⑨？往来惛憊而不可为固塞者与？暴至杀伤而不亿忌者与⑩？功被天下而不私置者与？托地而游宇，友风而子雨。冬日作寒，夏日作暑。

广大精神[11],请归之云。——云。

[**注释**]①盈:盈满。 ②忽:飘忽。 ③攭(lì)兮其相逐而反:攭,分判的样子。反,通“返”,往返。 ④卬(áng)卬兮天下之咸蹇(qiān)也:卬卬,气概轩昂。蹇,同“攓”,取。 ⑤捐:舍弃。 ⑥往来惛憊,通于大神:来去昏暗隐蔽,变化莫测。 ⑦窕(tiǎo):空隙。 ⑧入郄(xì)穴而不偪(bī):郄,通“隙”。偪,不容。 ⑨托讯:捎信儿。 ⑩亿忌:不考虑,不迟疑。 ⑪广大精神:至精至神,通于变化。

有物于此,儳儳兮其状[1],屡化如神。功被天下,为万世文[2]。礼乐以成,贵贱以分。养老长幼,待之而后存。名号不美,与暴为邻[3]。功立而身废,事成而家败。弃其耆老[4],收其后世。人属所利,飞鸟所害[5]。臣愚而不识,请占之五泰[6]。五泰占之曰:此夫身女好而头马首者与[7]?屡化而不寿者与?善壮而拙老者与?有父母而无牝牡者与[8]?冬伏而夏游,食桑而吐丝,前乱而后治,夏生而恶暑,喜湿而恶雨。蛹以为母,蛾以为父。三俯三起,事乃大已。夫是之谓蚕理。——蚕。

[**注释**]①儳:通“裸”。 ②文:装饰。 ③名号不美,与暴为邻:它的名字不美丽并且常常与残暴相近。 ④耆(qí):六十岁为耆。 ⑤人属所利,飞鸟所害:人类会保护它、利用他,而飞鸟却残害它、食用它。 ⑥五泰:五帝。 ⑦女好:柔润婉转。 ⑧牝(pìn)牡:牝。牝指雌性的禽兽,牡指雄性的禽兽。

有物于此,生于山阜,处于室堂。无知无巧,善治衣裳。不盗不窃,穿窬而行[1]。日夜合离[2],以成文章。以能合从,又善连衡[3]。下覆百姓,上饰帝王。功业甚博,不见贤良。时用则存,不用则亡。臣愚不识,敢请之王。王曰:此夫始生钜,其成功小者邪?长其尾而锐其剽者邪[4]?头铦达而尾赵缭者邪[5]?一往一来,结尾以为事。无羽无翼,反覆甚极[6]。尾生而事起,尾邅而事已[7]。簪以为父,管以为母。既以缝表,又以连里。夫是之谓箴理[8]。——箴。

[注释]①窬(yú):门边小道。　②合离:使分离的东西合到一起。③以能合从,又善连衡:合从,即合纵,南北为纵。连衡,也可称连横,东西为横。　④剽(piǎo):末梢。　⑤头铦(xiān)达而尾赵(diào)缭(liáo):铦达,锋利。赵缭,长长的样子。　⑥极:急,速度快。　⑦邅(zhān):停止,不进。⑧箴:同"针"。

天下不治,请陈佹诗[1]:天地易位,四时易乡[2]。列星殒坠,旦暮晦盲[3]。幽晦登昭,日月下藏[4]。公正无私,反见从横[5]。志爱公利,重楼疏堂[6]。无私罪人,憼革贰兵[7]。道德纯备,谗口将将[8]。仁人绌约[9],敖暴擅强[10]。天下幽险,恐失世英。螭龙为蝘蜓[11],鸱枭为凤皇[12]。比干见刳,孔子拘匡。昭昭乎其知之明也[13],郁郁乎其遇时之不祥也[14]。拂乎其欲礼义之大行也[15],暗乎天下之晦盲也。皓天不复,忧无疆也。千岁必反,古之常也。弟子勉学,天不忘也。圣人共手[16],时几将矣[17]。与愚以疑[18],愿闻反辞[19]。其《小歌》曰:念彼远方[20],何其塞矣[21]!仁人绌约,暴人衍矣[22]。忠臣危殆,谗人服矣[23]。

[注释]①佹诗:佹,通"诡",言辞激切诡异的诗。　②乡:方向,方位。③旦暮晦盲:昼夜冥暗,看不见东西。　④幽晦登昭,日月下藏:幽暗的小人

登上昭明的位置，明如日月一样的君子反而得不到任用。　⑤从横：反复无常。　⑥重楼疏堂：为自己家修建豪华的楼堂。　⑦憝革贰兵：憝，同“儆”。戒备，增益兵革。　⑧谗口将将：以谗言相退送。　⑨绌约：绌退穷约。　⑩擅强：专横逞强。　⑪蝘蜓：壁虎。　⑫鸱枭：猫头鹰。　⑬明：英明。　⑭郁郁：文采华丽。　⑮拂：违。“郁郁”与“拂”应互换。　⑯共：拱。　⑰时几将矣：这样的时代将要结束。　⑱与愚以疑：我愚昧并且疑惑。　⑲反辞：回覆之辞。　⑳远方：大道。　㉑塞：阻塞。　㉒衍：丰饶、富实。　㉓服：任用。

琁、玉、瑶、珠，不知佩也①。杂布与锦，不知异也。闾娵、子奢②，莫之媒也。嫫母、力父③，是之喜也。以盲为明，以聋为聪，以危为安，以吉为凶。呜呼上天，曷维其同④！

［注释］①琁：同“璇”，美玉。　②闾娵、子奢：闾娵，战国时魏国之美女。子奢，当为子都，春秋时郑之美男子。　③嫫母、力父：嫫母，丑女，黄帝时人。力父，不详，应是一容貌丑陋之人。　④曷维其同：怎么能与他们相同呢！

大略篇第二十七

大略[1]。

[**注释**]①大略:略举其概要。

君人者[1],隆礼尊贤而王[2],重法爱民而霸[3],好利多诈而危[4]。

[**注释**]①君人者:统治人民的人,指君主。 ②隆礼尊贤而王(wàng):因能崇尚礼法、尊重贤人而称王天下。隆,崇尚。王,称王。 ③霸:称霸天下。 ④危:遭遇危险。

"欲近四旁,莫如中央[1]。"故王者必居天下之中,礼也[2]。

[**注释**]①欲近四旁,莫如中央:盖古语。如果要使四方之民来亲附,最好的办法是居于中央之地。近,使……亲近、亲附。四旁,四方。 ②王者必居天下之中,礼也:君王一定要居住在天下的中央地区,这是一种礼制。

天子外屏[1],诸侯内屏[2],礼也。外屏,不欲见外也;内屏,不欲见内也。

[**注释**]①外屏:设在门外的照壁。屏,照壁,对着门的小墙。 ②内屏:设在门内的照壁。

诸侯召其臣,臣不俟驾①,颠倒衣裳而走②,礼也。《诗》曰:"颠之倒之,自公召之③。"天子召诸侯,诸侯辇舆就马④,礼也。《诗》曰:"我出我舆,于彼牧矣。自天子所,谓我来矣⑤。"

[**注释**]①臣不俟驾:臣子等不及驾好车。俟,等待。驾,指驾车。 ②颠倒衣裳而走:来不及把衣裳穿戴整齐就跑。走,跑。 ③颠之倒之,自公召之:出自《诗·齐风·东方未明》。为啥颠倒穿衣裳?因为公家命令急。④诸侯辇(niǎn)舆就马:诸侯赶紧使人拉着车去靠近马。辇,指使人拉。舆,车。就,靠近。 ⑤我出我舆,于彼牧矣。自天子所,谓我来矣:出自《诗·小雅·出车》。推出战车马套上,驾到远郊养马场。有人从王那里来,派我出征到北方。"舆",《毛诗》作"车"。

天子山冕①,诸侯玄冠②,大夫裨冕③,士韦弁④,礼也。

[**注释**]①天子山冕:天子穿画着山的礼服,戴礼帽。山,指画着山形的礼服。冕,大夫以上的贵族所戴的礼帽。 ②诸侯玄冠:诸侯穿黑色的礼服、戴礼帽。 ③裨:古代祭祀时穿的次等礼服。 ④士韦弁(biàn):士戴用熟皮制成的帽子。韦,熟皮,加工过的皮子。弁,古代用皮革做成的一种帽子。

天子御珽①,诸侯御荼②,大夫服笏③,礼也。

[**注释**]①天子御珽(tǐng):天子持珽。珽,大珪,古代天子所持的玉笏。②荼(shū):玉版,呈上圆下方形。 ③服笏(hù):服,使用。笏,古代朝见时大臣所执的手板,用于记事。

天子彫弓①,诸侯彤弓②,大夫黑弓③,礼也。

[**注释**]①天子彫弓:天子使用雕有图案文饰的弓。　②诸侯彤弓:诸侯使用红色的弓。　③大夫黑弓:大夫使用黑色的弓。

诸侯相见①,卿为介②,以其教出毕行③,使仁居守④。

[**注释**]①诸侯相见:诸侯盟会。　②卿为介:卿,爵位名,古代高级官名,在公之下,大夫之上。介,副手,以助宾客行礼。　③以其教出毕行:诸侯让所有受过教练的卫士都跟从随行。教出,当作教士,指受过教练的卫士。④使仁居守:让仁厚的人留守主后事。仁,仁厚之人。

聘人以珪①,问士以璧②,召人以瑗③,绝人以玦④,反绝以环⑤。

[**注释**]①聘人以珪(guī):聘,古代诸侯之间或诸侯与天子之间派使节问候。珪,一种上圆下方的玉器,在古代常被用为信符。　②问士以璧:问,小规模或不定期的聘。士,通"事"。问士,访问国事。璧,一种平而圆,中心有孔的玉。　③召人以瑗(yuàn):召,召见。瑗,一种孔大边小的玉。　④绝人以玦(jué):绝,断绝,决绝。玦,环形而有缺口的佩玉。古人常以玦暗示决绝,在这里应是指用玦表示对官员的外贬。　⑤反绝以环:反,通"返"。环,玉圈。古人常以环暗示回还、复好,在这里应是指用玉环表示召回被外贬的官员。

人主仁心设焉①,知其役也②,礼其尽也③。故王者先仁而后礼,天施然也④。

[**注释**]①人主仁心设焉:君主具有仁爱之心。设,具有、具备。　②知其役也:智慧就是仁心的运用。知,通"智",智慧。其,指代仁心。役,役使,在此指运用。　③礼其尽也:礼是仁心的完备表现。尽,完备的表现。　④天

施然也:这是自然而然的。天,上天、自然。施,施设、安排。

《聘礼》志曰[①]:“币厚则伤德,财侈则殄礼[②]。”礼云礼云,玉帛云乎哉[③]!《诗》曰:“物其指矣,唯其偕矣[④]。”不时宜[⑤],不敬文[⑥],不欢欣,虽指,非礼也。

[**注释**]①志:记载。 ②币厚则伤德,财侈则殄礼:货币多了就会有伤于道德,财物多了就会破坏礼法。殄,破坏、灭绝。案《仪礼·聘礼》原文作“多货则伤于德,币美则没礼。”与此引文不同。 ③礼云礼云,玉帛云乎哉:孔子语,出自《论语·阳货》。礼呀礼呀,难道只是玉帛这些东西吗? ④物其指矣,唯其偕矣:出自《诗·小雅·鱼丽》。君子之物既好又整齐。指,同“旨”,美。 ⑤不时宜:不合时宜。 ⑥不敬文:不恭敬有礼。文,原作“交”,据《劝学》改。

水行者表深,使人无陷[①];治民者表乱,使人无失[②]。礼者,其表也[③],先王以礼表天下之乱。今废礼者,是去表也。故民迷惑而陷祸患,此刑罚之所以繁也。

[**注释**]①水行者表深,使人无陷:涉水而行的人标记出水的深度,以使人不至于溺水。表,标记、标出。 ②治民者表乱,使人无失:治理人民的人标明什么样的行为是乱,以使人不至于犯错误。 ③礼者,其表也:礼制就是统治者表明、界定治与乱的标准。

舜曰:“维予从欲而治[①]。”故礼之生[②],为贤人以下至庶民也,非为成圣也;然而亦所以成圣也,不学不成:尧学于君畴[③],舜学于务成昭[④],禹学于西王国[⑤]。

[**注释**]①维予从欲而治:我想随心所欲地治理天下。维,句首语气词。②故礼之生:因此礼的产生、制定。 ③君畴:人名,也作“尹畴”, ④务成

昭:人名,务成为姓,昭为名。 ⑤西王国:盖人名。

五十不成丧①,七十唯衰存②。

[**注释**]①五十不成丧:五十岁以上的人在丧礼中不需再行又哭又跳的礼节。 ②七十唯衰(cuī)存:七十岁以上的人在丧礼中只需穿丧服就行了。衰,通“缞”,古代丧服的一种。

亲迎之礼①,父南乡而立②,子北面而跪,醮而命之③:“往迎尔相④,成我宗事⑤,隆率以敬先妣之嗣⑥,若则有常⑦。”子曰:“诺。唯恐不能,敢忘命矣⑧!”

[**注释**]①亲迎之礼:古代婚礼仪式之一,即新郎亲自到新娘家迎娶的礼节。 ②乡:通“向”。 ③醮(jiào):古代婚礼中的一种斟酒仪式。 ④相:妻子。 ⑤成我宗事:完成我家传宗接代以祭祀宗庙的大事。 ⑥隆率以敬先妣之嗣:好好带领你的妻子恭敬地做你去世的母亲的继承人。隆率,好好带领。 ⑦若则有常:你的行动要持之以恒。若,你。常,常规。 ⑧唯恐不能,敢忘命矣:我只怕自己没有能力做到,决不敢忘记父亲的嘱托。

夫行也者①,行礼之谓也。礼也者②,贵者敬焉,老者孝焉,长者弟焉③,幼者慈焉,贱者惠焉④。

[**注释**]①行:行为,为社会生活的实践。 ②礼也者:即所谓礼义。③弟:通“悌”,敬爱、顺从兄长。 ④贱者惠焉:对贫贱者要给予恩惠。

赐予其宫室①,犹用庆赏于国家也;忿怒其臣妾②,犹用刑罚于万民也。

[**注释**]①赐予其宫室:在自己的家庭中进行赏赐。宫室,指代家庭。②忿怒其臣妾:惩罚奴仆。忿怒,发怒、惩罚。臣妾,奴仆。

君子之于子，爱之而勿面①，使之而勿貌②，道之以道而勿强③。

［注释］①爱之而勿面：疼爱自己的孩子，但不必将关爱表现在脸面上。面，表现于脸面。 ②使之而勿貌：使唤自己的孩子做事，但不必礼貌、客气。貌，礼貌。 ③道之以道而勿强：用正确的道理来引导他而不要强迫他。第一个道，通“导”，引导。

礼以顺人心为本①，故亡于《礼经》而顺人心者②，皆礼也。

［注释］①本：根本。 ②亡（wú）于《礼经》：《礼经》上没有记载。亡，通“无”。《礼经》，即今《仪礼》，是西周、春秋时代礼仪活动仪式的汇编。

礼之大凡①：事生②，饰欢也③；送死④，饰哀也；军旅⑤，饰威也。

［注释］①大凡：大概、大致。 ②事生：事奉生者的礼仪。 ③饰：表达、表现。 ④送死：葬送死者的礼仪。 ⑤军旅：军队中的礼仪。

亲亲、故故、庸庸、劳劳①，仁之杀也②；贵贵、尊尊、贤贤、老老、长长③，义之伦也④。行之得其节⑤，礼之序也。仁，爱也，故亲。义，理也，故行。礼，节也，故成⑥。仁有里⑦，义有门。仁非其里而虚之⑧，非礼也；义非其门而由之，非义也。推恩而不理⑨，不成仁；遂理而不敢⑩，不成义；审节而不和⑪，不成礼；和而不发⑫，不成乐。故曰：仁、义、礼、乐，其致一也⑬。君子处仁以义，然后仁也；行义以礼，然后义也；制礼反本成末⑭，然后礼也。三者皆通,然后道也。

[**注释**]①亲亲、故故、庸庸、劳劳:亲亲,爱自己的父母。故故,不忘故友。庸,功劳。庸庸,奖赏有功劳的人。劳劳,慰劳付出劳动的人。 ②杀(shài):差等。 ③贵贵、尊尊、贤贤、老老、长长:贵贵,重视禄位高的人。尊尊,尊敬尊贵的人。贤贤,赏识有贤能的人。老老,敬奉年老的人。长长,敬重年长的人。 ④伦:理。 ⑤节:节制。 ⑥成:成功。 ⑦里:乡里,住处。 ⑧虚:通"墟",居住。 ⑨不理:不合乎道理。 ⑩遂理而不敢:因循正确的道理但不勇敢地去做。遂,因循。敢,勇敢去做。 ⑪审节而不和:审,审察,弄明白。节,礼节制度。和,和睦、调和。和原作"知",据杨倞注本改。 ⑫发:发扬,传播。 ⑬致:目标。 ⑭制礼反本成末:制定礼仪要根据其根本即仁义来确定具体的礼节条文。本,在此应指仁义。末,在此应指礼节。

货财曰赙①,舆马曰赗②,衣服曰襚③,玩好曰赠④,玉贝曰唅⑤。赙、赗,所以佐生也;赠、襚,所以送死也。送死不及柩尸⑥,吊生不及悲哀,非礼也。故吉行五十,奔丧百里⑦,赗、赠及事,礼之大也。

[**注释**]①赙(fù):送布帛财物来帮助别人办丧事。 ②赗(fèng):送车马等给人办丧事。 ③襚(suì):赠送死者以衣服。 ④赠:赠送死者生前所喜好的物品。 ⑤唅(hán):赠送给死者珠玉贝壳,以供其含在口中。 ⑥送死不及柩尸:送别死者要赶在下葬之前。案古代人死,尸体在床称为尸,尸体入棺称为柩。 ⑦吉行五十,奔丧百里:赶着去参加吉礼时,不必太着急,一天跑五十里即可;赶着去参加葬礼时,要快速,一天要跑一百里。

礼者,政之挽也①。为政不以礼,政不行矣②。

[**注释**]①礼者,政之挽也:礼制,是政治治理的原则。挽,引,引导,原则。②行:实行、践行。

天子即位,上卿进曰[1]:“如之何忧之长也?能除患则为福,不能除患则为贼[2]。”授天子一策[3]。中卿进曰:“配天而有下土者,先事虑事[4],先患虑患。先事虑事谓之接[5],接则事优成[6];先患虑患谓之豫[7],豫则祸不生。事至而后虑者谓之后[8],后则事不举;患至而后虑者谓之困[9],困则祸不可御。”授天子二策。下卿进曰:“敬戒无怠[10]。庆者在堂,吊者在闾[11]。祸与福邻,莫知其门[12]。豫哉[13]!豫哉!万民望之!”授天子三策。

[**注释**]①上卿:案周代礼制,设卿一职,分上、中、下三级,上卿最为尊贵,相当于周代的冢宰。中卿则相当于宗伯,下卿相当于司寇。 ②贼:灾害,祸害。 ③授天子一策:献给天子一策。授,献给。策,同“册”,成编的竹简,上有进献天子之言。 ④先事虑事:在事情发生之前考虑到所要发生的事情。⑤接:通“捷”,敏捷。 ⑥优成:很好地完成。 ⑦豫:通“预”,有预见,事先有准备。 ⑧后:落后。 ⑨困:困厄。 ⑩敬戒无怠:慎重戒备而不懈怠。敬,慎重,严肃。戒,戒备。怠,懈怠。 ⑪闾:门,门口。 ⑫祸与福邻,莫知其门:祸与福紧紧相邻,但是人们不知道它们什么时候就发生。 ⑬豫:警惕。

禹见耕者耦立而式[1],过十室之邑必下。

[**注释**]①禹见耕者耦立而式:大禹看见二人并肩耕作便停下车,并扶轼敬礼,以示对耕者的尊敬。耦,二人并肩耕作。式,通“轼”,扶着轼敬礼。

杀大蚤[1],朝大晚[2],非礼也。治民不以礼,动斯陷矣[3]。

[**注释**]①杀大蚤:杀,猎捕禽兽。大,通“太”。蚤,通“早”。 ②朝:朝会。 ③动斯陷矣:动不动就会陷入困境。

平衡曰拜[1]，下衡曰稽首[2]，至地曰稽颡[3]。大夫之臣拜不稽首，非尊家臣也，所以辟君也[4]。

［**注释**］①平衡：行礼弯腰至头与腰成水平状态，就像秤杆平衡时一样。②下衡曰稽首：下衡，行礼时头比腰低。稽首，古时的一种礼节，跪下后拱手至地，头也至地。　③稽颡（sǎng）：古时在父母丧礼上的一种跪拜礼，额头至地。颡，额。　④辟君：避免大夫和国君地位同等。辟，通“避”。

一命齿于乡[1]，再命齿于族[2]，三命[3]，族人虽七十，不敢先[4]。上大夫，中大夫，下大夫[5]。

［**注释**］①一命齿于乡：在乡饮酒礼时，士一级官员和乡里的人按年龄大小来排列位次。命，禄爵等级，一命指公侯之士。齿，按年龄大小排列位次。②再命齿于族：再命，指大夫一级官员。族，同族人。　③三命：指卿一级官员。　④先：排在前面。　⑤上大夫，中大夫，下大夫：分别指代前面所提到的卿、大夫、士。

吉事尚尊[1]，丧事尚亲[2]。

［**注释**］①吉事尚尊：吉事，指朝廷排列位次。尚尊，爵位高者在前。②丧事尚亲：在丧事中与死者关系亲近的人排列在前。

君臣不得不尊[1]，父子不得不亲，兄弟不得不顺，夫妇不得不欢，少者以长[2]，老者以养[3]。故天地生之[4]，圣人成之[5]。

［**注释**］①不得：不得圣人之礼法。　②少者以长：年幼的人遵守礼法才能很好地成长。　③养：得到赡养。　④天地生之：天地提供给人生活所必须的物质，使人存活。　⑤圣人成之：圣人制定礼仪进行教化，从而让人成为区别于动物、禽兽的人。

聘[1],问也。享[2],献也。私觌[3],私见也。

[**注释**]①聘:古代诸侯之间或者诸侯与天子之间互派使节问候。②享:进献,向诸侯或天子进献礼品。 ③觌(dí):见,相见。

言语之美,穆穆皇皇[1]。朝廷之美,济济跄跄[2]。

[**注释**]①言语之美,穆穆皇皇:形容语言美好就说"穆穆皇皇"。穆穆,肃敬的样子。皇皇,光明的样子。 ②朝廷之美,济济跄跄:形容朝廷之美,就用"济济跄跄"。济济,态度从容的样子。跄跄,走路有节奏的样子。

为人臣下者,有谏而无讪[1],有亡而无疾[2],有怨而无怒[3]。

[**注释**]①有谏而无讪(shàn):作为人臣,可以进谏规劝,但不能诋毁。讪,诽谤、诋毁。 ②有亡而无疾:可以出走但不能憎恨。亡,出走。疾,憎恨。 ③怨:哀怨,自怨自艾。

君于大夫,三问其疾[1],三临其丧[2];于士,一问一临。诸侯非问疾吊丧,不之臣之家[3]。

[**注释**]①疾:疾病。 ②临:亲临。 ③之:到。

既葬[1],君若父之友食之[2],则食矣,不辟粱肉[3],有酒醴则辞[4]。

[**注释**]①既葬:父亲或母亲去世埋葬之后。 ②君若父之友食(sì)之:君主或者父亲的朋友让自己吃饭。若,或者。食,让……吃。 ③不辟(bì)粱肉:不回避米饭和肉食。辟,通"避"。 ④醴:甜酒。

寝不逾庙①,设衣不逾祭服②,礼也。

[注释]①寝不逾庙:寝,寝室,住宅。庙,宗庙。案古代礼制,住宅不能建得比宗庙好。 ②设衣不逾祭服:日常穿的衣服不能比祭祀时穿的礼服好。设,宴。宴衣,日常穿的衣服。

《易》之《咸》①,见夫妇②。夫妇之道,不可不正也③,君臣父子之本也。咸,感也④,以高下下,以男下女,柔上而刚下⑤。

[注释]①《咸》:指《周易》中的咸卦。 ②见夫妇:体现了夫妇之道。见,同“现”。 ③正:端正、摆正。 ④感:感应。 ⑤以高下下,以男下女,柔上而刚下:咸卦的卦象是将高的置于低的之下,将男的置于女的之下,柔的在上,刚的在下。

聘士之义①,亲迎之道②,重始也③。

[注释]①聘士之义:聘请贤士之礼。 ②亲迎之道:亲迎之礼。 ③重始:重视礼仪的开始。

礼者,人之所履也①,失所履,必颠蹶陷溺②。所失微而其为乱大者,礼也。

[注释]①履:实行、履行。 ②颠蹶陷溺:做事不顺,遭遇挫折。颠,跌倒。蹶,倒下。陷,陷入。溺,淹没。

礼之于正国家也①,如权衡之于轻重也②,如绳墨之于曲直也③。故人无礼不生,事无礼不成,国家无礼不宁。

[注释]①正:匡正、治理。 ②权衡:秤。 ③绳墨:锯木料时用来取直

的墨绳、墨盒。

和乐之声①，步中《武》、《象》②，趋中《韶》、《护》③。君子听律习容而后士④。

[注释]①和乐之声：车铃的声响。和，车轼上的铃。乐，当作“鸾”，车铃。 ②步中《武》、《象》：车子慢行时，就奏《武》乐和《象》乐。步中，车子慢行。《武》，又名《大武》，是周公旦作的以歌颂周武王克商之功的乐曲名。《象》，又称《象舞》，是周武王所作的模仿文王时刺击之法的舞曲名。 ③趋中《韶》、《护》：车子快行时，就奏《韶》乐和《护》乐。趋中，车子快行。《韶》，舜时的乐曲名。《护》，商汤时的乐曲名。 ④听律习容：听律，听走路时佩玉发出的声音，使其合乎音律。习容，练习举止仪容。

霜降逆女①，冰泮杀②；内，十日一御③。

[注释]①霜降逆女：按礼制，迎亲结婚应从霜降时节开始。霜降，二十四节气之一。逆，迎接、迎娶。 ②冰泮杀：来年春天河水解冻时就停止婚娶。泮，冰化开。杀，结束、停止。 ③内，十日一御：在内室，夫妇十天同房一次。内，在内室。御，指夫妻同房。

坐视膝①，立视足②，应对言语视面③。立视前六尺而大之，六六三十六，三丈六尺④。

[注释]①坐视膝：坐着，要看着对方的膝盖。 ②立视足：站着，要看着对方的脚。 ③应对言语视面：回答问话时要看着对方的脸。 ④立视前六尺而大之，六六三十六，三丈六尺：对方站着时，最近要在六尺处看着他，最远，六六三十六，要在三丈六尺处看着他。

文貌情用①，相为内外表里，礼之中焉②。能思索，谓之能虑。

[**注释**]①文貌情用:外在的礼仪容貌与内在的感情作用。 ②中(zhòng):符合。

礼者,本末相顺[1],终始相应[2]。

[**注释**]①本末相顺:礼的根本原则与具体礼节相顺应。 ②终始相应:人生终结的仪式与人之出生的仪式相互应。终,人之死。始,人之生。

礼者,以财物为用[1],以贵贱为文[2],以多少为异[3]。下臣事君以货[4],中臣事君以身[5],上臣事君以人[6]。

[**注释**]①用:实用、费用。 ②文:文饰。 ③异:区别。 ④下臣事君以货:品德卑下的臣子用聚敛财物珍宝来侍奉君主。货,聚敛财物珍宝。⑤中臣事君以身:品德中等的臣子贡献自己的生命以侍奉君主。 ⑥上臣事君以人:品德高尚的臣子推荐贤人以侍奉君主。

《易》曰:"复自道,何其咎[1]?"《春秋》贤穆公[2],以为能变也[3]。

[**注释**]①复自道,何其咎:出自《周易・小畜・初九》。虽然犯过错误,但又回到正道,还有什么过错呢? ②贤:赞许、赞扬。 ③变:知错能改。

士有妒友,则贤交不亲[1];君有妒臣,则贤人不至。蔽公者谓之昧[2],隐良者谓之妒[3],奉妒昧者谓之交谲[4]。交谲之人,妒昧之臣,国之薉孽也[5]。

[**注释**]①贤交不亲:和贤人交往就不亲密。 ②蔽公者谓之昧:掩蔽公正叫做愚昧。 ③良:隐蔽贤良之人叫做嫉妒。 ④奉妒昧者谓之交谲:做

事既隐蔽贤良又掩蔽公正叫做欺诈。交谲,交,通“狡”。谲,欺诈。 ⑤芗孽:芗,同“秽”,污秽。孽,灾祸,罪恶。

口能言之,身能行之,国宝也,口不能言,身能行之,国器也①。口能言之,身不能行,国用也②。口言善,身行恶,国妖也③。治国者敬其宝,爱其器,任其用,除其妖。

[**注释**]①器:器物。 ②用:工具。 ③妖:妖孽。

不富无以养民情①,不教无以理民性②。故家五亩宅,百亩田,务其业而勿夺其时,所以富之也。立大学③,设庠序④,修六礼⑤,明十教⑥,所以道之也⑦。《诗》曰:“饮之食之,教之诲之⑧。”王事具矣⑨。

[**注释**]①不富无以养民情:不使民众富裕就无法调养民众的感情。②不教无以理民性:不进行教化就不能调理民众的品性。 ③大学:即太学,国家的最高学府。 ④庠序:地方学校。 ⑤六礼:冠礼、婚礼、丧礼、祭礼、乡饮酒礼、相见礼。 ⑥十教:十,当为“七”字之误。七教,指关于父子、兄弟、夫妇、君臣、长幼、朋友、宾客七个方面的伦理教育。 ⑦道:导,引导。⑧饮之食之,教之诲之:出自《诗·小雅·绵蛮》。给他水喝给他饭,教他劝他要坚强。 ⑨具:完备。

武王始入殷,表商容之闾①,释箕子之囚②,哭比干之墓③,天下乡善矣④。

[**注释**]①表商容之闾:在商容的里巷大门前设标志物,以示表彰。闾,里巷的大门。商容,商朝贤臣,被纣贬退。 ②释箕子之囚:释放了被商纣王囚禁的箕子。 ③哭比干之墓:在比干墓前痛哭。 ④乡:同“向”,归向。

天下、国有俊士，世有贤人。迷者不问路[1]，溺者不问遂[2]，亡人好独[3]。《诗》曰："我言维服，勿用为笑。先民有言，询于刍荛[4]。"言博问也。

［**注释**］①迷者不问路：迷了路的人是由于他不问路。　②遂：遂，通"隧"，水中可涉而通过的路。　③亡人好独：亡国之君好独断专行。亡人，亡国之君。独，独断专行。　④我言维服，勿用为笑。先民有言，询于刍荛：出自《诗·大雅·板》。我提建议为治国，切莫当做笑话讲。古人有话说得好，"有事请教斫柴郎"。

有法者以法行，无法者以类举[1]。以其本知其末，以其左知其右。凡百事，异理而相守也[2]。

［**注释**］①以类举：根据处理同类事情的原则来办。　②凡百事，异理而相守也：各种事情，虽然道理不同，但都是遵循一个基本原则的。

庆赏刑罚，通类而后应[1]。政教习俗，相顺而后行[2]。

［**注释**］①通类而后应：只有符合礼法民众才会服从。通类，符合礼法。应，相应，谓民众服从。　②相顺而后行：顺，适应。行，实行。

八十者，一子不事[1]；九十者，举家不事；废疾非人不养者[2]，一人不事。父母之丧，三年不事。齐衰大功[3]，三月不事。从诸侯不[4]，与新有昏[5]，期不事[6]。

［**注释**］①八十者，一子不事：八十岁的老人，有一个儿子可以不服劳役。事，服劳役。　②废疾非人不养者：身有残疾，没人照顾就不能活下去的人。③齐（zī）衰（cuī）大功：指父母以外的人的丧事。齐衰，丧服的一种。大功，丧服五服之一。　④不：当为"来"字残缺。　⑤昏：通"婚"。　⑥期（jī）：一年。

子谓子家驹续然大夫①，不如晏子；晏子，功用之臣也②，不如子产；子产，惠人也③，不如管仲。管仲之为人，力功不力义④，力知不力仁⑤，野人也⑥，不可以为天子大夫。

［**注释**］①子谓子家驹续然大夫：孔子说子家驹大夫刚强不屈。子家驹，春秋时鲁国大夫，名羁，字驹。续，当作赓，赓然，刚强不屈的样子。　②功用之臣也：是一个有能力的大臣。　③惠人也：是给人恩惠的人。　④力功不力义：重视事功而不重视道义。力，致力于，重视。功，事功。义，道义。⑤力知不力仁：重视智谋而不重视仁德。知，同"智"，智谋。仁，仁德。⑥野人：缺乏礼仪修养的人。

孟子三见宣王不言事①。门人曰："曷为三遇齐王而不言事？"孟子曰："我先攻其邪心②。"

［**注释**］①事：政事、国事。　②我先攻其邪心：我要先攻破他讲功利、欲称霸的野心。邪心，不正当的念头，指称霸的野心。

公行子之之燕①，遇曾元于涂②，曰："燕君何如？"曾元曰："志卑③。志卑者轻物④，轻物者不求助。苟不求助，何能举⑤？氐、羌之虏也⑥。不忧其系垒也⑦，而忧其不焚也⑧。利夫秋豪⑨，害靡国家⑩，然且为之，几为知计哉⑪！"

［**注释**］①公行子之：春秋时期的齐国大夫。　②遇曾元于涂：在路上遇到曾元。曾元，孔子弟子曾参的儿子。涂，通"途"，路。　③志卑：志向不远大。　④轻物：轻视事业。　⑤举：成就事功。　⑥氐、羌之虏也：像氐族人、羌族人一样野蛮。虏，古代对北方外族的蔑称。　⑦系垒：被俘虏。　⑧焚：火葬。　⑨利夫秋豪：为了微小的利益。豪，通"毫"。　⑩靡：损害。　⑪几

(qǐ):通“岂”,哪里。

今夫亡箴者①,终日求之而不得。其得之,非目益明也,眸而见之也②。心之于虑亦然③。

[**注释**]①箴:同“针”。　②眸而见之:低头仔细找。　③心之于虑亦然:心里考虑问题也像找针一样,必须认真仔细才能有所悟。

义与利者,人之所两有也①。虽尧、舜不能去民之欲利②,然而能使其欲利不克其好义也③。虽桀、纣亦不能去民之好义,然而能使其好义不胜其欲利也。故义胜利者为治世,利克义者为乱世。上重义则义克利,上重利则利克义。故天子不言多少④,诸侯不言利害,大夫不言得丧⑤,士不通货财⑥。有国之君不息牛羊⑦,错质之臣不息鸡豚⑧,家卿不修币⑨,大夫不为场园,从士以上皆羞利而不与民争业⑩,乐分施而耻积臧。然故民不困财⑪,贫窭者有所窜其手⑫。

[**注释**]①两有:兼有。　②虽尧、舜不能去民之欲利:即使尧、舜也不能去除民众的利欲之心。虽,即使。　③克:胜过。　④不言多少:不谈论财物的多少。　⑤得丧:得到与丧失。　⑥通:经营。　⑦息:养殖。　⑧错质之臣不息鸡豚:献身于君主的臣子不养鸡养猪。错,通“措”。豚,猪。　⑨家卿:上卿。　⑩羞利:以追求利益为羞耻。　⑪不困财:不被钱财所困。　⑫贫窭(jù)者有所窜其手:贫穷的人有事可做,以维持生计。窭,贫寒。窜,放。

文王诛四①,武王诛二②,周公卒业③,至成、康则案无诛已④。

[**注释**]①文王诛四:文王消灭了四个国家。盖密须、耆、邗、崇四国。②武王诛二:武王消灭了两个国家,即商和奄。 ③周公卒业:周公旦完成了周称王天下的大业。 ④案:语助词。

多积财而羞无有[①],重民任而诛不能[②],此邪行之所以起,刑罚之所以多也。

[**注释**]①多积财而羞无有:以积聚钱财为荣,以没有钱财为耻。 ②重民任而诛不能:加重人民的负担并诛杀不堪重负者。

上好羞[①],则民暗饰矣[②];上好富,则民死利矣[③]。二者,乱之衢也[④]。民语曰[⑤]:"欲富乎?忍耻矣,倾绝矣[⑥],绝故旧矣,与义分背矣[⑦]。"上好富,则人民之行如此,安得不乱?

[**注释**]①上好羞:指上文所说的"羞无有"。 ②则民暗饰矣:那么民众就会暗饰其富足。 ③则民死利矣:民众则会冒死追求利益。 ④衢:路,途径。 ⑤民语:谚语。 ⑥倾绝矣:道德败坏。绝,疑为"德"字之误, ⑦与义分背矣:与道义背道而行。

汤旱而祷曰:"政不节与[①]?使民疾与[②]?何以不雨至斯极也!宫室荣与[③]?妇谒盛与[④]?何以不雨至斯极也!苞苴行与[⑤]?谗夫兴与[⑥]?何以不雨至斯极也!"

[**注释**]①政不节与:政策不正确吗?节,节制,此指正确、适当。 ②疾:生活困苦。 ③荣:太过华丽。 ④妇谒盛与:是听从妇人的话太多了吗?谒,报告、请求。 ⑤苞苴(jū)行与:是贿赂之风盛行吗?苞,通"包",包裹。苴,包裹。苞苴,指贿赂。 ⑥谗夫:进谗言的人。

天之生民,非为君也。天之立君,以为民也。故古者列地建国①,非以贵诸侯而已;列官职②,差爵禄③,非以尊大夫而已。

[注释]①列地:分封诸侯。　②列官职:序列官职。　③差(cī):区别等级。

主道知人①,臣道知事②。故舜之治天下,不以事诏而万物成③。农精于田而不可以为田师④,工贾亦然。

[注释]①主道知人:君主的职责在于知人善任。主,君主。道,职责。知,任用、主持。　②知事:办理事情。　③事诏:发布命令告知事情该如何去做。　④田师:掌管农业田地的官吏。

以贤易不肖①,不待卜而后知吉②。以治伐乱③,不待战而后知克④。

[注释]①以贤易不肖:用贤能的人替换不贤的人。　②卜:占卜。③以治伐乱:安定团结的国家去攻打动乱不稳的国家。　④克:胜利。

齐人欲伐鲁,忌卞庄子①,不敢过卞②。晋人欲伐卫,畏子路③,不敢过蒲。

[注释]①卞庄子:鲁国大夫,以勇敢著称。　②卞:鲁国城邑,在今山东泗水县东。　③子路:孔子弟子,名仲由,字子路。有勇力,曾在卫国的蒲邑任邑长。

不知而问尧、舜①,无有而求天府②。曰:先王之道,则尧、舜已;六贰之博③,则天府已。

[**注释**]①不知：不懂得政治治理。 ②无有而求天府：无有，没有道艺。天府，天子的府库。 ③六贰：六艺。贰，当为“艺”字之误。

君子之学如蜕①，幡然迁之②。故其行效③，其立效，其坐效，其置颜色、出辞气效④。无留善⑤，无宿问⑥。

[**注释**]①蜕：蛇、蝉等动物脱壳。 ②幡然迁之：变化非常迅速彻底。幡然，迅速彻底地。迁，改变、变化。 ③效：学、学习。 ④其置颜色、出辞气效：不管别人脸色怎样，讲话口气如何，都注意学习。置颜色，指待人之表情。出辞气，指与人交谈。 ⑤无留善：行善不拖拉。 ⑥无宿问：有疑问就去问，不等过夜。

善学者尽其理①，善行者究其难②。

[**注释**]①尽其理：彻底了解事物的道理。 ②究其难：彻底克服工作中的困难。

君子立志如穷①，虽天子三公问正②，以是非对。

[**注释**]①君子立志如穷：君子一旦确立了志向，就像能安于穷困一样，意志坚决，不可更改。 ②虽天子三公问正：即使天子和三公询问政事。三公，辅助君主掌握军政大权的最高官员，周代三公为太师、太傅、太保。正，通“政”，政事。

君子隘穷而不失①，劳倦而不苟②，临患难而不忘细席之言③。岁不寒无以知松柏，事不难无以知君子。无日不在是④。

[**注释**]①君子隘穷而不失：君子虽然被贫穷所困，但并不因此丧失自己的志向。隘，穷困，窘迫。失，丧失志向。 ②苟：苟且、松懈。 ③细席之

言:往昔所践履、奉行的言语。细,当作“昔”,往昔。　④是:正道。

雨小,汉故潜[①]。夫尽小者大[②],积微者著[③],德至者色泽洽[④],行尽而声问远[⑤]。小人不诚于内而求之于外。

[**注释**]①雨小,汉故潜:雨虽然下得小,但仍能深渗入地下。　②夫尽小者大:尽可能积聚小的就会获得大的。　③著:大、显著。　④色泽洽:脸色、态度温和。　⑤行尽而声问远:行尽,德行完美的人。声问远,名声传播得远。

言而不称师谓之畔[①],教而不称师谓之倍[②]。倍畔之人,明君不内[③],朝士大夫遇诸涂不与言。

[**注释**]①言而不称师谓之畔:说话而不称述自己的老师,就叫做反叛。称,称述、称道。畔,通“叛”,反叛。　②教而不称师谓之倍:教书育人而不称述自己的老师,就叫做背叛。教,教学。倍,通“背”,背叛。　③内:通“纳”,接纳。

不足于行者说过[①],不足于信者诚言[②]。故《春秋》善胥命[③],而《诗》非屡盟[④],其心一也。善为《诗》者不说[⑤],善为《易》者不占[⑥],善为《礼》者不相[⑦],其心同也。

[**注释**]①不足于行者说过:在行动上努力不够的人,往往言过其实。足,欠缺。　②不足于信者诚言:不讲信用的人,说话时往往貌似诚恳。信,信用。诚言,指说话时貌似十分诚恳。　③善胥命:善,称赞。胥,相。胥命,诸侯盟会时的口头约定。　④非屡盟:非,反对。屡盟,屡次结盟,谓不讲信用。《诗·小雅·巧言》有“君子屡盟,乱是用长”的诗句。　⑤善为《诗》者不说:精通《诗经》的人不引用《诗》中的句子来文饰语言。　⑥善为《易》者不占:精通《易经》的人不用《易》来占卜。　⑦善为礼者不相(xiàng):精通《礼经》

的人不给人主持礼仪。相,相礼,主持、辅助礼节仪式的进行。

曾子曰:“孝子言为可闻,行为可见①。言为可闻,所以说远也②;行为可见,所以说近也③。近者说则亲④,远者说则附⑤。亲近而附远,孝子之道也。”

[**注释**]①孝子言为可闻,行为可见:孝子的言行光明磊落,说的话可以让人听见,做的事可以让人看见。　②说远:使远方的人悦服。说,通“悦”,悦服。　③说近:使近处的人悦服。　④亲:亲近。　⑤附:归附。

曾子行,晏子从于郊①,曰:“婴闻之,君子赠人以言,庶人赠人以财。婴贫无财,请假于君子②,赠吾子以言:乘舆之轮③,太山之木也,示诸檃栝④,三月五月,为帱菜敝而不反其常⑤。君子之檃栝不可不谨也⑥。慎之!兰茝、槀本⑦,渐于蜜醴⑧,一佩易之⑨。正君渐于香酒⑩,可谗而得也⑪。君子之所渐不可不慎也⑫。”

[**注释**]①从于郊:从,跟从送行。郊,郊外。　②假于君子:借君子之名义。假,借。　③乘(shèng)舆:帝王乘坐的车子。　④檃(yǐn)栝:用来矫正曲直的工具。　⑤为帱(dǎo)菜敝而不反其常:即使包裹车毂的皮革坏了,它也不会恢复到原来的样子了。帱,包裹车毂的皮革,菜,当为“革”字之误。敝,破旧、败坏。常,原来的样子。　⑥君子之檃栝:比喻君子用来匡正自身的工具——礼。　⑦兰茝(chǎi)、槀本:兰茝,一种香草。槀本,槀,通“稿”,药名。　⑧渐:浸,浸染。　⑨一佩易之:佩戴一次就要更换掉。⑩正君:正直、正派的君主。　⑪可谗而得也:谗言也可将他的思想改变了。⑫君子之所渐不可不慎也:君子对于自己所处的环境不能不慎重。

人之于文学也①,犹玉之于琢磨也②。《诗》曰:“如切如磋，如琢如磨③。"谓学问也④。和之璧⑤，井里之厥也⑥，玉人琢之，为天子宝。子赣⑦、季路⑧，故鄙人也⑨，被文学⑩，服礼义⑪，为天下列士⑫。

[**注释**]①文学：礼乐文化典籍。 ②琢磨：雕刻、磨光玉石。 ③如切如磋，如琢如磨：出自《诗·卫风·淇奥》。似象牙经过切磋，似美玉经过琢磨。④谓学问也：这就是说的做学问。 ⑤和之璧：即和氏璧。和，春秋时楚国人卞和。 ⑥厥：石块。 ⑦子赣：即子贡。孔子弟子，姓端木，名赐。 ⑧季路：孔子弟子。姓仲名由，字子路，又字季路。 ⑨鄙人：浅陋之人。 ⑩被：施及，加于……之上。此指受教育。 ⑪服：践行。 ⑫列士：有名望的人。

学问不厌①，好士不倦②，是天府也③。

[**注释**]①学问：学习、请教。 ②好士：喜好贤士。 ③天府：天子储藏学问和人才的府库。

君子疑则不言①，未问则不立②，道远日益矣③。

[**注释**]①君子疑则不言：君子对心存疑惑的事情不发表言论。 ②未问则不立：未曾学习请教过的事就不敢立为论议。 ③道远日益矣：奉行这样的学习原则，知识就会一天一天的增长。

多知而无亲①，博学而无方②，好多而无定者③，君子不与④。

[**注释**]①多知而无亲：知识丰富却不亲近老师。 ②方：方法、师法。③好多而无定：喜好的东西很多，却没有确定的目标。 ④与：赞成。

少不讽①，壮不论议②，虽可，未成也③。

[注释]①讽:讽诵,指读书学习。 ②论议:讲论、议论。 ③虽可,未成也:虽然质资很好,但也不能成器。

君子壹教[①],弟子壹学[②],亟成[③]。

[注释]①君子壹教:君子专心教学。壹,专心、专一。 ②学:学习。 ③亟成:成功就会很快了。亟,赶快,迅速。

君子进则能益上之誉而损下之忧[①]。不能而居之[②],诬也[③];无益而厚受之[④],窃也[⑤]。学者必非为仕,而仕者必如学[⑥]。

[注释]①君子进则能益上之誉而损下之忧:君子做官,对上,能增加君主的声誉;对下,能减少老百姓的忧虑。进,进入仕途,做官。 ②不能而居之:没有才能而虚居官位。 ③诬:欺骗。 ④无益而厚受之:对君主、百姓无益却享受高官厚禄。 ⑤窃:窃位。 ⑥学者必非为仕,而仕者必如学:学习的人不一定要去做官,但是做官的人必须学习。

子贡问于孔子曰:"赐倦于学矣,愿息事君[①]。"孔子曰:"《诗》云:'温恭朝夕,执事有恪[②]。'事君难,事君焉可息哉!""然则赐愿息事亲[③]。"孔子曰:"《诗》云:'孝子不匮,永锡尔类[④]。'事亲难,事亲焉可息哉!""然则赐愿息于妻子[⑤]。"孔子曰:"《诗》云:'刑于寡妻,至于兄弟,以御于家邦[⑥]。'妻子难,妻子焉可息哉!""然则赐愿息于朋友[⑦]。"孔子曰:"《诗》云:'朋友攸摄,摄以威仪[⑧]。'朋友难,朋友焉可息哉!""然则赐愿息耕[⑨]。"孔子曰:"《诗》云:'昼尔于茅,宵尔索绹,亟其乘屋,其始播百谷[⑩]。'耕难,耕焉可息哉!""然则赐无息者乎?"孔子曰:"望其圹[11]，皋如也[12]，嵮如也[13]，鬲如也[14]，此则知所息矣。”子贡曰：“大哉死乎！君子息焉，小人休焉。”

［**注释**］①愿息事君：希望去事奉君主以得到休息。息，休息。　②温恭朝夕，执事有恪：出自《诗·商颂·那》。态度温文又恭敬，管理祭祀需虔诚。③事亲：侍奉父母亲。　④孝子不匮，永锡尔类：出自《诗·大雅·既醉》。孝子孝心永不竭，神灵赐您好章程。锡，通“赐”，赏赐。　⑤妻子：妻子、儿女。⑥刑于寡妻，至于兄弟，以御于家邦：出自《诗·大雅·思齐》。文王以礼待正妻，对待兄弟也相同，以此治国事事通。　⑦朋友：结交朋友。　⑧朋友攸摄，摄以威仪：出自《诗·大雅·既醉》。朋友宾客来助祭，祭礼隆重又虔诚。⑨耕：从事耕作。　⑩昼尔于茅，宵尔索绹，亟其乘屋，其始播百谷：出自《诗·豳风·七月》。白天出外割茅草，晚上搓绳长又长，急急忙忙盖屋顶，开春要播各种粮。　⑪圹（guǎng）：坟墓。　⑫皋（gāo）：高貌。　⑬嵮：通“巅”，山巅。　⑭鬲（lì）：像鼎一样的烹饪器，三足，中空。

《国风》之好色也①，传曰②：“盈其欲而不愆其止③。其诚可比于金石④，其声可内于宗庙⑤。”《小雅》不以于污上⑥，自引而居下⑦，疾今之政⑧，以思往者，其言有文焉⑨，其声有哀焉。

［**注释**］①《国风》之好色也：指《诗经》中《国风》部分咏唱爱情的诗篇。②传曰：古书上说。　③盈其欲而不愆其止：它们满足人们的情欲而又能使人们不失礼节。盈，满足。愆，超过。止，礼节。　④诚：它所歌颂爱情的真诚。　⑤内：通“纳”，纳入。　⑥《小雅》不以于污上：《小雅》的作者不为昏庸的君主所用。　⑦自引而居下：自动引退，甘居下位。　⑧疾：痛恨。⑨文：文采。

国将兴，必贵师而重傅①，贵师而重傅则法度存。国将衰，必贱师而轻傅，贱师而轻傅则人有快②，人有快则法度坏。

［注释］①傅：教导、辅佐帝王或王子的人。 ②快：放纵之心。

古者匹夫五十而士[1]。天子、诸侯子十九而冠[2]，冠而听治[3]，其教至也[4]。

［注释］①匹夫：普通百姓。士，通“仕”，做官。 ②冠：举行冠礼，以示成人。 ③听治：治理政务。 ④其教至也：这是由于他们从小就受到良好的教育的缘故。

君子也者而好之[1]，其人[2]，其人也而不教，不祥。非君子而好之，非其人也，非其人而教之，赍盗粮[3]，借贼兵也[4]。

［注释］①君子也者而好之：喜好、敬仰君子的人。 ②其人：合乎理想的人。在此指是应该施于教育的人。 ③赍（jī）盗粮：如同送粮食给盗贼。赍，送物给人。 ④借贼兵：如同借给强盗兵器。兵，兵器。

不自嗛其行者[1]，言滥过[2]。古之贤人，贱为布衣[3]，贫为匹夫，食则饘粥不足[4]，衣则竖褐不完[5]，然而非礼不进[6]，非义不受，安取此？

［注释］①不自嗛（qiàn）其行者：不知道自己德行不足的人。嗛，通“歉”，不足。 ②言滥过：夸夸其谈，言过其实。 ③贱：卑贱、卑微。 ④饘（zhān）粥：饘，稠粥。粥，稀粥。 ⑤竖褐：粗麻布短衣。 ⑥进：做官。

子夏贫，衣若县鹑[1]。人曰：“子何不仕？”曰：“诸侯之骄我者[2]，吾不为臣；大夫之骄我者，吾不复见。柳下惠与后门者同衣而不见疑③,非一日之闻也。争利如蚤甲而丧其掌④。"

[**注释**]①衣若县鹑:县,通"悬"。悬鹑,形容衣着破烂。　②骄:傲视。　③柳下惠与后门者同衣而不见疑:柳下惠跟看后门的人一样衣着破烂,但是人们并不怀疑他是一个圣人。柳下惠,春秋时期鲁国人,名获,字禽,居于柳下,谥惠。后门者,看守后门的人,指卑微至极的人。见疑,被怀疑。　④争利如蚤甲而丧其掌:争夺私利,它的得失就如同抓住指甲而丧失手掌。蚤,同"爪",抓。甲,指甲。掌,手掌。

君人者不可以不慎取臣,匹夫不可以不慎取友。友者,所以相有也①。道不同,何以相有也?均薪施火②,火就燥③;平地注水,水流湿④。夫类之相从也⑤,如此之著也⑥,以友观人,焉所疑?取友善人⑦,不可不慎,是德之基也。《诗》曰:"无将大车,维尘冥冥⑧。"言无与小人处也。

[**注释**]①相有:相互帮助。有,通"佑",帮助。　②均薪施火:在均匀铺开的柴草上点火。　③火就燥:火先烧干燥的柴草。就,靠近、趋向。燥,干燥的柴草。　④水流湿:水向湿处流淌。　⑤夫类之相从也:同类事物相互依从。　⑥著:明显,显著。　⑦取友善人:选取好人做朋友。　⑧无将大车,维尘冥冥:出自《诗·小雅·无将大车》。不要去推那牛车,扬起尘土迷眼睛。

蓝苴路作①,似知而非②。偄弱易夺③,似仁而非。悍戆好斗④,似勇而非。

[**注释**]①蓝苴路作:骄慢败事。盖蓝为"滥",过。苴读为"姐",骄慢。路为"露",败。　②知:通"智",明智。　③偄弱易夺:软弱没主见。偄,同

“软”。 ④悍戆好斗：凶猛愚直，喜好争斗。戆，愚直。

仁义礼善之于人也，辟之若货财粟米之于家也①，多有之者富，少有之者贫，至无有者穷。故大者不能②，小者不为，是弃国捐身之道也③。

［**注释**］①辟之：打个比方。 ②大者不能：大的方面做不到仁、义、礼、善。 ③弃国捐身：灭国亡身。

凡物有乘而来①，乘其出者②，是其反者也③。

［**注释**］①凡物有乘而来：任何事情的发生都有其缘由。乘，趁着，凭借，此指缘由。 ②乘其出者：缘由的出处。 ③是其反者也：是它返回的地方。反，同“返”。

流言灭之①，货色远之②。祸之所由生也，生自纤纤也③，是故君子蚤绝之④。

［**注释**］①灭：消灭、杜绝。 ②货色：货，财货。色，美色。 ③纤纤：细微处。 ④蚤：通“早”。

言之信者，在乎区盖之间①。疑则不言，未问则不立②。

［**注释**］①区盖：阙疑。区，通“丘”，空。盖，表疑问的发语词，此指疑问。②未问则不立：没有请教过的不说。

知者明于事①，达于数②，不可以不诚事也③。故曰：“君子难说④，说之不以道，不说也。”

[**注释**]①知:通“智”,明智。　②数:规律、必然性。　③诚事:真诚对待所做的事。　④说:通“悦”,使……高兴,取悦。

语曰[①]:“流丸止于瓯、臾[②],流言止于知者。”此家言邪学之所以恶儒者也[③]。是非疑则度之以远事[④],验之以近物,参之以平心[⑤],流言止焉,恶言死焉。

[**注释**]①语曰:俗话说。　②流丸止于瓯、臾:滚动的圆球在低洼处停止。流丸,滚动的圆球。瓯,一种盛物的小盆。臾,瓶。瓯、臾皆谓低洼处。　③家言:一家之言。　④是非疑则度之以远事:是非难以确定则用过去发生过的事来衡量。　⑤平心:公正的态度。

曾子食鱼有余[①],曰:“泔之[②]。”门人曰:“泔之伤人,不若奥之[③]。”曾子泣涕曰:“有异心乎哉!”伤其闻之晚也。

[**注释**]①余:剩余。　②泔(gān)之:用淘米水将剩鱼浸泡储存起来。泔,淘米水。　③奥:腌制。

无用吾之所短遇人之所长[①],故塞而避所短[②],移而从所仕[③]。疏知而不法[④],察辨而操辟[⑤],勇果而亡礼[⑥],君子之所憎恶也。

[**注释**]①无用吾之所短遇人之所长:不要用自己的短处去抵挡别人的长处。遇,对付,抵挡。　②塞:掩盖、掩饰。　③移而从所仕:转过来依从自己的长处。仕,通“事”,谓自己的长处。　④疏知而不法:智慧通达而合乎礼法。疏,通达。知,通“智”,智慧。　⑤察辨而操辟:明察善辨而操行邪僻。操,操行,操守。辟,通“僻”,邪僻。　⑥勇果而亡礼:勇敢果断而不遵礼而行。亡礼,失礼。

多言而类[①],圣人也。少言而法,君子也。多言无法而流喆然[②],虽辩[③],小人也。

[**注释**]①类:合乎法度。 ②多言无法而流喆然:说话多而又滔滔不绝。喆,当为"湎"。流湎,沉迷,指说话滔滔不绝。 ③辩:能言善辩。

国法禁拾遗,恶民之串以无分得也[①]。有夫分义则容天下而治[②];无分义则一妻一妾而乱[③]。

[**注释**]①恶民之串以无分得也:这是憎恶人民习惯于用不正当手段获取财物。串,通"惯",习惯于。无分,不按名分,谓用不正当手段。 ②有夫分义则容天下而治:确定了名分等级,那么即使整个国家都可以得到很好的治理。 ③无分义则一妻一妾而乱:没有名分等级,那么连一个家庭都会治理不好。

天下之人,唯各特意哉[①],然而有所共予也[②]。言味者予易牙[③],言音者予师旷[④],言治者予三王[⑤]。三王既已定法度,制礼乐而传之,有不用而改自作,何以异于变易牙之和[⑥],更师旷之律?无三王之法,天下不待亡[⑦],国不待死。

[**注释**]①唯各特意哉:虽然各有各的认识和看法。唯,通"虽",虽然。各特意,各有各的认识和看法。 ②有所共予:也有共同的赞许。予,通"与",赞许。 ③言味者予易牙:谈论美味的人都会赞许易牙。易牙,齐桓公之臣,善于调和美味。 ④言音者予师旷:谈论音乐的人都会赞许师旷。师旷,春秋时期晋国的著名乐师。 ⑤言治者予三王:谈论政治治理的人都会赞许禹、汤、文武三代之王。 ⑥和:调味。 ⑦不待:不待多久。

饮而不食者,蝉也;不饮不食者,浮蝣也[①]。

[**注释**]①浮蝣:昆虫名。

虞舜、孝己孝而亲不爱①，比干、子胥忠而君不用②，仲尼、颜渊知而穷于世③。劫迫于暴国而无所辟之④，则崇其善，扬其美⑤，言其所长而不称其所短也。惟惟而亡者⑥，诽也⑦；博而穷者⑧，訾也⑨；清之而俞浊者⑩，口也⑪。

［**注释**］①虞舜、孝己孝而亲不爱：虞舜、孝己都是孝子，但都不为父亲所爱。孝己，殷高宗之子，以孝闻名。　②子胥：即伍子胥，春秋时期吴国大夫。③穷：穷困。　④劫迫于暴国而无所辟之：被迫在充满暴政的国家中生存而无法避开。劫迫，被迫。无所，没有办法。辟，通“避”，避开。　⑤美：美德。⑥惟惟：表面上唯唯诺诺，十分顺从。惟，通“唯”。唯唯，应答声。　⑦诽：诋毁、诽谤。　⑧博而穷者：知识渊博却处境穷困的人。　⑨訾（zǐ）：毁谤、非议。　⑩俞：通“愈”，更加。　⑪口：搬弄口舌。

君子能为可贵①，不能使人必贵己②；能为可用③，不能使人必用己。

［**注释**］①君子能为可贵：君子能使自己品德高尚，达到被人尊重的程度。②不能使人必贵己：但是不能使任何人都必定尊重自己。　③能为可用：能成为有用之材。

诰誓不及五帝①，盟诅不及三王②，交质子不及五伯③。

［**注释**］①诰誓不及五帝：后世君主发表的文诰与誓约，在五帝时代是没有的。诰，皇帝给臣子的命令。誓，古代告诫将士的言辞。不及，追溯不到。②盟诅不及三王：盟誓缔约在三代的时候还没有。盟，古代在神前立誓缔约。诅，盟誓。　③交质子不及五伯：送太子去别国做人质的做法在五霸时代还没有出现。交质子，交换自己的儿子以做人质。五伯，指春秋时期的五霸。

宥坐篇第二十八

孔子观于鲁桓公之庙[①]，有欹器焉[②]。孔子问于守庙者曰："此为何器？"守庙者曰："此盖为宥坐之器[③]。"孔子曰："吾闻宥坐之器者，虚则欹，中则正，满则覆[④]。"孔子顾谓弟子曰："注水焉！"弟子挹水而注之[⑤]，中而正，满而覆，虚而欹。孔子喟然而叹曰[⑥]："吁！恶有满而不覆者哉[⑦]！"子路曰："敢问持满有道乎[⑧]？"孔子曰："聪明圣知，守之以愚；功被天下，守之以让；勇力抚世[⑨]，守之以怯；富有四海，守之以谦。此所谓挹而损之之道也[⑩]。"

［**注释**］①鲁桓公：春秋时期鲁国国君。姬姓，名轨（一作允），鲁惠公之子，鲁隐公之弟。公元前 711 年 ~ 前 694 年在位。　②欹（qī）器：一种倾斜易覆的器皿。欹，通"攲"，倾斜。　③宥坐之器：人君可以置于座位右边用来警戒自己的器皿。宥，通"右"。坐，通"座"。　④覆：翻，倾倒。　⑤挹（yì）：酌，以瓢舀取。　⑥喟然：叹气的样子。　⑦恶（wū）有：哪有。　⑧道：方法。　⑨抚世：盖世。　⑩挹：通"抑"，抑制。

孔子为鲁摄相[①]，朝七日而诛少正卯[②]。门人进问曰："夫少正卯，鲁之闻人也[③]，夫子为政而始诛之，得无失乎？”孔子曰：“居！吾语女其故④。人有恶者五，而盗窃不与焉⑤：一曰心达而险⑥，二曰行辟而坚⑦，三曰言伪而辩⑧，四曰记丑而博⑨，五曰顺非而泽⑩。此五者有一于人，则不得免于君子之诛，而少正卯兼有之。故居处足以聚徒成群，言谈足以饰邪营众⑪，强足以反是独立⑫，此小人之桀雄也⑬，不可不诛也。是以汤诛尹谐⑭，文王诛潘止，周公诛管叔⑮，太公诛华仕⑯，管仲诛付里乙，子产诛邓析、史付⑰，此七子者，皆异世同心，不可不诛也。《诗》曰：‘忧心悄悄，愠于群小⑱。’小人成群，斯足忧矣。”

[**注释**]①摄相：担任为国君主持礼仪的工作。摄，代理，兼任。相，主持礼仪的人，在重大场合为国君典礼，一般由世卿大夫担任。　②少正卯：春秋时鲁大夫。曾与孔子同时在鲁国讲学，多次把孔子的门徒吸引到自己的门下，致使孔子之门“三盈三虚”。其事迹不详。　③闻人：有名的人。　④女：通“汝”。　⑤不与：不在其中。　⑥心达而险：思想明白通晓而用心险恶。⑦行辟而坚：行为邪僻而固执。辟，通“僻”。　⑧言伪而辩：言语虚伪而好辩。　⑨记丑而博：记载怪异的事情而又十分广博。丑，怪异之事。　⑩顺非而泽：顺从错误的东西而又加以润色。　⑪饰邪营众：掩饰邪恶，迷惑众人。营，通“荧”，迷惑。　⑫强足以反是独立：刚愎自用，足以混淆是非而按照自己的意志行事。强，刚愎。反是，以非为是。　⑬桀：通“杰”，特异的、超出一般的人。　⑭尹谐：尹谐与后面潘止、付里乙、史付皆人名，不详。⑮管叔：姬鲜，周武王弟。周灭商后，被封于管。武王死后，成王年幼，周公摄政，管叔与蔡叔挟纣子武庚作乱，周公东征，杀管叔，流放蔡叔。　⑯华仕：西周初隐居之人，他不愿为臣做官，靠种田为生。姜太公认为他不愿为臣做官，就不能被自己利用，于是把他杀掉。事迹详见于《韩非子·外储说右上》。⑰子产诛邓析、史付：子产，春秋时期郑国的政治家。邓析，春秋末期郑国人，刑名学家。史付，人名，不详。　⑱忧心悄悄，愠于群小：语出《诗·邶风·柏舟》。大意是忧愁之心多凄楚，被一群小人所怨怒。悄悄，心中愁闷的样子。

愠，怨。

孔子为鲁司寇，有父子讼者①，孔子拘之，三月不别②。其父请止，孔子舍之③。季孙闻之不说④，曰：“是老也欺予⑤，语予曰：‘为国家必以孝。’今杀一人以戮不孝⑥，又舍之。”冉子以告⑦。孔子慨然叹曰：“呜呼！上失之，下杀之，其可乎？不教其民而听其狱，杀不辜也。三军大败，不可斩也；狱犴不治⑧，不可刑也，罪不在民故也。嫚令谨诛，贼也⑨；今生也有时，敛也无时，暴也；不教而责成功，虐也。已此三者，然后刑可即也⑩。《书》曰：‘义刑义杀，勿庸以即，予维曰未有顺事⑪。’言先教也。”

［**注释**］①孔子为鲁司寇，有父子讼者：司寇，官名，主管司法的最高官吏。讼，打官司。 ②别：判决。 ③舍：释放。 ④季孙闻之不说：季孙，春秋后期鲁国掌权的贵族，是鲁桓公少子季友的后裔。说，通“悦”，高兴。 ⑤老：大夫之尊称。 ⑥戮（lù）：羞辱。 ⑦冉子：即冉求。春秋时鲁人，孔子弟子，长于政事，时为季氏家臣。 ⑧狱犴（àn）：牢狱，引申为狱讼之事。 ⑨嫚令谨诛，贼也：如果政令废弛，而刑罚严紧，这是残害人民。嫚，通“慢”。谨，严。贼，残害。 ⑩已此三者，然后刑可即也：制止了这三种行为，然后才可以施用刑罚。已，停止。即，就，成。 ⑪义刑义杀，勿庸以即，予维曰未有顺事：语出《尚书·康诰》，与今本《尚书》文字不尽同。今本《康诰》文曰：“用其义刑义杀，勿庸以次汝封。乃汝尽逊，曰时叙，惟曰未有逊事。”大意是要实行正义的刑罚、正义的杀戮，不要使刑罚和杀戮迁就自己，我们只能说，我们自己还没有把事情做得妥当。

故先王既陈之以道①，上先服之②；若不可，尚贤以綦之③；若不可，废不能以单之④；綦三年而百姓往矣⑤。邪民不从，然后俟之以刑[⑥]，则民知罪矣。《诗》曰："尹氏大师，维周之氐，秉国之均，四方是维，天子是庳，卑民不迷[⑦]。"是以威厉而不试，刑错而不用[⑧]，此之谓也。

[**注释**]①陈之以道：把政令原则向民众宣布。　②服：实行。　③綦：通"惎"，教导。　④单：通"惮"，使畏惧。　⑤綦（qí）三年而百姓往矣：据《韩诗外传》、《说苑》"往"应为"从"，大概是因为"往"与"从"之繁体"從"字形相近而误。下脱"风"字。意为到三年之后，百姓们就都顺从教化了。綦，极。⑥俟：等待。　⑦尹氏大师，维周之氐，秉国之均，四方是维，天子是庳（pí），卑民不迷：语出《诗·小雅·节南山》。太师尹氏，他是周朝的基石，他掌握着一国的政权，四方靠他来维持，他是天子的辅佐，他使人民不迷失道路。氐，通"柢"，根本。秉，掌握。庳，今本《毛诗》作"毗"，辅佐。卑，通"俾"，使。⑧威厉而不试，刑错而不用：威力虽然严厉却可以不用，刑罚也可以搁置起来不用。试，用。错，通"措"，搁置。

今之世则不然：乱其教，繁其刑，其民迷惑而堕焉，则从而制之，是以刑弥繁而邪不胜[①]。三尺之岸而虚车不能登也[②]，百仞之山任负车登焉[③]，何则？陵迟故也[④]。数仞之墙而民不逾也，百仞之山而竖子冯而游焉[⑤]，陵迟故也。今夫世之陵迟亦久矣[⑥]，而能使民勿逾乎！《诗》曰："周道如砥，其直如矢。君子所履，小人所视。眷焉顾之，潸焉出涕[⑦]！"岂不哀哉！

[**注释**]①不胜：不能制服。　②三尺之岸而虚车不能登也：三尺高的陡壁，空车也上不去。岸，陡壁。虚车，空车。　③百仞之山任负车登焉：百丈高的山崖，负重的车也能登上。仞，长度单位，其具体长度说法不一，大约一人高为一仞。任负车，负重的车。　④陵迟：坡度斜缓。　⑤竖子冯（píng）而游焉：童子就能登上去游玩。竖子，童子。冯，登。　⑥陵迟：衰落。这里用山坡的斜缓比喻政令刑法的松弛。　⑦周道如砥，其直如矢。君子所履，

小人所视。眷焉顾之,潸焉出涕:语出《诗·小雅·大东》。砥,磨刀石,此指道路的平坦。履,行走。眷,回头看的样子。潸焉,流泪的样子。

《诗》曰:“瞻彼日月,悠悠我思。道之云远,曷云能来①!”子曰:“伊稽首,不其有来乎②?”

[**注释**]①瞻彼日月,悠悠我思。道之云远,曷云能来:语出《诗·邶风·雄雉》。瞻,视。云,助词,无义。曷,怎么。 ②伊稽首,不其有来乎:如果是志向一致,他们不就有来的了吗?伊,语助词,无义。稽首,疑为“稽道”,同道。

孔子观于东流之水,子贡问于孔子曰:“君子之所以见大水必观焉者是何?”孔子曰:“夫水,大遍与诸生而无为也①,似德。其流也埤下②,裾拘必循其理③,似义。其洸洸乎不淈尽④,似道。若有决行之,其应佚若声响⑤,其赴百仞之谷不惧,似勇。主量必平⑥,似法。盈不求概⑦,似正。淖约微达⑧,似察。以出以入,以就鲜絜,似善化⑨。其万折也必东⑩,似志。是故君子见大水必观焉。”

[**注释**]①大遍与诸生而无为:据《孔子家语·三恕》、《大戴礼记·劝学》等引文,“遍”前原无“大”字,疑为衍文。意为普遍地施与众生而无所作为。 ②埤:通“卑”,低下。 ③裾拘(gōu)必循其理:曲曲折折一定遵循那向下流动的规律。裾拘,通“倨句”,曲折。理,规律。 ④其洸洸乎不淈尽:洸,通“滉”,水深广的样子。淈,通“屈”,竭尽。 ⑤若有决行之,其应佚若声响:如果挖开杜塞物,让它通行,它随即疾速前进,好像回声应和原来的声音一样。决,排除阻塞物,疏通水道。佚,通“逸”,快速。 ⑥主量必平:水注入到坑洼之处,最后一定是平的。主,通“注”。量,坑、洼地。 ⑦盈不求概:水满之后,用不着用概去刮平。概,古代量谷物时刮平斗斛的器具。 ⑧淖约微达:它柔弱地能进入所有细微的所在。淖,通“绰”,绰约即柔弱的样子。

⑨以出以入,以就鲜絜,似善化:万物在水里进出之后,就变得新鲜洁净,就好像君子的善于教化。絜,通“洁”。　⑩其万折也必东:它千曲万折,最后却一定向东流去。必东,必定向东流。

孔子曰:“吾有耻也,吾有鄙也,吾有殆也①:幼不能强学②,老无以教之,吾耻之。去其故乡,事君而达,卒遇故人,曾无旧言,吾鄙之③。与小人处者,吾殆之也。”

[**注释**]①殆:危险。　②强(qiǎng):竭力,勤勉。　③去其故乡,事君而达,卒遇故人,曾无旧言,吾鄙之:离开自己的故乡,侍奉君主而显贵起来,突然遇到过去的朋友,却没有叙旧的话,我认为这是卑鄙的。卒,通“猝”,突然。旧言,叙旧的话。

孔子曰:“如垤而进,吾与之;如丘而止,吾已矣①。”今学曾未如肬赘,则具然欲为人师②。

[**注释**]①如垤(dié)而进,吾与之;如丘而止,吾已矣:成绩即使像蚂蚁洞口的小土堆一样微小,可是只要向前进取,我赞同这样的人;成绩即使像土山一样大,可如果停滞不前,我不赞同这样的人。垤,蚂蚁做窝时堆在穴口的小土堆。也叫“蚁封”、“蚁冢”。丘,自然形成的土山。　②今学曾未如肬赘(yóu zhuì),则具然欲为人师:现在,有些人学到的东西还不如一个瘊子,却自我满足地想做别人的老师。肬赘,生在皮肤上的肉赘,通称瘊子。比喻多余无用的东西。具然,自满的样子。

孔子南适楚,厄于陈、蔡之间①,七日不火食②,藜羹不糁③,弟子皆有饥色。子路进,问之曰:“由闻之:为善者天报之以福,为不善者天报之以祸。今夫子累德、积义、怀美,行之日久矣,奚居之隐也④?”孔子曰:“由不识,吾语女。女以知者为必用邪？王子比干不见剖心乎⑤！女以忠者为必用邪？关龙逢不见刑乎⑥！女以谏者为必用邪？伍子胥不磔姑苏东门外乎⑦！夫遇不遇者，时也⑧；贤不肖者，材也⑨。君子博学深谋不遇时者多矣。由是观之，不遇世者众矣，何独丘也哉！”且夫芷兰生于深林，非以无人而不芳。君子之学，非为通也⑩；为穷而不困，忧而意不衰也，知祸福终始而心不惑也。夫贤不肖者，材也；为不为者，人也；遇不遇者，时也；死生者，命也。今有其人不遇其时，虽贤，其能行乎？苟遇其时，何难之有！故君子博学、深谋、修身、端行以俟其时。孔子曰：“由！居！吾语女。昔晋公子重耳霸心生于曹⑪，越王句践霸心生于会稽⑫，齐桓公小白霸心生于莒⑬。故居不隐者思不远，身不佚者志不广⑭。女庸安知吾不得之桑落之下⑮！”

［**注释**］①厄(è)于陈、蔡：厄，受困。陈、蔡，皆国名，陈在今河南淮阳和安徽亳县一带，蔡在今河南上蔡、新蔡等地。　②火食：熟食。　③藜羹不糁(sǎn)：野菜汤里不掺一点米。藜羹，用嫩藜煮成的汤，指粗劣的饭菜。糁，用米调和菜汤。　④奚居之隐也：为什么处境这样的困顿呢？奚，为什么。隐，穷困。　⑤王子比干：商末纣王的叔父，传说纣王淫乱，他犯颜强谏，纣怒，剖其心而死。　⑥关龙逢：古史传说夏末年的贤臣。夏桀无道，他极力进谏，桀囚而杀之。　⑦伍子胥不磔(zhé)姑苏东门外乎：伍子胥不是被分尸于姑苏城的东门之外了吗？伍子胥，名员，春秋时期楚国人。后流亡至吴，辅佐吴王阖闾成就霸业。吴王夫差时，因反对越向吴求和，夫差迫使他自杀。磔，一种分裂肢体的刑罚。　⑧遇：得到赏识。　⑨材：资质。　⑩通：地位显达，显贵。　⑪晋公子重耳霸心生于曹：此事指重耳(晋文公)流亡在外时，曾路经曹国。曹共公听说重耳的肋骨并列相连，于是让他洗澡而去偷看他的肋骨。重耳被激怒，产生图强的决心，终成就霸业。　⑫越王句践霸心生于会(kuài)稽(jī)：此事指越王勾践被吴国打败，困于会稽山，后求和而存。其后

卧薪尝胆,发愤图强,终成霸主。会稽,会稽山,今浙江绍兴东南。 ⑬齐桓公小白霸心生于莒(jǔ):此事指齐国内乱,公子小白(齐桓公)流亡到莒国,受到无礼的待遇,后归国继位后,任用管仲,成为春秋首霸。莒,西周诸侯国名,故址在今山东省莒县。 ⑭居不隐者思不远,身不佚者志不广:处境不困顿的人思虑就不高远,没有经历过逃亡的人志向就不会宽广。佚,通“逸”,奔逸,逃亡。 ⑮女庸安知吾不得之桑落之下:你怎么知道我不会得志于去世之后呢?女,通“汝”。庸安,怎么。桑落,暮秋时节,此喻指死后。

子贡观于鲁庙之北堂,出而问于孔子曰:“乡者赐观于太庙之北堂①,吾亦未辍②,还复瞻被九盖皆继,被有说邪③?匠过绝邪④?”孔子曰:“太庙之堂,亦尝有说⑤。官致良工,因丽节文,非无良材也,盖曰贵文也⑥。”

[**注释**]①乡者:刚才。 ②辍:停止。 ③还复瞻被九盖皆继,被有说邪:反复观看那九扇门,都是拼接连成的,这样做有什么讲究吗?还复,反复。被,通“彼”。九盖,九扇门。皆继,都不是整快木料,而是用断木料拼接起来的。 ④匠过绝邪:还是工匠的过失把木料弄断了呢?过,过失。绝,断。⑤亦尝有说:应当有一定的说法。尝,通“当”。 ⑥官致良工,因丽节文,非无良材也,盖曰贵文也:官府授意技艺精良的工匠,根据木料加以文饰,并不是没有好的木材,大概是重视文采的缘故吧。致,授意。丽,施,加以。节文,文饰。

子道篇第二十九

入孝出弟，人之小行也[①]；上顺下笃[②]，人之中行也；从道不从君，从义不从父，人之大行也。若夫志以礼安，言以类使，则儒道毕矣[③]，虽舜不能加毫末于是矣。孝子所以不从命有三：从命则亲危，不从命则亲安，孝子不从命乃衷[④]；从命则亲辱，不从命则亲荣，孝子不从命乃义；从命则禽兽，不从命则修饰[⑤]，孝子不从命乃敬。故可以从而不从，是不子也[⑥]；未可以从而从，是不衷也。明于从不从之义，而能致恭敬、忠信、端悫以慎行之，则可谓大孝矣。《传》曰："从道不从君，从义不从父。"此之谓也。故劳苦雕萃而能无失其敬[⑦]，灾祸患难而能无失其义，则不幸不顺见恶而能无失其爱[⑧]，非仁人莫能行。《诗》曰："孝子不匮[⑨]。"此之谓也。

［**注释**］①入孝出弟，人之小行也：在家孝敬父母，出外尊敬兄长，这是人的最基本的德行。弟，同"悌"，敬爱兄长。行，德行。　②上顺下笃：对上顺从，对下厚道。　③若夫志以礼安，言以类使，则儒道毕矣：如果志向根据礼义来安顿，言语根据法度来措辞，那么儒家之道也就完全具备了。类，法。④衷：通"忠"。　⑤从命则禽兽，不从命则修饰：顺从了父母的命令，就会使

自己的行为如同禽兽，不顺从就可以使自己的身心得到修养。　⑥不子：不是做儿子应有的态度。　⑦劳苦雕萃而能无失其敬：劳苦憔悴时而能够不丧失对父母的恭敬。雕萃，也作"彫悴""彫顇"，凋伤憔悴。　⑧则不幸不顺见恶而能无失其爱：即使不幸地由于不顺从而被父母厌恶却仍不丧失对他们的爱心。　⑨孝子不匮：语出《诗·大雅·既醉》。意思是孝子的孝行是没有穷尽的。匮，穷尽，不足。

鲁哀公问于孔子曰①："子从父命，孝乎？臣从君命，贞乎②？"三问，孔子不对。孔子趋出③，以语子贡曰："乡者君问丘也，曰：'子从父命，孝乎？臣从君命，贞乎？'三问而丘不对，赐以为何如？"子贡曰："子从父命，孝矣；臣从君命，贞矣。夫子有奚对焉④？"孔子曰："小人哉！赐不识也。昔万乘之国有争臣四人⑤，则封疆不削；千乘之国有争臣三人，则社稷不危；百乘之家有争臣二人，则宗庙不毁。父有争子，不行无礼；士有争友，不为不义。故子从父，奚子孝⑥？臣从君，奚臣贞？审其所以从之之谓孝，之谓贞也⑦。"

［**注释**］①哀公：春秋末年鲁国国君。名蒋。公元前494～前467年在位。　②贞：忠诚。　③趋：快走。　④夫子有奚对焉：先生又能怎样回答呢？有，通"又"。　⑤昔万乘（shèng）之国有争（zhèng）臣四人：昔，过去。乘，古代四匹马拉一车叫乘，万乘指大的诸侯国。争，通"诤"。争臣，谏诤之臣。　⑥奚子孝：怎么能算是孝顺呢？　⑦审其所以从之之谓孝，之谓贞也：只有弄明白所听从的是什么，才可以说是否孝和忠。审，审查，弄明白。

子路问于孔子曰："有人于此，夙兴夜寐，耕耘树艺①，手足胼胝②，以养其亲，然而无孝之名，何也？"孔子曰：

"意者身不敬与？辞不逊与？色不顺与③？古之人有言曰：'衣与，缪与，不女聊④。'今夙兴夜寐，耕耘树艺，手足胼胝，以养其亲，无此三者，则何以为而无孝之名也⑤？"孔子曰："由志之⑥，吾语女。虽有国士之力，不能自举其身，非无力也，势不可也。故入而行不修，身之罪也；出而名不章⑦，友之过也。故君子入则笃行，出则友贤，何为而无孝之名也！"

［**注释**］①夙兴夜寐，耕耘树艺：早起晚睡，耕地除草种植庄稼。树，栽植。艺，播种。　②胼胝（pián zhī）：手掌脚底因长期劳动摩擦而生的茧。　③意者身不敬与？辞不逊与？色不顺与：大概是他的举止不够恭敬吧？或者是言词不够谦逊吧？或者是脸色不够柔顺吧？意者，意料，猜测。与，通"欤"，语气词，表疑问。　④衣与，缪与，不女聊：给父母衣服穿，为父母做好准备，但是态度不恭顺，父母是不能依赖你的。缪，绸缪，指准备。女，通"汝"。聊，依赖，依靠。　⑤则何以为而无孝之名也：那么为什么没有孝子的名声呢？"以"疑为衍文。根据《韩诗外传》卷九第四章本句后应有"意者所友非仁人邪？"一句。　⑥志之：记住。志，通"识"。　⑦章：通"彰"，显扬。

子路问于孔子曰："鲁大夫练而床，礼邪①？"孔子曰："吾不知也。"子路出，谓子贡曰："吾以夫子为无所不知，夫子徒有所不知②。"子贡曰："女何问哉？"子路曰："由问鲁大夫练而床，礼邪？夫子曰：'吾不知也。'"子贡曰："吾将为女问之。"子贡问曰："练而床，礼邪？"孔子曰："非礼也。"子贡出，谓子路曰："女谓夫子为有所不知乎？夫子徒无所不知，女问非也。礼，居是邑，不非其大夫③。"

［**注释**］①鲁大夫练而床，礼邪：鲁国的大夫在服练时睡床，合乎礼吗？练，白色的熟绢。古代父、母死后一周年进行祭祀，称小祥，此时孝子可以穿

这种柔软洁白的布帛,故小祥之祭也称“练”。古代丧礼,居父母之丧,在服三年内(实际二十七个月)不得睡于床。　②徒:副词。乃,竟。　③非:非议。

子路盛服见孔子,孔子曰:“由,是裾裾何也①?昔者江出于岷山②,其始出也,其源可以滥觞③,及其至江之津也④,不放舟⑤,不避风则不可涉也,非维下流水多邪⑥?今女衣服既盛,颜色充盈⑦,天下且孰肯谏女矣?由!”子路趋而出,改服而入,盖犹若也⑧。孔子曰:“志之,吾语女。奋于言者华,奋于行者伐,色知而有能者,小人也⑨。故君子知之曰知之,不知曰不知,言之要也⑩;能之曰能之,不能曰不能,行之至也。言要则知⑪,行至则仁。既仁且知,夫恶有不足矣哉!”

[**注释**]①裾(jū)裾:盛装的样子。　②江出于岷山:江,古代专指长江。岷山,在四川松潘县北,绵延四川甘肃两省境边境。为长江、黄河分水岭,岷江、嘉陵江的发源地。　③滥觞(shāng):指江河发源之处水极少,只能浮起酒杯。滥,水泛滥,溢出。觞,盛满酒的杯,亦泛指酒器。　④津:渡口。⑤放舟:两船并在一起。放,同“方”,并船。　⑥非维下流水多邪:不就是因为下游的水多的缘故吗?维,同“唯”。　⑦颜色充盈:脸色傲慢。盈,骄傲,自满。　⑧犹若:舒和的样子。　⑨奋于言者华,奋于行者伐,色知而有能者,小人也:夸夸其谈的人华而不实,喜欢表现自己办事能力的人常自我夸耀,有了才能就在脸上表现出来的人是小人。伐,自我夸耀。色知,所知道的都显现在脸色上。　⑩要:要领。　⑪知:同“智”,明智。

子路入,子曰:“由,知者若何①?仁者若何?”子路对曰:“知者使人知己,仁者使人爱己。”子曰:“可谓士矣②。”子贡入,子曰:“赐,知者若何?仁者若何?”子贡对曰:“知者知人,仁者爱人。”子曰:“可谓士君子矣。”颜渊入,子曰:“回,知者若何?仁者若何?”颜渊对曰:“知者自知,仁者自爱。”子曰:“可谓明君子矣。”

[**注释**]①知:同“智”。下同。 ②士、士君子、明君子:指三种思想道德境界不同的人。

子路问于孔子曰:“君子亦有忧乎?”孔子曰:“君子,其未得也[①],则乐其意[②];既已得之,又乐其治[③],是以有终身之乐,无一日之忧。小人者,其未得也,则忧不得;既已得之,又恐失之,是以有终身之忧,无一日之乐也。”

[**注释**]①得:得到职位。 ②乐其意:为自己的志向感到高兴。意,志向。 ③乐其治:为自己的政绩感到高兴。治,政绩。

法行篇第三十

公输不能加于绳，圣人不能加于礼①。礼者，众人法而不知②，圣人法而知之。

［**注释**］①公输不能加于绳，圣人不能加于礼：公输班虽灵巧，但也不能施加作用于绳墨之外；圣人虽明智，但也不能逾越礼制而有所作为。公输，古代著名工匠，姓公输，名班，春秋时鲁国人。加，逾越、超越。　②法而不知：众人效法却不能够理解。法，效法。知，理解、了解。

曾子曰："无内人之疏而外人之亲①，无身不善而怨人，无刑已至而呼天。内人之疏而外人之亲，不亦远乎②！身不善而怨人，不亦反乎！刑已至而呼天，不亦晚乎！《诗》曰：'涓涓源水③，不雍不塞④。毂已破碎⑤，乃大其辐。事已败矣，乃重大息⑥。'其云益乎⑦！"

［**注释**］①无：不，不要。后两句之"无"同意。疏，疏远，与"亲"相对。②远：失之远矣。王念孙："远"当与下句的"反"互换。他认为"内人亲而外人疏，今疏内而亲外，是反也；故曰'不亦反乎'。身不善而怨人，是舍近而求远也，故曰'不亦远乎'。"《韩诗外传》作"内人之疏而外人之亲，不亦反乎！身不善而怨人，不亦远乎！"当从此说。　③涓涓源水：细流的水源。涓，细小

的水流。 ④不雍(yōng)不塞:不加堵塞。 ⑤毂(gǔ):车轮中间车轴贯入处的圆木。 ⑥重大息:嗟叹词,此形容感叹或叹息之甚。 ⑦云益:有益。

曾子病[①],曾元持足[②]。曾子曰:"元,志之[③]! 吾语汝[④]。夫鱼鳖鼋鼍犹以渊为浅[⑤],而堀其中[⑥];鹰鸢犹以山为卑[⑦],而增巢其上;及其得也,必以饵。故君子苟能无以利害义,则耻辱亦无由至矣。"

[注释]①病:病情加重。 ②曾元:曾子的儿子。 ③志:同"记",记住。 ④吾语(yù)汝:我告诉你。语,告诉。 ⑤夫鱼鳖(biē)鼋(yuán)鼍(tuó)犹以渊为浅:那鱼鳖等类还以渊池太浅。夫,指示代词,那。鳖,大鳖。鼋鼍,扬子鳄。 ⑥堀(kū):同"窟",洞穴,这里引申为挖洞。 ⑦鹰鸢(yuān)犹以山为卑:鹰鸢仍以山不够高。鸢,一种鹰。卑,地势低。

子贡问于孔子曰[①]:"君子之所以贵玉而贱珉者[②],何也? 为夫玉之少而珉之多邪?"孔子曰:"恶[③]! 赐,是何言也! 夫君子岂多而贱之,少而贵之哉! 夫玉者,君子比德焉[④]。温润而泽,仁也;栗而理,知也[⑤];坚刚而不屈,义也;廉而不刿[⑥],行也;折而不挠,勇也;瑕适并见[⑦],情也[⑧];扣之,其声清扬而远闻,其止辍然,辞也。故虽有珉之雕雕,不若玉之章章[⑨]。《诗》曰:'言念君子,温其如玉。[⑩]'此之谓也。"

[注释]①子贡:姓端木,名赐,字子贡,春秋末卫国人,孔子的弟子。 ②珉(mín):似玉的美石。 ③恶(wū):叹词,表示不以为然。 ④夫玉者,君子比德焉:宝玉,君子用它来比拟美好的品德。 ⑤栗而理,知(zhì)也:清晰而有文理,合乎明智。栗,坚貌。知,通"智",聪明,明智。 ⑥刿(guì):刺伤,划伤。 ⑦瑕适并见:优缺点都显示出来。瑕,玉的斑点。适,玉之美泽

调适之处。　⑧情:诚实。　⑨故虽有瑕之雕雕,不若玉之章章:所以,(君子)与其具有珉石的文采,倒不如具有宝玉的辉光。雕雕,文采,文辞上的雕饰。章章,素质明著。　⑩言念君子,温其如玉:语出《诗·秦风·小戎》。思念君子的为人,温温和和的如同宝玉一般。

曾子曰:"同游而不见爱者①,吾必不仁也;交而不见敬者,吾必不长也②;临财而不见信者③,吾必不信也。三者在身,曷怨人?怨人者穷,怨天者无识④。失之己而反诸人⑤,岂不亦迂哉⑥!"

[**注释**]①游:行、共事。　②长(zhǎng):忠厚而尊。　③信:信任。下句"信"为"诚信"之意。　④怨人者穷,怨天者无识(zhì):老是埋怨别人会让使自己陷入困境,埋怨老天是因为自己没有志气。穷,困境,没有出路。识,同"志",志向、志气。　⑤反:反求,求责。　⑥迂:远也,此引申为失之远也。

南郭惠子问于子贡曰①:"夫子之门②,何其杂也③?"子贡曰:"君子正身以俟④,欲来者不距⑤,欲去者不止。且夫良医之门多病人,檃栝之侧多枉木⑥,是以杂也。"

[**注释**]①南郭惠子:其人事迹不详,盖因其居住于南郭,故以此为号。②门:门人,弟子。　③杂:杂乱,此谓贤与不肖相杂而至。　④俟(sì):等候、等待。　⑤距:通"拒",拒绝。　⑥檃(yǐn)栝(kuò)之侧多枉木:矫正曲木之器的旁边弯木多。檃栝,矫正曲木的工具。

孔子曰:"君子有三恕①。有君不能事,有臣而求其使,非恕也;有亲不能报②,有子而求其孝,非恕也;有兄不能敬,有弟而求其听令,非恕也。士明于此三恕,则可以端身矣③。”

［注释］①恕：原谅、宽宥。 ②有亲不能报：有父母而不能够报恩。亲，父母。报，孝养，报恩。 ③端身：端正身心。端，端正。

孔子曰：“君子有三思①，而不可不思也②。少而不学，长无能也；老而不教，死无思也③；有而不施，穷无与也④。是故君子少思长，则学；老思死，则教；有思穷，则施也。”

［注释］①思：忧虑，思虑。 ②思：想、思考。 ③老而不教，死无思也：年老之时不担负教化的职责，死后就不会有人思念。思，想念、怀念。 ④有而不施，穷无与也：富有时不周济别人，穷困时别人也不会施与。施，给予、周济。

哀公篇第三十一

鲁哀公问于孔子曰①:"吾欲论吾国之士②,与之治国,敢问何如取之邪?"孔子对曰:"生今之世,志古之道③;居今之俗,服古之服④。舍此而为非者⑤,不亦鲜乎!"哀公曰:"然则夫章甫絇屦⑥,绅带而搢笏者⑦,此贤乎?"孔子对曰:"不必然。夫端衣玄裳⑧,绕而乘路者⑨,志不在于食荤⑩;斩衰菅屦⑪,杖而啜粥者⑫,志不在于酒肉。生今之世,志古之道;居今之俗,服古之服。舍此而为非者,虽有,不亦鲜乎!"哀公曰:"善!"

[**注释**]①鲁哀公:春秋末年鲁国国君。姬姓,名将,公元前494~前467年在位。 ②论:通"抡",选择。 ③志:追慕,向往。 ④服古之服:穿着古代的衣服。 ⑤舍(shè):居处。 ⑥章甫絇(qú)屦(jù):头戴殷时之冠,脚穿有装饰的鞋子。章甫,殷时冠名。絇屦,前头有装饰的鞋子。 ⑦绅带而搢(jìn)笏(hù):腰束大带,插着笏版。绅,大带。搢,插。 ⑧端衣玄裳:身穿黑色斋服。古人谓上衣曰衣,下衣曰裳。 ⑨绕(miǎn)而乘路:头戴礼帽坐着辂车。绕,同"冕",礼冠。路,同"辂",辂车。 ⑩志不在于食荤:心思不在辛菜上。荤,指葱、韭一类的辛菜。 ⑪斩衰菅屦:斩衰,古代最重的丧服,用粗麻布制成,左右和下边不缝。子对父、臣对君服斩衰三年。菅屦,草鞋。 ⑫杖而啜粥:手拄丧杖而喝稀粥。

孔子曰："人有五仪[1]：有庸人，有士，有君子，有贤人，有大圣。"哀公曰："敢问何如斯可谓庸人矣？"孔子对曰："所谓庸人者，口不能道善言，心不知色色[2]；不知选贤人善士托其身焉，以为己忧[3]；勤行不知所务[4]，止交不知所定[5]；日选择于物，不知所贵；从物如流[6]，不知所归；五凿为正[7]，心从而坏。如此，则可谓庸人矣。"哀公曰："善！敢问何如斯可谓士矣？"孔子对曰："所谓士者，虽不能尽道术[8]，必有率也[9]；虽不能遍美善，必有处也[10]。是故知不务多，务审其所知；言不务多，务审其所谓；行不务多，务审其所由[11]。故知既已知之矣，言既已谓之矣，行既已由之矣，则若性命肌肤之不可易也。故富贵不足以益也，卑贱不足以损也。如此，则可谓士矣。"哀公曰："善！敢问何如斯可谓之君子矣？"孔子对曰："所谓君子者，言忠信而心不德[12]，仁义在身而色不伐[13]，思虑明通而辞不争，故犹然如将可及者[14]，君子也。"哀公曰："善！敢问何如斯可谓贤人矣？"孔子对曰："所谓贤人者，行中规绳而不伤于本[15]，言足法于天下而不伤于身；富有天下而无怨财[16]，布施天下而不病贫[17]。如此，则可谓贤人矣。"哀公曰："善！敢问何如斯可谓大圣矣？"孔子对曰："所谓大圣者，知通乎大道[18]，应变而不穷，辨乎万物之情性者也[19]。大道者，所以变化遂成万物也；情性者，所以理然不取舍也[20]。是故其事大辨乎天地[21]，明察乎日月[22]，总要万物于风雨[23]，缪缪肫肫[24]，其事不可循[25]，若天之嗣[26]，其事不可识，百姓浅然不识其邻[27]。若此，则可谓大圣矣。"哀公曰："善！"

[**注释**]①仪:标准,等级。　②色色:据《大戴礼记·哀公问五仪》,当为"邑邑",即"悒悒",忧闷不安。　③为:治理。　④勤行不知所务:举动行事不知该干什么。勤,古作"动"。　⑤止交不知所定:居处伫立没有定准。交,当为"立"。止立,居处伫立。定,定准。　⑥从物如流:顺应外物,随波逐流。⑦五凿:即五窍,指耳、目、鼻、口、身之窍。一说耳、目、鼻、口、心之窍。⑧道术:此指治国原则、方法。　⑨率:遵循。　⑩处:居处,引申为执守。⑪由:行,经历。　⑫不德:不自以为有德。　⑬色不伐:无夸耀之色。⑭犹然:即"油然",舒迟和缓的样子。　⑮行中(zhòng)规绳而不伤于本:行事合乎法度而不戕害本性。中,合乎。规绳,规矩绳墨,此喻法度。伤,戕害。⑯怨财:积蓄财富。怨,通"苑",即蕴,积蓄。　⑰病贫:担忧贫困。　⑱知通乎大道:智识通晓万物形成、变化的法则。知,同"智"。　⑲辨:明察。⑳然不(fǒu):然否,是非对错。　㉑大辨乎天地:如天地那样广大。辨,通"遍"。　㉒明察乎日月:了解事物像日月那样明亮。乎,如,像。　㉓总要万物于风雨:统领万物像风雨滋养大地一样。于,如。　㉔缪缪肫(chún)肫:缪缪,通"穆穆",肃敬恭谨的样子。肫肫,精密细致。　㉕循:遵循,模仿。㉖嗣:通"司",主宰。　㉗浅然不识其邻:浅陋得看不出自己身边的是圣人。浅然,浅陋。邻,近邻,身边的人。

鲁哀公问舜冠于孔子,孔子不对。三问,不对。哀公曰:"寡人问舜冠于子,何以不言也?"孔子对曰:"古之王者,有务而拘领者矣①,其政好生而恶杀焉,是以凤在列树②,麟在郊野,乌鹊之巢可俯而窥也。君不此问而问舜冠③,所以不对也。"

[**注释**]①务(mòu)而拘领:戴头盔而系曲领,形容衣冠拙朴。务,通"鍪",形似头盔的帽子。拘,同"句"。拘领,曲领。依古礼,应当正服方领。②列树:丛林。　③此问:宾语前置,即问此。

鲁哀公问于孔子曰："寡人生于深宫之中，长于妇人之手，寡人未尝知哀也，未尝知忧也，未尝知劳也，未尝知惧也，未尝知危也。"孔子曰："君之所问，圣君之问也。丘，小人也，何足以知之？"曰："非吾子，无所闻之也。"孔子曰："君入庙门而右，登自胙阶①，仰视榱栋②，俛见几筵③，其器存，其人亡。君以此思哀，则哀将焉而不至矣④？君昧爽而栉冠⑤，平明而听朝⑥，一物不应，乱之端也⑦。君以此思忧，则忧将焉而不至矣？君平明而听朝，日昃而退⑧，诸侯之子孙必有在君之末庭者⑨。君以此思劳，则劳将焉而不至矣？君出鲁之四门以望鲁四郊⑩，亡国之虚则必有数盖焉⑪，君以此思惧，则惧将焉而不至矣？且丘闻之：君者，舟也；庶人者，水也。水则载舟，水则覆舟。君以此思危，则危将焉而不至矣？"

［**注释**］①胙（zuò）阶：东阶，谓主人登降之阶。胙，同"阼"。　②榱（cuī）栋：屋椽与脊檩。　③俛见几筵：俯首看到祭祀的席位。俛，同"俯"。几筵，此指几席，为祭祀的席位，后泛称灵座为几筵。　④而：能。　⑤昧爽而栉冠：初晓尚暗时，起床梳发束冠。昧爽，拂晓，黎明。　⑥平明：天刚亮。⑦一物不应，乱之端也：一件事情处理不当，就会成为动乱的端绪。应，适当。端，端绪，缘由。　⑧日昃（zè）：太阳过中偏西。　⑨末庭：朝堂远处的末位。⑩四门：四方之门。　⑪亡国之虚则必有数盖焉：亡国的故墟一定有很多处。盖，通"阖"，门扇，这里特指地方，区域。

鲁哀公问于孔子曰："绅、委、章甫①，有益于仁乎？"孔子蹴然曰②："君号然也③？资衰苴杖者不听乐④，非耳不能闻也，服使然也。黼衣黻裳者不茹荤⑤，非口不能味也，服使然也。且丘闻之：好肆不守折，长者不为市⑥。窃其有益与其无益[7]，君其知之矣。”

［注释］①委：周时之冠。　②蹴然：惊悚恭敬的样子。　③号然：胡然，为什么这样。　④资衰苴（jū）杖：资衰，即“齊衰”，五服之一，次于斩衰。用熟麻布制成，缉边缝齐。苴杖，古代居父母之丧所用的竹杖。　⑤黼（fǔ）衣黻（fú）裳者不茹荤：穿祭祀礼服时不食辛菜。黼衣，绣有白黑色斧形花纹的上衣。黻裳，黑青相间亚形花纹的下裳。茹，食。荤，葱、韭一类的辛辣菜。⑥好肆不守折（shé），长者不为市：善于经商的人不做折本的买卖，忠厚的长者不去做买卖。折，折本。　⑦窃：通“察”。

鲁哀公问于孔子曰：“请问取人。”孔子对曰：“无取健[1]，无取诎[2]，无取口哼[3]。健，贪也；诎，乱也；口哼，诞也[4]。故弓调而后求劲焉，马服而后求良焉，士信悫而后求知能焉[5]。士不信悫而有多知能[6]，譬之其豺狼也，不可以身尒也[7]。语曰：‘桓公用其贼，文公用其盗[8]。’故明主任计不信怒[9]，暗主信怒不任计。计胜怒则强，怒胜计则亡。”

［注释］①健：贪，健羡。一说强硬冒进。　②诎：同“钳”，胡言乱语。③哼：多言多语。　④诞：欺诈寡信。　⑤信悫：诚实谨慎。　⑥有：同“又”。⑦尒：同“迩”，接近。　⑧桓公用其贼，文公用其盗：齐桓公任用曾图谋害己的管仲，晋文公任用曾窃财出逃的头须（里凫须）。这里是说君主心胸豁达，举贤不避仇。一说“盗”指寺人勃鞮（寺人披）。　⑨明主任计不信怒：圣明的君主注重策略，而不感情用事。任、信，信任，相信。计，计谋，策略。怒，怨怒，泛指各种感情。

定公问于颜渊曰[1]：“东野子之善驭乎[2]？”颜渊对曰：“善则善矣。虽然，其马将失[3]。”定公不悦，入谓左右曰：

"君子固谗人乎?"三日而校来谒[4],曰:"东野毕之马失。两骖列,两服入厩[5]。"定公越席而起曰:"趋驾召颜渊[6]!"颜渊至,定公曰:"前日寡人问吾子,吾子曰,东野毕之驭'善则善矣。虽然,其马将失',不识吾子何以知之?"颜渊对曰:"臣以政知之[7]。昔舜巧于使民,而造父巧于使马[8],舜不穷其民,造父不穷其马,是舜无失民,造父无失马也。今东野毕之驭,上车执辔[9],衔体正矣[10];步骤驰骋,朝礼毕矣[11];历险致远,马力尽矣。然犹求马不已,是以知之也。"定公曰:"善!可得少进乎[12]?"颜渊对曰:"臣闻之:鸟穷则啄,兽穷则攫[13],人穷则诈。自古及今,未有穷其下而能无危者也。"

[**注释**]①定公:名宋,鲁昭公之弟,公元前 509 ~ 前 495 年在位。②驭:同"御"。　③失:通"佚",逃逸。　④校:校人,养马之官。　⑤两骖列,两服入厩:两旁的骖马挣裂马鞅逃跑了,中间的服马回到了马棚。骖,骖马。古代一车四马,中间驾辕的二马称服马,两旁之马称骖马。列,同"裂"。⑥趋:通"促",急速。　⑦政:为政之道。　⑧造父(fǔ):古之善于御马者。⑨辔:驾驭牲口的缰绳。　⑩衔:古时横在马口中用以抽勒的铁或青铜,也称马嚼子。　⑪步骤驰骋,朝礼毕矣:缓行疾走,纵马奔驰,调习得完好了。步,缓行。骤,疾走。朝礼,即调理。　⑫少:同"稍"。　⑬攫:用爪抓取。

尧问篇第三十二

尧问于舜曰:"我欲致天下①,为之奈何②?"对曰:"执一无失③,行微无怠④,忠信无倦⑤,而天下自来⑥。执一如天地⑦,行微如日月⑧,忠诚盛于内⑨,贲于外⑩,形于四海⑪,天下其在一隅邪⑫?夫有何足致也⑬!"

[**注释**]①致天下:召集天下万民。致,召集,求得。 ②为之奈何:这是一个倒装句,应为"奈何为之"。即如何去做呢? ③执一:专心。 ④行微:做细微之事。微,精微。 ⑤倦:疲倦。 ⑥天下:指天下的百姓。 ⑦执一如天地:做事专心一致,如天地负载,始终如一。 ⑧行微如日月:指做事虽然细微,也像日月一样光明正大。 ⑨盛(chéng)于内:盛,充满。内,心。 ⑩贲(bēn)于外:文饰于体外。 ⑪形:显现。 ⑫隅:角落。 ⑬夫有何足致也:这又有什么值得召集的呢!夫,发语词,这。有:同"又"。何足致:什么值得召集。

魏武侯谋事而当①,群臣莫能逮②,退朝而有喜色。吴起进曰③:"亦尝有以楚庄王之语,闻于左右者乎④?"武侯曰:"楚庄王之语何如?"吴起对曰:"楚庄王谋事而当,群臣莫逮,退朝而有忧色。申公巫臣进问曰⑤:'王朝而有忧色,何也?'庄王曰:'不谷谋事而当[6],群臣莫能逮,是以忧也。其在中蔃之言也[7],曰:"诸侯自为得师者王[8],得友者霸[9],得疑者存[10],自为谋而莫己若者亡[11]。"今以不谷之不肖,而群臣莫吾逮,吾国几于亡乎!是以忧也。'楚庄王以忧,而君以憙。"武侯逡巡再拜曰[12]:"天使夫子振寡人之过也[13]。"

[**注释**]①魏武侯谋事而当:魏武侯,晋大夫毕万之后,文侯之子。当,适当。　②逮:及,达到。　③吴起:魏文侯时为将,战国时卫国人。　④亦尝有以楚庄王之语,闻于左右者乎:君王也曾经听到过你身边的人谈论楚庄王的话吗?　⑤申公巫臣:姓屈名巫,字子灵,封于申,又称申公,楚国的大夫。⑥不谷:谦称,不才。　⑦中蔃(kuǐ):同仲虺(huǐ),汤时左相。　⑧师:见识比自己高的人。　⑨友:可以纠正自己错误的人。　⑩疑:古时的官职,这里指为天子解疑的人。　⑪自为谋而莫己若者亡:自以为谋划别人都不如自己的人就会灭亡。　⑫逡巡:向后退。　⑬振:挽救。

伯禽将归于鲁[1],周公谓伯禽之傅曰[2]:"汝将行,盍志而子美德乎[3]?"对曰:"其为人宽[4],好自用,以慎[5]。此三者,其美德已。"周公曰:"呜呼!以人恶为美德乎?君子好以道德[6],故其民归道。彼其宽也,出无辨矣[7],女又美之[8]!彼其好自用也,是所以窭小也[9]。君子力如牛,不与牛争力[10];走如马,不与马争走;知如士,不与士争知[11]。彼争者均者之气也[12],女又美之!彼其慎也,是其所以浅也[13]。闻之曰:'无越逾不见士[14]。'见士问曰:'无乃不察乎[15]?'不闻即物少至[16],少至则浅。彼浅者,贱人之道也,女又美之。吾语女:我,文王之为子,武王之为弟,成王之为叔父[17],吾于天下不贱矣;然而吾所执贽而见者十人⑱，还贽而相见者三十人⑲，貌执之士者百有余人⑳，欲言而请毕事者千有余人㉑，于是吾仅得三士焉，以正吾身，以定天下。吾所以得三士者，亡于十人与三十人中㉒，乃在百人与千人之中。故上士吾薄为之貌，下士吾厚为之貌㉓。人人皆以我为越逾好士㉔，然故士至，士至而后见物㉕，见物然后知其是非之所在。戒之哉！女以鲁国骄人，几矣㉖！夫仰禄之士犹可骄也㉗，正身之士不可骄也。彼正身之士㉘，舍贵而为贱，舍富而为贫，舍佚而为劳㉙，颜色黎黑而不失其所㉚，是以天下之纪不息㉛，文章不废也㉜。"

［**注释**］①伯禽将归于鲁：指伯禽被初封于鲁国。伯禽，周公之子，成王时被封为鲁侯。　②傅：老师。　③盍志而子美德乎：志，讲述，这里是谈一谈的意思。而子，你的君主。子，君主。　④宽：宽宏大量。　⑤自用：自行其意。　⑥以：遵循。　⑦出无辨：因拙而不能辨别，出，读为"拙"。　⑧女：音"汝"。　⑨窭（jù）：小。　⑩争：竞争。下面的"争"皆与之同。　⑪知：智，下一个"知"与之同义。　⑫彼争者均者之气也：所谓争，就是气量狭小的人同别人争高下。　⑬浅：浅陋。　⑭越逾：过一日。　⑮无乃：岂不是。　⑯不闻即物少至：不问事理懂得就少。闻，通"问"。　⑰我，文王之为子，武王之为弟，成王之为叔父：我是文王之子，武王的弟弟，成王的叔父。文王、武王、成王是西周初期的三个贤明的君主，他们是祖孙三代。　⑱执贽：拿着礼物。贽，礼物。　⑲还贽：还礼　⑳貌执：以礼待人。执，用。　㉑欲言而请毕事者：想要进言的就让他们把话说完。毕事，说尽。　㉒亡于：亡，通"无"。不是在。　㉓薄：略微，少。厚，众多。　㉔越逾：过于。　㉕见物：明白事物的真相。物，事理。　㉖女以鲁国骄人，几矣：你自以为拥有鲁国就对人傲慢，这样做是非常危险的。骄，傲慢。几，危险。　㉗仰禄：依赖俸禄。㉘正身之士：用来自我纠正的士人。正身，改正自我。　㉙佚：同"逸"，安逸。㉚所：身份。　㉛纪：纲领，这里指治国的根本原则。　㉜文章：这里指礼仪

法度。

语曰[1]:缯丘之封人[2],见楚相孙叔敖曰[3]:“吾闻之也:处官久者士妒之,禄厚者民怨之,位尊者君恨之。今相国有此三者,而不得罪楚之士民,何也?”孙叔敖曰:“吾三相楚而心愈卑[4],每益禄而施愈博[5],位滋尊而礼愈恭[6],是以不得罪于楚之士民也。”

[**注释**]①语曰:古人说。　②缯(céng)丘之封人:缯丘,古国名。缯,同鄫。封人,掌管边界的人。　③孙叔敖:姓沩(wěi),名敖,字孙叔。楚之相国,被封于缯丘。　④吾三相楚而心愈卑:我虽然曾经三次为楚国的相国,但是,我每作一次相国就更加谦虚。　⑤每益禄而施愈博:益禄,增加俸禄。施愈博,施舍的就更多。　⑥位滋尊而礼愈恭:地位越尊贵,礼就越恭敬。滋,越。

子贡问于孔子曰[1]:“赐为人下而未知也[2]。”孔子曰:“为人下者乎[3]?其犹土也。深扣之而得甘泉焉[4],树之而五谷蕃焉[5],草木殖焉,禽兽育焉;生[6]则立焉,死则入焉[7];多其功,而不德[8]。为人下者其犹土也。”

[**注释**]①子贡:孔子的弟子,善雄辩。　②赐为人下而未知也:赐不知道为人下的道理。赐,姓端木,名赐,字子贡。下,谦下。　③为人下者乎:为人谦下的人是怎样的呢?　④扣(hú):同“掘”,挖掘。　⑤树之而五谷蕃焉:树,播种。蕃,丰茂。　⑥生:活着。　⑦入:埋入。　⑧多其功,而不德:土地虽然有多方面的功能,却不自以为有功德。

昔虞不用宫之奇而晋并之[1],莱不用子马而齐并之[2],纣刳王子比干而武王得之[3]。不亲贤用知[4],故身死国亡也。

[**注释**]①昔虞不用宫之奇而晋并之:虞,春秋时国名,在今山西省平陆县。宫之奇,虞国的贤臣。 ②莱不用子马而齐并之:莱:春秋时的国名,今山东黄县东南。子马,人名,其姓不详。 ③纣刳(kū)王子比干而武王得之:纣王因为剖开了比干这个忠臣被周武王擒获。刳,挖,从中间剖开挖空。比干,商纣的叔父。得,擒获。 ④知:同"智"。这里是指有智慧的人。

为说者曰[①]:"孙卿不及孔子[②]。"是不然。孙卿迫于乱世,鰌于严刑[③],上无贤主,下遇暴秦,礼义不行,教化不成,仁者绌约[④],天下冥冥[⑤],行全刺之[⑥],诸侯大倾[⑦]。当是时也,知者不得虑[⑧],能者不得治,贤者不得使。故君上蔽而无睹[⑨],贤人距而不受[⑩]。然则孙卿怀将圣之心[⑪],蒙佯狂之色,视天下以愚[⑫]。诗曰:"既明且哲,以保其身[⑬]。"此之谓也。是其所以名声不白[⑭],徒与不众[⑮],光辉不博也[⑯]。今之学者,得孙卿之遗言余教,足以为天下法式表仪。所存者神[⑰],所过者化[⑱],观其善行,孔子弗过。世不详察,云非圣人,奈何[⑲]?天下不治,孙卿不遇时也。德若尧禹,世少知之;方术不用,为人所疑;其知至明,循道正行,足以为纪纲[⑳]。呜呼!贤哉,宜为帝王。天地不知,善桀、纣[㉑],杀贤良,比干剖心,孔子拘匡[㉒],接舆避世[㉓],箕子佯狂[㉔];田常为乱[㉕],阖闾擅强[㉖],为恶得福,善者有殃。今为说者,又不察其实,乃信其名[㉗]。时世不同,誉何由生?不得为政,功安能成?志修德厚,孰谓不贤乎[㉘]!

[**注释**]①为说者:持这种说法的人。 ②孙卿:即荀子,因避刘荀的讳故

改为孙卿。 ③鳍(qiū):逼迫。或释为凌逼。 ④绌约:绌,通“黜”,贬黜,贬退。约,困。遭贬黜而困穷。 ⑤冥冥:昏暗。 ⑥行全刺之:德行高尚的人却受到讽刺。行,德行。全,高尚,完美。刺,讽刺。 ⑦倾:倾轧。 ⑧知:通“智”,智慧。 ⑨蔽:蒙蔽。 ⑩距,通“拒”。遭到排斥不被重用。 ⑪怀将圣之心:追思圣人之心。怀,追思。将,以。 ⑫蒙佯狂之色,视天下以愚:蒙,加上。色,脸色。佯,假装。狂,狂妄。视天下以愚,是倒装句,应为“以愚视天下”。视,同“示”。 ⑬既明且哲,以保其身:顺理守身,以保全其身。 ⑭白:显赫。 ⑮徒与:门徒。 ⑯博:广大。 ⑰神:治理。 ⑱所过者化:过,宋本认为把“遇”错写为“过”。化,教化。 ⑲世不详察,云非圣人,奈何:世人不详细地考察,说他不是圣人,有什么办法呢? ⑳纪纲:法制准则。 ㉑善:形容词作动词用,以……为善。 ㉒拘匡:拘,围困。匡,地名,今河南省长垣县西南。孔子在周游列国的途中在匡被围困。 ㉓接舆避世:接舆,人名,春秋时的隐士。 ㉔箕子:商纣王的叔父,因谏被囚,后被武王释放。 ㉕田常:本明田桓,又名田成子。杀齐简公,自为齐相。 ㉖阖闾(hé lǘ):吴王。 ㉗名:传闻。 ㉘志修德厚,孰谓不贤乎:修,美。孰,谁。

参考文献

王先谦:《荀子集解》,上海:上海书店,1986 年版。

王先谦:《荀子集解》,北京:中华书局,1988 年版。

王先谦:《荀子集解》,长沙:岳麓书社,1986 年版。

杨倞注:《荀子》,上海:上海古籍出版社,1996 年版。

杨柳桥:《荀子诂译》,济南:齐鲁书社,1985 年版。

梁启雄:《荀子简释》,北京:中华书局,1983 年版。

章诗同:《荀子简注》,上海:上海人民出版社,1974 年版。

张觉:《荀子译注》,上海:上海古籍出版社,1995 年版。

王天海:《荀子校释》(上、下),上海:上海古籍出版社,2005 年版。

惠吉星:《荀子选评》,上海:上海古籍出版社,2001 年版。

高长山:《荀子译注》,哈尔滨:黑龙江大学出版社,2003 年版。

杨任之:《白话荀子》,长沙:岳麓书社,1991 年版。

邓汉卿:《荀子绎评》,长沙:岳麓书社,1994 年版。

北京大学译注组:《荀子译注》,北京:人民教育出版社,1978 年版。

李中生:《荀子校诂丛稿》,广州:广东高等教育出版社,2001 年版。

廖名春:《荀子新探》,台北:文津出版社,1994 年版。

高正:《〈荀子〉版本源流考》,北京:中国社会科学出版社,1992 年版。

高亨:《荀子新笺》(《高亨著作集林·诸子新笺》第6卷),北京:清华大学出版社,2004年版。

杨筠如:《荀子研究》,上海:商务印书馆,1931年版。

惠吉星:《荀子与中国文化》,贵阳:贵州人民出版社,1996年版。

王廷洽:《荀子答客问》,上海:上海人民出版社,1997年版。

张曙光:《外王之学——〈荀子〉与中国文化》,开封:河南大学出版社,1995年版。

向仍旦:《荀子通论》,福州:福建教育出版社,1987年版。

侯外庐等:《中国思想史》第一卷,北京:人民出版社,1957年版。

姜广辉主编:《中国经学思想史》,北京:中国社会科学出版社,2003年版。

杜国庠:《先秦诸子的若干研究》,北京:三联书店,1955年版。

刘建国:《先秦伪书辨正》,西安:陕西人民出版社,2004年版。

后　记

蒙李振宏教授厚爱，将撰写《荀子》注说的任务交给我。能接受这一任务我十分高兴，在研究中国儒学尤其早期儒学的过程中，我深深感到《荀子》研究的重要性，同时也感觉到《荀子》研究十分薄弱。我们认为，人们对《荀子》书篇的真伪、荀子的学术传承、荀子的思想主旨等认识并没有到位。早期儒学研究最受人们关注，但存在的问题着实很多。孔子以后，孔子后学“各得圣人之一体”，可能孟子、荀子“加起来”才更接近孔子。我们相信，综合新的研究材料，人们将会越来越清楚地看到这一点。

基于上述认识，我联合我所在的曲阜师范大学孔子文化学院的朋友们重新认真研读《荀子》。接到《荀子》注说的撰写任务后，为保证质量，我与几位朋友分工，大家分头注释，我来统稿并撰写通说部分。在上半年大家初步研究注释的基础上，下半年将我院“洙泗讲堂”的“中华经典会读班”的会读对象也确定为《荀子》。经过一年多的努力，《荀子》注说终于脱稿完成了。

本书注释的具体分工是：郭海燕：《劝学》、《不苟》、《宥坐》、《子道》；李燕：《修身》、《非十二子》、《儒效》、《王制》、《富国》、《天论》、《正论》、《礼论》、《解蔽》、《正名》、《性恶》、《哀公》；魏忠强：《荣辱》、《非相》、《仲尼》；孔彬：《君道》、《臣道》；化涛：《强国》、《法行》；董娟：《致士》、《君子》；刘光胜：《王霸》、《议兵》；陈霞：《乐论》、《大略》；王成效：《成相》、《尧问》；郭凯：《赋》。

在本书撰写的过程中，各位作者之间互相交流，互帮互助，合作非常愉快！刘淑强、宋立林、崔海鹰、王冉冉等几位好友也给了我们很大帮助，"中华经典会读班"的其他朋友也提出过一些修改意见。在此，我们一并致以衷心感谢！

杨朝明

2006 年 12 月 29 日

近期国学读物要目

国学新读本

诗经　梁锡锋　注说
论语　臧知非　注说
尚书　姜建设　注说
国语　曹建国　张玖青　注说
孔子家语　杨朝明　注说
山海经　郑慧生　注说
墨子　苏凤捷　程梅花　注说
孟子　何晓明　周春健　注说
庄子　曹础基　注说
荀子　杨朝明　注说
韩非子　赵　沛　注说
孙子兵法　赵国华　注说
楚辞　李中华　邹福清　注说
潜夫论　王　健　注说
文心雕龙　戚良德　注说
商君书　徐　莹　注说
战国策　张彦修　注说
淮南子　杨有礼　注说
老子　曹　峰　注说
礼记　杨天宇　注说
吕氏春秋　张福祥　注说
世说新语　赵成林　陈　艳　注说
史通　李振宏　注说
春秋繁露　曾振宇　注说

百年河大国学旧著新刊

河洛方言诠诂　王广庆　著
三统历表　邵瑞彭　著
中国戏剧概论　卢　前　著
晚明思想史论　嵇文甫　著
论语新探　赵纪彬　著

天问研究　孙作云　著
汉魏六朝文学史　李嘉言　著
金艺文志　金登科记考　万曼　著
唐集叙录　万曼　著
中国文学史新编　张长弓　著
汉碑集释　高文　著
袁中郎研究　任访秋　著
东夷杂考　李白凤　著
宋会要辑稿考校　王云海　著
长江集新校　李嘉言　著
高适岑参选集　高文　王刘纯　选著
花间集注　华锺彦　著
庆湖遗老诗集校注　王梦隐　著
曾瑞散曲集校注　李春祥　著
辛弃疾选集　佟培基　选著

于安澜书画学四种

画论丛刊
画史丛书
画品丛书
书学名著选

元典文化丛书

中华第一经——《周易》与中国文化　宋会群　苗雪兰　著
教化百科——《诗经》与中国文化　孙克强　张小平　著
经国治民之典——《周礼》与中国文化　郝铁川　著
哲人的智慧——《老子》与中国文化　高秀昌　龚力　著
圣人箴言录——《论语》与中国文化　李振宏　著
武学圣典——《孙子兵法》与中国文化　龚留柱　著
亚圣思辨录——《孟子》与中国文化　何晓明　著
逍遥之祖——《庄子》与中国文化　白本松　王利锁　著
外王之学——《荀子》与中国文化　张曙光　著
中国帝王术——《韩非子》与中国文化　王宏斌　著
史家绝唱——《史记》与中国文化　邓鸿光　著
诸经总龟——《春秋》与中国文化　涂文学　周德钧　著
管理宝典——《管子》与中国文化　袁闯　著
纵横家书——《战国策》与中国文化　张彦修　著
人仙之间——《抱朴子》与中国文化　徐仪明　冷天吉　著

医学圣典——《黄帝内经》与中国文化　王庆宪　梁晓珍　著
礼乐渊薮——《礼记》与中国文化　黄宛峰　著
词章之祖——《楚辞》与中国文化　李中华　著
星学宝典——《历书天官书》与中国文化　郑慧生　著
天人衡中——《春秋繁露》与中国文化　曾振宇　范学辉　著
王政全书——《吕氏春秋》与中国文化　张富祥　著
神话之源——《山海经》与中国文化　高有鹏　孟芳　著
新道鸿烈——《淮南子》与中国文化　杨有礼　著
史家龟鉴——《史通》与中国文化　曾凡英　著
政事纲纪——《尚书》与中国文化　姜建设　著
春秋弦歌——《左传》与中国文化　龚留柱　著
平民理想——《墨子》与中国文化　苏凤捷　程梅花　著
人伦本原——《孝经》与中国文化　臧知非　著
法典之王——《唐律疏议》与中国文化　徐永康　吉霁光　郑取　著
文论巨典——《文心雕龙》与中国文化　戚良德　著

宋代研究丛书

北宋诗学　张海鸥　著
宋代东京研究　周宝珠　著
宋代地域经济　程民生　著
宋代监察制度　贾玉英　著
宋代官员选任和管理制度　苗书梅　著
宋代地域文化　程民生　著
宋代文学通论　王水照　主编
宋代司法制度　王云海　主编
宋代教育　苗春德　主编
清明上河图与清明上河学　周宝珠　著
宋代文化史　姚瀛艇　主编
黄庭坚与宋代文化　杨庆存　著
宋代交通管理制度研究　曹家齐　著
岳飞和南宋前期政治与军事研究　王曾瑜　著
成圣之道——北宋二程修养工夫论之研究　温伟耀　著
宋代绘画研究　邓乔彬　著

汉语史专书语法研究丛书

《三朝北盟会编》语法研究　刁晏斌　著
《荀子》虚词研究　黄珊　著
《晏子春秋》词类研究　姚振武　著

《聊斋俚曲》语法研究　冯春田　著
《孟子》词类研究　崔立斌　著
《朱子语类辑略》语法研究　吴福祥　著
敦煌变文12种语法研究　吴福祥　著
《吕氏春秋》句法研究　殷国光　著
《尚书》语法论稿　钱宗武　著
《左传》语法研究　何乐士　著
《元典章·刑部》语法研究　李崇兴　祖生利　著
汉语语法史断代专书比较研究　何乐士　著

图书在版编目（CIP）数据

荀子／杨朝明注说. —开封：河南大学出版社，2008.3
（2015.1 重印）
（国学新读本）
ISBN 978-7-81091-744-5

Ⅰ. 荀… Ⅱ. 杨… Ⅲ. ①儒家 ②荀子—注释
Ⅳ. B222.62

中国版本图书馆 CIP 数据核字（2008）第 002880 号

责任编辑	龙玉明
封面设计	马 龙

出版发行	河南大学出版社		
	地址：河南省开封市明伦街 85 号　邮编：475001		
	电话：0371－22825003（营销部）　网址：www.hupress.com		
排　　版	河南第一新华印刷厂		
印　　刷	开封智圣印务有限公司		
版　　次	2008 年 3 月第 1 版	**印　　次**	2015 年 1 月第 2 次印刷
开　　本	650mm×960mm　1/16	**印　　张**	26
字　　数	326 千字	**印　　数**	2001—3000 册
定　　价	47.00 元		

（本书如有印装质量问题请与河南大学出版社营销部联系调换）